MÉTODOS DE PROPAGANDA ACTIVA EN LA GUERRA CIVIL ESPAÑOLA

Literatura, arte, música, prensa y educación

Emilio Peral Vega/Francisco Sáez Raposo
(editores)

La Casa de la Riqueza
Estudios de la Cultura de España

32

El historiador y filósofo griego Posidonio (135-51 a.C.) bautizó la Península Ibérica como «La casa de los dioses de la riqueza», intentando expresar plásticamente la diversidad hispánica, su fecunda y matizada geografía, lo amplio de sus productos, las curiosidades de su historia, la variada conducta de sus sociedades, las peculiaridades de su constitución. Sólo desde esta atención al matiz y al rico catálogo de lo español puede, todavía hoy, entenderse una vida cuya creatividad y cuyas prácticas apenas puede abordar la tradicional clasificación de saberes y disciplinas. Si el postestructuralismo y la deconstrucción cuestionaron la parcialidad de sus enfoques, son los estudios culturales los que quisieron subsanarla, generando espacios de mediación y contribuyendo a consolidar un campo interdisciplinario dentro del cual superar las dicotomías clásicas, mientras se difunden discursos críticos con distintas y más oportunas oposiciones: hegemonía frente a subalternidad; lo global frente a lo local; lo autóctono frente a lo migrante. Desde esta perspectiva podrán someterse a mejor análisis los complejos procesos culturales que derivan de los desafíos impuestos por la globalización y los movimientos de migración que se han dado en todos los órdenes a finales del siglo XX y principios del XXI. La colección «La Casa de la Riqueza. Estudios de la Cultura de España» se inscribe en el debate actual en curso para contribuir a la apertura de nuevos espacios críticos en España a través de la publicación de trabajos que den cuenta de los diversos lugares teóricos y geopolíticos desde los cuales se piensa el pasado y el presente español.

MÉTODOS DE PROPAGANDA ACTIVA EN LA GUERRA CIVIL ESPAÑOLA

Literatura, arte, música, prensa y educación

Emilio Peral Vega/Francisco Sáez Raposo
(editores)

Iberoamericana • Vervuert • 2015

Amor de Dios, 1 — E-28014 Madrid
Tel.: +34 91 429 35 22
Fax: +34 91 429 53 97
info@ibero-americana.net
www.ibero-americana.net

Elisabethenstr. 3-9 – D-60594 Frankfurt am Main
Tel.: +49 69 597 46 17
Fax: +49 69 597 87 43
info@ibero-americana.net
www.ibero-americana.net

ISBN 978-84-8489-904-4 (Iberoamericana)
ISBN 978-3-95487-435-4 (Vervuert)
E-ISBN 978-3-95487-827-7

Diseño de cubierta: Carlos Zamora
Diseño de interiores: Carlos del Castillo

Índice

Presentación

Métodos de propaganda activa en la Guerra Civil española: literatura, arte, música, prensa y educación constituye una primera aproximación global a las diversas vetas propagandísticas que, en apoyo a ideologías dispares, fueron utilizadas por el bando republicano y el llamado bando "nacional" durante la Guerra Civil española. Este volumen se inscribe dentro del Proyecto I+D del Ministerio de Ciencia y Competitividad (Programa Estatal de Investigación Científica y Técnica de Excelencia, Subprograma Estatal de Generación de Conocimiento) "Métodos de propaganda activa en la Guerra Civil: teatro, cine, poesía, música y prensa", que, dirigido por el Dr. Emilio Peral Vega (Universidad Complutense de Madrid), ha sido concedido para el trienio 2014-2016.

Aunque asumimos como punto de partida la mucha bibliografía que se ha vertido, sobre todo desde los años setenta, sobre cada una de las disciplinas que pretenden ser analizadas, el citado proyecto desea arrojar nueva luz, objetiva y desideologizada, no solo sobre las diversas experiencias –en especial las inéditas– que en el campo cultural buscaron adhesiones internas y externas para los dos bandos en litigio –desde la polimórfica empresa del Altavoz del Frente, auspiciada por el Partido Comunista, hasta las múltiples iniciativas teatrales, poéticas y editoriales emprendidas por la Falange Española–, sino, sobre todo, analizar cuáles fueron los resortes de financiación y, en consecuencia, cómo se orquestaba y financiaba la producción, publicación y exhibición de los productos culturales. Para ello se hace necesaria una labor de investigación profunda en el Archivo del Partido Comunista de España (sito en la Biblioteca Histórica de la Universidad Complutense de Madrid), en los muy desperdigados archivos de la Falange, en el Archivo Histórico Nacional y en los archivos provinciales y municipales de las principales plazas de la contienda, así como en archivos internacionales (desde Estados Unidos hasta Rusia) para obtener datos apenas atisbados hasta el momento.

Este primer volumen se centra, en consecuencia, en la primera de las áreas de investigación apuntadas: la descripción y el análisis detallados de las iniciativas que se llevaron a cabo entre los republicanos y los alcistas. Para los primeros, la contienda no es solo una lucha por el restablecimiento de una democracia cercenada, ilegítimamente, con el golpe de Estado de julio de 1936, sino también una batalla cruenta por preservar la cultura. Podríamos hablar, en sentido estricto, de una cruzada cultural que pretendía defender un rico recipiente en el que cabían manifestaciones folclóricas, proletarias, panfletarias y hasta propuestas depositarias de la más elevada condición estética. Todas ellas se encaminaban al enaltecimiento de una causa que nacía militarmente diezmada, primero por el apoyo de gran parte del Ejército profesional a los sublevados y, en segundo término, por la firma del acuerdo de no intervención por las potencias europeas, respetado a conciencia por Francia y Gran Bretaña, pero obviado por los bastiones fascistas de Italia y Alemania. Esta inferioridad logística, que nunca consiguió revertirse a lo largo del conflicto, explica los intentos por recabar apoyos internacionales, expresión máxima de los cuales es el Pabellón Español para la Exposición Internacional de París de 1937, asunto al que se dedica el primero de los capítulos –firmado por Emilio Peral Vega–, con especial incidencia en los proyectos teatrales cuyo desarrollo se previó inicialmente unido a las actividades del Pabellón; y también explica, claro está, la implicación de un gran número de intelectuales, quienes, convencidos de la encrucijada a la que se enfrentaba nuestro país, dejaron aletargadas sus carreras literarias en pro de un bien superior a sus legítimos intereses personales. Quizás el ejemplo mayor de creador *engagé* está representado por Miguel Hernández, tanto en su faceta estrictamente creativa –así su poemario *Viento del pueblo. Poesía en la guerra* (1937) y el conjunto de piezas dramáticas titulado *Teatro en guerra* (1937) constituyen puntos de referencia en la muy desigual producción literaria de la Guerra Civil– como en su militancia activa –conocida es su colaboración en la vanguardia cultural de los frentes, primero en Jaén y después en Castuera (Badajoz)–, una labor en la que se vio acompañada por otro poeta de primera fila: José Herrera Petere, autor este último de un poemario, *Guerra viva* (1938), que necesita con urgencia de una edición crítica con extensa difusión. En la figura de Miguel Hernández se centran los trabajos de Rafael Alarcón y Aitor Larrabide; al poemario de Herrera Petere dedica un detallado análisis Guillermo Ginés. Aunque bastante menor en cuanto a número y con un carácter menos inmediato que la poesía y el teatro, la novela abrió sus puertas a la defensa de los intereses republicanos, sobre todo para ensalzar la heroica defensa de Madrid, como estudia Alessandro Cassol.

Pero más allá de la literatura, la propaganda republicana tuvo un fértil desarrollo en otros ámbitos de expresión, muy especialmente en las artes gráficas. Los carteles de guerra se convirtieron muy pronto en un mecanismo de extraordinaria eficacia, toda vez que su referencialidad icónica directa, en múltiples ocasiones mechada de palabras rotundas que apelaban a la empatía con la causa común, permitía hacer llegar el mensaje de filiación a todos los estratos socioculturales con la misma intensidad; y siempre a partir de una estética de deformación grotesca que, como bien analiza Álvaro López, evidenciaba las costuras más truculentas del enemigo. Y no menores fueron los esfuerzos llevados a cabo en el terreno educativo, con un desarrollo integral de iniciativas encaminadas a la formación del soldado, de las que las Milicias de la Cultura y la *Cartilla Escolar Antifascista* son tan solo las muestras más señaladas, tal y como se muestra en el trabajo de Carolina Rodríguez-López.

Aunque muy inferior cualitativa y cuantitativamente, la propaganda "nacional" no ha merecido la atención crítica que merece desde el punto de vista historiográfico. En este sentido, continuando con una línea que ha caracterizado algunas de nuestras publicaciones anteriores –pongo por caso *Retablos de agitación política. Nuevas aproximaciones al teatro de la Guerra Civil española* (Iberoamericana/Vervuert, 2013)–, pretendemos ahora adentrarnos en las peculiaridades de una propaganda un tanto errática y algo tardía en el tiempo. Los intelectuales afectos a la sublevación procedían, casi en su totalidad, del círculo de Falange y, bajo la batuta de Dionisio Ridruejo –a cuya figura dedica un extenso artículo José Luis de Micheo–, pergeñan un conjunto nada desdeñable de antologías poéticas y poemarios –sobre los que reflexiona por extenso Javier Cuesta Guadaño–, novelas –con Tomás Borrás (*Checas de Madrid*) a la cabeza– y espectáculos teatrales –en especial las magníficas puestas en escena de los autos sacramentales barrocos llevadas a cabo por el Teatro de la Falange Española que ocupan el artículo de Francisco Sáez Raposo–, amén de una cartelística que comparte estética grotesca con su contraria –en torno a la que escribe atinadamente Antonio López Fonseca– y unas muy jugosas crónicas, a mitad de camino entre lo literario y lo periodístico, que, firmadas por Luis Montán, son estudiadas con pulcritud por Marta Olivas.

Como podrá comprobar el lector de estas páginas, la propaganda nacional no busca una adhesión urgente e inmediata. La superioridad militar de los alcistas, que la guerra delata desde sus primeros acordes, retarda el surgimiento de una propaganda que, en su vertiente más militante, fue escasa y que derivó, a partir de 1937, en un conjunto de acciones culturales dirigidas a la reafirmación de los ideales políticos y confesionales en los que se habría de fundar la futura dictadura. Hablaríamos, en consecuencia, de una propaganda prospectiva frente a su carácter de apremiante inminencia en el lado republicano. Se trataba de horadar de forma sistemática las conciencias de los españoles cuyos territorios iban siendo *ocupados*, al tiempo que se llevaba a cabo una apropiación nominal y simbólica del espacio físico, asunto este que ocupa el capítulo de Carlos Píriz, e incluso cultural, si tenemos en cuenta el interés por hacer de ciertos referentes, entre ellos Manuel de Falla, ingredientes de la causa, como analiza Elena Torres Clemente.

Métodos de propaganda activa es, por tanto, el primer resultado editorial de conjunto para un equipo de investigadores que, bien adscritos al proyecto I+D citado con anterioridad, bien en calidad de colaboradores, dedican sus esfuerzos a desentrañar las particularidades del desarrollo de la cultura en tiempos de guerra.

Emilio Peral Vega y Francisco Sáez Raposo
Madrid, mayo de 2015

Bando republicano

El Pabellón de España en la Exposición Internacional de París (1937): estandarte de una propaganda errática

Emilio Peral Vega
Universidad Complutense de Madrid

Dimensión simbólica de un Pabellón para la historia

Mucho se ha escrito sobre el Pabellón Español en la Exposición Internacional de París de 1937, en tanto emblema mayor de la propaganda artística auspiciada por el gobierno de la República. Mi artículo pretende ser un eslabón más en la cadena de copiosa bibliografía que este hito ha supuesto. Dejaré diseminadas, por tanto, un buen conjunto de pistas que se encaminarán hacia una hipótesis, en absoluto cerrada, sobre la participación fallida de La Barraca, el grupo que durante muchos años encabezó Federico García Lorca, en nuestro Pabellón.

La razón que explica la enorme inversión realizada por el gobierno de la República en el Pabellón para la Exposición Internacional de Artes y Técnicas de la Vida Moderna de París 1937 es la necesidad perentoria de apoyo internacional. El acuerdo de no intervención, refrendado a finales de agosto de 1936, suponía el compromiso de las principales potencias europeas de mantenerse neutrales respecto a la resolución del conflicto español. Francia e Inglaterra, las dos grandes potencias democráticas del viejo continente, temerosas de la reacción nazi, respetaron el acuerdo: el país vecino redujo su ayuda al gobierno legítimo de la Segunda República a una coyuntural apertura de fronteras; Inglaterra, por su parte, fue variando progresivamente su posición hasta una toma de partido por la causa franquista. Muy alejada de esa posición tibia, y obviando el citado acuerdo, Italia y Alemania apoyaron decididamente a los alcistas, con el objeto de diseminar sin pausa el fascismo. Así las cosas, el bando republicano solo contaba con el apoyo, errático y de difícil materialización, de la URSS. La situación se agravó aún más en el arranque del 37, con las intervenciones decisivas de las tropas mussolinianas en la caída de Málaga a manos nacionales y con la intervención alemana en una de las masacres más recordadas de la contienda: el bombardeo de Guernica. En medio de este panorama desolador para los intereses republicanos, tan solo un atisbo de esperanza con la victoria en la batalla de Guadalajara, acaecida entre el 8 y el 23 de marzo, precisamente frente al Corpo Truppe Volontarie enviado por el mandatario italiano.

Para conseguir apoyos internacionales, resultaba fundamental mejorar la imagen exterior de la España republicana, en múltiples casos rayana con el caos y el barbarismo, extremos que eran aprovechados convenientemente por la contrapropaganda franquista, y que no ayudaban a concitar el apoyo del gobierno conservador de Chamberlain en Londres ni del inestable Frente Popular francés.

De la vital importancia de la propaganda desarrollada por el gobierno de la República en el exterior, con vistas a obtener un apoyo logístico que nunca se cifró de manera concreta, nos hablan varios documentos conservados en el Archivo General de la Administración (AGA), dentro de la sección Asuntos Exteriores. El primero, fechado el 27 de enero de 1937, es un informe realizado por el periodista comunista británico Andrew Rothstein (CAJA 140: Carpeta 8 /Pliego 2). Que el Ministerio de Asuntos Exteriores encomendara dicho trabajo a tan destacado periodista, quien fuera corresponsal en Londres de la agencia soviética de noticias ROSTA –más tarde TASS– prueba no solo la convicción de los altos mandatarios republicanos, sino la acuciante necesidad de recabar apoyos evidenciando al exterior la legitimidad de su causa y la realidad sangrante de la guerra, al tiempo que buscaba silenciar la imagen de desorden derivada de los círculos anarquistas. Por su enorme interés y por su condición –creemos– inédita, lo reproducimos de manera íntegra:

> I venture to make two suggestions for improving propaganda on behalf of the Spanish Republic in foreign countries. They are based on my recollections of the similar work carried on by the Soviet Government 1919-20. When I was connected with the distribution of such material through the Socialist press, special information bureaux, etc.
>
> The two suggestions are (i) the institution of an official information bulletin in English and French (ii) the markings abroad of translations into the same languages of important radio talks (speeches, articles in the press, statements by priests and foreigners, etc.)
>
> Information Bulletin. I enclose herewith an issue of a publication circulated from Barcelona by the P.O.U.M. You will see that it is full of the most outrageous falsehoods about the struggle of the Spanish people, calculated to alienate the sympathy of the more advanced workers abroad. It is written in good English, and made up well. The British Independent Lahow Party circulates it. Attached samples of that party's literature will show influence of such P.O.U.M slanders. Another publication, described to me as of a similar character, is issued by Anarcho-Syndicalist representatives in London, as a monthly.
>
> I have mentioned these publications because they have a "genuinely revolutionary" appearance, and such as arte particularly dan-

gerous, Of course, in addition there are the propaganda of the daily newspapers, the majority of which are hostile to the republican cause. Against this hostile propaganda nothing methodical, so far as I can trace, is being done.

Directly the Soviet Government in 1920 acquired the opportunity of circulating "legal" propaganda abroad on what was going on in its territory, it started a duplicated bulletin at *Reval* which served for many months as a most useful antidote to precisely the same kind of lying propaganda as now confronts Spanish Republic. This bulletin contained, as a general rule (a) a leading article on the topic of the week (b) substantial notes on important events in Soviet Russia, with figures and other data (c) detailed exposures of outstanding slanders in circulation abroad (d) shorter news paragraphs.

The Spanish Government is in a better position for instituting such a bulletin. It is not completely blockaded, and has direct postal communication abroad. If information needs to be issued from some foreign centre, Paris is infinitely more advantageous than Reval (was): resources in paper, printing technique and editorial skill are far greater. Sympathetic Englishmen and Frenchmen with knowledge of Spanish, and good command of their? own language, can be secured easily for editorial work. The need for systematic spreading of the truth about the Republic, on the other hand, is as great as in Russia.

The bulletin I have in mind, therefore, would contain, assuming it were weekly, a review of events of the week: important declarations by the Spanish central and regional governments and their members, notes, etc: summaries of important new laws, decisions of government departments, trade unions, cultural organisations, etc: longer replies to false statements by foreign politicians or the important foreign newspapers: some shorter paragraphs replying to those? of a lesser importance: exposure of the activities of the rebels and of their foreign Fascist patrons: and general news paragraphs.

This should fit without much difficulty into eight pages. The bulletin should be given some significant title (eg. "The Spanish Republic"). It should be marked with a price –a penny, and its equivalents in other currencies– not so much for the money this will bring in, as to counteract the impression that the bulletin is "free propaganda". It should contain a permanent invitation to editors to use the contents, either with or without acknowledgement.

Copies should he sent to all principal newspapers in the capitals and provincial cities of Great Britain, France and U.S.A.: and to the Literal?, Labour, Socialist, Communist and trade union journals. On the other hand, interest in Spain among the people is so great that a considerable number of individual sales can he gradually secured, particularly through the working class press.

Radio Talks. During the worst period of the Allied blockade of Soviet Russia, the typed copies of important statements issued "to all" on the wireless, printed on very thin paper and sent between the streets of newspapers from Norway and Sweden, in false bottoms of trunks, etc – played a very important part. They went, in the main to the active propagandists of the Labour movement, and to Socialist newspapers. All through 1919, in particular. They were the principal source of more substantial information as to what was going on in Russia.

Today, –notwithstanding– an immense increase in the volume of press news from the U.S.S.R., as well as the work of the Friends of the Soviet Union and the spread of the radio, the principle is still retained in a modified form and listeners to the Moscow foreign broadcasts are invited to write for copies of talks that interested them.

It seems to me that the Republican Goverment should not ignore this experience. There are foreign broadcasts, at this? time, from the shortwave stations at Madrid and Valencia, and the medium-wave stations at Barcelona and Bilbao. Their contents, however, still leave a good deal to be desired, the time available is short, and reception is often very poor, owing to jamming by the enemy. On the other hand, many interesting speeches, documents and reviews of the Spanish press are given at length in the Spanish language, which, if available in English and French, would be of great value to the press abroad.

I would suggest, therefore, that a daily bulletin of such material be compiled in the two languages, from the programmes of the principal Spanish radio stations. I take it that you would not find it difficult to arrange at Valencia to take down the material I have in mind from the broadcasts of other Spanish stations. The extra la-

> bour necessary would then not be very great – a translator into each language, a typist and a duplicator. The bulletin might be given a title such as "Radio-Spain".
>
> In this case I do not suggest sending the material to listeners, who as yet are probably a small category: or to all the newspapers which would be reached by the weekly bulletin, at? the cost which would be reached by the weekly bulletin, as the cost would be prohibitive. It would be sufficient to send the material only to those daily newspapers which are definitely siding with the Republic, and to progressive weeklies. Certain members of Parliaments should receive it also.
>
> For economy sake, very thin paper should he used: but not single spacing, as this makes unnecessary difficulty for editors. While I only envisage despatch by open mail at the present time, it would be well to study ways and means of despatch (from a centre abroad, if necessary, which could take down the radio news from Spain) by other means as well, in the event of international complications. This bulletin, in fact, is not merely supplementary a weekly printed organ, but might replace it should circumstances make this necessary.
>
> I hope these suggestions may be of some use, and submit them with my warmest good wishes and certainty of your victory.

En el mismo sentido, cabe rescatar –y siempre procedente del AGA– un proyecto del que no consta autor ni fecha, pero que cabe situar, también, en el arranque de 1937 (Ministerio de Asuntos Exteriores. CAJA RE.140. Carpeta 8 / Pliego 6). Lleva por título "La propagande espagnole en France" y centra su atención en los mecanismos de desarrollo de una red propagandística afecta a los intereses de la República en el país vecino, tras atestiguar, de forma contundente, que "les services de propagande espagnole semblent avoir manqué d'une direction unique et énergique. On a vu plusieurs personnalités, plusieurs offices, agir isolément et même souvent en opposition". Ante una situación pareja, el informante anónimo presenta una serie de líneas de actuación, entre las cuales destacan la creación de un semanario a partir de una estructura editorial preexistente con vistas a la difusión, clara, unívoca y directa, del ideario republicano y, sobre todo, a generar en la población francesa el interés de implicarse en un conflicto que, si bien cercano, se presumía inoperante para sus intereses. Como se ve, con una claridad descarnada, en el punto cuarto del informe, se apela a la participación de la industria y de la banca francesas en la reconstrucción de una futurible España republicana como reclamo, ya que las causas humanitarias no parecían ser suficientes, para la intervención directa. Se trata de un informante que parece conocer menudamente la imagen que la España leal proyectaba –y los peligros que de ella se derivaban– en Francia, toda vez que insiste en la pertinencia de destacar el compromiso del gobierno republicano por desarrollar, una vez terminado el conflicto, una economía capitalista –con todas las correcciones que fueran necesarias–, con el fin de apartar de una vez por todas el temido fantasma –con una capacidad disuasoria tan potente como la del propio fascismo– del comunismo soviético:

> 1º.- Agences d'information, sources de renseignements pour les journalistes et journaux français.
>
> [...]
>
> Plusieurs journalistes français importants se sont plaints de l'impossibilité où ils étaient d'obtenir de l'Ambassade d'Espagne à Paris les informations dont ils ont eu besoin dans certains cas. Aucune personne qualifié ne paraît être chargée d'entretenir des relations personnelles et fructueuses avec les journalistes parisiens, de leur fournir des informations, voire même de répondre à leurs questions d'une façon pertinente, en étant en liaison avec un bureau à Valence ou à Barcelone équipé en conséquence.
>
> [...]
>
> 2º- Action financière sur la presse-
>
> Il vient tout naturellement à l'idée d'agir sur la presse française en la subventionnant plus ou moins directement comme l'a fait l'Italie par exemple au moment de l'affaire d'Abyssinie.
>
> [...]
>
> Reste donc seulement la possibilité d'acquérir un journal d'information existant ou d'en créer un. Opération évidemment possible mais qui n'a d'intérêt que si le journal à acheter est suffisamment important pour avoir une action sur l'opinion et sur les milieux dirigeants, ou si les moyens sont suffisamment puissant pour créer un tel journal.

[...] Étant donnée l'importance de ces chiffres, il est probable qu'il faut y renoncer.

Une solution subsiste: agir au moyen d'un journal hebdomadaire. Il est bien évident que l'action d'un tel journal est inférieure à celle d'un quotidien important; mais li n'y a pas de doute également que l'action d'un hebdomadaire, comme *Candide et Gringoire*, a été hélas des plus actives et efficaces en France en faveur du fascisme...

Nous en arrivons donc à la création d'un nouvel hebdomadaire, faute de pouvoir acheter ou créer un quotidien, faute de pouvoir utilement acquérir un hebdomadaire existant.

Nous sommes absolument certains que c'est la seule solution qui "rendra" parce que le titre, la campagne de publicité pour le lancement de cet hebdomadaire, sa formule rédactionnelle très dynamique, créeront un choc psychologique, attireront sur lui l'attention du grand public brutalement et susciteront l'intérêt de la presse quotidienne de Paris et surtout de province; d'autant plus que ce journal sera aussi violemment nationaliste qu'anti-fasciste et envisagera tous les problèmes uniquement en fonction de l'intérêt de la France démocratique.

[...]

3º- Autre moyen d'action sur l'opinion. Il y aurait aussi à envisager la création d'une association des Amis de l'Espagne (comme celle des amis de l'URSS) destinée à servir de pôle d'attraction des sympathisants en organisant continuellement de grandes manifestations publiques, débats politiques, procès fictifs (comme celui de la non-intervention).

[...]

4º- Enfin, ne serait-il pas possible d'intéresser un ou plusieurs groupes financiers français à la victoire de l'Espagne républicaine, soit pour sa reconstruction, soit pour l'exploitation de ses richesses minières à la place es propriétaires expropriés pour cause de trahison, soit pour le financement de son outillage industriel.

Il est certain que si le Gouvernement Républicain envisage, après la victoire, le maintient du régime capitaliste, même sous certaines conditions ou suivant certains aménagements, il serait de la plus grande importance que des financiers et des industriels français puissent escompter être les bénéficiaires, à la place d'allemands, d'italiens, voire même d'anglais, de la restauration et du développe-

> ment économique de l'Espagne. Il s'agirait de jouer sur les contradictions du capitalisme, de profiter des oppositions de groupe.
>
> [...]
>
> L'auteur de cette note pourrait s'il y était autorisé avoir des conversations utiles avec des amis personnels: Daniel Dreyfus, de la banque D.D. DREYFUS & C° d'une part, et M.M. Bungener de la banque LUBERSAC et de l'UNION PARISIENNE d'autre part. (Anónimo ¿1937b?)

Con una situación como la descrita, y con un gobierno, el de Largo Caballero, profundamente debilitado por las tensiones internas (Aróstegui 2013), tan solo quedaba apelar a una imagen externa limpia, basada en una unidad entre los diversos sectores de la izquierda que, obviamente, no existía. No en otro sentido podemos interpretar la elección del comunista Jesús Hernández como ministro de Instrucción Pública y Bellas Artes y, a su vez, el nombramiento del también comunista valenciano Josep Renau como director general de Bellas Artes, organismo mayor que pretendía convertirse en un "centro vital y creador, que sea instrumento vivo de la nueva etapa artística que dibuja ante nosotros el avance victorioso de la República democrática con el aniquilamiento de las fuerzas negras de la barbarie y la incultura" (*Mundo Obrero*, 12 de septiembre de 1936). Así las cosas, la participación de España en la Exposición Internacional de Artes y Técnicas de la Vida Moderna de París 1937 fue concebida, desde el principio, como una forma efectiva de rentabilizar una imagen equilibrada de la República y exhibir la potencia de los intelectuales afectos a ella, con el objetivo último, y prioritario, de recabar la ayuda económica y militar de las potencias extranjeras que, a estas alturas, resultaba vital para albergar una mínima esperanza en la resolución favorable del conflicto.

La labor de Josep Renau

Director general de Bellas Artes, se dio cuenta inmediatamente de la rentabilidad propagandística que podía derivarse de los artistas republicanos con una contrastada nombradía exterior. Picasso desempeñaba un papel capital en este sentido, razón por la cual, y mucho antes de que se planteara la posibilidad de la intervención española en la Exposición Internacional de París, fue de Renau de quien partió la idea, nada más iniciarse la guerra, de convertir al pintor malagueño en el nuevo director del Museo del Prado de Madrid. Una vez aceptado el cargo, es el propio Renau quien viaja a París, en diciembre de 1936, con el objetivo de que colaborara en el Pabellón Español de la ya referida Exposición Internacional. La vinculación de Picasso con la causa republicana fue inequívoca luego del encuentro entre Renau y el malagueño en su piso parisino. Un éxito que se extiende a artistas tan relevantes como Joan Miró, quien "eligió un espacio interior [del Pabellón] donde colocó el famoso *Camperol*" (Arencibia 1977). Sin embargo, con Dalí pinchó en hueso:

> [...] Mi plan consistía en visitar personalmente a cada uno de los artistas invitados por riguroso orden de prelación, tal como ya lo había hecho con Picasso. Dalí ocupaba el segundo lugar en mi lista. Con el fin de preparar estas entrevistas, la Embajada puso a mi disposición un pequeño gabinete con teléfono y una secretaria-mecanógrafa. Poco después de mi segunda entrevista con Picasso y estando dictándole algo a la secretaria, irrumpió inopinadamente Salvador Dalí en el gabinete. A primeras de cambio y sin miramiento alguno, se puso a increparme a voz en grito: que si el Gobierno no sabía nada de lo que pasaba en París; que si Picasso estaba ya acabado y era un "grandísimo" reaccionario...; que si el único pintor español comunista en París era él...; que si le dejábamos en primer lugar... La visita "me cayó" como una piedra. Por aquel entonces yo era bastante impulsivo, y me falló la sangre fría. Me levanté de un brinco de la silla para decirle que no estaba acostumbrado a que nadie me gritara: que si tenía algo que reclamar podía hacerlo desde allí mismo –señalándole el teléfono– a mi Ministro, al Jefe del Gobierno y hasta a la propia Presidencia de la República... Busqué nerviosamente mi agenda de direcciones [...] Cuando volví la cabeza con la libreta en la mano, Dalí había desaparecido... [...] Semanas después –no recuerdo cuántas– tomó parte en un virulento mitin organizado en París por el POUM y la FAI contra el Gobierno de la República española (Cabañas 2007: 170).

A no olvidar la referencia que Dalí hace a su condición de "comunista", pues será de suma importancia para lo que siga, así como con el lugar preeminente que Renau concedió, desde el principio, a Picasso y su *Guernica.*

Así las cosas, Luis Araquistáin, embajador de España en París nombrado por el primer ministro socialista Largo Caballero, se enrola personalmente en el proyecto del Pabellón con el fin de convertirlo en una especie de luminaria que exhibiera a Europa la *realidad* de la España republicana y la importancia artística y cultural de sus aliados. El cargo de comisario general recaía, por nombramiento expreso del presidente de la República, en el rector de la Universidad de Madrid, José Gaos. Ello no obstante, desde la génesis del proyecto se dio una importancia individualizada a las delegaciones de Cataluña y el País Vasco.

La primera piedra del Pabellón, realizado por los arquitectos Luis Lacasa y Josep Lluis Sert, fue colocada el 27 de febrero de 1937. Aunque la Exposición se inauguró oficialmente el 24 de mayo, el recinto español no pudo ser abierto al público, y eso con obras de por medio, hasta el 12 de julio, en un acto de inauguración para el que estaba previsto recitar varias poesías de Federico García Lorca, convertido ya en el emblema de la España republicana. Así lo sabemos por una carta, fechada en París el 28 de junio de 1937, que Ossorio, el nuevo embajador tras la deposición de Araquistáin, envía al ministro de Instrucción Pública, el comunista Jesús Hernández, que yo mismo rescaté del Archivo General de la Administración:

> Otra cosa que nos preocupa es lo referente a la fiesta inaugural. El leer unas poesías de García Lorca, si es que cabe hacer de ellas una buena traducción (cosa que dudo), me parece atinado [...] Pero los bailes populares, sobre ser cosa discordante con nuestra situación, se presta un poco a las críticas que siempre ha acarreado la España de pandereta (AGA, 4491, en carpeta de Asuntos Exteriores).

Más allá de estos hilvanes que vamos desperdigando para luego bordar un refajo de hipótesis, lo cierto es que el gobierno de la República se implicó por entero en el Pabellón, como prueba el hecho de que Azaña concediera al Ministerio de Presidencia del Consejo un crédito extraordinario de 1.750.000 pesetas, con destino a "los trabajos de toda clase que ocasione la concurrencia de España a la Exposición Internacional de Artes y Técnicas de la Vida Moderna que ha de celebrarse en París en el año actual" (Cabañas 2007: 175). Y no menor fue la implicación de los artistas e intelectuales que vieron su obra representada en el Pabellón. A los ya citados nombres de Picasso, Josep Renau y Miró, habría que añadir los nada desdeñables de los escultores Julio González, con su *Montserrat*; Alberto Sánchez, con *España tiene un camino y al final una estrella*; y Alexander Calder, con la celebérrima *Fuente de mercurio*, que se instaló en la parte cubierta del patio, con una estructura, de enorme efecto visual, basada en el paso del mercurio. Buñuel se ocuparía del cine –entre muchas otras, fue proyectada su famosa filmación sobre *Las Hurdes*– y Alejo Carpentier, de la sección musical para las actividades del "patio", parte central de la primera planta con capacidad para 500 personas, y que atinadamente Óscar Miguel Ares define como un espacio de "inspiración vernácula [...] que pretendía ser una reinterpretación de la modernidad basada en lo popular y lo tradicional". En efecto, el patio ofrecía un sabio contraste con el "frío macizo del contenedor prefabricado" que servía de base a la estructura del edificio, con una "inspiración mediterránea" que Sert había mechado de otras arquitecturas: "árboles frutales, paredes enfoscadas imitando encalados, zócalos de piedra, formas curvilíneas, espacios evocando imágenes populares o toldos que recuerdan al sol perdido" (2014: 140). El espíritu del Pabellón, muy apartado de los intereses del resto de las naciones que concurría a la Exposición, tenía en el patio multiusos una concreción metonímica, tal y como ha destacado Carlos Sambricio:

> Por último, y frente a la "cultura nacional" que de manera casi unánime testimoniaron los distintos pabellones nacionales (en el alemán predominó una decoración donde, junto a cruces gamadas como *leit-motiv*, se exhibió una aerodinámica y futurista maqueta

> de un coche *Mercedes*, mientras que en el "Pabellón de Electricidad" francés se expusieron obras de los principales artistas nacionales) el Pabellón español se concibió como lugar de debate, disponiéndose –como pieza articuladora del proyecto– un gran patio central abierto que conectaba con el interior a través de un espacio-filtro donde se dispuso un singular elenco de obras de arte contemporáneas, no solo de artistas españoles sino también de extranjeros solidarios con la causa republicana (2014: 62).

En Renau recaía, no se le oculta a nadie, y por encima del propio Gaos, el mayor peso de organización. El artista valenciano era consciente de que el esfuerzo merecía la pena, y no solo como campaña de propaganda fuera de nuestras fronteras, sino también como acicate para las diezmadas fuerzas republicanas en el interior de nuestro país. Sus numerosos viajes entre París y Valencia le permitieron depositar en la redacción de *Nueva Cultura* –números 4 y 5 (junio-julio de 1937)– las primeras fotografías que, realizadas por Dora Maar, se veían en España sobre el proceso de gestación del *Guernica*, así como el conjunto de instantáneas referidas a la serie *Sueño y mentira de Franco*, realizada por Picasso entre el 1 de enero y el 7 de junio. Y a fe que la confianza que Renau había depositado en Picasso como emblema máximo de la representación española le fue devuelta con creces. Cuando, al terminar la guerra, Renau salió del campo de concentración de Argéles-sur-Mer, Picasso le envió 1.500 francos como impulso para iniciar una nueva vida.

El Pabellón delata, pues, una preeminencia de Renau, tanto por la presencia de sus carteles de guerra, entre los cuales destacaba *Campesino defiende con las armas al Gobierno que te dio la tierra...*, como por sus famosos fotomontajes, que pronto se convirtieron en uno de los atractivos para los asistentes a la Exposición. Se sumaba así Renau a una de las expresiones artísticas marcadas con la doble condición de "modernidad" y de "compromiso político", luego de su utilización, durante los años 20 y 30, por artistas tan opuestos ideológicamente como El Lissitzky (pabellón soviético de la Exposición de la Prensa de Colonia, en 1928) y Giuseppe Terragni (Exposición de la Revolución Fascista de 1932). La confianza depositada por Renau en esta técnica se observa en su presencia en todos los espacios del pabellón: la fachada, la sección de Artes Populares de la segunda planta y la sección reservada en exclusiva para dicha técnica.

Entre los numerosos que se exhibieron destacaremos dos, en los que es segura la intervención directa de Renau, más allá de la ayuda que le pudieran prestar los cartelistas Alonso y Gori Muñoz, así como los pintores Javier Colmena y Francisco Galicia, trasladados con él a París para el diseño interior del Pabellón. El primero lleva por título *Salvaguarda del Tesoro Artístico* y representa el agónico traslado de las obras de arte realizado desde Madrid a Valencia para su depósito en las Torres de Serranos. Componía *Salvaguarda...* un tríptico cuya parte izquierda estaba reservada a los milicianos que participaron en el rescate de piezas llevado a cabo en el Museo del Prado; el panel derecho mostraba los lugares exactos que fueron objeto de bombardeo por las tropas alcistas en noviembre del 36; por último, el panel central, el más simbólico y acabado de los tres, narraba, de forma muy esquemática, la sucesión de acontecimientos: en la parte superior, la silueta de los aviones enemigos; en la parte inferior, una imagen esquemática de Madrid envuelta en enormes llamas; emergiendo de ellas, unas enormes manos –de trazo picassiano, por cierto– que transportan la *Trinidad*, del Greco, hacia las Torres de los Serranos de Valencia, las cuales, imponentes, ocupan la parte opuesta del fotomural, cuya estructura narrativa se cierra con las siguientes palabras: "Et les chefs d'oeuvre de Zurbarán, Ribera, Velázquez, Goya, Durer, Le Tintoret, Raphael, Le Titien et bien d'autres se trouvent maintenant ici dans les Tours de Serranos, la forteresse inexpunable du tresor artistique et des traditions culturelles du peuple espagnol". Cerrando el dibujo, por la parte inferior, el trazo, marcado sobre un mapa, entre las ciudades de Madrid y Valencia; sobre él un abocetado camión que nos informa del ominoso camino que hubieron de seguir las obras hasta alcanzar el cobijo para su salvación.

En segundo lugar, el dedicado a las Misiones Pedagógicas, "que introducía la sensación de relieve y tercera dimensión, al simular una proyección de cine ante un grupo de embelesados niños, y cuyo éxito, posiblemente, hizo que algunas de sus figuras, como la niña leyendo y el atento grupo infantil, fueran llevadas a una de las fachadas laterales del Pabellón" (Cabañas 2007: 193). Más que insistir en los detalles técnicos, conviene llamar la atención sobre la máscara que coloca Renau sobre el referido grupo de niños. Se trata, como es obvio, de la careta de La Barraca, el grupo teatral que, dirigido en su primera etapa por Federico García Lorca, se convirtió en uno de los emblemas del aperturismo cultural de la Segunda República. Quedaban asociadas así dos iniciativas que, sin ser idénticas, habían buscado propósitos tan loables como la expansión de la cultura entre los más desfavorecidos y la reivindicación del legado teatral del Siglo de Oro.

Hemos insistido con anterioridad en la idea de conservación del patrimonio tradicional español que pretendía ofrecer una República ávida de captar apoyos internacionales y dispuesta, por tanto, a ocultar ciertos excesos –reales, por qué negarlos– que ciertos sectores radicales –en especial anarquistas– habían hecho valer durante la Segunda República y el principio de la guerra. De ahí que la sección de artes populares fuera a la que más importancia concedía José Gaos, a la sazón, como ya hemos indicado, comisario del Pabellón. Y eso a pesar de la renuencia de Josep Renau, poco dado a perpetuar una imagen tradicional de la cultura española.

Las composiciones, integradas por fotografías –muchas de ellas retocadas en estudios parisinos–, objetos de artesanía popular y trajes regionales que se habían hecho llegar desde el Museo del Pueblo Español, ofrecían al visitante una prueba palmaria de la riqueza y versatilidad de la cultura popular en nuestro país. Resulta paradójico que este patrimonio acabara siendo asimilado en exclusiva, una vez acabado el conflicto, por el bando nacional, sobre todo a través de la Sección Femenina de la Falange Española y sus famosos "Coros y danzas". Y no menos paradójico tampoco que, transcurridos casi 80 años, cierta progresía –un tanto miope– siga considerando diversas muestras del acervo popular rescoldos de una España en dictadura, cuando la laureada Segunda República y sus defensores hicieron patria, y mucha, de ese mismo legado.

Nos consta, además, la intervención de varios grupos de baile folclóricos en representación de diversas regiones españolas, como muestra de esta acabada síntesis, pretendida desde el principio, entre tradición y modernidad. Y esto fue así desde la propia inauguración del Pabellón, con la actuación de la Cobla catalana, en una manifestación más del lugar preeminente que se otorgó desde el inicio a las delegaciones vascas y catalanas, regiones cuyas banderas ondeaban a la misma altura de la de la República en la entrada de la instalación.

Por último, se realizaron diversas iniciativas editoriales con motivo de la Exposición. Las más destacables fueron la edición de dos álbumes de dibujos, patrocinados ambos por el Ministerio de Instrucción Pública. Me refiero a *Recuerdos de España* y, sobre todo, *Madrid*, con láminas de Gutiérrez Solana, Bardasano, Puyol, Mateos y otros ilustradores de primera magnitud, cuyas reproducciones podían ser adquiridas en la planta primera del Pabellón, justo al lado de la sección monográfica consagrada a Federico García Lorca.

El enigma de La Barraca

La muerte de García Lorca el 19 de agosto de 1936 lo convirtió, muy a su pesar, en el protomártir de la Guerra Civil española. No es de extrañar que el Pabellón Español, construido para cantar las alabanzas de la República y recabar los apoyos de las democracias europeas, buscase en el poeta de Fuente Vaqueros un referente central. Sabido es ya que La Barraca había montado *Fuenteovejuna*, con una profusa intervención de García Lorca en el texto (Byrd 1984) que satisfizo, sobremanera, a la intelectualidad republicana y provocó las iras de los sectores más conservadores, excepción hecha de José Antonio Primo de Rivera, el fundador de la Falange. No es extraño que la capacidad de José Antonio para cribar el grano de la paja y su alta sensibilidad poética –muy por encima de sus correligionarios– encontraran en La Barraca y sus puestas en escenas de los clásicos más un aliado que un enemigo ideológico, puesto que espíritu popular y apego a la cultura española destilaban los versos adaptados por su director; una vía digna, a los ojos de Primo de Rivera, de librar al pueblo que pretendía conquistar de la vulgaridad y de las bajas pasiones que emanaban de la "literatura panfletaria y [los] mítines cargados de odio y prejuicio" (Cotta 2014: 46). Es lástima que otros falangistas, más condicionados por prejuicios de todo sesgo, fueran incapaces de encontrar en el montaje de *Fuenteovejuna* algo más que la apropiación del legado lopesco por un enemigo y la desvirtuación de la idiosincrasia española. Me refiero, claro está, a un jovencísimo Luis Escobar, quien, con ocasión de la visita del grupo a Albacete, lo calificó sin ambages de "carro ambulante del socialismo" (Escobar 1933).

Puestos a llenar el patio central del Pabellón de actividades artísticas que representaran el aperturismo cultural de la República no es de extrañar tampoco que Eduardo Ugarte, segundo de Federico hasta su abandono de La Barraca en 1935 y director en la sombra en múltiples ocasiones, pensara en el texto lopesco. Sin embargo, él más que nadie era consciente de que la formación teatral había quedado rota con el comienzo de la guerra y que sus integrantes, bisoños estudiantes de bachillerato reclutados por la UFEH, nada tenían que ver con los históricos *barracos*. De ahí que, llamado a París por Luis Araquistáin para conformar el equipo que enfrentara la organización del Pabellón de España, Ugarte –junto a Max Aub, gran artífice del caso– iniciaran negociaciones con Erwin Piscator, máximo exponente del teatro revolucionario, para que el director alemán se hiciera cargo de la dirección de *Fuenteovejuna*.

La primera idea de colaboración de Piscator con el Pabellón Español parece haber surgido a raíz de su visita a Cataluña, iniciada el 4 de diciembre de 1936, invitado por el comisario de Espectáculos de Cataluña, Josep Carner-Ribalta[1]. El director alemán se ofrece al

1. Muy gráficas sus palabras respecto de la cartelera que encuentra en Barcelona tras su designación como Comisario: "La primera cosa que vaig fer, en arribar el primer dia a la Comissaria, va ser llegar-me la cartellera d'espectacles dels diaris. Em caigué l'ànima als peus. Hauria pogut ésser la mateixa cartellera de

gobierno autonómico para ennoblecer su participación, ya de por sí particularizada, dentro del Pabellón Español, mediante la dirección de *Terra baixa*, de Ángel Guimerà, texto fundacional de la modernidad teatral catalana –"familiaritzat amb el nostre tradicional repertori, espontàniament Piscator trià *Terra baixa* [...] com un dels drames que millor es prestaría per al seu tipus naturalista d'escenificació" (Carner-Ribalta 1983: 10)–, y así también de un "festival folklòric (esbart català de dansaires, cobla de sardanes, banda sinfónica municipal, etc.)" (1983: 11). Finalmente, Piscator renuncia a la colaboración con las autoridades catalanas, seguramente por el recrudecimiento de la lucha entre socialistas y anarquistas.

Sin embargo, el gobierno republicano sí aprovecha el afán colaboracionista de Piscator, quien tenía pensado visitar Valencia en justa correspondencia a la invitación oficial del gobierno de la República. Dicho propósito se refleja en el número 2, correspondiente a febrero de 1937, de la revista *TIR. Butlletí de teatre internacional revolucionari*: "desprès d'una estada molt laboriosa de tan sols deu diex, Piscator se'n tornà cap a Paris, pensant regresar a Barcelona com mès aviat millor i visitar València d'on va rebre una invitació oficial del Govern de la República per tal de donar una conferència pública"[2]. La jugada era maestra. Un alemán, contrario a Hitler y formado en la Unión Soviética, como vehículo de transmisión a la Europa democrática de valores tan republicanos como los representados en *Fuenteovejuna*, a saber, el poder del pueblo y la rebelión contra la opresión tiránica del poder. Los detalles del montaje pisca-

---

vint o trenta anys enrera: les mateixes sarsueles, els mateixos sainets, els mateixos drames... i la mateixa matança de nous autors catalans" (1983: 10). El propio Carner-Ribalta realizó una estancia en Moscú, de dos meses de duración, para penetrar en los entresijos del teatro político; de ella se derivó una honda impresión de la enorme distancia que mediaba entre la práctica escénica de Cataluña respecto del modelo soviético.

2. Agradezco a Mercè Saumell (Institut del Teatre de Barcelona) sus eficientes gestiones para hacerme llegar una copia del mencionado artículo, así como a mi colega de la Universitat Autònoma de Barcelona Francecs Foguet i Boreu, por su ayuda y el envío de copiosos materiales.

toriano nos son sabidos gracias a la correspondencia entre Piscator y el embajador Luis Araquistáin –de abril de 1937– que, conservada en el Archivo Histórico Nacional, yo mismo rescaté para mi ensayo *Retablos de agitación política. Nuevas aproximaciones al teatro de la Guerra Civil española*:

> Celebróse luego una entrevista con el Sr. Aub[3], la cual se terminó por un acuerdo completo entre nosotros, en virtud del cual yo quedaba definitivamente encargado de la *mise-en-scène* de la obra *Fuenteovejuna*, cuyo texto español y traducción francesa me fueron entregados en la misma ocasión, para que yo pudiera ponerme inmediatamente a trabajar. El Sr. Aub me rogó asimismo // que me pusiera en contacto con el adaptador francés de la obra Mr. Jean Cassou, lo que no dejé de hacer. Me comunicó, además, que las decoraciones correrían a cargo del Sr. Picasso, y que los Ministerios de I.P. y de Estado colaborarían a la *mise-en-scène* con 100,000 francos y 50,000 pesetas, respectivamente. De todos modos, él –el Sr. Aub– se trasladaría a Valencia para ver si obtenía una subvención aún mayor (Piscator 1937).

Sin embargo, el acuerdo con Piscator no llegó a buen puerto. Araquistáin se fía del criterio de la Junta de Relaciones Culturales, institución que desaconseja contar con Piscator por las siguientes razones:

> 1° Que no parecía indicado que un alemán montara una comedia española en París, no por nosotros sino por los franceses.
> 2° Por ser Piscator un comunista notorio.
> 3° Por no corresponder su técnica a lo que debería ser una representación de *Fuenteovejuna* en París.
> 4° Por haber dado Luis Lacasa la noticia de que [con ocasión de] una proyección de una película de Piscator en Valencia había [manifestado] el Subsecretario de Instrucción Pública[4] [su parecer

3. Agregado cultural de la embajada española en París.
4. Juan María Aguilar Calvo, integrante de Izquierda Republicana (Álvarez Rey 2009: 229-237).

> desfavorable acerca] de una intervención del citado señor Piscator en [la] realización [de *Fuenteovejuna*]. La Junta resolvió por unanimidad que Piscator no montara la obra y esperamos que nuestro punto de vista sea confirmado (Anónimo 1937a).

Como puede observarse, con el objetivo de conseguir los apoyos de Francia y de Inglaterra, la Junta de Relaciones Culturales –controlada por el Ministerio de Instrucción Pública, en manos comunistas– es plenamente consciente de que la sombra de la hoz y del martillo, y la vinculación de la República con la URSS, puede dar al traste con la colaboración de ambos países. Una consigna que sigue estando presente entre los organizadores de la Exposición incluso con el cambio de gobierno acaecido en mayo del 37, en virtud del cual Largo Caballero es destituido por Negrín en la jefatura del Estado y Araquistáin, embajador de España en París, deja su cargo a Ángel Ossorio. Y digo incluso porque el socialista Negrín se mostró más partidario que su predecesor a caminar de la mano con los comunistas, cuya cabeza visible, Jesús Hernández, ya ministro de Instrucción Pública durante el gobierno de Largo Caballero, fue ratificado en su cargo.

Sin embargo, el nuevo embajador era poco transigente con la presencia comunista, como así atestigua en carta dirigida a José Gaos el 24 de junio de 1937 –conservada en el Centro Documental de la Memoria Histórica– con motivo de la próxima inauguración del Pabellón de España el 12 de julio: "que en estos momentos la presencia de un Ministro comunista [se refiere obviamente al citado Jesús Hernández] se prestaría a interpretaciones de tipo político que nos conviene evitar" (PS Madrid, caja 2760, doc. 6). Poco dispuesto a tolerar la injerencia comunista, sí se mostraba abierto a "dar a conocer algo de nuestras producciones teatrales" (PS Madrid, caja 2760, doc. 23).

Parece ser, pues, que la idea de La Barraca como *hacedora* de la pieza lopesca en París viene impuesta por el frustrado montaje piscatoriano. Y también creo haber probado que el nombramiento de Miguel Hernández, frente a lo que se había escrito hasta la aparición de mi citado ensayo, se produce en fechas inmediatamente anteriores a la inauguración del Pabellón de España en la Exposición Internacional y se deriva directamente de la proyectada actuación del grupo en París. Piscator, comunista alemán, es sustituido por un comunista español, ejemplo de entrega en el frente –en múltiples actividades de Altavoz del Frente– y ferviente admirador de García Lorca. No es casual, por tanto, que los miembros de La Barraca sean trasladados a Valencia con el objeto de preparar una actuación tan importante que bien merecía estar orquestada por quien era, ya en aquel momento, máximo representante del compromiso intelectual con la República.

Curiosamente, cuando el 29 de agosto de 1937, La Barraca, como digo ya oficialmente dirigida por Miguel Hernández, actúa en Valencia, en lo que parecía ser una especie de preparación para la magna actuación parisina, el poeta oriolano se encontraba en París, de camino a la Unión Soviética, país al que había sido invitado por el Ministerio de Instrucción Pública para asistir al V Festival Internacional de Teatro Soviético. A Miguel le acompañaban el compositor Enrique Casal Chapí, el dibujante Miguel Prieto (Rojo Fernández 2007, Cabañas 2011), Francisco Martínez Allende, periodista y dramaturgo muy vinculado al Altavoz del Frente, y Gloria Álvarez Santullano, actriz del TEA (Teatro Escuela de Arte). Todos ellos iban comandados por Cipriano de Rivas Cherif, director artístico de la compañía Margarita Xirgu, diplomático en Ginebra y fundador del mencionado TEA.

Las fichas comienzan a encajar. Miguel Hernández no acompañaba a La Barraca, pero Renau sí estaba en Valencia, precisamente en un regreso breve de París, para colaborar con la delegación mexicana de la LEAR en la preparación de *Cien años de arte revolucionario mexicano*, una muestra que incluyó piezas del siglo xix y xx, y que fue organizada con el propósito de "agradecer el apoyo brindado por México al gobierno republicano"[5]. No parece descabellado

5. De hecho, la revista *Nueva Cultura* dedicó su número 6, correspondiente a agosto-octubre de 1937, al pueblo mexicano.

pensar, antes bien al contrario, que asistiera a la representación del grupo republicano, llamada, como estaba la formación, a participar en un Pabellón de quien Renau era máximo responsable. Pero, si la explicación no fuera demasiado contundente, hay que advertir que los decorados y figurines de *Fuenteovejuna* habían sido diseñados, allá por 1933, cuando Lorca la proyectara por vez primera, por Alberto Sánchez, "Alberto", amigo íntimo de Renau, y cuya obra estaba, como detallaremos a continuación, muy bien representada en el Pabellón. Es más: el propio Renau –junto a Francisco Carreño– había firmado un contundente interpelación al escultor, dentro de las páginas de *Nueva Cultura*, para que acomodara "su actividad a las exigencias del momento y utilizara un lenguaje más asequible" (García de Carpi 2001: 318):

> De ti, Alberto, y de las demás fuerzas intelectuales de la plástica, los que ha habéis comprendido que el fascismo no es un fantasma, sino una realidad que se acusa en el ambiente español, de vosotros [...] esperamos el rompimiento definitivo con las reminiscencias pequeñoburguesas del individualismo, que os privan de la realización integral de la obra de creación artística, que os impiden dar el paso hacia el elemento más importante en toda obra de arte: la cualidad de establecer un contacto espiritual entre las gentes ("Situación...", *Nueva Cultura*, 2, febrero de 1935: 11).

Renau y Carreño, lejos de ocultar sus filiaciones soviéticas, aprovechan el envite para defender, sin grietas, el arte soviético –en una línea de pensamiento muy cercana a la que exhibirá Miguel Hernández tras su viaje del 37 a Rusia–, cuya principal virtud ha sido "mostrar al mundo, a los artistas puros, que el concepto individualista del arte ha terminado en su función de seguir desarrollándose, y que el arte, para tener fuerza creadora e integridad social, debe encarnar el espíritu de la nueva sociedad, de concepto colectivo y de responsabilidad social" ("Situación...", 1935: 13).

Formulo, desde ahora, una primera hipótesis: ¿pudo sentirse Renau decepcionado del nivel artístico exhibido por La Barraca? Recordemos que nadie quedaba de los *barracos* históricos, si hacemos excepción de María del Carmen García Lasgoity, codirectora, ya no actriz, de la remozada formación ("La actuación de la Barraca...", *El Pueblo,* 30 de agosto de 1937: 3). Desde luego, aquella Barraca que vistiera Lorca, con la ayuda inestimable de Ugarte, poco tenía que ver con este grupo de bisoños estudiantes –muchos de ellos con apenas dieciséis o diecisiete años, por su condición de no reclutables–, aun cuando, qué duda cabe, la mano de la Lasgoisty y de Miguel se hubiera notado en los últimos tiempos.

Descartamos, a falta de pruebas más contundentes, una animadversión de Renau respecto a Miguel Hernández, toda vez que ambos eran comunistas y que, como es bien sabido, *Nueva Cultura,* la revista dirigida por el propio Renau, había publicado en su número de marzo de 1937 un encendido elogio a Miguel Hernández firmado por Tomás Navarro Tomás.

Sin embargo, contamos con un testimonio indirecto que, sin aportar una respuesta contundente, sí abre una nueva hipótesis. Una vez más es *Nueva Cultura* la revista que en su número triple 6-7-8, publicado a finales de octubre de 1937, reserva espacio a un artículo que, firmado por el intelectual cubano Juan Marianello, lleva por título "Significación de García Lorca". Marianello reivindica a Lorca como un "poeta del pueblo", síntesis primera del compro miso entre intelectual y sus congéneres:

> No podía SER sino como pueblo; por eso FUE. [...] Fue la [voz] de un pueblo. La de un pueblo que ahora se desangra por la vida futura, por la unidad, por la paz de todos los pueblos.

¿Es posible que Renau auspiciara su publicación precisamente cuando había renunciado definitivamente a que La Barraca actuara en París? Quede pendiente esta cuestión que más tarde intentaré resolver.

Tenemos constancia, al menos, de una segunda actuación de La Barraca en tierras valencianas, precisamente el 17 de septiembre, y aún con Hernández en Rusia, con motivo de la Exposición Nacional de la Juventud, dentro de la denominada "Tarde del Estudiante". El anónimo cronista de *La Hora. Diario de la Juventud* sigue anunciando la inminente salida del grupo para París y, una vez más, a Miguel como *nuevo* guía de la agrupación (Peral Vega 2013: 143-145). Más allá de la representación de dos entremeses cervantinos, *El retablo de las maravillas* y el atribuido de *Los dos habladores*, conviene advertir que algunos componentes de La Barraca mecharon la actuación con el recitado de varios poemas de Antonio Machado –entre ellos "El crimen fue en Granada"– y del propio Miguel Hernández. La nueva tutela del oriolano se cifraba, parece claro, en el respeto al repertorio asentado por Federico para La Barraca histórica, pero también, a un tiempo, en la apertura de la agrupación a un arte de compromiso actual, más cercano al drama de España.

Retomemos ahora la suerte de Miguel Hernández. Después de asistir al V Festival de Teatro Soviético, y profundamente conmocionado por haber visto sobre las tablas la expresión más acabada del arte comprometido –de forma similar a lo que él mismo había pretendido en *Teatro en la guerra*–, el 5 de octubre emprende el viaje de regreso desde Leningrado, con paradas en Copenhague, Londres y París. En la ciudad del Sena se encuentra con sus amigos Octavio Paz, Elena Garro, León Felipe y Alejo Carpentier, nombre vinculado, como ya hemos visto, a la Exposición. Tenemos constancia minuciosa de las actividades "parisinas" de nuestro poeta, con visita incluida al Folies Bergère. Fue precisamente Carpentier quien aprovechó la visita para grabar, en un pequeño estudio, a Hernández recitando "Canción del esposo soldado". Es difícil pensar que el escritor cubano, tan vinculado al destino del Pabellón, no aprovechara la ocasión para que Hernández lo visitara. Y aunque no conservamos testimonio gráfico, algunos lo apuntan como seguro. Allí, obviamente, vio el *Guernica*, de Picasso, en un lugar privilegiado del patio central. Sin embargo, tardará en dejar negro sobre blanco sus impresiones sobre la pintura.

Llegó a España el 10 de octubre, en tren, desde la capital francesa. Su forma de enfrentar la literatura y el compromiso del escritor ha cambiado sustancialmente. Lejos de enfangarse en los ensayos de La Barraca, colabora en diversas actividades encaminadas a relatar su experiencia en la Unión Soviética. Así, el 4 de noviembre de 1937, Hernández participa en un acto de "Homenaje a la URSS" celebrado en el Cine Monumental de Alicante, con la actuación del cuadro artístico del Altavoz del Frente representando *La guarda cuidadosa* de Cervantes. En el número 108 de *Nuestra Bandera*, periódico muy vinculado al Partido Comunista, aparece el 10 de noviembre de 1937 el texto en prosa de Hernández titulado "La URSS y España, fuerzas hermanas". Insiste en él en el fortísimo contraste entre países neutrales, tal el caso de Inglaterra, "carentes de pasión", y Rusia, que es ensalzado de forma encomiástica:

> España y su tragedia tienen una resonancia profunda en el corazón popular de la URSS; y yo he traído de allá una emoción y una decisión de vencer, exasperada por el entusiasmo que vi reflejado en cada boca, en cada mirada, en cada puño de aquellos habitantes que aprendieron desde lejos gritándola nuestra dura consigna de no ser vencidos: ¡No pasarán!

Ya sabemos la posición del embajador Ossorio respecto de estas veleidades "comunistas" y su renuencia a que cualquier olor soviético impregnara el Pabellón.

Para la misma publicación, y el 21 de noviembre, Hernández manifiesta su admiración por la cultura rusa, y en particular elogia el "nivel técnico excepcional" que ha adquirido el teatro soviético. Arremete, una vez más, contra Inglaterra, "helada de un egoísmo imperialista de cuellos duros y sombreros hongos" (Larrabide 2007:18)[6].

Pero más interesante para nuestro propósito es el artículo titulado "Hay que ascender las artes hacia donde la guerra ordena", una diatriba lanzada contra ciertos intelectuales y artistas españoles, inmersos aún en juegos de artificio vanguardista, si no ajenos, sí al me-

6. En entrevista a Miguel Hernández recogida en *Nuestra Bandera*, "Miguel Hernández nos habla del V Festival de Teatro Soviético y de su fe en el pueblo español", 118 (21 de noviembre de 1937), pp. 4-5.

nos no suficientemente expresivos respecto de la circunstancia histórica a la que España se enfrentaba. Volvamos a las palabras de Hernández:

> Los hombres de la pintura, la escultura, la poesía, las artes en general, se ven hoy en España impelidos hacia la realización de una obra profundamente humana que no han comenzado a realizar todavía. Yo veo a los pintores, los escultores, los poetas de España empeñados en una labor de fáciles resoluciones, sin el reflejo mejor de los problemas que la situación de este tiempo ha planteado. Advierto a estos hombres llenos de frivolidad artística heredada de otros hombres, artistas de relumbrón, excéntricos en pintura, escultura, poesía, arte en general. Veo que los pintores temen a la pintura, la rehúyen y se entregan a juegos ya en desuso del cubismo y sus provocadores (1992: 2235).

Parece evidente, como ha demostrado Juan Cano Ballesta (1991: 131-135), que la alusión se proyecta contra el *Guernica*, de Picasso, máxime cuando, entre los papeles de Josefina Manresa, la viuda de Hernández, él asegura haber leído una versión primera de dicho artículo en la que se refería explícitamente el nombre del pintor malagueño: "Los pintores de hoy temen a la pintura, la rehúyen. Picasso es un ejemplo".

En la Exposición de París, Hernández había visto la escultura *El pueblo español tiene un camino que conduce a una estrella*, de Alberto Sánchez, perteneciente a la Escuela de Vallecas, artista y tendencia en absoluta en sintonía con el arte implicado que había expuesto Miguel en el prólogo a *Vientos del pueblo*. El contraste entre la escultura de "Alberto" y la pintura aumentaría, a buen seguro, la decepción del poeta, el cual conocía ya, casi con certeza y antes de su visita, el famoso mural picassiano, toda vez que su proceso de gestación había quedado retratado en el número de junio-julio de la revista valenciana *Nueva Cultura*, a la sazón –y los nombres comienzan a cuadrar– dirigida por Josep Renau.

Se sumaba así Miguel Hernández a una encendida polémica que, en torno al *Guernica*, se había producido entre el verano y el otoño de 1937 en París. Algunos intelectuales republicanos, tal el caso de Juan Larrea, expusieron sin tapujos su resistencia a considerarlo emblema de la resistencia leal, por haber transformado la violencia abyecta de los fascistas en una alegoría intelectualizada: "una pintura antisocial y ridícula, completamente inadecuada para la sana mentalidad del proletariado" (1947: 72). Algo que ratificaría el siempre juguetón Bergamín: "C'est pourquoi elle est si réelle, mais non pas réaliste" (1937: 138).

Llegados a este punto, conviene ir recogiendo los hilvanes de este trabajo para formular dos líneas posibles de interpretación. La primera parece evidente: ¿cabía una Barraca, dirigida por Miguel Hernández, en una Exposición en la que Pablo Picasso ocupaba un lugar prioritario, que el propio Renau le había concedido desde antes de que el Pabellón Español fuera un proyecto? ¿Sabía Hernández que Picasso había sido designado como figurinista y decorador del fracasado proyecto piscatoriano? La evidente despreocupación de Hernández respecto de la agrupación teatral una vez vuelve de la URSS parece apuntar a una respuesta positiva a la primera de las cuestiones o, al menos, a un abandono del proyecto.

Cabe, sin embargo, otra perspectiva que, siendo opuesta, puede resultar complementaria. Podríamos entender que no procediera de Miguel Hernández la idea de renunciar a la actuación de París, sino que fuera el equipo rector del Pabellón Español quien cortara el paso al que hubiera sido, de haberse producido, el mejor homenaje que la ya agonizante República hubiera ofrecido a García Lorca. Es indudable que Hernández no debió de ocultar su decepción ante el *Guernica* y otros cuadros presentes en el Pabellón, los cuales, en la línea de Picasso, expresaban el horror del conflicto desde una perspectiva simbólica, muy alejada del realismo soviético que él mismo postulaba. Pongo por caso las dos piezas de Ramón Gaya, a saber: *Espanto. Bombardeo de Almería* y *Palabras a los muertos. Retrato de Juan Gil-Albert*. Recordemos la posición contraria que el siempre cáustico Gaya tenía sobre la poesía hernandiana, de la que dejará constancia unos meses después en el artículo "Divagaciones en torno a un poeta: Miguel Hernández" (1938), dentro de la revista *Hora de España*, con motivo de la publicación de *Vientos del pueblo*. Las palabras de Gaya testimonian una manera muy diversa de entender el arte comprometido, un arte que nunca debe ser ajeno a la forma y que debe buscar la elevación del espíritu al tiempo que la conmoción de las almas:

> Ni la más pura verdad, la mejor verdad, la verdad más verdadera puede ser ella sola nada en arte, ni la más sabia forma es nada por sí misma. Unir, fundir en un solo cuerpo tal sentimiento, tal emoción, tal o cual episodio –que son la verdad–, con una forma, una trampa, un artificio –que son la mentira–, es, como se sabe, el único, el solo arte terminado (Gaya 2010: 302).

Añadamos a ello la defensa sin fisuras que Gaya –y también Renau, no lo olvidemos– esgrimió entonces y siempre de la pintura picassiana, en su opinión la más acabada forma de la modernidad. No sería descabellado pensar en una cierta reticencia de Picasso y Gaya, quizás también del propio Renau, a que Hernández desembarcara en París con la *troupe* lorquiana.

Pero incluso en el caso de que ninguna de esas presiones se hubiera producido, nunca debemos olvidar que el propósito último de la presencia española en la Exposición de París era recabar apoyos de las democracias europeas, evidenciando, para ello, la gran distancia que separaba las políticas de la URSS de la República española. Una línea que se vio reforzada luego de la destitución de Luis Araquistáin como embajador y la llegada de Ossorio, al fin un republicano de fuertes convicciones católicas. Con un Miguel Hernández cautivado por el teatro soviético tras el viaje oficial –sufragado por un Ministerio de Instrucción Pública comandado por el comunista Jesús Hernández–, no debía de despertar mucha confianza la posibilidad de hacer del montaje de *Fuenteovejuna* –o del conjunto escénico que se exhibiera– un ejercicio propagandístico prosoviético. En tal caso, el espíritu primero de La Barraca se habría pervertido, pues que, con todo el sentido revolucionario que se admita en la adaptación que realizó García Lorca del texto lopesco –con eliminación de los Reyes Católicos del elenco de personajes (Peral Vega 2006)–, el de Granada buscó sobre todas las cosas la estilización del repertorio barroco español por encima de condicionamientos políticos. No en vano la apropiación que la *intelligentsia* nacional –sobre todo la de estirpe falangista– hace del grupo ya incluso durante la contienda bélica, a través de grupos como La Tarumba, de nombre e idiosincrasia lorquianos, y, sobre todo, el Teatro Nacional de la Falange Tradicionalista y de las JONS, dirigido por Luis Escobar, apuntan a su condición si no apolítica, sí al menos, no militante.

Lo cierto es que la Exposición Internacional de París concluía el 25 de noviembre sin que La Barraca hubiera podido exhibir su buen hacer en ella. Los franceses pudieron disfrutar, algunos meses después, de *Fuenteovejuna*, cuando todavía diversas actividades españolas seguían vigentes en París –baste como ejemplo la exposición de trajes regionales en el Musée de l'Homme, sito en el Trocadero, a principios de 1938–, aunque no fuera el grupo lorquiano quien la subiera al escenario. Dirigido por Henri Lesieur, y con la traducción que Jean Cassou[7] y Jean Camp habían realizado para el frustrado montaje de Piscator, el texto lopesco subió a las tablas del Théâtre du Peuple de París. Un acto de justicia histórica para los españoles republicanos y muy especialmente para Germana Montero, en el papel de Laurencia, que, ahora ya exiliada en Francia, "se [había] traslad[ado] a España a los dieciocho años para vincularse [...] al grupo teatral universitario de La Barraca" (Aznar 2003: 380, nota 6). Ella misma lo declara, con orgullo, en declaraciones ofrecidas al diario *Ce Soir* durante los ensayos de la obra:

> J'ai vécu, nous dit-elle, en Espagne de 1932 à novembre 36. C'est à Madrid que notre grand et regretté poète Federico Garcia Lorca me fit faire mes débuts sur une scène (Bonnat 1937).

---

7. El traductor insistía en el componente de actualidad política que la pieza ofrecía a comienzos del año 38: "Plus que jamais les Espagnols retrouvent, représentés dans ce drame, leur farouche volonté d'indépendance, leur haine de la tyrannie, leur amour de la liberté, leur sens de la dignité humaine" (Cassou 1938).

Sea como fuere, emociona ver cómo un grupo de españoles leales aunaron esfuerzos para, a través de la cultura, intentar convencer de la licitud de su causa a aquellas potencias europeas que entonces –sin mucha razón– y ahora –con alguna menos– siguen autoproclamándose principio de la democracia; y provoca lástima, a un tiempo, darse cuenta de que las disensiones en la izquierda, esas viles quisicosas tan idiosincrásicas de nuestro país, privaron a París (y a nuestra historia) de un homenaje republicano a la altura de García Lorca. Un hombre y un poeta que, como bien explicó Cernuda en "A un poeta muerto" murió sin saber "la realidad más honda de este mundo: / el odio, el odio triste entre los hombres".

Bibliografía citada

ANÓNIMO, "Informe sobre la carta adjunta de Erwin Piscator acerca de la obra *Fuenteovejuna*", Archivo Privado de Luis Araquistáin Quevedo, Archivo Histórico Nacional, Legajo 76, 1937a.

ANÓNIMO, "La propagande espagnole en France", Archivo General de la Administración, Sección Asuntos Exteriores, Caja RE. 140. Carpeta 8 / Pliego 6, ¿1937b?

ARENCIBIA, Mercedes, "Josep Renau, el hombre que encargó el cuadro. A Picasso le costó mucho parir", *Diario 16*, Madrid, 25 de abril, 1977.

ARES ÁLVAREZ, Óscar Miguel, "Transiciones de la forma. La modernidad alternativa del pabellón de la Segunda República en París (1937)", en VV.AA., *Las exposiciones de arquitectura y la arquitectura de las exposiciones. La arquitectura española y las exposiciones internacionales (1929-1975)*, Pamplona, Universidad de Navarra, 2014, pp. 139-146.

ARÓSTEGUI, Julio, *Largo Caballero. El tesón y la quimera*, Barcelona, Debate, 2013.

AZNAR, Manuel, ed., Max Aub, *Nuevos diarios inéditos (1939-1972)*, Sevilla, Renacimiento, 2003.

BERGAMÍN, José, "Le mystère tremble. Picasso furioso", *Cahier d'Art*, 12, 4-5, 1937. [Versión española, con traducción de Iván

López Cabello, en Robles Tardío (ed.), *Picasso y sus críticos*, pp. 63-68.]

Bonnat, Yves, "Pendant une répétition de *Font-aux-Cabres* au Théâtre du Peuple", *Ce Soir*, 12 de diciembre, 1937.

Byrd, Suzanne, *La 'Fuente Ovejuna' de Federico García Lorca*, Madrid, Pliegos, 1984.

Cabañas Bravo, Miguel, *Josep Renau. Arte y propaganda en guerra*, Madrid, Ministerio de Cultura, 2007.

— "Miguel Prieto y la escenografía en la España de los años treinta", *Archivo español de arte*, 36, 2011, pp. 355-378.

Cano Ballesta, Juan, "Una imagen distorsionada de Europa: Miguel Hernández y su viaje a la Unión Soviética", *RILCE. Revista de Filología Hispánica*, 1/2, 1985, pp. 199-210.

— (ed.), Miguel Hernández, *El hombre y su poesía*, Madrid, Cátedra, 1991.

— *La imagen de Miguel Hernández*, Madrid, Ediciones de la Torre, 2010, pp. 2-3.

— "Miguel Hernández: el impacto de su viaje a la Unión Soviética", *Ínsula*, 768, 2010, pp. 2-3.

Carner Ribalta, Josep, "Un nou teatre en somni", *Estudis Escènics. Quaderns de l'Institut del Teatre de la Diputació de Barcelona*, 23, junio, 1983, pp. 7-15.

Carreño, Francisco y Josep Renau, "Situación y horizontes de la plástica española. Carta de *Nueva Cultura* al escultor Alberto", *Nueva Cultura*, 2, febrero, 1935, pp. 11-14.

Cassou, Jean, "Avant *Font-aux-Cabres*. Au théâtre du Peuple (Sarah-Bernhardt)", *Humanité*, 29 de enero, 1938.

Cotta, José, *Rosas de plomo. Amistad y muerte de Federico y José Antonio*, Barcelona, Stella Maris, 2014.

Escobar, Luis, "La barraquera de un 'camarada'. 'La Barraca'", *Diario de Albacete*, 20 de julio, 1933, p. 1.

Esteve Latorre, Eva, *Josep Carner Ribalta (1918-1931): entre l'activisme polític i la literatura. La formació de l'intel.lectual*, Barcelona, Universitat Autònoma de Barcelona, 1998 [trabajo de investigación inédito].

Fernández Palmeral, Ramón, "*El hombre acecha*, como eje de la poesía de guerra", Alicante, Biblioteca Virtual Miguel de Cervantes, 2006, <http://www.cervantesvirtual.com/nd/ark:/59851/bmc6t106> [consultado el 31 de marzo de 2015].

Foguet i Boreu, Francescs, *Teatre, guerra i revolució: Barcelona, 1936-1939*, Barcelona, Institut del Teatre, 1999.

García de Carpi, Lucía, "El exilio del surrealismo español", en Miguel Cabañas Bravo (ed.), *El arte español del siglo* XX. *Su perspectiva al final del milenio*, Madrid, Consejo Superior de Investigaciones Científicas, 2001, pp. 317-328.

Gaya, Ramón, "Divagaciones en torno a un poeta: Miguel Hernández", *Hora de España*, XVIII, 1938, pp. 43-51 [Incluido en *Ramón Gaya. Obra completa*, ed. Nigel Dennis, Valencia, Pre-Textos, 2010, pp. 293-302.]

Gómez, Mayte, *El largo viaje. Política y cultura en la evolución del Partido Comunista de España, 1920-1939*, Madrid, Ediciones de la Torre, 2005.

Guerrero Zamora, Juan (ed.), *Proceso a Miguel Hernández. El Sumario 21001*, Madrid, Dossat, 1990.

Hernández, Miguel, "La URSS y España, fuerzas hermanas", *Nuestra Bandera*, Alicante, 108, 10 de noviembre, 1937.

— "Hay que ascender las artes hacia donde ordena la guerra" [1937], en Agustín Sánchez Vidal y José Carlos Rovira (eds.), con la colaboración de Carmen Alemany, *Obra completa. II. Teatro, prosas, correspondencia,* Madrid, Espasa Calpe, 1992, p. 2235.

Larrabide, Aitor, "El laberinto inextricable de Miguel Hernández: su viaje a Rusia en la prensa alicantina y valenciana (1937)", *El Eco Hernandiano*, 12, 2007, pp. 12-20.

Larrea, Juan, *Guernica. Pablo Picasso*, introducción de Alfred H. Barr Jr., New York, Curt Valentin Publisher, 1947.

Marinello, Juan, "Significación de García Lorca", *Nueva Cultura,* 6-7-8, octubre 1937.

Molina Taracena, Pilar, "Juan Gil-Albert: creador de la poética de guerra del bando republicano", *Auca. Revista Literaria y Artística,*

28, 2013, pp. 25-32.

Ortiz-Echagüe, Javier, "Una imagen para salvar la República: fotomontajes del pabellón español en la exposición internacional de París 1937", en Antonio Checa Godoy *et alii* (eds.), *La comunicación durante la Segunda República y la Guerra Civil*, Madrid, Editorial Fragua, 2007, pp. 471-484.

Peral Vega, Emilio, "De reyes destronados. La figura del rey en el teatro clásico durante la Segunda República", en Luciano García Lorenzo (ed.), *El teatro clásico español a través de sus monarcas*, Madrid, Fundamentos, 2006, pp. 351-377.

— *Retablos de agitación política. Nuevas aproximaciones al teatro de la Guerra Civil española*, Madrid/Frankfurt, Iberoamericana/Vervuert, 2013.

Piscator, Erwin, "Carta a Luis Araquistáin", Archivo Privado de Luis Araquistáin Quevedo, Archivo Histórico Nacional, Legajo 76, 8 de abril, 1937, p. 74.

Renau, Josep, "L'organisation de la défense du patrimoine artistique et historique espagnol pendant la Guerre Civile", *Mouseion* (Extrait), 39-40, 1937.

Robles Tardío, Rocío (ed.), *Picasso y sus críticos I. La recepción del Guernica 1937-1947*, Barcelona, Ediciones de La Central, 2011.

Rojo Fernández de Retana, Ignacio, "Miguel Prieto Anguita (1907-1956): comisario de cultura", en Manuel Bueno Lluch, José Hinojosa y Carmen García García (eds.), *Historia del PCE: I Congreso 1920-1977*, Madrid, Fundación de Investigaciones Marxistas, 2007, pp. 685-690.

Rossell, Anna, "Vingué Erwin Piscator a Catalunya el 1936?", *Els Margers*, 63, mayo, 1999, pp. 89-104.

Rothstein, Andrew, informe sin título, Archivo General de la Administración, Sección Asuntos Exteriores, CAJA 140: Carpeta 8 /Pliego 2.

Sambricio, Carlos, "Luis Lacasa vs. Jose Luis Sert: el Pabellón de España en la Exposición de 1937", en VV.AA., *Las exposiciones de arquitectura y la arquitectura de las exposiciones. La arquitectura española y las exposiciones internacionales (1929-1975)*, Pamplona, Universidad de Navarra, 2014, pp. 61-80.

SANTANA, Andrés, "Segundo viaje de Miguel Hernández a Rusia", <http://www.miguelhernandezvirtual.com/new/files/segundo-viaje.pdf>, 2005 [consultado el 23 de abril de 2015].

TINNELL, Roger (ed.), *Epistolario a Federico García Lorca desde Cataluña, la Comunidad Valenciana y Mallorca conservado en la Fundación Federico García Lorca*, Granada, Fundación FGL/Caja de Granada/Editorial Comares, [s. a.]

VICENTE HERNANDO, César de, *Erwin Piscator. Teatro, política y sociedad*, Madrid, Publicaciones de la ADE, 2013.

Poesía en la guerra: metamorfosis hernandiana de "Las manos", un motivo literario de largo aliento

Rafael Alarcón Sierra
Universidad de Jaén

Miguel Hernández publica su poema "Las manos" en el número 47 de la revista *Ayuda*, que lleva fecha de 20 de febrero de 1937, y, con pequeñas variantes, será uno de los 25 poemas que, acompañado de 18 fotografías de varios autores, conforme unos meses después *Viento del pueblo. Poesía en la guerra* (Valencia, Ediciones "Socorro Rojo", Litografía Durá, 1937)[1]. En este ensayo mostraré cómo el

1. Hernández, "Las manos" (1937: 101-105). En el ángulo inferior derecho de la contracubierta aparece la indicación: "Precio 8 pesetas". El poema también fue publicado meses después en *Versos en la guerra*, 1938, (VV.AA., 1938), acompañado de una ilustración de Abad Miró. Véase Larrabide (2009-2010). De *Viento del pueblo* existe una edición facsímil a cargo de Rovira y Alemany Bay (1992). También destaca la edición de Cano Ballesta (1989).

poema es un cruce de caminos donde convergen de manera magistral, con extraordinaria fuerza épica y calidad estética, los dos vectores, el vanguardista y el político, que vehiculan en el primer tercio del siglo XX y en toda Europa un motivo de gran raigambre literaria y artística, el de la mano. En esta primera entrega analizaré el poema en su contexto e implicaciones, reconstruyendo la serie literaria en la que se inserta, dejando para otra ocasión el estudio de la serie plástica paralela y la interdependencia entre texto e imagen que se produce en el poemario (he adelantado una síntesis general en Alarcón Sierra 2015).

Como es sabido, Miguel Hernández se había enrolado en el 5º Regimiento el 23 de septiembre de 1936 (dos meses después del comienzo de la Guerra Civil), en el 5º Batallón de voluntarios. El 25 había sido enviado, con una brigada de fortificaciones (3ª Sección, 2ª Compañía) al pueblo de Cubas, a las afueras de Madrid, para cavar trincheras y abrir zanjas defensivas. Hasta finales de octubre, tras el reposo de una infección intestinal, se mantuvo ocupado como zapador, ahora en Valdemoro. Quizá tras una llamada de Vicente Aleixandre a Emilio Prados, en noviembre, Hernández pasó a la 1ª Brigada Móvil de Choque de la 11ª División, adscrita al 5º Regimiento, un batallón de 12.000 hombres que comandaba Valentín González, el Campesino. Hernández formó parte de la 10ª Brigada, dedicada a tareas culturales, a las órdenes del cubano Pablo de la Torriente. Fue este, según su testimonio en *Peleando con los milicianos*, quien reclamó los servicios del oriolano para tareas culturales (ser jefe del departamento de cultura, responsable del periódico de la brigada y de los periódicos murales, organizador de la biblioteca, del reparto de la prensa, etc. Sánchez Vidal 1992: 218-219). Se mueve con su unidad por los alrededores de Madrid (Pozuelo de Alarcón, Alcalá de Henares, Ciudad Lineal, Majadahonda) y conoce los rigores de la guerra, como el bombardeo artillero y de aviación que sufre los días 6 y 7 de noviembre en Boadilla del Monte, que rememora en su crónica "No dejar solo a ningún hombre". Organiza diversas tareas culturales, entre ellas el periódico divulgativo *Al Ataque*, cuyo primer número sale el 9 de enero de 1937, y colabora en los trabajos de alfabetización de la tropa, realizando recitales y lecturas que arengan y levantan el espíritu combatiente. Se reencuentra con buenos amigos poetas, como Antonio Aparicio y José Herrera Petere. Pablo de la Torriente lo nombra comisario político (carta a Josefina de 26 de noviembre). Escribe y publica diversos artículos y los primeros poemas de lo que será *Viento del pueblo*, como "Rosario, dinamitera" o la "Elegía segunda" a Pablo de la Torriente, que muere el 18 de diciembre en combate, y es enterrado, con la presencia de Hernández, en Barcelona a comienzos de enero de 1937. A finales de febrero, en los días en que escribe "Las manos", pasa al Altavoz del Frente Sur bajo las órdenes directas de Vittorio Vidali, el comandante Carlos Contreras, miembro de la troika del Komintern en España. Llega a Jaén el 3 de marzo de 1937. El 9 de marzo se casa con Josefina en Orihuela; el 11 ya está de vuelta en Jaén, alojado en una residencia de la calle Llana, junto a Martínez de León, Herrera Petere, Pedro Garfias, Martínez Cartón y el comandante Carlos. El 21 de marzo sale el primer número de *Frente Sur*, órgano divulgativo del Altavoz del Frente. Escribe poemas, artículos y pequeñas piezas de teatro. El 21 de abril Miguel le dice en carta a Josefina: "Mi libro ya está puesto en marcha. Después de escribirte, voy a ponerme a corregir pruebas de él, que me han mandado ya de la imprenta" (Hernández 2010: 165). Poco después escribe varios artículos desde el frente de Extremadura. *Viento del pueblo*, junto a una fotografía del poeta, es anunciado en la revista *El Mono Azul* el 19 de junio, con estas palabras: "La edición, que constará de muchos ejemplares, irá ilustrada con fotografías, será esparcida por las trincheras y arrojada como propaganda en el campo enemigo". En julio asiste Hernández en Valencia al Segundo Congreso de Intelectuales en Defensa de la Cultura, donde suscribe la ponencia colectiva redactada por Arturo Serrano Plaja. El 30 de agosto está en París y el 8 de septiembre, en Moscú, tras hacer escala en Estocolmo, para asistir al V Festival de Teatro Soviético. El 5 de noviembre sale de Leningrado para retornar a España. *Viento del pueblo* ve la luz en septiembre, durante este viaje a la URSS.

Del poema "Las manos" se conservan dos borradores parciales en prosa (lo que es habitual en su autor y sucede con otras composiciones de estos años) y dos copias mecanográficas sin variantes (136/A-297 y 270/X-19), la primera de las cuales lleva fecha de 15 de febrero de 1937, es decir, cinco días antes de su primera publicación. El primer esbozo (269/X-18) lleva un posible título: "Las manos / una función", y celebra la capacidad creadora y trabajadora de la mano por encima de la máquina (un tema muy propio de la época): "no olvidéis que la máquina es producto de la mano, y la mano no puede ser esclava de aquélla"; "no somos la herramienta, somos quien la maneja". En la última línea hace referencia a "las manos yermas, solitarias como baldíos", a las que va a dedicar por completo el segundo borrador (381/X-186), que incluye la indicación intercalada "(Canto a las manos)" antes de referirse a las manos del enemigo, quien "con una bombardea poblaciones, y con otra ejecuta" (Hernández 1992: 1013-1014; Alemany, 2014: 172-173, quien difiere de la información anterior en que fecha a 15 de febrero de 1937 no la primera versión mecanografiada, sino el primer borrador). Este segundo esbozo está tachado en su mayor parte, aunque sintagmas y expresiones de ambos pasan al poema final. Como vemos, el primer antetexto esboza la primera parte del poema y el segundo se dedica más bien a la parte final de este.

"Las manos" presenta una estructura análoga a "El sudor" (que apareció meses después en el número nueve de *Hora de España*, correspondiente a septiembre de 1937), dispuesto en el poemario justo a continuación (estrofas dedicadas a los que usan sus manos y a los que sudan trabajando frente a otras dedicadas a los que no lo hacen, más una final conclusiva) y ambos, junto a la "Canción del esposo soldado", además de ser de las mejores composiciones del libro, están escritos en serventesios de pie quebrado (estrofas compuestas de tres alejandrinos y un heptasílabo) con rima consonante. La disposición no es azarosa, si tenemos en cuenta el testimonio de Jorge Luzuriaga, quien dejó escrito que, en una conversación con Miguel Hernández sostenida en la primavera de 1938 en una playa cercana a Castellón, este se mostró muy satisfecho de "Las manos" y "El sudor", porque "en ellos me encuentro más cerca de lo que quiero expresar", frente al quizá más famoso "Jornaleros", del cual manifestó que la repetición de la primera palabra en la última de cada estrofa "tenía algo de oficio" (Luzuriaga 1975: 53-55).

José Valverde, al estudiar la estructura temática y metafórica de *Viento del pueblo*, destacó cómo su visión enfrentada de los dos bandos contendientes provoca en la mayoría de los poemas una dualidad antitética que, en el caso de "Las manos" (junto a otros poemas como "Jornaleros" o "Recoged esta voz"), no es paralela (caso de "El niño yuntero", "Visión de Sevilla", "Pueblo" o "Aceituneros"), sino sucesiva, puesto que se desarrolla sucesivamente, con intensidad y equilibrio, en dos partes: una estrofa inicial que presenta la antítesis (las manos trabajadoras y fecundas frente a las ociosas y estériles), cinco que exponen el primer término de la misma, una estrofa de transición o de choque entre ambos, otras cinco que despliegan el segundo término y una final conclusiva, de superación de la tensión antitética (Valverde 1975: 216-228; véase además Martín 2010, 464-467). Esta se produce en dos movimientos: primero, en la estrofa penúltima, con una interrogación retórica y didáctica, acompañada de su respuesta (mayéutica hernandiana, ya empleada por Alberti o Prados, que ayuda a la toma de conciencia), y con la afirmación verbal de futuro, a modo casi de profecía, en su estrofa final, que acaba con la justiciera y violenta imagen de unas manos cortando a las otras.

En el poema, las dos especies de manos son elementos bien reales y bien visibles, a la vez que sinécdoque y símbolo de los dos bandos contendientes, de dos comunidades enfrentadas (explotados y explotadores, proletarios y capitalistas), y, por tanto, de la revolucionaria lucha de clases que exacerbó la Guerra Civil española. Este conflicto es presentado de forma épica y maniquea, y entre dos locuciones comunes ("llegar a las manos", en su inicio, y "lavar las manos", en su final), creando un racimo de metáforas e imágenes sobre las manos en dos series paralelas y sucesivas, que acaban formando una isotopía mítica, puesto que se enfrentan el bien contra el mal, el amor contra el egoísmo, la justicia contra la injusticia, la vida contra la muerte. Unas manos son trabajadoras y otras ociosas; unas puras y limpias y otras impuras y fangosas; unas duras y otras blandas; unas matutinas y otras nocturnas; unas generosas y otras avarientas;

unas sonoras y otras mudas ("silencios de goma oscura", había escrito García Lorca en el "Romance de la guardia civil española" de su *Romancero gitano* [1991: 257], y "tumbas llenas de huesos sin sonido", Pablo Neruda en "Solo la muerte", de *Residencia en la tierra* [1987: 199]); unas de "piel de invencible corteza" y otras de "hueso lívido"; unas "oscuras y lucientes" (por el Sol) y otras lívidas, pálidas[2]; unas se alzan, se mueven "en un gran oleaje" y "constelan los espacios" y otras "vagan", "aletean" (como un murciélago), "se ciernen, se propagan" (como una enfermedad); unas empuñan hachas y azadas y otras crucifijos y puñales (el arma traidora por excelencia); unas crean riqueza y otras la acaparan; unas tienen "las uñas rotas" de su uso y otras tienen "un cáliz, un crimen y un muerto en cada uña" (como vemos, los símbolos de la Iglesia católica, crucifijos y cálices, son parte constitutiva del mal). Por eso nadie puede lavar esas "manos fangosas", sino que hay que cortarlas de raíz, "con dientes y cuchillas". El resultado se profetiza en las formas de futuro de las dos estrofas finales, pero nadie puede dudar del resultado, porque el combate, como se ha dicho en la estrofa séptima, es "Como si con los astros el polvo peleara, / como si los planetas lucharan con gusanos". Además, las manos de los trabajadores están presentadas en comunión telúrica, casi mística, con la naturaleza, con la tierra y el mar, de donde sacan su riqueza, su alegría y su vitalidad, mientras que las manos ociosas aparecen como excrecencias (gusanos, fangosas) desvitalizadas y traidoras de la misma que, como vampiros ("bando sangriento", "hueso lívido", "mudamente aletean", "ejecutoras pálidas", "negros deseos"), solo pueden vivir parasitando a las anteriores, robando y asesinando.

Esta manera de animalizar y desvalorizar al enemigo, que simbólicamente adquiere una presencia física abominable y monstruosa, que se corresponde con su rechazo ético, es habitual en la poesía del

2. Los adjetivos "sonoro" y "luciente" los emplea fray Luis de León (del que posiblemente haya una huella léxica en el poema) en la oda XIII ("De la vida del cielo"): "Alma región luciente" (v. 1), "Toca el rabel sonoro" (v. 26).

propio Miguel Hernández desde "Sonreídme" ("Salta el capitalista de su cochino lujo, / huyen los arzobispos de sus mitras obscenas" [2010: 446]) y también en la de otros autores. Ya aparece, por ejemplo, en torno a la revolución de Asturias, en *La rosa blindada*, de Raúl González Tuñón (libro publicado en Buenos Aires en 1936, pero del que León Felipe hizo una lectura en el Ateneo de Madrid en 1935, que impresionó vivamente a Hernández, quien se encontraba entre los asistentes), en poemas como "Algunos secretos del levantamiento de octubre" ("Donde el carbón se junta con la sangre / pronto desbordará los horizontes / el ejército muerto que dirige / un mariscal de hueso y de ceniza" [González Tuñón, 1962: 19]) y "El tren blindado de Mieres" ("Los regimientos coloniales / con sus ladridos de perros kakis, / con su espantoso aliento de aguardiente y de infierno / con sus grises ratones epilépticos y sus condecoradas culebras de la arena. / Tuvieron que venir los autobuses de la muerte, los rascamuerte, los cañones con la boca del vómito oxidado" [1962: 30]), muy próximos a la estrofa octava del poema hernandiano. Posteriormente, en "Muerte del poeta", dedicado a Lorca, del poemario *La muerte en Madrid* (1938 y 1939), Tuñón escribe: "un alba de asesinos y de obispos" [2011: 42], uniendo también a los fascistas y a los curas católicos españoles.

Análoga visión del enemigo ofrece Pablo Neruda en *España en el corazón* (1937), en poemas como "España pobre por culpa de los ricos" ("malditos / uniformes manchados y sotanas / de agrios, hediondos perros de cueva y sepultura" [2005: 367]) y "Madrid" (1936) ("Un hipo negro / de generales, una ola / de sotanas rabiosas / rompió entre tus rodillas / sus cenagales aguas, sus ríos de gargajo" [2005: 368]). "Explico algunas cosas", publicado como "Es así", en *El Mono Azul*, 22 (1 de julio de 1937), contiene unos versos que recuerdan al final del poema de Hernández: "Frente a vosotros he visto la sangre / de España levantarse / para ahogaros en una sola ola / de orgullo y de cuchillos!" (2005: 371).

Miguel Hernández construye, en las cuatro primeras estrofas y en cuatro movimientos, una visión dinámica, poderosa e imparable de las manos abriéndose camino, del interior al exterior, como un sobrepujamiento ascensional que se abre a la luz y llega a los espacios cósmicos: las manos "brotan del corazón, irrumpen por los brazos, / saltan, y desembocan sobre la luz herida / a golpes, a zarpazos"; "alzad, moved las manos en un gran oleaje, / hombres de mi simiente"; "Ante la aurora veo surgir las manos puras / [...] / como una primavera de alegres dentaduras, / de dedos matutinos"; "retumbantes las venas desde las uñas rotas, / constelan los espacios de andamios y clamores, / relámpagos y gotas". Sánchez Vidal (1992: 253) aportó un precedente parcial de Unamuno ("En una ciudad extranjera", *Poesías*, 1907: "¡Oh, mano humana, / que ríes y que lloras / si te abres o te cierras; / ya los rientes dedos derramados!"[3]). Pero la visión hernandiana es deudora de la tópica surrealista del cuerpo desmembrado y, sobre todo, del Pablo Neruda de *Residencia en la tierra*, así como el uso, en este contexto, de los sustantivos "manos", "dedos", "uñas", "dientes", y del menos común "relámpagos" (que ya aparece en "Alba de hachas" y "Sonreídme", precedentes hernandianos de "Las manos", y que también emplea el Aleixandre de *La destrucción o el amor*, otro de los libros favoritos de Hernández, en versos como "Arriba relámpagos diurnos" ["Triunfo del amor" 2001: 379], o "alumbrar la pasión entre el relámpago que escapa" ["Cerrada puerta" 2001: 418]).

Conocemos la importancia de Pablo Neruda en la vida y la obra de Miguel Hernández; esta también alcanza al motivo de la mano y de su tacto, que es central en el manifiesto "Sobre una poesía sin pureza", publicado en el primer número de la revista *Caballo Verde para la Poesía* (1 de octubre de 1935), del que transcribo sus primeros párrafos:

---

3. También recuerda un par de fragmentos de Azorín: en el capítulo 16 de *Pueblo (Novela de los que trabajan y sufren)*, 1930: "oleaje de pies a lo largo de cuatro siglos"; y en *Doña Inés (Historia de amor)*, 1925, el momento en que Martínez Ruiz evoca la intrahistoria de Segovia como un bosque rumoroso de manos de todos los oficios y condiciones (1992: 254).

> Es muy conveniente, en ciertas horas del día o de la noche, observar profundamente los objetos en descanso: las ruedas que han recorrido largas, polvorientas distancias, soportando grandes cargas vegetales o minerales, los sacos de las carbonerías, los barriles, las cestas, los mangos y asas de los instrumentos del carpintero. De ello se desprende el contacto del hombre y de la tierra como una lección para el torturado poeta lírico. Las superficies usadas, *el gasto que las manos han infligido a las cosas*, la atmósfera a menudo trágica y siempre patética de estos objetos, infunde una especie de atracción no despreciable hacia la realidad del mundo.
>
> La confusa impureza de los seres humanos se percibe en ellos, la agrupación, uso y desuso de los materiales, *las huellas del pie y los dedos*, la constancia de una atmósfera inundando las cosas desde lo interno y lo externo.
>
> *Así sea la poesía que buscamos, gastada como por un ácido por los deberes de la mano, penetrada por el sudor y el humo*, oliente a orina y a azucena, salpicada por las diversas profesiones que se ejercen dentro y fuera de la ley.
>
> La sagrada ley del madrigal y *los decretos del tacto*, olfato, gusto, vista, oído, el deseo de justicia, el deseo sexual, el ruido del océano, sin excluir deliberadamente nada, sin aceptar deliberadamente nada, la entrada en la profundidad de las cosas en un acto de arrebatado amor, y *el producto poesía manchado de palomas digitales*, con huellas de dientes y hielo, roído tal vez levemente por el sudor y el uso. Hasta alcanzar esa dulce superficie del *instrumento tocado sin descanso*, esa suavidad durísima de la madera *manejada*, del orgulloso hierro. La flor, el trigo, el agua tienen también esa consistencia especial, ese *recuerdo de un magnífico tacto* (Rozas 1987: 250-251; la cursiva es mía).

En *Residencia en la tierra*, publicado el mismo año, la mano está, según Hernán Loyola, entre las "figuras nodales" de "dimensión axiológica y simbólica" (Neruda 1987: 354)[4], relacionada con su ca-

4. Véanse los poemas "Alianza (Sonata)", "Juntos nosotros", "El fantasma del buque de carga", "Tango del viudo", "El sur del océano", "Desespediente", "La calle destruida" ("manos de piedra llenas de ira", 225), "Maternidad", "Mate-

pacidad táctil y sensual, a que hace referencia el manifiesto, que lleva al sujeto a la acción y, particularmente, al ejercicio de su poesía, de la misma forma que sucede en Miguel Hernández, como veremos. Este nuevo sentido lo plasma Neruda perfectamente en "Juntos nosotros": "Ahora, qué armas espléndidas mis manos, / digna su pala de hueso y su lirio de uñas, / y el puesto de mi rostro, y el arriendo de mi alma / están situados en lo justo de la fuerza terrestre" (1987: 120). En la "Canción de la ametralladora" escribirá luego Miguel Hernández, de forma análoga: "Entre todas las armas, / es la mano y será / siempre el arma más pura / y la más inmortal" (1937b; 2010: 541).

Neruda finaliza "Maternidad" escribiendo: "La sangre tiene dedos y abre túneles / debajo de la tierra" (1987: 236; un mismo movimiento pero en dirección contraria a la hernandiana); en "Entrada a la madera" escribe: "veo crecer manos interrumpidas" (260). Más cercano todavía al poema hernandiano están estos versos de "Desespediente": "Todo llega a la punta de los dedos como flores, / a uñas como relámpagos" (223), a los que podemos añadir otro de "Enfermedades en mi casa": "el deseo de alegría con sus dientes de rosa" (237) y el de "Oda con un lamento": "llena / de dientes y relámpagos" (246; "amapolas y relámpagos" en "Material nupcial" [249]). Posteriormente, también Alberti relacionará al Ejército Popular con el relámpago, en poemas como "Antitanquistas" (*Repertorio Americano*, 823, 31 de julio de 1937: "estáis aquí cargados con relámpagos") y la "Oda solar al ejército del pueblo" (*El Mono Azul*, 45, 1 de mayo de 1938: "como una obstinación de relámpagos"; 2003: 387 y 390).

Miguel Hernández llama, de forma telúrica, "hombres de mi simiente" a los "trabajadores terrestres y marinos" a los que se dirige y arenga (lo que recuerda a los pasajes de los mitos griegos de Cadmo

---

rial nupcial", "Entrada a la madera" ("veo crecer manos interrumpidas", 260), "Apogeo del apio" ("manos mojadas", 263), "Estatuto del vino" ("manos de cadáver", 271), "Alberto Rojas Giménez viene volando", "El desenterrado", "Vuelve el otoño" y "Josie Bliss".

y de Jasón en que los hombres guerreros surgen de la tierra), de los que también dice que sus manos "las reviste una piel de invencible corteza". Nueve días antes de la aparición de "Las manos", Rafael Alberti publica "Los campesinos" en el número quince de *El Mono Azul* (11 de febrero de 1937), donde escribe dos versos muy parecidos: el que inicia el poema, "Se ven marchando duros, color de la corteza", y el verso undécimo, "van los hombres del campo como inmensas simientes" (2003: 193).

El poema sostiene la idea de que "La mano es la herramienta del alma, su mensaje, / y el cuerpo tiene en ella su rama combatiente"; es decir, la mano es la síntesis del espíritu y la materia, por un lado, y de la voluntad, del trabajo y de la lucha, por la otra. Como consecuencia del primer aspecto, el poema desarrolla lo espiritual a través de lo material, y viceversa; como consecuencia del segundo, la mano es capaz de conducir "herrerías, azadas y telares", morder "metales, montes", raptar "hachas, encinas" y construir "fábricas, pueblos, minas", como escribe en la quinta estrofa, con equilibrio dinámico de trimembraciones y bimembraciones (que tiene cierto precedente en la enumeración de "Sonreídme": "vosotros los de siempre, / [...] / los que conmigo en surcos, andamios, fraguas, hornos, / os arrancáis la corona del sudor a diario" [2010: 445-446]). La mano simboliza el trabajo, la vida y la riqueza, es la mayor fuerza activa y transformadora del mundo y, por tanto, esta mano activa, que está en comunión con la naturaleza, con la tierra, es la que por fuerza tiene que ganar la guerra, según la lógica ética y estética del poema, que pasa de lo real a lo visionario, de lo físico a lo cósmico, de lo humano a lo social, de lo laboral a lo bélico, de lo político a lo metafísico (el enfrentamiento entre el bien y el mal), de lo lírico a lo épico, y de lo poético a lo profético, al vaticinar el resultado final de la guerra como poeta que canta y defiende a su comunidad (y se identifica con ella, porque la escritura también es un trabajo, un esfuerzo físico que se realiza con la mano).

Para dar mayor fuerza probatoria a lo que sostiene el poema, el sujeto lírico permanece en un discreto segundo plano, como un narrador-testigo que se limita a exponer su discurso, a presentar los hechos, casi como si se tratara de una verdad objetiva, conocida, sabida[5]. Son pocos los signos directos de su presencia, porque no necesita más: tan solo la apelación, a través del imperativo, y el pronombre posesivo de primera persona del singular en la segunda estrofa, que establece la comunión simbólica de su comunidad: "Alzad, moved las manos en un gran oleaje, / hombres de mi simiente", y la forma verbal "veo" al comienzo de la tercera estrofa, que acredita su calidad de testigo directo (ver es creer) de lo que describe a continuación. Bien es cierto que, en su recitación pública del poema, Miguel Hernández reduplicaría el sentido del mismo, fuera ya del texto, con los movimientos en el aire de su propia mano, como consta que hacía en alguna de sus fotografías, con lo cual su discurso, épico y lírico a la vez, adquiriría una mayor fuerza demostrativa.

He dicho antes que el poema desarrolla lo espiritual a través de lo material y viceversa. Ya Ramón Gaya, en su reseña de *Viento del pueblo* en *Hora de España* (1938: 48), habla del "delirio materializador" del poeta. Posteriormente, Cano Ballesta (1971: 174), al analizar la imagen poética hernandiana, destaca la figuración corpórea y visionaria en su poesía de guerra, donde los "conceptos abstractos se hacen materiales, corpóreos y palpables". Chevallier (1977: 301), por su parte, habla de las "metáforas de la dislocación corpórea", de "interpenetración de la tierra y de lo humano". Le Bigot (1977: 65) señala en esta poesía una "retórica del cuerpo", sostenida por el paradigma "latido, pulso, fiebre, corazón, vena, sangre", y Salaün (1993a: 437-438) destaca "la vigencia de lo concreto, de lo material" del "léxico corporal" en *Viento del pueblo* (donde "mano" es el término más habitual tras "sangre", y por delante de "corazón", "hueso", "alma", "boca", "frente", "ojos", "cuerpo" y "voz"). Se trata de "un área semántica abierta, a la vez anatómica y simbólica o metafórica", de forma que "la relación entre lo concreto y lo abstracto es de tipo dialéctico", tanto por la polisemia de los términos emplea-

5. Puede ser útil al respecto la lectura de Saneleuterio Temporal (2010: 37-63).

dos como por la "técnica combinatoria" y el "vigor asociativo" de Hernández[6]. Finalmente, Martín Gijón (2012: 263-276), partiendo de la dimensión de "presencia" analizada por Gumbrecht (2004: 9-11) frente a las "culturas del significado", ha relacionado esta poesía con una "'cultura de la presencia' definida por la centralidad del cuerpo, la integración del hombre en la naturaleza y una definición profética del oficio de poeta".

No debemos olvidar cómo sustenta Miguel Hernández esta unión verbal de lo concreto y abstracto que, en realidad, vertebra toda su poesía, desde sus inicios, llena de una sensorialidad y una sensualidad de la materia y los objetos del campo, que unos atribuyen a su ser y temperamento levantino, pero que podemos achacar más bien a su aprendizaje dentro de la modernidad lírica, que recoge y contextualiza el resto de acarreos que presenta su obra. Entre estos, no es nada desdeñable su lectura de los poetas místicos, puesto que tanto San Juan de la Cruz como Santa Teresa de Jesús son verdaderos maestros en hacer bien visible la "realidad invisible" (que diría Juan Ramón Jiménez) de su certeza espiritual mediante un lenguaje repleto de audaces imágenes sensoriales, traduciendo los procesos místicos más elevados a una fisicidad concreta y aun baja. No estará de más recordar imágenes, como, por ejemplo, en el tratado de la *Noche oscura* sanjuanista, "el jabón y fuerte lejía de la purgación de esta noche" (II, 2, 1), la purificación del alma en el fuego "como el oro en el crisol" (II, 6, 6), o la comparación de la purgación del alma por la luz divina con la que realiza el fuego en el madero, imagen central y punto básico de toda la exposición de la *Noche*[7]. San Juan

6. Véase además Salaün (1993b: 109-110), para la misma idea arriba expuesta.
7. "Porque el fuego material, en aplicándose al madero, lo primero que hace es comenzar a secar, echándole la humedad fuera y haciéndole llorar el agua que en sí tiene; luego le va poniendo negro, oscuro y feo, y aun de mal olor, y, yéndole secando poco a poco, le va sacando a luz y echando afuera todos los accidentes feos y oscuros que tiene contrarios al fuego; y, finalmente, comenzándole a inflamar por de fuera y calentarle, viene a transformarle en sí y ponerle tan hermoso como el mismo fuego" (San Juan de la Cruz 1991: II, 10, 1).

habla de "la madera del alma" (II, 12, 5), construcción análoga a expresiones hernandianas como "la herramienta del alma", en "Las manos" o, más rudamente, "los cojones del alma", en "Los cobardes". En el caso de Santa Teresa, solo traeré a la memoria la famosa analogía de *Las moradas* del alma con el corazón del palmito (Moradas primeras, II) y la no menos famosa analogía con el gusano de seda (Moradas quintas, II; "me sembraban la sangre de gusanos de seda hilando suavemente", dice Retama, por cierto, en el acto tercero, escena segunda, de *Los hijos de la piedra* (Hernández, 2010: 1199).

Bien es cierto que este "delirio materializador" de Hernández no se entiende sin la eclosión de la modernidad lírica del siglo XX, como decía antes, en la cual tanto la vida como la literatura se llenan de cosas. A las cosas mismas proclama la fenomenología (Zirión Quijano 2003), que Ramón Gómez de la Serna (1934) (otra lectura básica hernandiana) traduce por nuestra salvación a través de las cosas. Pero aún falta otro paso para llegar a la poesía del oriolano, que no es otro que el surrealismo y Pablo Neruda, con su revalorización visionaria de la dimensión física tanto del ser humano como de la materia verbal. La fuerza imaginística de la materialidad elemental que impregna el mundo caótico, fragmentario y angustiado de *Residencia en la tierra* es fundamental para la maduración de la nueva poesía hernandiana, como es sabido[8], y como ya hemos visto antes a través de algunos ejemplos. Pero es el surrealismo el que propone una nueva "estética de la presencia", la condición inmediantista de una "puesta en presencia" donde la imagen quiere ser la cosa misma, hacerse cuerpo u objeto material para actuar contra el orden de lo real, revelando su falsedad y descubriendo la evidencia del mundo (Puelles Romero 2002). El propio surrealismo se pone al servicio de la revolución, y, por tanto, no es paradójico que esté presente en la líri-

---

8. Hablar de la relación lírica y amistosa de Hernández y Neruda es un lugar común al menos desde Cano Ballesta (1971), aunque todavía queda mucho por analizar. Véase además Cervera Salinas (1993).

ca que Miguel Hernández escribe durante la Guerra Civil (donde su poesía se carga de compromiso social sin abandonar las imágenes irracionales ni los ritmos salmódicos), que va a ser considerada como una eficaz arma de combate.

Es, por tanto, la Guerra Civil la que tensa esta energía de la poesía hernandiana y la lleva a su extremo, alcanzando altas cotas de eficacia tanto en lo ético como en lo estético, tanto en lo literario como en lo ideológico, anudados de una forma única en sus mejores poemas. Su lírico "delirio materializador" se tiñe de materialismo histórico y militante, podríamos decir, como una extensión natural de su cosmovisión poética y humana. Miguel Hernández "fue el mejor y más auténtico poeta de la guerra", como dejó escrito Rafael Alberti (2009: 354), y lo fue en este sentido de "poesía total", parafraseando a Serge Salaün (1993b: 105-113), a través de su fe y su pasión en la palabra como transformadora de la lírica y del mundo, según manifiestan los optimistas cantos épicos que componen *Viento del pueblo*.

La energía de esta poesía se relaciona también con el hecho evidente de que se trata de una lírica épica, de guerra y de combate, de agitación y propaganda, que tiene como finalidad animar, enardecer, reforzar y convencer a su público (ese pueblo en armas al que, al modo de un profeta romántico, se dirige) de que su lucha es justa y su victoria, inevitable. Por eso mismo, sus componentes orales son muy importantes, y acrecientan sus valores físicos y materiales, así como su efecto galvanizador y catárquico, aunque su difusión es múltiple y no solo oral (recitada en distintos espacios públicos, desde un teatro o una plaza de toros hasta el frente; leída por megáfonos y altavoces en las trincheras; retransmitida por radio; musicada y cantada; escrita en periódicos murales; impresa en tarjetas postales u hojas volanderas; arrojada desde aviones; publicada en una revista, ya sea del frente o de la retaguardia y, finalmente, recopilada en libro, ya sea colectivo o individual, como es el caso de *Viento de pueblo*). Todos estos canales y cauces de difusión son complementarios e igualmente importantes, y en cada uno de ellos, evidentemente, ni el poema ni el receptor son enteramente los mismos. Tan erróneo e incompleto es obviar el componente oral como despreciar el poemario que recolecta estas composiciones, y lo digo porque parte de la crítica hernandiana ha oscilado entre un extremo y otro.

El hecho de que los poemas bélicos de Miguel Hernández, como casi toda la lírica de la Guerra Civil, hayan sido escritos pensando en su recitado público, determina su conformación sintáctica, fónica, rítmica y estructural, el uso de repeticiones y anáforas, paralelismos y quiasmos, correlaciones, bimembraciones o trimembraciones, así como el empleo de otros elementos propios de una retórica oratoria, épica y *pindárica*, propagandística y didáctica: la arenga, el apóstrofe y la exhortación, el presente acrónico, el imperativo y el vocativo, la retórica triunfalista, la afirmación rotunda y enfática, la dialéctica de la pregunta y la respuesta, la isotopía maniquea, las metáforas enfrentadas en series paralelas, la animalización y desvalorización del enemigo, la llamada al combate y la promesa de victoria (véanse al respecto Salaün 1985: 111-155 y Chevallier 1977: 311-345). En definitiva, la identificación y comunión, física, laboral, bélica, ideológica, emocional y hasta mítica (a través de la mística de la tierra, de la sangre, del esfuerzo y del trabajo) con su oyente. De este modo, cada composición parece convertirse en una poesía performativa, que no solo expresa, sino que realiza lo enunciado de una manera mágica y ritual, como si de un nuevo texto sagrado se tratara.

Ello no supone necesariamente una simplificación estética, como bien vemos en "Las manos", construido en un alejandrino enérgico y potente, que se muestra como cauce perfecto para vehicular tanto la voz y la dicción hernandiana como su lirismo visionario. La recitación del poema actualiza y reduplica su potencia verbal, física y sensorial mediante una "puesta en escena" que incluye rasgos suprasegmentales o prosódicos como la entonación, las variaciones articulatorias, el ritmo o la duración, y otros interpretativos como la gesticulación, la escenificación, la dramatización o la teatralización de la lectura. Antes me refería a una "retórica de la presencia", que es bien aplicable a lo que estoy describiendo ahora, y también el término de "poética-acción", que ha empleado Salaün (2010) para referirse a esta lírica de la voz, la dicción y el gesto.

Tomas Navarro Tomás, por ejemplo, describe en el prólogo a *Viento del pueblo* ("Miguel Hernández, poeta campesino en las trincheras") el momento en que Miguel Hernández convierte su verbo en carne:

> En muchos casos, sus recitaciones exaltando los ánimos de sus camaradas han hecho vibrar los campos con aplausos enardecidos. [...] En el efecto de sus recitaciones, las cualidades de su estilo hallan perfecto complemento en las firmes inflexiones de su voz, en su cara curtida por el aire y el sol [...] y hasta en el carácter de su dicción, firmemente marcada con el sello fonético del acento regional. Sus ademanes son sobrios y contenidos y su expresión enérgica, grave y concentrada. Hay una ardiente exaltación en el recogimiento de su gesto y en la fijeza e intensidad de su mirada [...] La dignidad del tono, del ritmo y del concepto, hacen revivir en sus labios en muchos pasajes las resonancias épicas del *Romancero* (Hernández 1992: I, 609).

Y Vicente Aleixandre (1958: 199-200), por su parte, escribe:

> Recitaba con sobriedad, vivaz más que lento, brioso [...]. Y empezaba quieto, altos los ojos, mirando allá al fondo, la mano aún caída, y cuando la temperatura había calentado, no solo su garganta, sino todo su cuerpo, entonces miraba a su interlocutor. [...] Henchido el pecho y la voz de él. He oído a muchos poetas decir sus versos, pocos me han dado esta sensación tan completa del hombre expresada en el acto, desde la desnuda garganta.

Podemos fácilmente imaginar el efecto de galvanización en su auditorio, fuera cual fuera este. Sobre el poder y la eficacia incluso militar de estas lecturas, Enrique Líster (1977: 127-128) dejó un preciso testimonio en sus memorias:

> Yo, que no entiendo nada de poética, les estoy profundamente agradecido a los poetas por el importante papel que la poesía ha desempeñado durante la guerra [...] He podido comprobar muchas veces que una poesía capaz de llegar al corazón de los soldados

> valía más que diez largos discursos [...] como materia combativa, explosiva, de reforzamiento de la moral de combate y de confianza en la victoria; de impulso para la realización de actos heroicos individuales y colectivos. Fue por esos días cuando me di plenamente cuenta de la inmensa fuerza de la poesía para despertar en el hombre todo lo que hay de mejor en él. [...] Mientras el poeta iba leyendo su poema, yo me fijaba en los rostros de los combatientes e iba leyendo en ellos el efecto causado por lo que escuchaban, y podía decir, sin temor a equivocarme, que en muchas caras veía que este o aquel iba a ser un héroe en el próximo combate.

En la poesía primera de Miguel Hernández, la mano es un elemento físico, directo y poco problemático, fundamentalmente táctil, sensorial y sensual, mediador en su gozoso contacto con una erótica naturaleza plena (como sucede, por ejemplo, en "Pozo-mío": "Permanentes frescuras manantiales / que mi mano convoca / en sus hondos estados primordiales"; en "Árbol-desnudo": "Ya no te buscan deseosas manos, / maliciosas avispas" o, sobre todo, en "Manos-culpables": "Entrometiendo ardor entre las cosas / y mi sensualidad, las manuales / enredaderas van por los rosales / la malicia inquiriendo de las rosas" [2010: 354, 372 y 393]). A partir del ciclo de *El silbo vulnerado*, la mano amplía su registro sensual hacia una dirección íntima y amorosa, próxima a los usos tradicionales del petrarquismo: "la mano horticultora" que se inclina hacia la tierra (*El silbo vulnerado*, 6) se querría ahora presa de "la jaula de tus manos" (*El silbo*, 7), "y en cada ojo, en cada mano, en cada / labio dos riendas fuertes como tiros" (tópico de la cadena de amor, *El silbo*, 14), porque, como expresa en *Imagen de tu huella*, 2, "son mis manos sin las tuyas varios / intratables espinos a manojos" (2010: 408, 409, 412 y 414).

Este uso filográfico se mantiene, como era de esperar, en *El rayo que no cesa* (1936), donde la mano de su amada, que le tira un limón, es "una mano cálida, y tan pura" (soneto 4), que no se deja tocar, porque "zarza es tu mano si la tiento, zarza" (soneto 9), aunque eso no impide que, al oír su voz, "en mis terrestres manos el deseo / sus rosas pone al fuego de costumbre", mientras que, a su "callar de piedra", "otras y otras rosas / me pones y me pones en las manos" (soneto 25). En el poemario también aparece incidentalmente el "olor de herramientas y de manos" que dejan los hortelanos al regresar del trabajo (soneto 26). Pero la "Elegía" a Ramón Sijé anuncia un nuevo uso: "En mis manos levanto una tormenta / de piedras, rayos y hachas estridentes / sedienta de catástrofes y hambrienta" (2010: 421, 424, 433 y 436). Con el paréntesis de las delicadas "manos harinosas" y "dedos cereales" (como en *La sorpresa del trigo*, de Maruja Mallo[9]) de la "Elegía" dedicada a la novia de Sijé, Josefina Fenoll, este nuevo registro *furioso* se prolonga y recarga de implicaciones sociales en los "puños", "brazos" y "manos encrespadas" de "Alba de hachas"; en las "manos vengativas" e "inocentes manos animales" de "Sonreídme"; en las manos que miran "con cariño" "las navajas" y "aquel hacha compañera" de "Me sobra el corazón" y en los dedos erizados y uñas enloquecidas de "Mi sangre es un camino" (2010: 442, 444, 446-447 y 457-458).

En *Viento del pueblo*, la mano es un elemento central, como bien anuncia la dedicatoria a Vicente Aleixandre: "Nuestro cimiento será siempre el mismo: la tierra. Nuestro destino es parar en las manos del pueblo. Solo esas honradas manos pueden contener lo que la sangre honrada del poeta derrama vibrante. Aquel que se atreve a manchar esas manos, aquellos que se atreven a deshonrar esa sangre, son los traidores asesinos del pueblo y la poesía, y nadie los lavará: en su misma sociedad quedarán cegados" (2010: 473). La analogía con lo que expresa en el poema "Las manos" es plena, hasta el punto de que la dedicatoria repite sintagmas de la composición (sobre todo, de su penúltima estrofa), convirtiéndose así, en su escritura y su lectura, en otro antetexto de la misma.

En el poemario encontramos versos como "la mano de mi llanto" ("Elegía primera / A Federico García Lorca, poeta"), "la mano del corazón" ("Sentado sobre los muertos"), "su clamorosa zarpa"

9. Mainer (1993: 32) ha escrito que "el cuadro *El asombro de las espigas* de Maruja Mallo, quizás el más conocido de cuantos pintó en esta nueva época, podría ser un soneto hernandiano".

("Vientos del pueblo me llevan"), "la mano crispada" ("Elegía segunda / A Pablo de la Torriente, comisario político"), "tu mano bonita", "tu mano derecha", "la mano de esta doncella, / que hoy no es mano" ("Rosario dinamitera"), "cepos contra las manos" ("Visión de Sevilla"), "el puño cerrado" ("Canción del esposo soldado") o "tus dedos y tus uñas" ("Pasionaria") (2010: 476, 478, 487, 497, 501, 513 y 516).

En los poemas sueltos de la Guerra Civil, aparece "la mano duradera" de Líster ("Teruel"), y unos versos que recuerdan nuevamente a "Las manos": "Entre todas las armas, / es la mano y será / siempre el arma más pura / y la más inmortal" ("Canción de la ametralladora"), frente a las de quienes "nunca abrís la mano", a los que increpa: "fuera de aquí, egoístas de retorcidas manos" ("Canto de independencia") (2010: 544, 541 y 547).

En *El hombre acecha*, la óptica pesimista de la animalización bajo la que se interpretan los desastres de la guerra hace que aparezcan mucho más las "garras" ("Canción primera", "El soldado y la nieve"), las "pezuñas" ("Llamo al toro de España", "El hambre", II), "las uñas" ("Llamo al toro de España", "El soldado y la nieve"), los "puños que amenazan" ("El hambre", I), "la mano felina que pretende arrancar" los atributos del toro que es España ("Llamo al toro de España") (2010: 555-557, 562 y 572). La diferencia es, además, que son las propias manos las que se transforman en garras contra sus propios hijos ("Canción primera"), porque "la fiera late en todas mis fuerzas" ("El hambre", II). También aparece la acción (simbólica) de estrangular, de ahogar, y de su peso en la conciencia ("El hambre", II); al pueblo lo quieren asfixiar los facciosos, pero Hernández advierte: "no te estrangularán porque les faltan dedos" ("Pueblo") (2010: 555,571 y 579).

En su viaje a la URSS, Hernández exalta otra vez la unión de hombre y máquina unidas en un progreso colectivo ("una voz profunda de máquinas y manos": "Rusia"; "veloz de mano en mano, crece el tractor": "La fábrica-ciudad"); frente a ellos, están una vez más "Los hombres viejos" (I: "con polvo entre los dedos", "levantando la diestra / para cornamentar la voz y los bigotes") (2010: 558,

562 y 564). Al "Pueblo" le dice de nuevo que "las armas mejores / aquellas que contienen el proyectil de hueso / son. Mírate las manos"; porque "un cañón no puede lo que pueden diez dedos, / porque le falta el fuego que en los brazos dispara / un corazón que viene distribuyendo chorros / hasta grabar un hombre" (2010: 578-579). Son versos que recuerdan continuamente lo que ya había dicho en "Las manos". Un nuevo registro del poemario es su solidaridad con los heridos y los encarcelados ("Para la libertad, mis ojos y mis manos, / como un árbol carnal, generoso y cautivo, / doy a los cirujanos": "El herido", II; "Van derramando, piernas, brazos, ojos", pero "Para vivir, con un pedazo basta: / en un rincón de carne cabe un hombre. / Un dedo solo, un solo trozo de ala / alza el vuelo total de todo un cuerpo": "El tren de los heridos"). El poemario acaba con el poeta "abrazado" al cuerpo, al vientre de su "Madre España" (2010: 573, 580-581 y 586).

El tono íntimo y recogido que anuncian estos últimos versos es el que predomina en el *Cancionero y romancero de ausencias*, donde nuevamente aparece un registro amoroso, sostenido por la imagen del abrazo (en poemas como "Vals de los enamorados y unidos hasta siempre", "Tus ojos se me van", "Orillas de tu vientre", "Hijo de la luz y de la sombra", "Tanto río que va al mar", "Tú de blanco, yo de negro", "Rueda que irás muy lejos"), pero ya no es la pasión de *El rayo que no cesa*, sino un amor familiar, atemperado por la pérdida, la desesperanza, la ausencia, la muerte y la cárcel. Una nueva figura, inevitable, es la de las "cárceles con manos" ("Entre nuestras dos sangres" [2010: 632]). Solo el recuerdo de la guerra y la muerte traen de nuevo las imágenes de las garras y los puños cerrados ("Vino. Dejó las armas", "Guerra", "Eterna sombra" [2010: 633-635 y 663])[10].

Entre los textos en prosa de Miguel Hernández hay varios que también se relacionan, algunos muy estrechamente, con el poema "Las manos". Uno que adelanta algunas imágenes que luego encon-

10. Véase además Rovira (1983: 289-291).

traremos en la composición, hasta el punto de parecer casi un antetexto de la misma, es "Alberto el vehemente", de marzo de 1935, fundamental, además, porque muestra la conexión entre la estética plástica de la escuela de Vallecas con la poesía de Hernández a partir de este momento:

> La mano de tierra encrespada y esparto ansioso de Alberto se desploma y se hunde en pleno corazón de la tierra como una zarpa mandada por el hambre. Es una mano de raíz que padece por acariciar y poseer la creación entera. Y es porque la mano del amoroso Alberto brota del corazón y no del hombro y *desciende por el brazo hasta las uñas revestida de sangre amante* y no de corcho insensible como tantas manos. Con esa mano gallarda y sola, Alberto crea un monte y lo levanta hasta su boca para morderlo. A puñetazos y dentelladas están hechos sus montes, sus esculturas, pues no quiere más cincel que su puño ni más martillo que su sensualidad. Éste es el hombre. [...] La bien armada mano de Alberto se desploma y se hunde en pleno corazón de la tierra y la saca ocupada en una enorme raíz con la que hostiga y destruye a todos (2010: 764-765; la cursiva es mía).

En "Un destino de trueno malogrado", escribe: "Los brazos se me abren solos ante las cosas y se me van detrás de las manos que se apoderan con mi ser de una criatura, un fruto y un hacha" (2010: 782). Ya en plena contienda, insiste en la imagen, presente en el poema, de la importancia de las manos. En "Los seis meses de guerra civil vistos por un miliciano": "Esa sangre ha ido acumulando fortaleza y serenidad de veteranos de la guerra en nuestros puños y nuestros fusiles" (2010: 788); y en "El reposo del soldado": "Más que de aeroplanos, baterías, fusiles, bombas, las victorias dependen de la mano del hombre guerrero" (2010: 800)[11]. Finalmente, "La fiesta del trabajo", publicado en *Frente Sur* [Jaén], el 1 de mayo de 1937, tiene, a su vez, como antetexto el poema "Las manos", al enfrentar nuevamente los

11. En "Hombres de la primera brigada móvil de choque" dice de "El Campesino": "Apenas duerme; come con una mano y dispara con la otra" (2010: 794).

dos tipos contendientes: "Aquel que no trabaja no sabe lo que es el descanso puro. Aquel que rehúye el contacto de la herramienta no ve lucir sus manos en la luz. Los dedos flacos y amarillentos del ocio me repugnan, y procuro eclipsarlos con una manifestación de dedos hechos al trato de las barbecheras. Cuerpos armoniosos, como árboles, son los cuerpos trabajadores" (2010: 823)[12].

El motivo de la mano en la literatura

Para contextualizar "El motivo de la mano en la literatura" la serie en que se inserta el poema de Hernández, y que en buena parte lo explica, es importante repasar de forma sintética la evolución del motivo de la mano en la literatura, con especial atención a los años de formación de Miguel Hernández y a la poesía de los años treinta y de la Guerra Civil (por motivos de espacio, dedicaré otra entrega para el análisis complementario en el ámbito de la plástica, de la pintura y el *collage* a la fotografía y al cartelismo). Dejando al margen los textos sagrados (recordemos, por ejemplo, el capítulo V del Libro de Daniel en la Biblia, que recoge el famoso episodio de la mano misteriosa en la cena del rey Baltasar, que inspiró a Calderón, Moreto, Rembrandt, Byron o Heine, entre otros), la fascinación romántica, modernista y surrealista por las imágenes de desmembramiento se insertan en una larga tradición lírica que podemos retrotraer, al menos en cuanto a las manos, a la visión fragmentaria y suntuaria de la mujer en la lírica petrarquista, aunque la mano ya figura en la *descriptio puellae* de los clásicos (Ovidio, *Metamorfosis*, I, v. 500: "[Apolo] laudat digitosque manusque"). En el petrarquismo, la focalización de las manos femeninas es constante, y son frecuentemente transmutadas en nieve (Petrarca, pero ya en la lírica trovado-

12. Balcells (1993 y 2009: 229-245) relaciona esta prosa con un fragmento de *Los hijos de la piedra* del acto primero, segunda escena, y con varios poemas de Hernández (fundamentalmente, "El sudor" y "Primero de mayo de 1937"), pero no con "Las manos".

resca y *stilnovística* anterior, De Jennaro, Della Casa, López Maldonado), marfil (Camoens, Figueroa) o alabastro (Caracciolo, Bernardino Rota, Vadillo, Francisco de la Torre), y calificada de cándida (Tasso), ebúrnea (Cueva), blanca (Garcilaso, Herrera), victoriosa y, en menor medida, rigurosa (Cueva), guerrera (Maldonado) o poderosa (Cueva), porque son guiadas por la vengativa mano de Cupido (Garcilaso) o Amor (Caracciolo, Cetina), mientras que las uñas son comparadas con perlas (Petrarca, Cervantes). Esta mano se convierte a veces en pantalla que vela o encubre los ojos de la amada, impidiendo al enamorado su contemplación (de Petrarca, Cetina o Garcilaso a Quevedo)[13]. Vuelta a lo divino, la encontramos en la *Llama de amor viva* de San Juan de la Cruz (la "mano blanda") y en fray Luis de León (en el soneto IV: "oh figura / angelical, oh mano, oh sabio acento!", o en la oda "A Nuestra Señora": "con poderosa mano / quiebra, Reina del cielo, la cadena", que explica en su *Exposición del Libro de Job*, XXXIII, 7, al arrimo de la lengua hebrea, en la que "mano se llama qualquiera fuerza o poder, ansí de la alma como del cuerpo, executado por obra. Y ansí Sant Hierónymo lo lleva a la fuerza del ingenio que se explica hablando, y según este sentido traduxo eloquencia" [Luis de León 1992, II: 701][14]).

Solo algunas muestras del siglo XVIII: fray Diego Tadeo González se refiere "A la quemadura del dedo de Filis", Cadalso incluye los gestos con la mano entre los artificios femeninos en su poema "Al espejo de Filis" ("aquel llevar la mano a la cabeza, / tomando la flor o cinta por pretexto, / y siendo el enseñar la hermosa mano / el solo fin de tan sutil manejo" [Cadalso, 2013: 229]), y Juan Meléndez Valdés hace lo propio en "El abanico". El "Pensamiento II" del primer tomo de *El Pensador* (1762), de José Clavijo y Fajardo, trata sobre los "artificios inocentes" de las damas, y entre ellos menciona

13. Véase Manero Sorolla (1990: 89-90, 109-111, 114, 123, 145-146, 158, 175, 426-428 [mano de marfil], 445-446 [mano de alabastro], 469-471 [uñas como perlas], 507 [mano pantalla], 604-610 [mano de nieve]). Véase también Manero Sorolla (1992).

14. Agradezco a José Palomares la ayuda prestada en la obtención de estas referencias.

también el lenguaje de las manos, fundamental en la lírica rococó, como hemos visto en los ejemplos anteriores[15].

Desde el Romanticismo al fin de siglo, periodo que nos interesa ahora, además de encontrar poemas como "This Living Hand", de John Keats, son muy frecuentes los cuentos fantásticos sobre manos cortadas, en ocasiones relacionados con la esotérica "mano de gloria", sin que podamos olvidar tampoco la fría mano de Olimpia en *El hombre de arena* de E. T. A. Hoffmann (1817): Gérard de Nerval publica *La main de gloire, histoire macaronique* (1832); Aloysius Bertrand, *L'heure du Sabbat* (1832); Prosper Mérimée, *La Vénus d'Ille* (1837); Guy de Maupassant, *La main d'écorché* (1875) y *La main* (1883); Marcel Schwob, *La Main de gloire* (1893) y Colette, *La main* (1924). En el ámbito anglosajón tenemos ejemplos como los de Nathaniel Hawthorne, *The Birth-Mark* (1846) y Sheridan Le Fanu, *An Authentic Narrative of the Ghost of a Hand* y *The House by the Churchyard* (ambas de 1863), *Wylder's Hand* (1864) o *The Haunted Baronet* (1870). En España, tras el *Don Juan Tenorio* de Zorrilla (la mano infernal de la estatua del Comendador –que ya aparecía en *El burlador de Sevilla y convidado de piedra*– frente a la mano salvadora de doña Inés), sobresalen los magníficos relatos de Gustavo Adolfo Bécquer (Hernández le dedica una composición, "El ahogado del Tajo", en la que demuestra haber leído con mucha atención sus *Leyendas*) sobre manos de estatuas que cobran vida, como sucede en *La ajorca de oro (leyenda toledana)* y *El beso (leyenda toledana)*; la mano fantasmal de *Maese Pérez, el organista (leyenda sevillana)*, o la mano muerta que sobresale de la tumba en *La promesa (leyenda castellana)*. Posteriormente, el motivo se extiende a la literatura *pulp* y fantástica, como sucede, por ejemplo, en la novela de Marcel Allain y Pierre Souvestre *Fantômas. La Main Coupée* (Paris, Arthème Fayard, 1911), en *The Beast with Five Fingers* (1928) de William Fryer Harvey, llevada al cine por Robert Florey en 1946, *The hairy hand, Souvenirs fantastiques et nouveaux souvenirs* (1937) de Maurice-Yves Sandoz, que ilustró litográfi-

15. Véase además Martín Gaite (1994).

camente Salvador Dalí en 1944, hasta llegar a "Las manos que crecen" (1937), "Estación de la mano" (1943), "No se culpe a nadie" (1964) y "Cuello de gatito negro" (1974), de Julio Cortázar (Luchting 1976, Filer 1983, Mesa Gancedo 2006).

En la poesía posrromántica, relacionado con el culto a los muertos tan presente en la sociedad del siglo XIX, es muy frecuente el motivo de la mano inmaculada y enigmática, de ángel o mujer, que viene del trasmundo y que acaricia y consuela al sujeto lírico cuando está fatigado. En *A mi madre* (1863), de Rosalía de Castro, es la presencia de su madre muerta; en *Dolores* (1894), de Federico Balart, la de su fallecida esposa; y en José Ortiz de Pinedo, de nuevo, la de su madre tempranamente desaparecida (presente en "La mano misteriosa", de *Canciones juveniles*, 1901, pero también en "Lo desconocido", "La gracia de las manos" y "La visita" de *La jornada*, 1910). Esta tradición llega con fuerza a los poemas de Antonio Machado y de Unamuno. En Machado, la mano es síntoma del anhelo de plenitud y compañía que sufre el poeta en sus *Soledades*. Relacionada con el recuerdo de la infancia está la madre, que lleva en brazos o de la mano (LXVII, LXXXVII). Este motivo enlaza también las hadas y la madre (compárense las dos últimas con LXV, así como el motivo de la fiesta infantil presente en esta, en LXXVII y XCII, la "mano amiga" de LXIV –frente a la "férrea mano" de LXIII– y la mano del "sembrador de estrellas", LXXXVIII). En Unamuno, solo hará falta recordar "En una ciudad extranjera", de *Poesías* (1907: "¡Oh, mano humana, / que ríes y que lloras / si te abres o te cierras; / ya los rientes dedos derramados!").

El motivo adquiere gran presencia en la poesía del simbolismo y el modernismo (tradición en la que se forma Miguel Hernández), tal y como he estudiado en otro lugar (Alarcón Sierra 1999: 226-230). En "Mon âme est une infante", de Albert Samain, encontramos un empleo decadente (como en "Felipe IV" de Manuel Machado) de los elementos evocados en un retrato aristocrático: el terciopelo negro, el oro envejecido, los bellos dedos largos y puros, el sueño de imperios perdidos ("Des soirs trop lourds de pourpre où sa fierté soupire, / Les protraits de Van Dyck aux beaux doigts longs et purs, / Pâles en velours noir sur l'or vieilli des murs, / En leurs grands airs défunts la font rêver d'empire" [Samain 1920: 9]). Ideales elementos de una decadencia finisecular que volvemos a hallar reunidos en "Venite, adoremus" de Amado Nervo ("Adoremos las carnes de marfiles, / adoremos los rostros de perfiles / arcaicos: aristócrata presea; / las frentes de oro pálido bañadas, / las manos de falanges prolongadas, / donde la sangre prócer azulea" [Nervo 1973: 136]).

Estos atributos se constituyen en lo que podríamos llamar marcas de época y, empleados con un propósito descriptivo o simbólico, y actualizando el motivo petrarquista, se observan en multitud de escritores. La presencia de unas pálidas y cuidadas manos, señal de una decadente distinción aristocrática y espiritual ("Blanca mano espectral, de sangre exhausta": Manuel Machado, "Van Dyck. Un príncipe de la casa de Orange"), tal vez sea la más abundante. Entre los ejemplos más significativos citaré a Théophile Gautier (1947: 11-12), "Cauchemar" y "Étude de mains" ("l'éclat de sa pâleur mate"), Arthur Rimbaud (1960: 105-107), "Les mains de Jeanne-Marie" ("Mains pâles comme des mains mortes"), Paul Verlaine (1962: 517), "Mains" ("Ce ne sont pas des mains d'altesse, / De beau prélat quelque peu saint. / Pourtant une délicatesse / Y laisse son galbe succinct") y Jean Moréas (1907: 30), "Tes mains" ("Tes mains aux doigts pâlis semblent des mains de sainte"). El motivo se enriquece de una manera desaforada en el teatro parisiense del Grand Guignol, fundado en 1897 por Oscar Metenier, y pronto extendido a una revista del mismo título, donde eran habituales las sangrientas historias de horror en las que sus protagonistas, a menudo casados infieles, sufrían espantosas venganzas, en las que acababan con las extremidades y la cabeza cercenadas o los ojos arrancados, entre otras lindezas (que hoy encontramos en el subgénero cinematográfico llamado *splatter*). Esta estética de la crueldad pronto pasó, por ejemplo, al teatro de Valle-Inclán, pero también fascinaría a los surrealistas[16].

16. Véase al respecto Rubio Jiménez (2002) y, en un contexto más amplio, Praz (1969) y Pierrot (1977).

En el ámbito del modernismo hispánico, usan el motivo de la mano, casi siempre con resonancias petrarquistas, Julián del Casal (1976: 179; "Canción", *Nieve*, 1892: "lirios de nieve para tus manos"); Valle-Inclán, quien lo emplea repetidamente desde sus primeros relatos, como "Rosarito", de *Femeninas* (1992: 168; "aquellas manos pálidas, transparentes, como las de una santa; manos místicas y ardientes, que parecían adelgazadas en la oración por el suave roce de las cuentas del rosario"[17]); Rubén Darío (1987: 86), desde la tribuna de sus "Palabras liminares" en *Prosas profanas:* "mis manos de marqués" o en "El Reino Interior": "sus manos de ambiguos príncipes decadentes" (1987: 153), hasta las "manos robustas de heroicos atletas" de la "Marcha triunfal" (1967, II: 646); Guillermo Valencia (1952: 185-187), que traducirá en *Ritos* (1898) "Las manos (De Gabriele D'Annunzio)"; Salvador Díaz Mirón (1969: 123; "El fantasma", *Lascas*, 1901: "Blancas y finas, y en el manto apenas / visibles, y con aire de azucenas, / las manos"); Enrique Gómez Carrillo (1898: 10) en muchas de sus novelas ("Lo único que me queda del antiguo esplendor de mi familia –solía decir, sonriendo melancólicamente– son las manos. Y alargaba, ante los demás, sus largos dedos afilados y blanquísimos, que se encurvaban hacia arriba con una elasticidad extraña"); Manuel Machado (2000: 133; "Felipe IV", *Alma*, 1902: "la blanca mano de azuladas venas"); Antonio Machado ("En nuestras almas todo / por misteriosa mano se gobierna", LXXXVII); Emilio Carrère (1909: 180), "Las manos de Elena" ("Blancas manos de Elena, / finas y extenuadas"); Francisco Villaespesa (1954: 621), quien traza en "Ego sum" un autorretrato que encabeza *El libro de Job* (1909), donde predomina la aristocracia del "fatalismo moro" ("Sangre de emires moros y príncipes cristianos / circula por mis venas. Ella dio

17. E. Pardo Bazán, como una muestra de su acercamiento a la estética finisecular, también emplea el motivo en sus novelas, impregnándolo de un decadentismo entre místico y sensual: "manos tan liliales como esas que ve usted ahí, las de Santa Catalina [...] que son la perfección de la belleza en una cosa ya tan perfecta como una bella mano de dama", *La Quimera* (1905), en Pardo Bazán (1957: I, 865).

aristocracias / viriles a la frágil belleza de mis manos, / como impregna mis versos de inmortales fragancias"); esboza un "Retrato" imaginario de su amada ("Pálido el rostro y fija la mirada / como una santa en la celeste esfera; / y en las manos de nieve, prisionera / una blanca azucena inmaculada" [1954: 47]), consagra todo un poema, dedicado a Ramón del Valle-Inclán, a recrear el motivo, "La sombra de las manos" ("¡Oh enfermas manos ducales,/olorosas manos blancas!..." [1954: 165]) y, como Darío, se apropia del mismo en su "Autorretrato" ("el azul de las venas sobre las manos finas" [1954: 545]). Tampoco falta el ejemplo de Juan Ramón Jiménez ("¡Oh, tus manos cargadas de rosas! ¡Son más puras / tus manos que las rosas!" [Jiménez, "Voz de seda", XII, *Laberinto* (1913), en 2010: I, 1276-1277, titulado "Manos (Voz de seda)", y con variantes, en 1976: 117-118]).

Entre el modernismo y la vanguardia se encuentra Ramón Gómez de la Serna (bien leído por Hernández), que escribe el breve relato "La mano" (*Greguerías*, 1917-1919 [1997: 88]). Tras la asepsia de la poesía pura de los primeros años veinte, el motivo se extiende, con fuerza irracional, a la par que en la plástica, en la literatura neorromántica de signo surrealista, donde la mano extendida suele simbolizar la situación de soledad amorosa y universal en la que se encuentra el sujeto lírico, y la mano cortada violentamente es uno de los más repetidos *disjecta membra* de su tópica visionaria (junto a las imágenes astrales, los insectos, los cadáveres y todo tipo de desgarros y descuartizamientos, incluyendo, por supuesto, la decapitación), cuyo significado ambivalente casi siempre se relaciona con las trabas sociales, amorosas o cósmicas que el poeta desea sobrepujar. C. B. Morris cita algunos ejemplos de los surrealistas franceses, como Phillipe Soupault (*Georgia*: "mes mains s'étendent / pour saisir d'autres mains"; *Carte postale*, 1926: "Je tends des mains froides, des mains qui ne savent plus la forme des hanches") o René Crevel (*Mon corps et moi*, 1925: "mains vides"; *La mort difficile*, 1926: "dans ses poches, ses mains étaient des fleurs, san sève, sans coleur"). Nosotros podríamos añadir, en un repaso sumario, *Les mains livres* de Paul Éluard (Winn 1983), *Deuil pour deuil* de Robert Desnos, *Les mains d'Elsa* de Louis Aragon, *The Bones of My Hands* de Edward James o

La main coupée de Blaise Cendrars. También cita Morris algunos casos, que ampliaremos, de Juan Larrea (su temprano "Otoño" [1919]: "Persiguiendo sus manos / esta noche / pasaba un ciego / Tras sus huellas / sus muñones ardiendo"), Luis Cernuda, Vicente Aleixandre, Federico García Lorca o Emilio Prados (autores bien leídos por Miguel Hernández), además de señalar manos cercenadas en textos en prosa como *La túnica de Neso* (1929) de Domenchina, *Krtu* (1931) de J. V. Foix, *Crimen* (1934) de Agustín Espinosa o *Hidden Faces* (1944) de Dalí (Morris 2000: 158-161 para la mano extendida en señal de soledad y 199-207, para la mano cortada).

En Cernuda, la mano es frecuentemente el elemento sensual que anhela poner en contacto, aunque sea de forma efímera, los cuerpos de los amantes o, más aún, y dicho a su manera, la realidad y el deseo, pero se encuentra con numerosas trabas (algunos ejemplos: en *Un río, un amor*, 1929, "Remordimiento en traje de noche": "Es el remordimiento [...] / No estreches esa mano"; "Habitación de al lado": "Las manos aburridas que cazan terciopelos o nubes descuidadas"; "Todo esto por amor": "que derriben las manos como estatuas vacías"; "Duerme, muchacho": "Duda con manos de duda y pies de duda"; o el finalmente suprimido "Alguien más": "Que el amor sin amor ni figura de amores / [...] / Es vivir con las manos vacías". En *Los placeres prohibidos*, 1931, "Diré cómo nacisteis": "Extender entonces la mano / Es hallar una montaña que prohíbe, / un bosque impenetrable que niega, / Un mar que traga adolescentes rebeldes", mientras que los placeres prohibidos "Tendéis en una mano el misterio"; "Qué ruido tan triste": "Sobre adolescentes mutilados, / Mientras las manos llueven, / Manos ligeras, manos egoístas, manos obscenas, / Cataratas de manos que fueron un día / Flores en el jardín de un diminuto bolsillo"; "Esperaba solo": "Yo tenía la mano tendida / Mi mano quedó vacía. En su palma apareció una gota de sangre"; "Había en el fondo del mar": "una mano de yeso cortada [...] La llamo la verdad del amor". En *Invocaciones*, 1934-1935, "Dans ma péniche", donde todavía recuerda "los atardeceres de manos furtivas" [Cernuda 1993: 143, 151, 160, 162, 695, 174, 177, 181, 193 y 235]).

En Vicente Aleixandre, el motivo de la mano, en frecuentes imágenes visionarias en desarrollo, también se relaciona con el deseo y su imposibilidad, la sensualidad y la soledad, personal o cósmica, que a veces se abre y a veces se cierra; pueden ser manos celestes o manos de piedra (algunos ejemplos: en *Espadas como labios* [1932], "Nacimiento último": "¿Hacia qué lutos o desórdenes se hunden ciegas hacia abajo esas manos abandonadas?"; "Toro": "Mano inmensa que cubre celeste toro en tierra"; "Acaba": "lo que no puede tocarse con las manos"; "Río": la muerte, "ese laberinto de hilos que como manos muertas / ponen una azucena como un mundo ciñendo"; "Libertad": "Esa mano caída del occidente, / de la última floración del verano, / arriba lentamente a los corazones". En *La destrucción o el amor* (1935), "Noche sinfónica": "modelar una mano que exactamente abarque el talle"; "Aurora insumisa": "esas redondas manos pasajeras"; "Eterno secreto": "unas celestes manos mensajeras"; "La dicha": "las manos que son piedra"; "Cuerpo de piedra": "Luna de piedra, manos por el cielo, / manos de piedra rompedoras siempre"; "Cerrada puerta": "una mano del tamaño del odio" [Aleixandre 2001: 269, 295, 303, 329, 347, 370, 377, 402 y 418]).

En la poesía de Federico García Lorca, al igual que en sus dibujos, es frecuente encontrar el motivo de la mano cortada, pérdida de atributos real y simbólica; así, por ejemplo, partiendo de una estilizada religiosidad popular y visionaria, en "Muerto de amor" ("Lleno de manos cortadas / y coronitas de flores") y "Martirio de Santa Olalla" ("Por el suelo, ya sin norma, / brincan sus manos cortadas / que aún pueden cruzarse en tenue / oración decapitada"), del *Romancero gitano* (1928); de forma surrealista y expresionista, en "Paisaje de la multitud que vomita (Anochecer en Coney Island)" ("Yo, poeta sin brazos, / perdido entre la multitud que vomita") y "Cementerio judío" (el judío que "se cortó las manos en silencio") de *Poeta en Nueva York* (escrito en 1929-1930, publicado en 1940). Pero también en la "mano herida" y protectora de la casida VI, "De la mano imposible" (escrita en 1934), del *Diván del Tamarit* (1940, que parece inspirada en la prosa surrealista de Agustín Espinosa "La mano muerta", *Crimen*, 1934 [García Lorca 1981: 27-32]); en el hombre mutilado de *Bodas de sangre*, 1933, y el "maniquí sin brazos ni manos" de *Así que pasen cinco años*, 1931. Con ironía y desparpajo, aparece en su narración "Santa Lucía y San Lázaro", publicada en *Revista de Occidente* en noviembre de 1927 ("El día de primavera era como una mano desmayada sobre un cojín"; "Gafas y vidrios ahumados buscaban la inmensa mano cortada de la guantería, poema en el aire, que suena, sangra y borbotea como la cabeza del Bautista"), o en su conferencia sobre Pedro Soto de Rojas, 1926 ("la mano cortada del llamador"), así como en la que dedicó al duende (*c.* 1930) (la "mano de cera") (García Lorca 2008).

Ya me he referido antes extensamente a Pablo Neruda, y por ello no me detengo ahora en él. El motivo de la mano, sobre todo cortada, en relación con la Revolución de Asturias (y también el motivo del viento), aparece en otro poeta nerudiano importante para Miguel Hernández, el Raúl González Tuñón de *La rosa blindada. Homenaje a la insurrección de Asturias y otros poemas revolucionarios* (1936) en composiciones como "Dos historias de niños", "Asalto nocturno a la plaza de la villa", que va dedicado a Pablo Neruda, "El reloj de la gobernación", "Los marineros de Tolón" o "El cementerio patagónico".

Bien es cierto que, seguramente, el primer poeta español que empleó el motivo de la mano en un contexto revolucionario fue Rafael Alberti. Ya en su "Elegía cívica" y surrealista de 1930 "Con los zapatos puestos tengo que morir" encontramos la mano que "se rebela" y un verso que parece casi profético: "Oíd el alba de las manos arriba" (2003: 6), que luego repetirá de forma explícitamente revolucionaria en "Mitin", de *Consignas* (1933): "¡Camaradas! / Se acerca el alba de las manos arriba, / oídla, / el alba del espanto en los ojos biliosos de la usura, / el alba de la huida precipitada de los lechos, / el alba de la toma de los bancos, / al alba del asalto a las minas y fábricas, / el alba de la conquista de la tierra" (2003: 227). Tras la represión de Asturias, escribe "Al nuncio de S. S. en España" para hacer evidente "esa mano de sangre, esa alba mano" (2003: 51). En "SOS" critica la explotación capitalista de Hispanoamérica a través del mismo elemento: "6 millones de hombres, / 12 de manos muertas"; "10 millones de hombres, / 20 de brazos tristes" (2003: 99), y en "Casi son", dedicado a Cuba, se repite como un estribillo el verso "mano a mano", para acabar: "mano a mano, / contra el norteamericano. / Negro, mano a mano, / blanco, mano a mano" (2003: 145). En la poesía que escribe durante la Guerra Civil, Alberti exaltará las manos de los pobres, que ahora conforman el "Quinto cuerpo de ejército", "las manos, que son puños" de los soldados ("Los soldados se duermen") y hasta, en una letrilla, las manos de *El Mono Azul* (2003: 201, 202 y 245).

En el poema de Unamuno que hemos recordado al inicio, "En una ciudad extranjera" (*Poesías*, 1907), ya se indican los distintos usos que puede darse a la mano ("¡Oh mano de trabajos y de adioses, / madre del arte, / madre también del crimen; de los pobres mortales / gloria e infamia!" [Unamuno 1966: VI, 266. Son versos no señalados por Sánchez Vidal]). Pero el más inmediato precedente de Miguel Hernández para esta contraposición es sin duda Emilio Prados, en sendos poemas incluidos en *Calendario incompleto del pan y el pescado* (1933-1934), que se publicará como primera parte de su *Llanto en la sangre* (Valencia, Ediciones Españolas, 1937). En ambas composiciones se refiere, al igual que hará Hernández poco después, a los dos tipos de mano que hay en la sociedad, las de los trabajadores y las de los que se aprovechan de ellos. Así, en la primera, "Huelga en el campo", escribe: "¡Pronto, en pie, trabajadores, / que la cosecha se pierde! / ¡Que se la llevan! ¡De prisa! / ¡Que os la roban! [...] / ¿Quién dejará que *sus manos* / con nuevas hambres sujeten? [...] ¿Quién dejará que *otras manos* / lo vuestro a sus bocas lleven? [...] ¿Quién pide a gritos justicia? / ¿Quién a la justicia ofende? / ¿Quién dejará sin castigo / al que ya al castigo teme? / Todo el campo se levanta; / como una mancha de aceite / sobre las verdes campiñas / la huelga roja se extiende" (Prados 1999: 438-439, vv. 1-4, 17-18, 23-24 y 47-54; la cursiva es mía). Y en la segunda, "Agosto en el campo", insiste en la misma idea: "Cómo se aprietan las manos / bajo sus recios tendones, / prendiendo rencor y fuerza / entre sus vivos barrotes, / cuando ven cruzar a agosto, / fecundo en fruta y sudores, / bien endulzado en sus uvas / y amargo en sus sinsabores, / llevando por tierra y viento / su riqueza y sinrazones / hasta *otras manos lejanas* / que los trigos no conocen, / que al corazón se resisten / y a la conciencia se oponen" (1999: 441; la cursiva es mía).

En otros dos poemas publicados en el año 1933, Prados escribe versos que están muy próximos al Miguel Hernández de "Las manos" y de *Viento del pueblo*. "Un día", que apareció en *El Sol* (22 de junio, 1933), acaba con la siguiente estrofa: "Un día será el mundo lo mismo que una espiga / un anillo de brazos unidos sobre la tierra / lo mismo que un ejército invencible sin posible enemigo / como un inmenso nombre que no conozca ningún cuerpo" (1999: 554). Análogo sentimiento comunitario, y de fuerza a través del trabajo de las manos, aparece en "Existen en la Unión Soviética", que fue publicado en los números 4-5 de la revista *Octubre* (octubre-noviembre 1933), 20-21, y del que selecciono los versos siguientes: "Existen en la Unión Soviética / millones de hombres que trabajan / Ellos saben que un día / brotará de sus manos la vida de unas alas / Ellos saben que un día / la igualdad de sus brazos será eterna / [...] / Existen en la Unión Soviética / millones de hombres que conocen / lo que piensan sus ojos / y sus manos condicen" (1999: 558-559)[18].

En la poesía que Prados escribe durante la Guerra Civil, al igual que ya ocurriera en su etapa surrealista (*El llanto subterráneo:* "manos machacadas como balanzas diminutas", "¿Cómo podré cómo podré crecer sin manos / bajo las filtraciones dolorosas de esta angustiada arena?" [1999: 470-471]), el motivo de la mano (y el del viento) vuelve a estar presente, en ocasiones de forma muy próxima a la de Hernández, como en "Al batallón Thaelmann" (de *Romances de la guerra civil* [1936], publicados como tercera parte de *Llanto en la sangre*), donde escribe: "¡A las armas, a las armas, [...] ¡Con hoces y con navajas, / con horcas, con escopetas, / con los dientes, con las uñas; / si no hay balas, con las piedras; si no hay fusiles, con palos" (1999: 502). Frente a los versos anteriores, la muerte es la ausencia del ímpetu y el contacto de las manos, como repite Prados en el versos que sirve de estribillo en su dolorida "Es-

18. El poema acaba con versos dedicados a la ciudad y la fábrica en Rusia, que también podemos relacionar con otros bien conocidos de Hernández.

tancia en la muerte con Federico García Lorca": "No te llegan las manos", al final transmutado en "No te llegan mis manos" (Prados 1999: 613-615).

Contemporáneo de "Las manos" hernandianas es *La insignia. Alocución poemática* (Valencia, Tipografía Moderna, 1937), de León Felipe, que fue leída por su autor en el teatro Metropolitano de Barcelona el 28 de marzo de 1937 (Ruis 1968: 212). En este poema, radiado a toda España, se establece también la dicotomía entre los dos tipos de manos: "En España ya no hay más que dos posiciones fijas e *inconmovibles.* / Para hoy y para mañana. / La de los que alzan la mano para decir cínicamente: Yo soy un bastardo español, / y la de los que la cierran con ira para pedir justicia bajo los cielos implacables. / Pero ahora este juego de las manos ya no basta tampoco" (León Felipe 2004: 201).

El enfrentamiento de los dos tipos de manos también lo emplea Antonio Aparicio, buen amigo y casi secretario de Hernández en Jaén, como tema secundario en "Colonia de la muerte", publicado en *Hora de España* en noviembre de 1937: "nuestras manos de trabajo y de lucha" frente a "las manos de tantos invasores". Y vuelve a aparecer en el romance anónimo "¿Por qué lloras campesino?", publicado al mes siguiente en la revista *Stajanov* (15 de diciembre de 1937); las manos trabajadoras y las ociosas que se llevan el fruto del esfuerzo: "si ese fruto, que es tan mío, / y ese pan, que es de mi casa, / otro que es dueño de mí / después no me lo robara... / Que no son mías mis manos..."; "No me doliera mi suerte / si el fruto de mi trabajo / otras manos encontrara" (VV.AA. 1978: 103-104 y 1994: 379-380).

El mismo 1937 se publica *España. Poema en cuatro angustias y una esperanza* (Valencia, Ediciones Españolas, 1937), de Nicolás Guillén, al cual conocería Hernández en el Congreso de Intelectuales Antifascistas celebrado en Valencia, y cuya última parte, "La voz esperanzada. Una canción alegre flota en la lejanía", incluye los siguientes versos, que consuenan poderosamente con "Las manos" del de Orihuela:

Con vosotros, brazos conquistadores
ayer, y hoy ímpetu para desbaratar fronteras;
manos para agarrar estrellas resplandecientes y remotas;
para rasgar cielos estremecidos y profundos;
para unir en un mazo las islas del Mar del Sur y las islas del Mar
[Caribe;
para mezclar en una sola pasta hirviente la roca y el agua de
[todos los océanos;
para pasear en alto, dorada por el sol de todos los amaneceres,
para pasear en alto, alimentada por el sol de todos
[los meridianos;
para pasear en alto, goteando sangre del ecuador y de los polos;
para pasear en alto como una lengua que no calla, que nunca
[callará,
para pasear en alto la bárbara, severa, roja, inmisericorde,
calurosa, tempestuosa, ruidosa,
¡para pasear en alto la llama niveladora y segadora de la
[Revolución!

¡Con vosotros, mulero, cantinero!
¡Contigo, sí, minero!
Con vosotros, andando,
disparando, matando!
¡Eh, mulero, minero, cantinero,
juntos, aquí, cantando! (Guillén 1937: 37-38).

Tras Miguel Hernández, el poeta que hace de las manos de los obreros y jornaleros motivo central de su poemario es su buen amigo Arturo Serrano-Plaja en *El hombre y el trabajo* (1938), coincidiendo así con una de las principales ideas de la España republicana en armas. En "Estos son los oficios", II, escribe, siguiendo muy de cerca "Las manos" de Hernández: "Del trabajo que nace con desprecio del llanto / brotan manos tan puras que arrancan de la tierra / campanas y martillos, / azadas, cubos, hachas, / vigas, plata y metales / en preciados lingotes. / Y el carbón de los barcos / cuyas sirenas roncan melancólicamente por los mares / y el cemento y la cal. // Estas últimas manos construyen los albergues" (Serrano-Plaja 1938:

24-25); "manos puras" es sintagma que emplea Hernández en el verso 9 de "Las manos".

En "Los impresores" sigue con este homenaje al trabajo manual: "Como indecible torre, construyen vuestras manos, / como señal perpetua el acontecimiento lejano / y victorioso, construyen vuestras manos, el intrincado y alto monumento de cierta tarde oscura [...] Letra a letra se yergue con el tiempo, / la decidida historia de la sangre merced a vuestras manos. Letra a letra" (Serrano-Plaja 1938: 30-31).

Y en "Los albañiles" (que apareció en *Hora de España* el 6 de junio de 1937): "No defraudéis las manos que anhelan emplearse en el solo edificio que amaremos. // Mirad los albañiles. / Imitad el ejemplo de sus manos terrosas y de sus blusas blancas [...] Y allí donde los hombres se reúnan quiero un puesto. / Yo reclamo un lugar en las Casas del Pueblo para entonar mi voz con una muchedumbre / y mis manos suplican un bautismo de cal que participe / del esfuerzo común y la común empresa de sólidas y nobles esperanzas / brotando de las manos severas, rigurosas, venerables, de un grupo de albañiles". Para concluir: "Y hasta esa flor humilde [...] ha nacido manchada de yeso y al lado de los hombres, / brotando entre los hombres que trabajan unidos, / brotando de las manos severas, rigurosas, venerables, de un grupo de albañiles" (Serrano-Plaja 1938: 42-44).

La idea de que la España republicana ganará la guerra con la fuerza colectiva y humilde de sus manos culmina en el poema "Los campesinos", I: "Gobernarán sus manos los terrenos / recién reconquistados con su esfuerzo" (Serrano-Plaja 1938: 50, con la variante "con su sangre" en *Hora de España*, 12 [diciembre de 1937], 19). Y, finalmente, frente a ellas, las manos del enemigo son rechazadas en "Canto a la libertad", en un verso que se repite a lo largo de las VII partes del poema, a modo de estribillo: "no alcanzaréis su estirpe con vuestra torpe mano" (1938: 78-83. El poema está fechado en Madrid, diciembre 1936).

En realidad, al igual que en los carteles de la Guerra Civil, en toda la poesía del 'pueblo en armas' encontramos con gran frecuencia el motivo de la mano, casi siempre de forma directa: "en alto los fuertes puños" (Miguel Alonso Calvo, "Han matado al maestro" [VV.AA. 1994: 347]), "la fuerza de puños en alto" (César M. Arconada, "Pro 'Komsomol'" [VV.AA. 1994: 238]), el "puño cerrado" (Rafael Morales Casas, "A los milicianos muertos" [VV.AA. 2006: 357]), los "puños encendidos", las "manos febriles" y las "manos abiertas" (Ernestina de Champourcín, "Sangre en la tierra" [VV.AA. 1994: 298-300]), las "manos redentoras" (Roger de Flor, "Cascos" [VV.AA. 1994: 119]), "las manos honradas" y el "puño del proletario" (Concha Zardoya, "Ritual del pan" [VV.AA. 1994: 383-384]), las manos de los antitanquistas (Pablo Neruda [2005: 387], "Antitanquistas": "en vuestras manos floreció la bella / granada forestal o la cebolla / matutina, y de pronto / estáis aquí cargados con relámpagos"), las manos del enlace militar (Anónimo [José Luis Gallego], "El enlace" [VV.AA. 2006: 231-232]); pero también la "mano de amante desterrado" (Antonio Aparicio [1937], "A una sevillana"), las "manos de mujer" (Felipe Ruanova, "Apunte de aguja" [VV.AA. 1994: 245]), "manos avispadas" de la "Mujer de España que tienes / la aguja en tus manos blancas" y teje ropa para los soldados (Fernando de Toledo, "Romance de la aguja" [VV.AA. 2006: 393]); "manos de mujer, de hermana / manos de esposa que espera" (Miguel Alonso Calvo, "Letrilla de la campaña de invierno" [VV.AA. 1994: 255]), "las manos del canto" de una mujer cualquiera (José María Quiroga Plá, "Una mujer está cantando" [VV.AA. 2006: 387]), las manos de los niños muertos (Antonio Machado, "La muerte del niño herido" [VV.AA. 1994: 354] y Vicente Aleixandre, "Oda a los niños de Madrid muertos por la metralla" [VV.AA. 1994: 344-346]), "las manos amputadas" (Concha Zardoya, "Los mutilados" [VV.AA. 1994: 357]), las manos de los jóvenes muertos en el frente (Octavio Paz, "Elegía a un joven muerto en el frente" [VV.AA. 2006: 351-353]), "nuestras manos de trabajo y de lucha" frente a "las manos de tantos invasores" (Antonio Aparicio [1937], "Colonia de la muerte"), la "odiosa mano" (Antonio Machado, "Trazó una odiosa mano..." [VV.AA. 2006: 67]), la "sangrienta zarpa" (Luis Pérez Infante, "La muerte de Durruti, I. Madrid en peligro" [VV.AA. 1994: 200]), o las manos simbólicas de la arena (Juan de Pena, "Arena" [VV.AA. 2006: 408]).

Es significativo rastrear la distinta aplicación del motivo en la poesía del bando golpista (aunque igualmente suele aparecer de forma directa y no simbólica), donde encontramos "la mano de Dios" (Julio Sigüenza, "Era el tiempo en que España arrastraba su sueño" [VV.AA. 1994: 105]). En la España republicana, también aparece en un poema de José Bergamín (1938), "No se mueven de Dios para anegarte"; "la mano de Dios: las aguas por sus manos esparcidas", en "El dedo del Señor" (José María Pemán, *Poema de la Bestia y el Ángel* [VV.AA. 1994: 307]), "La mano de Jesús" (Pilar Millán Astray, "La letrina" [VV.AA. 1994: 363]), "el brazo más potente de la iglesia" (Carlos Antonio Areán, "Canto a la madre patria" [VV. AA., 1994: 109]), "las manos que me han dado / el agua dulce de su caridad" (P. Félix García, "La primera carta en la cárcel" [VV.AA. 2006: 384]); "las manitas de los hijos" (Rafael de Balbín Lucas, "Romance de Madrid" [VV.AA. 1994: 163]), la "mano blanca / que en mi camisa bordaba / suspiros sobre el azul / con hebras de sangre y plata"; "los lirios de sus manos / con hebras de sangre y plata" de la novia asesinada en la Casa de Campo (Federico de Urrutia, "... Como un Amadís de Gaula" [VV.AA. 2006: 115-116]); "el vigor de nuestra mano" y "las manos tiernísimas del lirio / muerto sobre la larga encrucijada" (Dionisio Ridruejo, "Oda a la guerra" [VV.AA. 2006: 102 y 105]); las "manos firmes" del alférez provisional (Luis Camacho Carrasco, "Canción de abril al alférez provisional" [VV. AA. 1994: 193]); el "bosque de brazos en alto" (Javier Martín Abril, "A Onésimo Redondo" [VV.AA. 1994: 227]); "Un falangista de bronce / con un lucero en la mano", y nuevamente los "bosques de brazos alzados" (Federico de Urrutia, "Franco, leyenda del césar visionario" [VV.AA. 1994: 224-225]); la "mano de niño" de los "Flechas de España" (Agustín de Foxá, "Himno de la juventud": "¡En pie, Flechas de España, Falange es victoriosa / [...] / Que mi mano de niño, cansada de jugar / Será ancha, dura y fuerte, para clavar banderas / En todas tus montañas, y alzarlas sobre el mar" [VV.AA. 2006: 239]); la "mano amputada" de Millán Astray (Alberto Valero

Martín, "Millán Astray": "¡Y tu mano amputada, en un prodigio, / llena de ardor devoto y de prestigio, / tu mano ausente, de contorno astral!" [VV.AA. 2006: 154]); "La mano de Franco" (en el poema homónimo de Antonio R. Guardiola: "la mano milagrosa del fuerte General", "mano leal", "mano escultora de un alma nacional", "mano ungida, / mano para la Misa, mano para sembrar. / La lepra de las almas sabe sanar tu mano", "mano de experto nauta; de timonel de gloria", "mano de nuestra guarda" [VV.AA. 1994: 221-222]); y hasta la "mano en bendición entre las losas y las cenizas" del arrepentido (Ángel Valbuena Prat, "Canto a la ascensión del arrepentido" [VV.AA. 2006: 412]) y "las manos del cautivo" (Félix Paredes, "Gratitud al Caudillo" [VV.AA. 2006: 402]). Frente a ellas, "las manos pegajosas de las senilidades mil veces yertas" (José María Castroviejo, "A vosotros, obreros rojos" [VV.AA. 2006: 210]). Solo el falangista Luis Rosales se pregunta simbólicamente en "La voz de los muertos", *Jerarquía*, 2 (octubre de 1937): "Y tú ¿qué harás ahora? Ya la tierra no existe / y habrá que unir de nuevo la arena entre las manos / para soñar, de nuevo, con su contorno huidizo" [VV.AA. 2006: 349].

Comprobamos, en definitiva, que Miguel Hernández usa un motivo, el de la mano, que contaba con una gran tradición y era hegemónico cuando escribe *Viento del pueblo*. Por ello tiene tanta importancia que consiga recrearlo de manera excepcional en una composición de gran fuerza ética y estética, destinada (con su propósito también práctico) a dejar una huella perdurable en su lector ideal. En su elección y desarrollo pesan buena parte de los casos que hemos señalado, y con todos ellos consuena de forma inevitable.

No es mi intención ahora prolongar el estudio de este motivo en la poesía posterior a los años treinta, aunque es evidente que el mismo sigue manifestándose. Solo pondré dos ejemplos muy distintos, bien significativos y, en ambos casos, desarrollados en forma de poema en prosa. Luis Rosales, en *El contenido del corazón* (1969), dedica el poema XXI, "Solamente las manos", a la evocación de las manos de su madre, en un registro íntimo, explorando los límites del recuerdo y de su pérdida. Por el contrario, Manuel Vilas, en *Resu-*

rrección (2005), recupera con “Las manos de las cajeras” una nueva épica social del trabajo y de la explotación capitalista (no exenta de un patetismo posmoderno muy efectivo) que, de alguna manera, enlaza con el espíritu hernandiano de su poema “Las manos”.

Bibliografía citada

Alarcón Sierra, Rafael, *Entre el modernismo y la modernidad: la poesía de Manuel Machado (Alma y Caprichos)*, Sevilla, Diputación Provincial de Sevilla, 1999.

— “‘Sonoras manos oscuras y lucientes’: metamorfosis hernandiana de un motivo literario y artístico”, en R. Alarcón Sierra (coord.), *Miguel Hernández vuelve a Jaén. Primer Seminario Internacional Miguel Hernández*, Jaén, Universidad de Jaén, 2015, pp. 129-149.

Alberti, Rafael, *Obras completas. Poesía II*, ed. R. Marrast, Barcelona, Seix Barral, 2003.

— *Prosa II. Memorias. La arboleda perdida*, ed. R. Marrast, Barcelona, Seix Barral/SECC, 2009.

Aleixandre, Vicente, *Los encuentros*, Madrid, Guadarrama, 1958.

— *Poesías completas*, ed. A. Duque Amusco, Madrid, Visor, 2001.

Alemany, Carmen, *Miguel Hernández, el desafío de la escritura. El proceso de creación de la poesía hernandiana*, Madrid, Visor, 2014.

Anónimo, “¿Por qué lloras, campesino?”, *Stajanov*, 28, 15 de diciembre, 1937.

Aparicio, Antonio, “Colonia de la muerte”, *Hora de España*, 11, noviembre, 1937, p. 57.

— “A una sevillana”, *Hora de España*, 11, noviembre, 1937, p. 57.

Balcells, José María, “Valores del trabajo en la poesía de Miguel Hernández”, en José Carlos Rovira (coord.), *Miguel Hernández, cincuenta años después. Actas del I Congreso Internacional. Alicante, Elche, Orihuela, marzo de 1992*, Alicante/Elche/Orihuela, Comisión del Homenaje a Miguel Hernández, 1993, I, pp. 403-410.

— *Sujetado rayo. Estudios sobre Miguel Hernández*, Madrid, Devenir, 2009.

BERGAMÍN, José, "No se mueven de Dios para anegarte", *Hora de España*, 20, agosto, 1938, p. 15.

CADALSO, José de, *Ocios de mi juventud*, ed. Miguel Ángel Lama, Madrid, Cátedra, 2013.

CANO BALLESTA, Juan, *La poesía de Miguel Hernández*, Madrid, Gredos, 1971.

CARRÈRE, Emilio, *El Caballero de la Muerte* (1909), Madrid, Editorial Mundo Latino, s. a.

CASAL, Julián del, *The Poetry of Julián del Casal: A Critical Edition*, ed. Robert Jay Glickman, Gainesville, University Press of Florida, 1976.

CERNUDA, Luis, *Obra Completa, vol. I. Poesía completa*, ed. D. Harris y L. Maristany, Madrid, Siruela, 1993.

CERVERA SALINAS, Vicente, "Una poética nerudiana en Miguel Hernández: 'Residencia en la tierra'", en José Carlos Roviera (coord.), *Miguel Hernández, cincuenta años después. Actas del I Congreso Internacional. Alicante, Elche, Orihuela, marzo de 1992*, Alicante/Elche/Orihuela, Comisión del Homenaje a Miguel Hernández, 1993, II, pp. 815-821.

CHEVALLIER, Marie, *La escritura poética de Miguel Hernández*, Madrid, Siglo XXI, 1977.

DARÍO, Rubén, *Poesías completas*, Madrid, Aguilar, 1967, V vols.

— *Prosas profanas*, ed. Ignacio M. Zuleta, Madrid, Castalia, 1987.

DÍAZ MIRÓN, Salvador, *Los cien mejores poemas de Salvador Díaz Mirón*, México, Aguilar, 1969.

FILER, Malva E., "La ambivalencia de la mano en la narrativa de Cortázar", en Jaime Alazrraki *et al.*, *La isla final*, Madrid, Ultramar, 1983, pp. 323-334.

GARCÍA LORCA, Federico, *Diván del Tamarit. Llanto por Ignacio Sánchez Mejías. Sonetos*, ed. M. Hernández, Madrid, Alianza, 1981.

— *Primer romancero gitano*, ed. C. de Paepe, Madrid, Espasa-Calpe, 1991.

— *Obra completa*, ed. M. García-Posada, Madrid, Akal, 2008, VII vols.

Gautier, Théophile, *Émaux et Camées* [1852], Lille, Librairie Giard/Genève, Librairie Droz, 1947.

Gaya, Ramón, "Divagaciones en torno a un poeta: Miguel Hernández", *Hora de España*, 17, abril-junio, 1938, p. 48.

Gómez Carrillo, Enrique, *Bohemia sentimental* [1898], en *Tres novelas inmorales*, Madrid, Cosmópolis, s. a.

Gómez de la Serna, Ramón, "Las cosas y 'el ello'", *Revista de Occidente*, 134, 1944, pp. 190-208.

— *Obras completas IV. Ramonismo* II, ed. Ioana Zlotescu, Barcelona, Galaxia Gutemberg/Círculo de Lectores, 1997.

González Tuñón, Raúl, *La rosa blindada. Homenaje a la insurrección de Asturias y otros poemas revolucionarios*, Buenos Aires, Horizonte, 1962 (reproduce la ed. de Buenos Aires, 1936).

— *La muerte en Madrid. Las puertas del fuego. 8 documentos de hoy*, Rosario, Beatriz Viterbo Editora, 2011.

Guillén, Nicolás, *España. Poema en cuatro angustias y una esperanza*, Valencia, Ediciones Españolas, 1937.

Gumbrecht, Hans Ulrich, *Diesseits der Hermeneutik. Die Produktion von Präsenz*, Frankfurt, Suhrkamp, 2004.

Hernández, Miguel, *Viento del pueblo. Poesía en la guerra*, Valencia, Ediciones "Socorro Rojo", 1937a.

— "Canción de la ametralladora", *Pasaremos*, II, 65, 12 de diciembre, 1937b.

— *Viento del pueblo*, ed. J. Cano Ballesta, Madrid, Cátedra, 1989.

— ed. facsímil, J. C. Rovira y C. Alemany Bay, Madrid/Alicante, Ediciones de la Torre/Instituto de Cultura Juan Gil-Albert de la Diputación de Alicante, 1992, II vols.

— *Obra completa*, ed. A. Sánchez Vidal y J. C. Rovira con la colaboración de C. Alemany, Madrid, Espasa-Calpe, 1992, III vols.

— *Obra completa*, Madrid, Espasa, 2010, II vols.

Jiménez, Juan Ramón, *Segunda antolojía poética(1898-1918)*, Madrid, Espasa-Calpe, 1976.

— *Obra poética*, Madrid, Espasa Calpe, 2010, vol. I.

Juan de la Cruz, San, *Obra completa*, ed. Luce López-Baralt y Eulogio Pacho, Madrid, Alianza Editorial, 1991, vol. I.

LARRABIDE, Aitor, "Más sobre *Versos en la guerra*. La única edición alicantina publicada en vida de Miguel Hernández", *Canelobre*, 56, 2009-2010, pp. 134-145.

LARREA, Juan, "Otoño", *Grecia*, 27, 20 de septiembre, 1919, p. 13.

LE BIGOT, Claude, *L'encre et la poudre. Pour une sémantique de l'engagement dans la poésie espagnole sous la II République (1931-1939)*, Toulouse, Presses Universitaires du Mirail, 1997.

LEÓN FELIPE, *Poesías completas*, Madrid, Visor, 2004.

LEÓN, fray Luis de, *Exposición del Libro de Job*, ed. Javier San José Lera, Salamanca, Universidad de Salamanca, 1992, II vols.

LÍSTER, Enrique, *Memorias de un luchador, I. Los primeros combates*, Madrid, G. del Toro, 1977.

LUCHTING, Wolfgang A., "Las manos de Cortázar", *Papeles de Son Armadans*, 80, 1976, pp. 217-239.

LUZURIAGA, Jorge, "Encuentro con Miguel Hernández", *La Nación*, Buenos Aires, 13 de enero, 1963; en Mª de Gracia Ifach (ed.), *Miguel Hernández*, Madrid, Taurus, 1975, pp. 53-55.

MACHADO, Manuel, *Alma. Caprichos. El mal poema*, ed. R. Alarcón Sierra, Madrid, Castalia, 2000.

MAINER, José-Carlos, "Apuntes sobre el tema rural en la España republicana", en José Carlos Rovira (coord.), *Miguel Hernández, cincuenta años después. Actas del I Congreso Internacional. Alicante, Elche, Orihuela, marzo de 1992*, Alicante/Elche, Orihuela, Comisión del Homenaje a Miguel Hernández, 1993, vol. I.

MANERO SOROLLA, Mª Pilar, *Imágenes petrarquistas en la lírica española del Renacimiento. Repertorio*, Barcelona, PPU, 1990.

— "La configuración imaginística de la dama en la lírica española del Renacimiento. La tradición petrarquista", *Boletín de la Biblioteca de Menéndez Pelayo*, LXXVIII, 1992, pp. 5-71.

MARTÍN, Eutimio, *El oficio de poeta Miguel Hernández*, Madrid, Aguilar, 2010.

MARTÍN GAITE, Carmen, *Usos amorosos del dieciocho en España* [1974], Barcelona, Anagrama, 1994.

MARTÍN GIJÓN, Mario, "Producción de presencia y auto-representación profética. Notas sobre la poesía del frente a propósito de

Viento del pueblo (1937) de Miguel Hernández", *Bulletin Hispanique*, 114/1, 2012, pp. 263-276.

Mesa Gancedo, Daniel, "Quiromancia quirúrgica sobre un cuento de Cortázar: 'Estación de la mano'", *Tópicos del Seminario*, 16, 2006, pp. 43-91.

Moréas, Jean, *Premières Poésies. 1883-1886. Les Syrtes. Les Cantilènes*, Paris, Société du Mercure de France, 1907.

Morris, C. B., *El surrealismo y España, 1920-1936*, Madrid, Espasa-Calpe, 2000.

Neruda, Pablo, "Sobre una poesía sin pureza", *Caballo Verde para la Poesía*, 1 de octubre, 1935.

— *Residencia en la tierra*, ed. Hernán Loyola, Madrid, Cátedra, 1987.

— *Obras completas* I, Madrid, RBA, 2005.

Nervo, Amado, *Perlas Negras. Místicas* [1898], Madrid, Espasa-Calpe, 1973.

Pardo Bazán, Emilia, *Obras Completas*, Madrid, Aguilar, vol. I, 1957.

Pierrot, Jean, *L'immaginaire décadent (1880-1900)*, Rouen, Presses Universitaires de France, 1977.

Prados, Emilio, *Poesías completas*, I, ed. Carlos Blanco Aguinaga y Antonio Carreira, Madrid, Visor, 1999.

Praz, Mario, *La carne, la muerte y el diablo en la literatura romántica*, Caracas, Monte Ávila, 1969.

Puelles Romero, Luis, *El desorden necesario. Filosofía del objeto surrealista*, Málaga, Universidad de Málaga, 2002.

Rimbaud, Arthur, *Œuvres*, Paris, Garnier Frères, 1960.

Rovira, José Carlos, *Léxico y creación poética en Miguel Hernández (Estudio del uso de su vocabulario)*, Alicante, Universidad de Alicante/Caja de Ahorros Provincial de Alicante, 1983.

Rozas, Juan Manuel, *La generación del 27 desde dentro (Textos y documentos)*, Madrid, Istmo, 1987.

Rubio Jiménez, Jesús, "La recepción del *Grand-Guignol* en España: una aproximación", *Diablotexto. Revista de Crítica Literaria*, 6, 2002, pp. 71-88.

Ruis, Luis, *León Felipe, poeta de barro (Biografía)*, México, Col. Málaga, 1968.

Salaün, Serge, *La poesía de la guerra de España*, Madrid, Castalia, 1985.

— "Miguel Hernández: Eros en la guerra (*Viento del pueblo*)", en F. J. Díez de Revenga y Mariano de Paco (eds.), *Estudios sobre Miguel Hernández*, Murcia, Universidad de Murcia, 1993a, pp. 437-438.

— "Miguel Hernández: hacia una poética total", en José Carlos Roviera (coord.), *Miguel Hernández, cincuenta años después. Actas del I Congreso Internacional. Alicante, Elche, Orihuela, marzo de 1992*, Alicante/Elche/Orihuela, Comisión del Homenaje a Miguel Hernández, 1993b, II, pp. 105-113.

— "La poesía de la guerra de Miguel Hernández. Una poética de la voz y de la dicción", *Ínsula*, 763-764, 2010, pp. 19-21.

Samain, Albert, *Au Jardin de l'Infante* [1893], Paris, Mercure de France, 1920.

Saneleuterio Temporal, Elia, "Estructura comunicativa y figuras pragmáticas. Claves de la modalización lírica en la poesía de Miguel Hernández", en Arcadio López Casanova (ed.), *La lengua en corazón tengo bañada. Aproximaciones a la vida y obra de Miguel Hernández*, València, Universitat de València, 2010, pp. 37-63.

Sánchez Vidal, Agustín, *Miguel Hernández, desamordazado y regresado*, Barcelona, Planeta, 1992.

Serrano-Plaja, Arturo, *El hombre y el trabajo*, Barcelona, Hora de España, 1938.

Unamuno, Miguel de, *Obras completas*, Madrid, Escelicer, 1966, VI.

VV.AA., *Versos en la guerra. Miguel Hernández, Gabriel Baldrich, Leopoldo Urrutia. Prólogo de C. Schneider*, Alicante, Comité Provincial de Socorro Rojo Internacional, 1938.

VV.AA., *Romancero del Ejército Popular*, ed. Ramos Gascón, Madrid, Editorial Nuestra Cultura, 1978.

VV.AA., *Poesía de la guerra civil española 1936-1939*, ed. César de Vicente Hernando, Madrid, Akal, 1994.

VV.AA., *Poesía de la Guerra Civil española. Antología (1936-1939)*, ed. Jorge Urrutia, Sevilla, Fundación José Manuel Lara, 2006.
Valencia, Guillermo, *Obras poéticas completas*, Madrid, Aguilar, 1952.
Valle-Inclán, Ramón del, *Femeninas (Seis historias amorosas)*, ed. Joaquín del Valle-Inclán, Madrid, Cátedra, 1992.
Valverde, José, "Temática y circunstancia vital en Miguel Hernández", en Mª de Gracia Ifach (ed.), *Miguel Hernández*, Madrid, Taurus, 1975, pp. 216-228.
Verlaine, Paul, *Œuvres poétiques complètes*, ed. Yves-Gérard Le Dantec y Jacques Borel, Paris, Gallimard ("Bibliothèque de la Pléiade"), 1962.
Villaespesa, Francisco, *Poesías completas*, Madrid, Aguilar, 1954, vol. I.
Winn, Colette, "Le symbolisme des mains dans la poésie de Paul Éluard", *Romanische Forschungen*, 95/3, 1983, pp. 264-289.
Zirión Quijano, Antonio, "La noción de la fenomenología y el llamado a las cosas mismas", *Escritos de Filosofía*, XXII, 43, 2003, pp. 157-182.

Miguel Hernández en la Guerra Civil: entre los propagandistas de partido y los intelectuales pequeñoburgueses

Aitor L. Larrabide
Fundación Cultural Miguel Hernández

Introducción

De Miguel Hernández la crítica literaria especializada nos ha dejado tres caracterizaciones, todas ellas ciertas, pero también, en muchos casos, utilizadas de manera simplificadora: poeta-pastor, poeta-miliciano y poeta-preso. En el caso de las biografías, desde la primera de Concha Zardoya pasando por las de Juan Guerrero Zamora, Elvio Romero o María de Gracia Ifach, se ha abundado en una de las tres facetas, o en varias a la vez, dependiendo del enfoque que cada crítico o estudioso quería ofrecer del poeta. En los últimos quince o veinte años diversos investigadores han ido matizando posturas consideradas inamovibles dentro del hernandismo. Por supuesto, las circunstancias políticas y las estéticas no son ajenas a estas aclaraciones o puntualizaciones.

En esta ocasión pretendemos centrarnos, siquiera tangencialmente, en una zona de su producción claramente controvertida, pero solo por causas extraliterarias. Nos referimos, claro está, a la poesía y prosa escritas durante la Guerra Civil (especialmente en la poesía de *Viento del pueblo*), pero también a las anteriores al eufemísticamente mal llamado conflicto bélico que sembró de heridos, desaparecidos, encarcelados, exiliados y muertos todo el país, y provocó una herida que aún hoy, por desgracia, parece que no ha cicatrizado del todo. En lo que sigue convocaremos los nombres de Vicente Aleixandre, Pablo Neruda, Raúl González Tuñón y el recuerdo duradero del oriolano en José Herrera Petere, entre otros, a una reunión amistosa en la que irán desgranándose, obligadamente concisas, sus influencias sobre el incipiente revolucionario en que se convirtió Miguel Hernández.

La "Ponencia colectiva"

No resulta irrelevante el hecho de que los poemas más publicados, por ejemplo, en Cuba (tema sobre el que nos hemos detenido en los últimos años) sean los que integran el libro igualmente más comprometido del oriolano, *Viento del pueblo*, editado en 1937, y que aparecieron en *Mediodía* y *Crónica de España* entre el 25 de octubre de 1937 (en el mismo número en que Nicolás Guillén publica su "Hablando con Miguel Hernández. Un poeta en espardeñas", al que posteriormente nos referiremos) y el 12 de octubre de 1938: "Vientos del pueblo", "Rosario dinamitera", "Pasionaria", "Elegía segunda a Pablo de la Torriente", "El niño yuntero", la dedicatoria de *Viento del pueblo* a Vicente Aleixandre, "Elegía primera a Federico García Lorca", "Sentado sobre los muertos", "Los cobardes" y "Al soldado internacional caído en España". En ese periodo tan agitado y convulso también se ofrecen otros textos, igualmente identificados con la causa republicana, como "Los poetas de la Guerra Española", de Emma Pérez (*Mediodía*, nº 77, lunes 18 de julio de 1938, p. 16), o el prólogo de Tomás Navarro Tomás a *Viento del pueblo*: "Miguel Hernández. Poeta campesino en las trincheras" (*Crónica de España*, año I, nº 8, lunes 15 de agosto de 1938, portada posterior).

Quizás sea interesante detenernos en lo que significó para los intelectuales del momento, todos ellos integrados en la izquierda política española, la "Ponencia colectiva", resultado visible del II Congreso Internacional de Escritores Antifascistas en Defensa de la Cultura, celebrado en el mes de julio en Madrid y Valencia, y seguramente el documento más importante salido de la guerra y del debate que esta suscitó entre los intelectuales, y que no fue resuelto por las complicadas circunstancias que rodearon dicho congreso. El número VIII, de agosto de 1937, de la revista *Hora de España*, editada en Valencia, fue dedicado precisamente a ese importante encuentro de intelectuales. Dicho congreso estuvo más centrado en la fuerza vital de las circunstancias que en lo literario, y en ese número ya legendario fue publicada dicha "Ponencia colectiva" (pp. [81]-95), leída por Arturo Serrano Plaja y suscrita por Antonio Sánchez Barbudo, Ángel Gaos, Antonio Aparicio, Arturo Souto, Emilio Prados, Eduardo Vicente, Juan Gil-Albert, José Herrera Petere, Lorenzo Varela, Miguel Prieto, Ramón Gaya, Miguel Hernández y el propio Arturo Serrano Plaja. Todos ellos pertenecían al mundo de las letras, a las bellas artes o a ambas a la vez; miembros algunos de la llamada tradicionalmente "Generación del 27" y otros a la del 36, comprometidos con la causa popular, cuyas firmas coincidían con frecuencia en manifiestos de todo tipo y que provenían de clases sociales diversas, desde la alta burguesía de Gil-Albert al proletariado campesino de Hernández (no en vano, esta variedad, con los mismos ejemplos, fue expuesta en la "Ponencia colectiva"). En la capital del Turia Miguel Hernández conoció, entre otros, a Pascual Pla y Beltrán, a Octavio Paz o a Nicolás Guillén.

En las trece páginas que integran la "Ponencia colectiva" hay muchos quilates de reflexión en momentos poco favorables para ello, de pararse a pensar no en clave propagandística y facilona, sino en la verdadera entraña del arte, entendido este en sus plurales formas, en la manera de plasmar un movimiento ideológico transformado en acto, en vida. Después de analizar las contradicciones entre lo puro y lo revolucionario, en tiempos convulsos como los de la Guerra Civil, se pretende ir más allá de una cultura en general propagandística, formal, aparente solo por las consignas políticas: "la Revolución [...] no podía estar comprendida ideológicamente en una sola expresión de una consigna política o en un cambio de tema puramente formal" (87). Pero tampoco era posible admitir una pintura como revolucionaria "por el solo hecho de que su concreción estuviese referida a pintar un obrero con el puño levantado, o con una bandera roja, o con cualquier otro símbolo, dejando la realidad más esencial sin expresar". Así, un artista reaccionario podría ser capaz de plasmar una obra con solo improvisar un obrero con el mismo puño levantado. El asunto no es otro que la relación entre ese contenido esencial del fondo de una obra de arte con la coherencia interna de cada artista como persona, que no haya contradicciones entre "la realidad objetiva y el mundo íntimo" (89), la razón y la voluntad libremente hermanadas que tienen como destino final formas absolutas, bellas, apasionadas e inteligibles. De este modo, el arte de propaganda como tal sería insuficiente: "todo cuanto sea defender la propaganda como valor absoluto de creación, nos parece demagógico y tan falto de sentido como pudiera ser por ejemplo, defender el arte por el arte o la valentía por la valentía" (91). Queda también resaltada la ligazón de estos intelectuales con la tradición cultural humanística como restitución de la conciencia del valor del hombre. Pero afirman que aquellos artistas que no comprendan la conciencia verdadera de la realidad "se hundirán en su propia comunidad de coincidencia en la frase, pero no en el contenido" (92). La responsabilidad de quienes se saben parte del pueblo que lucha contra el fascismo les lleva a conquistar, más allá de la guerra, el hombre y el valor pleno del mismo. Esta ponencia tiene un valor extraordinario en cuanto a que un grupo de intelectuales de procedencia diversa y estilos diferentes fueron capaces de abstraerse de las circunstancias y de la disciplina de partidos para postular un concepto de arte en general que dio sus buenos frutos en la pintura, escultura, literatura, etc.

Hace unos años, el profesor Guillermo Carnero (2003) publicó un extenso artículo sobre el alcance de la "Ponencia colectiva". El poder de convicción de la poesía hernandiana escrita durante la guerra se explica, según Carnero, por dos factores: la madurez y maestría en el manejo de recursos lingüísticos y literarios; y la autenticidad, un concepto ciertamente subjetivo que el poeta atribuía al instinto proletario, por el cual, la revolución española era una cuestión visceral, llena de reivindicaciones ineludibles. Concluye el crítico con la afirmación de que si Miguel Hernández realizó poesía propagandística, "no fue lo único que escribió, y eso es lo que cuenta. De buena parte de los que combatieron a su lado no puede decirse tanto".

Unos meses antes, sin embargo, el también poeta y editor Manuel Altolaguirre (1937) recriminaba a Miguel Hernández, desde las páginas de *Hora de España*, el uso y abuso de elementos escasamente poéticos en su poema "El niño yuntero", publicado junto con "Recoged esta voz" y "Llamo a la juventud" en el número 1 de la revista valenciana *Nueva Cultura*, en ese mismo mes de marzo, que venía acompañado del texto de Tomás Navarro Tomás que sirvió de prólogo a *Viento del pueblo*, "Miguel Hernández: poeta campesino de las trincheras", y el cual criticó, como Ramón Gaya, la facilidad versificadora del poeta alicantino. Altolaguirre cita el siguiente fragmento del célebre poema hernandiano, que censura:

> subiera en su airado potro
> y en su cólera celeste
> a derribar trimotores
> como quien derriba mieses.

El editor malagueño afirma: "No. Tú sabes que no. Comprendo que en un momento de delirio escribamos cosas por el estilo. El potro, el aire, el trimotor, el trigo: la locura. Pero tú sabes como yo que eso no es poesía de guerra, ni poesía revolucionaria, ni siquiera versificación de propaganda. (Tampoco me gusta: 'que morir es la cosa más grande que se hace')". En poco más de cuatro meses el poeta alicantino varía su propia concepción de la poesía. El desarrollo de la Guerra Civil tendrá mucho que ver en esa transformación estética, ligada también a la personal, si bien las consecuencias desfavorables de la guerra harán que ese cambio sea casi imperceptible, con obligados tributos a Stalin, la Pasionaria y otros personajes de culto comunista, símbolos todos ellos de lo único inalterable en lo que se podía creer: un país que ayudaba, si bien interesadamente, a la agotada República.

En mayo de 1938, con la guerra en contra para el bando republicano, el pintor y escritor murciano Ramón Gaya utilizaba también la tribuna de *Hora de España* para ofrecer su opinión sobre el poemario hernandiano anteriormente mencionado, *Viento del pueblo*. Este texto resulta interesante, aunque recordemos que los poemas incluidos en dicho volumen fueron escritos antes del citado II Congreso Internacional de Escritores Antifascistas en Defensa de la Cultura, y por lo tanto el posible efecto de la "Ponencia colectiva" es insignificante. En primer lugar, sostiene que "no todos estos versos que son verso siempre, son siempre poesía" (1938: 43). Más adelante critica la facilidad versificadora de Hernández, ya que esta "le arrastra sin remedio, le lleva ciegamente por donde ni él mismo sabe y termina siendo esclavo de su propia facilidad, es decir, termina por ser facilidad sola, por ser vacío, por ser nada" (44). También, y ya adentrándose en el libro, afirma que en este "circula un vigor que no siempre encuentra empleo apropiado y se extravía, se pierde entonces en una fuerza inútil. Es un libro desigual y sin medida" (46). De hecho, Gaya también puntualiza: "La facilidad está en él [Miguel Hernández] como quisiéramos que estuviera siempre, empleada y no *utilizada*, es decir, que no resulta retórica y mitin, sino pasión y entrega" (47). La "manía" del poeta oriolano por conseguir una clase de poesía "masculina y fuerte" también es negativamente contemplada por Gaya (49). Y concluye el artista murciano con una opinión que debió disgustar a Miguel Hernández: "esta desunión entre *poesía* y *verdad* es lo único que explica que en sus poemas encontremos junto a un verso de tono y ademán casi a lo Garcilaso, un renglón como desprendido de una crónica periodística" (51).

El escritor cubano Juan Marinello, que conoció al oriolano durante la guerra, y que representó a los escritores de la isla caribeña en el mencionado congreso, escribió años después lo siguiente en relación con esas críticas:

> Cuando conocí a Miguel Hernández en España, en los días de Quijorna y Brunete, tropecé más de una vez con el gesto alarmado de algún señorito de la Literatura que estaba del lado de acá sólo porque la crecida del río lo había lanzado sobre la orilla izquierda. Para ellos (y para gentes de buena fe también, deformadas por un mundo en que la cultura, hija de la injusticia económica, se ha hecho sus hábiles defensas) el poeta Miguel Hernández no podía ir muy lejos porque tenía demasiada tierra en los pies. Un campesino no debía intentar, con sus ráfagas broncas, el desorden del salón de la lírica española en que cada alevosa gala tenía señalado su lugar (Marinello 2009: 60).

Sin embargo, Miguel Hernández dejó escrito un texto sobre el *Guernica* de Picasso en el que critica los juegos pirotécnicos y vacíos de contenido vanguardistas, frívolos, inaccesibles al pueblo del famoso cuadro, escamoteando con ellos la cruda realidad. El oriolano se inclinaba por un realismo genérico, entendible por todos. Por eso, y es preciso recordarlo ahora, cuando Nicolás Guillén (2009: 17-20) relata su encuentro con Miguel Hernández en la acogedora y esperanzadora Valencia de julio de 1937, recuerda cómo el cubano espetó al de Orihuela que una noche se originó una discusión entre Octavio Paz y Raúl González Tuñón con el telón de fondo de la necesidad de articular un vehículo expresivo popular sobre el fondo de la revolución. El mexicano se inclinaba por seguir utilizando el romance, y el argentino defendía su relevo. Miguel Hernández, según Guillén, apoyó la postura de Paz, si bien defendió la técnica personal de cada poeta. Sin embargo, la estadística daba la razón a Tuñón: el romance, en esas fechas del verano del 37, perdía la hegemonía en el particular escalafón literario. Recordemos que será Tuñón, realmente, y no tanto Neruda, quien influirá decisivamente sobre el poeta alicantino en la inmediata preguerra, con su concepción de la poesía revolucionaria. Buena prueba de ello es que dedicará a Miguel Hernández uno de sus poemas de *La rosa blindada*, aparecido en Buenos Aires en 1936, concretamente "La copla al servicio de la Revolución", texto fundamental y medular de ese volumen (Larrabide 2011). Ambos anudaron una amistad que nació al calor de los vinos de las viejas tascas madrileñas y de poetas amigos como Vicente Aleixandre.

Un poemario-denuncia

Viento del pueblo se convirtió pronto en el símbolo de la feroz guerra, el libro que recogía veinticinco poemas escritos desde octubre de 1936 hasta septiembre de 1937, lo más duro de la guerra, publicados en revistas del frente, que era alentado por la voz poética más representativa de la tenaz y quijotesca lucha española contra el fascismo internacional. Y elemento de cargo contra el propio escritor cuando fue juzgado, como su obra *Teatro en la guerra* y varios artículos periodísticos, lo que les confiere una emotiva y especial significación, no borrada por el implacable tiempo y el olvido. Este poemario conseguía, en nuestra opinión, poner al día el canto del poeta con su público y con su esencia personal. En *Perito en lunas* y en *El rayo que no cesa* subordina su voz al metro y a la moda estrófica, literaria, y en *Viento del pueblo* se adentra, pueblo adentro, en la más feroz de las batallas recientes de España. De este libro es imposible olvidar "Sentado sobre los muertos", "Vientos del pueblo me llevan", "El niño yuntero", "Aceituneros" o "Canción del esposo soldado". En todos ellos refulge la experiencia íntima del yo poético, se confunde con el pueblo al que se destina el canto. Además, la tensión vital se entremezcla en el mismo. No olvidemos tampoco que durante ese año, de septiembre de 1936 a septiembre de 1937, el poeta oriolano vive la dramática y heroica defensa de Madrid, la muerte de amigos y camaradas (Pablo de la Torriente Brau) y la gran experiencia de la paternidad. Atraviesa los campos de batalla más duros y significativos (Madrid, Andalucía, Extremadura, Guadalajara, etc.) y consigue, en tan tristes circunstancias, que su anhelado oficio de poeta o escritor no sea considerado un esnobismo por los demás, sino un prestigioso y necesario trabajo, en el que, aparte de un sueldo acorde, lleva añadida una consideración de respeto social. Fijémonos que este anhelo hernandiano, que en la biografía de Miguel Hernández publicada por Eutimio Martín (2010) se convierte en elemento casi único en la vida del escritor oriolano, podrá cumplirse en tiempos tan poco favorables a la lírica, pero que, con una base fundamental como fue el apoyo gubernamental republicano a la cultura, debía necesariamente de prosperar. La crítica actual, sin embargo, tan poco refractaria a idealismos políticos y generosidades personales, no ha "juzgado" esta obra con los mismos parámetros que, por ejemplo, *El rayo que no cesa*, insistimos, por razones extraliterarias, pero la conjunción de poesía, fotografía, arte tipográfico y mensaje, se daba en este libro en elevadas dosis, inteligentemente dispuestas.

El peso de los recuerdos: José Herrera Petere

Hoy en día casi nadie se acuerda del escritor alcarreño José Herrera Petere, nacido hace poco más de un siglo en Guadalajara. La Junta de Comunidades de Castilla-La Mancha, pero esencialmente la Diputación Provincial de Guadalajara, ha llevado a cabo un ambicioso, y realista a la vez, proyecto de edición de obras completas. En octubre de 2009 se celebró el primer congreso internacional. En lo que nos toca, ya enviamos el grueso resultado de nuestra intensa labor, desde 2007, de recopilación y estudio de artículos y ensayos. Herrera Petere, con su poemario *Guerra viva*, publicado en 1938, se pone al mismo nivel artístico que Miguel Hernández, por proyección, implicación personal y consecuencias. Esta es una buena ocasión para unir de nuevo sus nombres, y de traer aquí el eco de las palabras llenas de verdad y de soledad de Petere.

Narciso Alba (1993) y Jesús Gálvez (2005 y 2008) se han detenido en la entrañable relación de José Herrera Petere con Miguel Hernández. Los dos estudiosos han destacado en las biografías de ambos poetas, a pesar de las disparidades de origen social, económico y cultural, la misma ideología que los unió y, especialmente, el estallido de la Guerra Civil, que obligó, no solo a ellos sino a todos los intelectuales, a tomar partido por uno de los bandos en liza. Algunos de estos rasgos o características comunes serían: el sentimiento de pertenencia a la denominada Generación del 36; la frecuentación de las mismas tertulias literarias y amistades; los contactos con la Escuela de Vallecas y textos dedicados al escultor Alberto Sánchez; la militancia en el Partido Comunista e integración en el 5º Regimiento, con activa participación en los medios periodísticos partidarios (*Milicia Popular* o *Frente Extremeño*, por ejemplo) y presencia en frentes de guerra, como los de Andalucía, Extremadura y Guadalajara; las fechas cercanas de boda (Herrera Petere y Carmen Soler el 15 de febrero de 1937, y Hernández y Josefina Manresa el 9 de marzo); la coincidencia de sus trabajos literarios en varios romanceros colectivos[1] y manifiestos; y, para finalizar, los unió varias pérdidas familiares: el padre de Josefina Manresa, guardia civil, fue asesinado por los republicanos en agosto de 1936, y su primer hijo murió en octubre de 1938, mientras que el hermano de Herrera Petere cayó, asesinado por los franquistas, en el frente de Aragón en septiembre de 1937.

Desde el principio de sus trayectorias literarias ambos vuelven los ojos a los autores clásicos para, en el caso del castellano-manchego, reflexionar sobre la crisis que azotaba la sociedad española mirándose en el pasado del país y en quienes eran capaces de plasmar esas inquietudes y transformarlas en literatura; en Miguel Hernán-

1. *Romancero de la Guerra Civil*, Madrid, Ministerio de Instrucción Pública y Bellas Artes, 1936; *Romancero General de la Guerra de España*, edición de Emilio Prados y Antonio Rodríguez Moñino, Madrid/Valencia, Ediciones Españolas, 1937; y en *Homenaje de Despedida a las Brigadas Internacionales*, Madrid/Valencia, Ediciones Españolas, 1937.

dez, ese regreso a valores estéticos se justificaba por lo que tenía de autodemostración, primero, de que era capaz de asimilarlos y de adquirir técnicas que le sirvieran posteriormente; y segundo, por el posible reconocimiento público que ello entrañaría tras la publicación de sus poemas. Esto se ve de manera clara en su primer libro, *Perito en lunas*, cuyo impacto crítico fue, verdaderamente, decepcionante para el oriolano. Esta impronta clasicista, con el sello personal que caracteriza a los dos escritores, recorrerá el resto de sus obras.

Puede resultar también interesante comparar, por ejemplo, la crónica que publicó Herrera Petere [1937] en *Ahora* sobre la toma del santuario de la Virgen de la Cabeza con los dos artículos que también escribió su amigo Miguel Hernández (1937a y 1937b) y en esos mismos días de mayo de 1937. Herrera Petere poetizó la toma del santuario en "Toma de la Virgen de la Cabeza", publicado inicialmente en *Frente Sur* (Herrera Petere, 1937b) y recogido en su poemario *Guerra viva* (1938: 77-78).

En el Archivo Herrera Petere se conserva una carpeta con signatura 28-04-01, compuesta de una hoja impresa por ambas caras: en el anverso figura el título, "Dos Poesías del Frente Sur", y debajo de este, en el pie, "Altavoz del Frente Sur / Jaén, Marzo de 1937". A la izquierda, la proclama: "Ayudad al Altavoz del Frente Sur", la dirección Llana, 9, Jaén, y el precio, 10 céntimos. En el reverso, los poemas "Jaén de la verde oliva", de Herrera Petere, y "Aceituneros", de Hernández, con una fotografía de un campo lleno de olivos. Igualmente, se conserva, con signatura 28-04-03, el poema hernandiano mecanoscrito "Aceituneros", con dos erratas mecanográficas con respecto a la versión publicada en la hoja anterior. *La Voz del Combatiente* publicará en la página 6 del número 88, del 29 de marzo de 1937, ambos poemas: primero el de Herrera Petere, y debajo de este, el de Hernández. A la derecha de ambos, el artículo "Compañera de nuestros días", firmado por Antonio López, seudónimo del oriolano, texto que fue anteriormente publicado en el número inaugural de *Frente Sur*, el 21 de marzo de ese año.

Antonio Machado, Federico García Lorca y Miguel Hernández se convirtieron en iconos o símbolos de resistencia antifascista para los exiliados republicanos en México. Herrera Petere, que conoció a los tres y a los que apreció de distinta manera, escribió un extenso trabajo en el que ensalzaba a los "poetas del sacrificio", especialmente al oriolano. Se trata de "García Lorca, Miguel Hernández y Antonio Machado (Muerte y vida de la poesía española)", recogido en el libro colectivo *Retablo Hispánico*, publicado en 1946 (Herrera Petere 1946: 131-141).

En este extenso artículo, Herrera Petere sitúa al comienzo del mismo el estado de la poesía española en 1936, en vísperas de la Guerra Civil, con la presencia cada vez mayor del pueblo, en detrimento de la metáfora, en alusión a la vanguardia y al 27. Para nuestro autor, el folclore, unido al pueblo, era la línea salvadora de la literatura, y los tres poetas objeto de su estudio representan al pueblo.

Herrera Petere dedica un amplio espacio a Miguel Hernández, del que afirma que la guerra consiguió ponerle frente a la realidad, con la influencia de Machado, además de mencionar algunos aspectos biográficos inexactos propalados por exiliados y presentes en las semblanzas del oriolano, como el chantaje de Luis Almarcha de conseguirle la libertad a cambio de renegar por escrito de su ideología, que fuera rechazado en las embajadas en Madrid o conducido a Valencia. Su muerte entra dentro del halo misterioso y legendario, con las dudas de si murió como consecuencia de las palizas en la cárcel o por la tuberculosis.

Herrera Petere dedicó al amigo muerto en marzo de 1942 un emotivo poema que lleva por título, simplemente, "Miguel Hernández", publicado en agosto-septiembre de 1951 en una revista suiza (Herrera Petere 1951)[2]: "De lo que el río lento se tragó / que-

---

2. Apareció también en la revista ginebrina *U.N. Special2*, de noviembre de 1951, p. 9; con el título "Miguel Hernández", en *Panorama de la poesía española contemporánea*, edición de Enrique Azcoaga, Buenos Aires, Periplo, viñeta de Ramón Gaya, 1953, p. 221; en el poemario *El incendio*, edición bilingüe francés-español preparada por Alfonso Giménez y editada en París por Guy Chambeland en 1973, pp. 76-78; publicado por María de Gracia Ifach y Manuel García García en *Homenaje a Miguel Hernández*, Esplugas de Llobregat,

da el recuerdo / la explosión dolorida / el mármol negro / acero verde / o tiempo endurecido / que da el hosco alumbrar del genio muerto. / Hirió un juez de uña de oro / la semilla / del gran centeno humano de Orihuela. / La trituró un puñal / fuerte destello / del horizonte mudo / reflejado en violentos lodazales / y como el mal / fosfórico al formar hiel con el miedo. / La noche le abatió como un crepúsculo / contra un muro de arañas y de sombras. / Hizo frío al morir Miguel Hernández. / Una raya de luz sobre las losas / era la muerte, / que habría de llegar antes del día. / Así este gran poeta / rindió el ánima / y en la ventana en reja / se encendía / un tiempo abrasador: Miguel Hernández, / un día de agosto / en que la tierra en llamas / ha de pedir Migueles a los cielos".

En el Archivo Herrera Petere (AHP), de la Biblioteca de Investigadores de la Diputación Provincial de Guadalajara, se conservan cuatro textos de dicho autor sobre Miguel Hernández, reunidos gracias a la generosidad de Emilio Herrera Soler. Los mismos no precisan de comentario alguno. Uno de ellos, "A la memoria de Miguel, poeta fuerte", fue editado facsimilarmente y en tirada no venal de 300 ejemplares en 2008 por la Fundación Cultural Miguel Hernández y la Diputación Provincial de Guadalajara, y está escrito en 1952, cuando se cumplían diez años de la muerte del poeta oriolano. Son testimonios de la admiración y entrañable amistad que los unió, de la juventud compartida con ilusiones y afanes utópicos comunes, y el recuerdo imborrable del camarada muerto en una prisión franquista a los 31 años. Si bien se deslizan algunos errores biográficos en torno al oriolano, resplandece la fuerza de una convicción y de una fe en el hombre y en las posibilidades de este. Creemos que son una buena muestra de esa entrañable camaradería y del recuerdo palpitante.

Plaza & Janés, 1978, p. 93, con el título "A Miguel Hernández"; en el mencionado trabajo de Narciso Alba sobre Herrera Petere y Miguel Hernández, pp. 829-830 (el cual, por cierto, asegura que se trata de la primera ocasión en que se ofrecía el poema en España); y en el trabajo de Jesús Gálvez, también citado, aparecido en *El Eco Hernandiano*, pp. 11-12.

1
A MIGUEL HERNÁNDEZ[3]
[Poeta español, comunista-católico]
[en prosa]
Ya tú, tuviste [*tachado* "has tenido"] tiempo de
conocer después de muerto, la eternidad de los poetas
héroes, muertos o asesinados por la
causa del pueblo.
Dime lo que estás viendo con
inocentes ojos azules de poeta.
Seguro que no es sólo la
tierra de un camposanto franquista.
Seguro es que tus ojos van más
arriba, y que ven lo que en los
mismos amaneceres rojos tú
fundaste.

***

Recuerdo tu arte, tu poesía, esa
fuerza invencible, que renació del
Pueblo y de los clásicos españoles.

2
A LA MEMORIA DE MIGUEL, POETA FUERTE[4]

De Miguel nos disfrazan el cadáver. Lo mataron pero lo aderezan como a pavo que ha de ser gustado a puertas cerradas por los rodrigones de sus asesinos, los clericales marchantes y matuteros de la "cultura" franquista.

Lo apuñalaron, pero lo estilizan.

---

3. Signatura 09.03. Cinco hojas manuscritas numeradas. El subtítulo, "Poeta español, comunista-católico", "en prosa" y "Sigue en verso", aparecen entre corchetes en el texto conservado.
4. Signatura 51-14. Cuatro hojas manuscritas numeradas. Publicado facsimilarmente, con nota de Alejandro Sanz y Aitor L. Larrabide, dentro de la colección Papeles Hernandianos, editado en tirada de 300 ejemplares no venales por la Fundación Cultural Miguel Hernández y la Diputación Provincial de Guadalajara en 2008.

* * *

Han pasado diez años desde su muerte y, como Federico y Antonio, Miguel se ha convertido en símbolo, pues que en España sigue la guerra contra los campesinos que piden tierra, contra los poetas que piden su poesía.

3

Miguel Hernández[5], yo te conocí en verso subido, hondo con la fuerza de una tierra y un espíritu, encarnados en ti, humilde.

Fue cuando llegaste a Madrid de las áridas montañas natales [*tachado* "de Orihuela"], que como fantasmas de Castilla, se elevan entre las huertas de Orihuela y Elche.

Fue cuando la Guardia Civil te detuvo por primera vez, por escribir versos a orillas del Manzanares, en 1936.

Fue cuando en julio te presentaste voluntario en el cuartel del 5º Regimiento.

* * *

Pero los Miguel Hernández, hicieron con su valor de una pequeña guerra material, una gran guerra del espíritu.

Él sabía lo que en el mundo es la vida de los jóvenes nacidos después de 1910.

Me acuerdo en estos momentos de Miguel Hernández, cuando se presentó voluntario en el patio del cuartel de Francos Rodríguez, cuartel del Quinto Regimiento.

Después lo vi en Toledo cerca de Santa Olaya.

Después lo encontré en la Brigada del Campesino, por aquel tiempo se casó con aquella mujer reina de la presencia de ánimo.

Después bajó conmigo a Andalucía: juntos asistimos a la toma de la Virgen de la Cabeza.

El comandante Carlos, puede decirlo.

Y mientras todo esto Miguel H. escribía volcando toda la gloria del siglo xvii, sobre las ametralladoras antifascistas del siglo xx.

5. Signatura 24-17. Cinco hojas manuscritas sin numerar. Este texto y el siguiente, con idéntica signatura, son borradores de un texto inédito, una conferencia o charla, caracterizados por el tono oral de los mismos.

Después estuvo con Líster.

Después ¡Ay Miguel Hernández poeta joven de España, ni Dios pudo salvarte!

Sobre ti, como sobre tantos se volcó la fatalidad a la que tú trataste de resistir con tu heroísmo de caminante.

Sobre ti se volcó una saña sucia, mezquina, incomprensible. Por ti la literatura española –como por Federico– vertió una lágrima más, sufrió una desgarradura más en su piel ya cubierta de sangre.

Miguel Hernández, nadie te vio más, nadie supo más de ti.

4

Miguel Hernández[6], el [*tachado* poeta] soldado, además escribía.

* * *

Yo quisiera que ustedes comprendieran la diferencia entre un "snob" de la forma poetística y Miguel Hernández.

Miguel Hernández, como Antonio Machado, quiso empuñar su poesía.

Quiso [*tachado* "levantarla"] blandirla ideológicamente, como una espada de capitán.

Sin embargo, casi sin proponérselo, [*tachado* "blandía con ella"] con ella proclamaba a los cuatro vientos el docto oficio del siglo xvii.

Y así llegó a ser el poeta más destacado de la joven generación española, de esta generación que hoy vaga errante por el mundo.

* * *

Miguel Hernández era un hombre franco, valiente enamorado de la realidad y como ella violento, pero también extraordinariamente entrañable; se derramaba la paternidad por su poesía.

Cuando mi hermano de sangre Emilio, murió abrasado en un avión ruso, [*tachado* "el día de la"] en el frente del Este, el abrazo más [*tachado* "entrañable fraternal"] afectuoso que recibí fue el de Miguel Hernández.

6. Signatura 24-17. Cinco hojas manuscritas sin numerar.

Él era un príncipe de lo que pudiéramos llamar [*escrito encima* "Nuevo"] Imperio del Corazón humano.

Él me dijo: Petere, así es la vida de los hombres revolucionarios. A tu hermano le ha matado la fuerza de la sangre joven.

Iba Miguel H. vestido de soldado y sus ojos se le arrasaron en lágrimas.

Después juró con fuerza y su gesto fue de lo que he dicho de príncipe del nuevo Imperio del corazón humano.

Bibliografía citada

Alba, Narciso, "Miguel Hernández y Herrera Petere: una amistad desconocida", en José Carlos Rovira (ed.), *Miguel Hernández, cincuenta años después. Actas del I Congreso Internacional. Alicante, Elche, Orihuela, marzo de 1992*, Alicante/Elche/Orihuela, Comisión de Homenaje a Miguel Hernández, 1993, vol. II, pp. 823-831.

Altolaguirre, Manuel, "Noche de Guerra (De mi 'Diario')", *Hora de España*, 4, marzo, 1937, pp. 67-78.

Carnero, Guillermo, "Miguel Hernández, o la autenticidad del compromiso", *Información*, Alicante, 16 de octubre, 2003, p. 4 del suplemento "Arte y Letras".

Gálvez, Jesús, "Miguel Hernández y José Herrera Petere: un camino en común", *El Eco Hernandiano*, Orihuela, 8, 2005, pp. 4-12.

— "José Herrera Petere y Miguel Hernández: amistad y compromiso en la guerra", *Anthropos*, 220, 2008, pp. 176-189.

Gaya, Ramón, "Divagaciones en torno a un poeta: Miguel Hernández", *Hora de España*, 17 de mayo, 1938, pp. 43-51.

Guillén, Nicolás, "Un poeta en espardeñas", publicado en 1937 y recogido en *Presencia de Miguel Hernández en Cuba. Antología de textos, 1937-2008*, ed. Concepción Allende Vasallo y Aitor L. Larrabide, Orihuela, Fundación Cultural Miguel Hernández, 2009.

Hernández, Miguel, "La rendición de la Cabeza", *Frente Sur*, 13, 6 de mayo, 1937, (recogido en *Obras completas*, tomo III, introducción y notas de Agustín Sánchez Vidal, José Carlos Rovira y Carmen Alemany, Madrid, RBA/Instituto Cervantes, 2006, pp. 2209-2215.

—"Los traidores del Santuario de la Cabeza", *Frente Sur,* 15, 13 mayo, 1937 (recogido en *Obras completas,* tomo III, pp. 2219-2222).

Herrera Petere, José, "Guerra en todos los terrenos", *Ahora* , 19 mayo, 1937, pp. 7-8.

—"Toma de la Virgen de la Cabeza", *Frente Sur*, 13, 6 mayo, 1937, pp. 2-3.

—*Guerra viva*, Barcelona, Editorial del Ministerio de Propaganda, 1938.

—*Retablo Hispánico*, México, Clavileño, 1946. [Existe edición facsímil con prólogo de Domingo Ródenas de Moya e ilustraciones de Climent, Sevilla, Renacimiento, 2008.]

—"Miguel Hernández", *Carreaux*, Lausanne, 14-15, agosto-septiembre, 1951, p. 16.

Larrabide, Aitor L., "Raúl González Tuñón y Miguel Hernández: la rosa blindada en Madrid", en Remedios Sánchez García y Ramón Martínez López (coords.), *Literatura y compromiso: Federico García Lorca y Miguel Hernández,* Madrid, Visor Libros, 2011, pp. 411-424.

Marinello, Juan, "Miguel Hernández, labrador de más aire", inicialmente publicado en 1943 y recogido en *Presencia de Miguel Hernández en Cuba. Antología de textos, 1937-2008*, edición e introducción de Concepción Allende Vasallo y Aitor L. Larrabide, Orihuela, Fundación Cultural Miguel Hernández, 2009.

Martín, Eutimio, *El oficio de poeta. Miguel Hernández*, Madrid, Aguilar, 2010.

Navarro Tomás, Tomás, "Miguel Hernández: poeta campesino en las trincheras", *Nueva Cultura*, año III, 1, marzo, 1937, pp. 253-257.

Poesía como método de propaganda activa: *Guerra viva* de José Herrera Petere

Guillermo Ginés Ramiro
Universidad Complutense de Madrid

La proclamación de la Segunda República supuso todo un cambio político de perentoria influencia en la esfera cultural y artística española, donde algunas de las actitudes que se venían manifestando durante los últimos compases de la dictadura de Miguel Primo de Rivera se fueron radicalizando poco a poco. En contraste con el régimen dictatorial, se asentó el librepensamiento en una nueva atmósfera protagonizada por los constantes ademanes de cambio. De esta manera, una vez instalado el gobierno republicano, los intelectuales comienzan a tomar conciencia de la importancia de la literatura como arma concebida para cambiar el mundo. Tanto Herrera Petere como otros escritores comunistas realizaron una fuerte defensa de la literatura exenta de cualquier tipo de dogmatismo, al igual que mostraron un evidente rechazo a cualquier política cultural fascista y sectaria. Aun así, Petere, siendo fiel a Antonio Machado, lo primero que defendió siempre fue el ser humano.

En consecuencia, nuestro escritor tuvo una destacada intervención en la vida cultural, política e ideológica que queda de manifiesto con su participación en la AEAR (Asociación de Escritores y Artistas Revolucionarios), cuyo fruto será la ya citada revista *Octubre*, dirigida por María Teresa León y que llevaba por subtítulo *Escritores y Artistas Revolucionarios*. Esta transitoria publicación solo gozó de seis números (Madrid, junio 1933-abril 1934) y en ella participaron, aparte de Petere, importantes poetas y personalidades artísticas del momento, como Emilio Prados, Manuel Altolaguirre, Pedro Garfias, Antonio Aparicio, Luis Cernuda, Antonio Machado, entre otros muchos. Un dilatado repertorio de jóvenes nombres que derramaron todo su entusiasmo por la causa en una serie de composiciones poéticas dotadas de un cierto tono ingenuo. Son años de auge revolucionario, y esta serie de intelectuales –aunque algunos en mayor medida– comienzan a asumir poco a poco cuál es el rol específico que pretenden y deben desempeñar en este tiempo de acuerdo con sus ideas políticas y artísticas para poder llevar a cabo su función en la sociedad del momento. Gálvez Yagüe señala que "su acto de escritura debe, pues, representar un lugar de compromiso, de lo contrario su compromiso político no deja de ser un esqueleto vacío" (2000: 21). Petere asume plenamente esta actitud, y se propone llegar a todo tipo de clases sociales con su obra literaria como un claro medio de propaganda, e intervenir de manera activa en los acontecimientos que se desarrollarán a lo largo del tiempo. Sabe que su obra puede y debe resultar de gran utilidad.

Estamos ante una nueva "poesía de propósito", esto es, supeditada a una finalidad práctica cuyo fin prioritario es contribuir a la formación cultural de la sociedad española partiendo de un ideario fijo subyugado a la propia creación poética. En la persecución de esta forma y justamente en su logro reside la felicidad del poeta al ser conocedor de que su obra ha sido útil para la sociedad a la que iba dirigida. Petere confía claramente en la importancia que tiene la poesía y la literatura en general en este momento como método difusor de cultura y de propaganda activa.

La particularidad de la nueva voz poética de Herrera Petere fue compartida por otros autores que se asociaron también a la imagen de poeta-soldado en lo que respecta a sus creaciones comprometidas. Y utilizamos este término porque se trata de una serie de escritores que no solo combatían con la palabra escrita, sino que también lo hacían con su voz, acudiendo a numerosos recitales donde declamaban sus versos ante un auditorio proletario y en los frentes de batallas, llegando incluso en algunos casos más extremos a combatir también con el fusil, como ocurre con nuestro poeta. Rafael Alberti asistió numerosas veces a recitar al frente de Madrid, así como Luis Cernuda en el de Guadarrama o Pedro Garfias en el frente del sur, donde era comisario. Aunque impedido por su enfermedad, Vicente Aleixandre también desarrolló su faceta –mucho menos conocida– de literato comprometido recitando sus romances de guerra en un acto para los ferroviarios en la estación del Norte madrileña. Y otros poetas adscritos a la generación del 27 como Emilio Prados, Manuel Altolaguirre, Serrano Plaja o Juan Rejano desempeñaron la misma labor. Enrique Líster rememora a todos estos escritores y relata en *Nuestra guerra* algunos de estos emotivos recitales y el efecto que producían en los milicianos asistentes al acto:

> He comprendido muchas veces que una poesía capaz de llegar al corazón de los soldados valía más que diez largos discursos. Recuerdo cuando, en los días más difíciles de Madrid y luego a lo largo de toda la guerra, venían Alberti, Miguel Hernández, Herrera Petere, Juan Rejano, Serrano Plaja, Pedro Garfias, Altolaguirre, Emilio Prados y otros poetas a las trincheras a recitar a los combatientes sus poesías y lo que éstas representaban como materia combativa, explosiva, de reforzamiento moral de combate y de confianza en la victoria; de impulso para la realización de actos individuales y colectivos. [...] Mientras el poeta iba leyendo su poema yo me fijaba en los rostros de los combatientes e iba leyendo en ellos el efecto causado por lo que escuchaban, y podría decir, sin temor a equivocarme, que en muchas caras veía que éste o aquél iba a ser un héroe en el próximo combate (1966: 65).

Toda esta amplia nómina de poetas pertenecientes al bando republicano utilizó la poesía como utensilio al servicio de la guerra, alcanzando el compromiso su punto culmen. No obstante, fue con Miguel Hernández con quien nuestro autor poco a poco forjó una gran amistad, aunque, como sabemos, breve. Resulta difícil concretar la fecha exacta en que se conocieron, pero muy probablemente lo hiciesen tras la llegada del poeta oriolano a Madrid en 1931 en alguna de las habituales tertulias literarias que solía frecuentar Herrera Petere. Y ya durante la Guerra Civil, asistieron con asiduidad a los frentes, trincheras, cuarteles o campamentos para recitar sus poemas a los milicianos, destacando su presencia en la defensa de Madrid y en la famosa batalla de Guadalajara, aparte de las ya citadas labores en el Altavoz del Frente.

Ambos poetas coincidieron también en el 5º Regimiento de Milicias Populares. Tras la sublevación militar del 18 de julio, Herrera Petere, como miembro de las Juventudes Socialistas, se alista como miliciano en esta unidad. Debido a su condición de intelectual, fue destinado a ocupar un cargo en la sección de Trabajo Social o Comisión Política, bajo la dirección de Benigno González y la supervisión de Vittorio Vidali, político italiano refugiado en España con el nombre de Carlos Contreras y con el que mantendrá una gran relación en la que se entremezclan lo político y lo personal. En esta sección, la labor fundamental de nuestro escritor era contribuir a la alfabetización de los milicianos y a aumentar su progreso cultural, vinculado, claro está, con la política de difusión cultural que había comenzado a desarrollarse a partir de los años treinta[1], y esa cultura que se propagaba contaba con un contenido patentemente político. Así pues, el ensamble producido entre la educación, el adoctrinamiento político y la expansión cultural constituía la labor fundamental del comisario, ejerciendo, además, una tarea educativa-cultural; sin embargo, Herrera Petere, a diferencia de Miguel

1. A la hora de hablar de los diferentes proyectos de difusión cultural que se produjeron en esta época, resulta inevitable no acordarse de La Barraca de Federico García Lorca como uno de los más relevantes transmisores de cultura en el que el poeta granadino acercó el teatro al pueblo. Para una mayor información sobre La Barraca, véase el capítulo dedicado a ella en el libro de Emilio Peral Vega, *Retablos de agitación política* (2013: 111-149).

Hernández, Antonio Aparicio o Pedro Garfias, nunca llegó a ejercer totalmente de comisario, pero sus entusiastas labores sí estuvieron ligadas y fueron similares a las de estos poetas.

Como producto del trabajo en esta unidad nació la revista *Milicia Popular*, que llevaba el subtítulo de *Diario del Quinto Regimiento de Milicias Populares*, cuyo consejo de redacción estaba a cargo del propio Herrera Petere, y junto a él también formaron parte del proyecto distinguidas personalidades como Francisco Ganivet, Miguel González, Paulino García, el escenógrafo Eduardo Ugarte y el crítico literario Miguel Pérez Ferrero. El primer número de este diario vio la luz el 26 de julio de 1936, y el último, el 24 de enero de 1937, y, en general, siempre ha sido considerado como el portavoz de los numerosos periódicos de guerra que se conformaron como adalides de las unidades militares no solo en el terreno literario, sino también en el campo de batalla, puesto que en los primeros meses de la guerra, los intelectuales colaboraron en contadas ocasiones también como milicianos. En el caso de nuestro escritor, muchos de sus textos no los firmó, pero cuando lo hizo aparecían firmados como "El Miliciano Petere". Tenemos constancia de que aquí fue donde comenzaron a aparecer sus primeros romances de guerra, como por ejemplo el titulado "Las compañías del acero"[2], publicado en el segundo número de la revista y que en él ensalzaba las primeras unidades de choque del 5º Regimiento. En la misma línea, nuestro escritor se consolidará como un auténtico cantor con su poema "Marcha del Quinto Regimiento", que aparece en esta revista y que representa todo un himno a la trayectoria de esta unidad y su proyección hacia el futuro, a cuya letra le pondría música el célebre compositor Hans Heisler.

De la misma manera que con *Milicia Popular*, Petere coordinaría también las actividades propulsadas por el Altavoz del Frente, uni-

2. Martín Gijón, estudioso de la obra de Herrera Petere, señala también en su libro *Una poesía de la presencia*, a pie de página, que "Este romance sería eclipsado por la composición del mismo título del popular coplero Luis de Tapia, a la cual pondría música Ernst Busch" (2009: 101).

dad enlazada a la revista *Mundo Obrero*, como conferencias y charlas políticas. En tierras pacenses, coincide con Miguel Hernández, y ambos poetas impulsan la edición del periódico *Frente Extremeño. Periódico de Altavoz del Frente en Extremadura*, "como soporte de las diversas tareas de propaganda, y cuyo primer número aparece el 20 de junio de 1937. De vida no muy dilatada, continuará su andadura hasta el número 11, con una frecuencia de dos por semana" (Peral Vega 2013: 81). Es aquí donde nuestro autor publica dos poemas, "A la ofensiva" y "Canción del guerrillero". Asimismo, también colaboró de forma activa en la revista minoritaria *Acero* (1937-1938), "periódico del 5º Cuerpo, órgano de la Agrupación Modesto, que dirigía el amigo y camarada Adolfo Sánchez Vázquez, filósofo y militante del PCE, y, más tarde, catedrático en el exilio mexicano" (Gálvez Yagüe 2000: 62). Bajo su firma encontramos los poemas "El comisario", donde resalta la importancia que tiene su figura en el Ejército republicano, "Fanfarrones italianos" y "Al ejército del Ebro. Al finalizar la gloriosa batalla". De la misma forma, Petere también participó en otra revista de guerra, *Pasaremos* (1936-1938), órgano de la 11ª División Líster, donde publica, en el número 17, que salió el día 12 de abril de 1937, su poema "A la ofensiva" y el homenaje en forma de rúbrica a su amigo y compañero Ernesto Thaelman, "Por ti lucharemos, Thaelman", por motivo del 51 aniversario de este revolucionario que fue prisionero de Hitler desde 1933 hasta su muerte en 1944.

Al igual que Herrera Petere se involucró sobremanera en las tareas del 5º Regimiento, tampoco se olvidó de su faceta literaria y, como la mayoría de los escritores milicianos, se afilió a la Alianza de Intelectuales Antifascistas, grupo que editó la conocida revista *El Mono Azul*, subtitulada *Hoja semanal de la Alianza de Intelectuales Antifascistas para la Defensa de la Cultura*, y cuyo título es una evidente muestra de identificación plena con el pueblo y proletariado español, ya que hace referencia a la vestimenta de trabajo que utilizaban los obreros, adoptada también por los intelectuales. Se publicaron 47 números, al principio de manera semanal y posteriormente de forma más irregular. Y es en esta revista donde Petere comienza a consolidarse como romancista, ya que aparecen publicados cinco importantes romances, "El tren blindado", "Escena edificante", "Contra el frío en la sierra", "Cuatro batallones"[3] y "Dios no os hace ningún caso", que luego él mismo recogerá y compondrá junto a más composiciones en *Guerra viva*, su primer libro de poemas.

Mención aparte merece su participación en la que un gran sector de la crítica ha considerado como la revista más importante de todo el periodo de guerra, *Hora de España*, autocalificada como *Revista mensual. Ensayo. Poesía. Crítica. Al servicio de la causa popular*. Caracterizada por la libertad creativa y por su división en sectores, tuvo 23 números y en ella participó la alta intelectualidad española. La firma de nuestro poeta aparece en la Ponencia Colectiva del Segundo Congreso Internacional de Escritores, celebrado en 1937 en Valencia, y que se trataba de una defensa izquierdista, pero no dogmática, de un nuevo concepto cultural de base renovadora.

De esta elevada situación propagandística surgió el fenómeno del Romancero de Guerra, que todavía hoy despierta un gran asombro por el mero hecho de que hombres casi analfabetos, pues la mayoría apenas sabía leer, comenzaron a expresar en todos los frentes sus experiencias o esperanzas de la contienda en forma de poemas que habían escuchado. Como resultado de un proceso de compilación y selección de los romances de guerra, salieron a la luz varios romanceros en los que colaboró. El primero de ellos es el *Romancero de la Guerra Civil*, editado por el Ministerio de Instrucción Pública y Bellas Artes, donde aparecen insertos dos poemas suyos: "El tren blindado" y "El frío en la sierra". A todo este volumen le caracteriza un más que perceptible tono desgarrador en sus numerosas descripciones minuciosamente realistas, que relatan la crudeza de la guerra, combinado con una perspectiva un tanto irónica y despreciativa con respecto a la visión de la traición y los traidores.

3. Este romance había aparecido anteriormente publicado en *Milicia Popular*. Posteriormente, fue recitado por Petere tanto en programas de radio como en numerosos mítines organizados en la capital.

Pero el que más repercusión tendría a corto y largo plazo fue el *Romancero General de la guerra de España*, dedicado a Federico García Lorca, editado por las Ediciones Españolas para el Segundo Congreso Internacional de Escritores, celebrado en Valencia, como muestrario poético para los asistentes y cuya selección corrió a cargo de Emilio Prados y la elaboración del prólogo la llevó a cabo Antonio Rodríguez Moñino, titulándolo "Origen y formación del Romancero de la Guerra de España". Este *Romancero general* realzó la figura de José Herrera Petere como uno de los mayores poetas del frente, con un total de 23 romances insertos en este volumen, siendo superado solamente por los 27 de Félix Paredes. Por último, en el *Romancero de la guerra española*, que supone todo un canto de protesta contra la barbarie protagonizada por el fascismo español y sus constantes ataques contra los pueblos de España, nuestro escritor publica el poema "Tren nocturno", en el que presenta su tópico más utilizado pero connotado negativamente con la intención de recalcar ese sentimiento de furia, y también "La experiencia", donde señala un pasado que sigue estando presente y no se puede olvidar.

A través de este recorrido introductorio por las principales revistas, diarios y romanceros donde participó y publicó nuestro autor algunas de sus composiciones, podemos ver con claridad todos los numerosos esfuerzos que dedicaron tanto Petere como los demás intelectuales de la época por mejorar la alfabetización y educación política de los combatientes. De igual o mayor importancia, la meritoria labor propagandística que llevó a cabo mediante sus poemas a través de numerosas campañas de difusión de la cultura, así como la expansión desde el inicio de la guerra de múltiples diarios y boletines destinados a los milicianos, se ve reflejada en todos sus poemas, marcados claramente por una fuerte impronta comprometida, tanto con el proletariado como con el pueblo español republicano, propiciando, según señala Serge Salaün "el acceso al discurso para miles de individuos" (1974: 187).

En 1938 José Herrera Petere decide recopilar todos los romances que ha ido publicado en las ya mencionadas revistas, publicaciones periódicas y romanceros durante los dos primeros años de la Guerra

Civil en *Guerra viva*, el único proyecto de poemario que tuvo la suerte de ver la luz gracias, en gran parte, a la tutela de las Ediciones Españolas. Se trata de una edición muy cuidada desde la misma cubierta, dotada de un fondo dorado con el título, *Guerra viva*, en letras rojas, acompañado del subtítulo, *Romances*, que aparece debajo y a letra más pequeña en color verde oliva, al igual que el nombre de nuestro escritor, José Herrera Petere, que aparece en la parte superior. No obstante, hay que destacar que, aunque la amplia mayoría de las composiciones de *Guerra viva* son romances, en total 34, encontramos siete sonetos, con la particularidad de que no los dispone con su distribución clásica en dos cuartetos y dos tercetos, sino que establece tres cuartetos y dos versos finales. En esta obra escasamente conocida, combina nuestro autor, como decíamos, todos sus romances con bellas ilustraciones del reconocido pintor Manuel Ángeles Ortiz, que por aquella época pertenecía a l'École de París, y que iremos citando a lo largo del análisis pormenorizado del poemario en general y de los poemas más representativos en particular.

Tras la portada y la contraportada, el poemario se abre con un "Breve prólogo y dedicatoria" que constituye todo un reconocimiento de sus propósitos por parte de Herrera Petere y que utiliza para justificar el porqué de su escritura. Comienza explicando lo que para él supone este primer libro de poemas:

> *Guerra viva*, momentos de guerra, ardientes o fríos, rabiosos o burlescos, pero siempre apasionados y descompuestos.
>
> La *Guerra viva* estira y afloja y tiene vaivenes.
>
> *Guerra viva*. Hay una organización y una belleza silenciosa y eficaz, nueva para los escritores modernos: trabajar en una disciplina, desde la que, a modo de torre de fuego, se ve la vida de la guerra (1938: 3).

Desde el principio revela al lector lo que se va a encontrar al abrir el poemario: "momentos de guerra, ardientes o fríos", utilizando esa sinestesia en la que sintetiza lo que para él supuso la Guerra Civil española. Petere expone una poesía vinculada a esos hechos y sus consiguientes consecuencias, y explica, además, la nueva función que ha adquirido como escritor comprometido, trabajando en una disciplina en la que observa, utilizando un fastuoso oxímoron, "la vida de la guerra", que refleja la significación del título del poemario, proporcionándonos las claves para su correcta interpretación. A continuación expone la apología de su escritura:

> Por eso he escrito esto: Porque el comisario me lo ha mandado, porque los soldados me lo han pedido, porque así lo he entendido yo en momentos terribles.
>
> Hay que insultar sarcásticamente, hay que defenderse, hay que alentar, hay que cantar los hechos de la guerra (1938: 3).

Aparece la defensa de la literatura del frente subyugada a una finalidad práctica, sometiéndose de forma voluntaria a acatar las órdenes de un compromisario político, a escuchar las voces de un pueblo que necesita que cante los hechos y, sobre todo, a prestar atención a su propia conciencia, que le pide paso para irrumpir y narrar poéticamente los terribles momentos de la guerra, precisamente, para que no se diluyan con el paso del tiempo. Y esta protección se hace en contra de la autonomía literaria propulsada por los poetas de la retaguardia, a la que hace referencia en algunos de sus poemas como "A la guerra baja el frío": "Tú, español leal que duermes / tranquilo en la retaguardia, / al amor de tu mujer / o al cariño de la manta, / piensa en los que por ti velan / de noche en las avanzadas" (1938: 33). Por lo tanto, con este prefacio nos situamos ante un magnífico documento que representa la aceptación de una "poesía de encargo", algo que refleja la humildad extrema de nuestro poeta, que rechaza la poesía contemplativa y sentimental –y por qué no decirlo, mucho más propicia al éxito a nivel literario– para unirse a la causa comprometida. Y prosigue para finalizar el prólogo con la dedicatoria:

> Dedico este libro, despellejado, a todos los que combaten con "alma y vida", contra el fascismo. A todos los que sienten pasión. A aquellos que se apasionan vivamente por los acontecimientos de la guerra.

Pero antes que nadie, ¡a vosotros, ardientes políticos que creéis y combatientes con fe! (Herrera Petere 1938: 3).

Vuelve a hacer hincapié en la importancia que tiene la función del poeta del frente, cuyo objetivo no es otro que transmitir la pasión que ellos sienten en forma de composiciones a modo de arenga que motiven a los milicianos a luchar por la causa.

A la hora de recoger y compilar los 41 poemas que conforman su libro, Petere siguió un orden cronológico basado en el desarrollo de los acontecimientos que se fueron produciendo a lo largo de los tres años que duró la Guerra Civil. Comienza con un marco establecido en Madrid que recuerda mucho al de su novela *Acero de Madrid*, y que mezcla y termina sobrepasando cuando expone otros hechos acontecidos en otras provincias de España, como, por ejemplo, Guadalajara, su ciudad natal. De esta manera, pese a su carácter de aluvión, Petere cuida en extremo la *dispositio* del poemario en la que podemos divisar nítidamente tres ciclos bien diferenciados en su estructura. En primer lugar, tendríamos lo que se ha denominado como el ciclo de la defensa de Madrid (verano-otoño de 1936), que conforma la parte más extensa del conjunto con un total de 27 poemas en los que se alternan 21 romances con seis sonetos, así como dos ilustraciones que parecen ser de nuestro poeta, puesto que más adelante, en los dos siguientes ciclos aparecen también dos ilustraciones que vienen firmadas por el pintor granadino Manuel Ángeles Ortiz. El segundo ciclo, Gálvez Yagüe lo ha denominado "ciclo alcarreño" (marzo 1937), apelativo muy acertado puesto que incluimos en él tres poemas que Petere compuso tras la victoria en la famosa batalla de Guadalajara: "Guadalajara", "Romancillo del viento alcarreño" y "Aire tú". El tercero es el denominado ciclo andaluz, en el que rememora su estancia en el sur de la capital durante el mes de mayo de 1937. También, merece ser destacado aparte la composición del poema "Las tropas españolas cruzan el Ebro" (julio 1938) consagrado a la cruenta batalla vivida en este río.

La tónica predominante durante todo el poemario es el espíritu de enaltecimiento de los milicianos y su labor, cuya finalidad no es otra que motivar, arengar y exaltar ese impulso de entusiasmo por parte del bando republicano desde que estalla el levantamiento hasta el final de la guerra; no obstante, encontramos también poemas dirigidos a ensalzar y elogiar las labores de las órdenes militares, como, por ejemplo, el poema "Quinto Regimiento" y otros muchos que iremos señalando.

El ciclo de la defensa de Madrid supone todo un canto a la ponderación de la voluntad de una población que el 7 de noviembre observa cómo las tropas fascistas cercan la capital; pero este hecho no supuso la rendición del pueblo republicano, como podría ser de esperar, sino que supuso todo lo contrario. El pueblo madrileño tomó conciencia de la lucha que se presentaba y se sublevó. Aun así, lo que realmente importa de estas composiciones no es el realismo y la veracidad de los hechos, que la hay, sino que prevalece la importancia de destacar el encomiable comportamiento de los combatientes y sus aptitudes morales ante el talle del conflicto que se les avecinaba. Uno de los poemas más representativos lleva por título, precisamente, "7 de noviembre" y en él relata este acontecimiento y hace un llamamiento a todos los madrileños para que salgan a defender su libertad y luchen contra "el negro hocico del fascismo":

> Madrid, Madrid a tus puertas,
> a tus aires, a tus casas,
> el negro hocico se acerca,
> la negra bestia amenaza.
> ¡Al combate, madrileños!
> Los tiempos no son de calma;
> huele la atmósfera a hierro,
> el cielo azul cruzan las balas (1938: 28).

Vemos que Petere comienza realizando una *captatio benevolentiae* utilizando la segunda persona para referirse a la ciudad de Madrid, avisando de la llegada de las tropas fascistas, pero rápido cambia a la segunda persona del plural, a vosotros los "madrileños", arengándolos y preparándolos para el combate. Prosigue con la ambientación presentando la atmósfera madrileña, cuyo cielo azul se tiñe del color plomizo provocado por el cruce de las balas, para ir introduciendo de nuevo oraciones exclamativas de llamada intercalando, una vez más, la segunda persona cuando se refiere a Madrid como bloque unido y a los madrileños cuando pretende particularizar y humanizar a sus miembros: "¡Madrid, Madrid, a tus puertas / la negra bestia amenaza! [...] ¡A las armas, madrileños! ¡Sobre vosotros la garra / de la gran bestia fascista / está abierta y preparada!" (1938: 28-29). En la cuarta de las cinco estrofas de que se compone el poema, menciona la causa elemental de la lucha de este pueblo:

> Hombres que estimáis la vida,
> la libertad, la esperanza,
> el pan para vuestros hijos
> y el bienestar de mañana;
> hombres del Madrid heroico;
> asomaos a la ventana;
> oíd de lejos los tiros;
> los tiempos no son de calma (1938: 29).

Petere sabía a la perfección cuándo y cómo debía insertar los tensores emocionales en el poema para llamar la atención del proletariado español, y con ese fin alude a los cuatro términos que más importaban en aquellos momentos: la vida, la libertad, la familia y el futuro. Estos "hombres del Madrid heroico" tienen que prepararse para luchar por un mañana en que sus hijos sean libres y no tengan que pasar hambre. Esta rúbrica en sí resulta básicamente un llamamiento a la movilización madrileña, como ocurre en "Cuatro batallones", poema con el que mantiene un gran número de características en común, y en el que el "yo" poético también se presenta como adalid y emisor de una colectividad mayor que es el 5º Regimiento, que aparece aquí personificado y cuyo propósito consiste en englobar a todos los milicianos en la contienda cuando manda emitir la voz de alarma[4]:

4. Curiosamente, este poema apareció anteriormente publicado en la revista *Milicia Popular* con el título de "Alarma", aludiendo, como parece obvio, a este potente

Os lo digo, madrileños;
Os lo digo, camaradas;
Es el 5º Regimiento
quien a decirlo me manda:
Son momentos decisivos
para la historia de España.
¡Pronto, pronto, mis paisanos;
pronto, pronto, sin tardanza;
los fusiles os esperan!
¡A las armas! ¡A las armas! (1938: 29).

El poema finaliza con una apelación directa al auditorio o receptor mediante el uso de oraciones exclamativas y con la repetición del adverbio "pronto" para enfatizar aún más la rapidez con que deben actuar y obedecer los combatientes, por lo que es importante recalcar el componente dramático o dramatizable de estos poemas. En relación con la entrada a Madrid de las tropas fascistas merece ser destacado el soneto titulado "Entra en Madrid", en el que Petere hace una plena exhibición de sus habilidades métricas como poeta, resaltando la resistencia de Madrid entre versos endecasílabos: "¡Entra y escucha, observa y enloquece / Madrid perfecto, en pie sobre Castilla. / Mira cómo resiste y como crece. / Su vista daña, tu soberbia humilla" (1938: 36). En este poema, nuestro autor clama contra el pueblo fascista y utiliza los versos finales para recalcar su condición de traidor y vendedor de su patria. También apela a su inminente muerte a la entrada de Madrid, "Entra, traidor, y tapa contra el suelo / tu cara verde de vergüenza y duelo" (1938: 29), estableciendo el evidente contraste con la resistencia madrileña, luchadora fiel que se presenta "en pie sobre Castilla", es decir, vencedora.

---

final del poema. Sin embargo, encontramos una ligera variante con respecto a "7 de noviembre", y es la eliminación de los siguientes cuatro versos: "Hombres que estimáis la vida, / la libertad, la esperanza, / el pan para vuestros hijos / y el bienestar de mañana" (1938: 29). Lo más probable es que Petere añadiese estos al componer "7 de noviembre", precisamente, como un resorte emocional con el que enfatizar aún más este llamamiento al pueblo proletario español.

El honrado comportamiento de los milicianos basado en su gran su coraje y valor desplegado durante la larga contienda es recalcado en el poema titulado "Serranilla", en cuyo comienzo el sujeto poético explica a su madre quiénes son aquellas largas filas de milicianos republicanos que se vislumbran a lo lejos por los montes segovianos dispuestos a luchar contra el fascismo: "Por los montes y collados / jóvenes alientos van; / son los milicianos, madre / contra el traidor a luchar" (1938: 9). Prosigue más adelante subrayando y enalteciendo las dificultades que han de pasar en su camino hacia la victoria: "por las breñas y lajas / mucho tienen que saltar; / por los valles y las trochas / sus pies tienen que mojar; / los soles que los alumbran / su piel levantado han" (1938: 9). Observamos cómo Petere introduce en el último verso un hipérbaton en la forma verbal para adecuar la rima asonante, recurso típicamente utilizado en los romances de finales del siglo XV y principios del XVI. Y finaliza el poema con el verso que le da comienzo, cerrando así el poema de estructura circular: "Por los montes y collados / jóvenes alientos van" (1938: 9).

Con respecto al valor literario de estas composiciones, llama la atención el titulado "Monólogo del fusil", donde el "yo" poético es un fusil que va exponiendo sus características a través de metáforas corporales: "Tengo la boca de acero, / la lengua hueca y dorada; / La saliva que yo escupo / al que lo coge lo mata" (1938: 8). Si bien, claro está, con la "boca de acero" se refiere al cañón del fusil; con la lengua, al gatillo y con la saliva, a las balas; una lectura despaciosa e integral de este fragmento del texto podría revelarnos una nueva forma de interpretación y análisis posible, que consistiría en la comparación que Petere establecería entre el fusil y su palabra, puesto que las metáforas que utiliza están relacionadas todas ellas con la zona bucal (la boca, la lengua y la saliva). Por tanto, expone aquí el valor del arma principal de los milicianos, que es el fusil, y, leyendo entrelíneas, encontramos el arma de los poetas-soldados, que es la palabra, porque con las balas del fusil los milicianos matan a sus enemigos, pero con la palabra que les arenga Petere en sus discursos también está disparando balas metafóricas y contribuyendo a esa muerte. Esta interpretación no resultaría nada descabellada pensando en que Petere establece esta estrofa aparte del poema y a continuación de un comienzo en donde se presenta como "el máuser, un buen camarada / al que en momentos graves / se le concede la palabra" (1938: 8), volviendo a jugar con este desdoblamiento poético. A continuación sigue con su discurso, ya plenamente asociado a la imagen del miliciano apuntando con su fusil: "Me gusta tenderme al viento, / sobre la tierra labrada, / apretado contra un hombro; / con un ojo al alza, / un pulso firme al gatillo / y una bala en mi garganta" (1938: 8).

Para finalizar este ciclo, mención especial merece el poema "El tren blindado. A las milicias ferroviarias", donde Petere hace gala de su entusiasmo por los ferrocarriles componiendo este poema basado en un acontecimiento histórico: "El hecho real del tren blindado, que marchaba al encuentro de las columnas fascistas que se acercaban por el norte a Madrid" (Martín Gijón 2009: 103). Como en la mayoría de sus romances, comienza presentando la ambientación de la escena mediante una descripción del paisaje castellano que recuerda mucho a sus primeros poemas: "Curvas de retama y piedra, / altos llanos los de Ávila, / de polvaredas y vientos, / puño cerrado y metralla, / rotos montes en trinchera, / sierras hendidas, cortadas, / de terraplenes y túneles, / taludes y obras de fábrica" (1938: 13). De esta manera, prepara la entrada de este tren blindado atravesando el riguroso paraje castellano:

> Puesta de sol de aviones
> queda alumbrado en la rampa
> que el tren blindado atraviesa,
> aire rojo, verdes ramas.
> Truena la locomotora;
> el cañón de sus entrañas (1938: 13).

A la hora de componer el poema, Petere se encontraba precisamente en un espacio que compartía con los milicianos diariamente, y a través de los epítetos de "aire rojo" y "verdes ramas" –un eco del utilizado por Lorca en su famoso "Romance sonámbulo"– pretende transmitir la naturaleza predominante con el caluroso ambiente en el que se hallaba, y lo enfatiza con los siguientes versos: "El aire de ardiente pólvora / seca bocas y gargantas" (1938: 13). Por tanto, nuestro poeta se apropia de estas sensaciones no porque pretenda empatizar con los milicianos en un alarde de esfuerzo creativo e imaginación, sino porque ha sido él quien ha convivido con ellos y las ha experimentado en el campo de batalla. Y lo deja patente a la hora de nombrar e ir enumerando el armamento fundamental que utilizaban estos combatientes y cuyo significado resulta categórico, pues no todo el mundo podía conocer este tipo de munición: "las baterías del 15 / responden a retaguardia. [...] Arellanos y morteros, / bombas Laffite y granadas, / nidos de ametralladoras, / enfilan rocas peladas" (1938: 14). Cuando se acerca el final, vuelve a aparecer el llamamiento a los combatientes: "Ya se acercan los muchachos. / ¡Venid, bravos camaradas! / el tren blindado atraviesa / los montes y barrancas, / el tren blindado conquista / para los pobres, España" (1938: 14). Apreciamos con claridad esa repetición del "tren blindado" que enfatiza aún más su potente llegada, y para recalcar la superioridad y dureza de este tren que nada le puede impedir el paso, utiliza dos verbos tan específicos y taxativos como son "atraviesa" y "conquista". Este romance termina previendo los mejores pronósticos para las milicias ferroviarias:

> Curvas de retama y piedra,
> altos llanos de Ávila:
> de trabajo y alegría
> veréis florecer España,
> y en las letras de acero un ¡Vivan
> las Milicias ferroviarias! (1938: 14).

En suma, este romance tiene la función prioritaria de fomentar la unidad y la creencia en el valor del grupo, concretamente, del conjunto de milicias ferroviarias y combatientes metaforizado en ese tren blindado. De hecho, en la página siguiente inserta una bella ilustración en la que aparece en primer plano un miliciano con el fusil en la mano izquierda y el puño derecho levantado, y a lo lejos, en un segundo plano, divisamos el tren blindado que posee rasgos humanos, sobre todo, en la parte delantera que tiene forma de una cara humana que, además, realiza gestos que representan la potencia y la velocidad a la que viaja este tren blindado que representa la metáfora pictórica del conjunto de milicianos. Por otra parte, adquiere especial relieve al convertirse en uno de los primeros poemas traducidos a otra lengua gracias a la labor del escritor alemán antifascista Balder Olden que, al visitar el cuartel de Francos Rodríguez, lo tradujo para la revista *Das Wort*, publicada en Moscú por los exiliados antifascistas y codirigida por Bertolt Brecht, Lion Feuchtwanger y Wili Bredel. Además también sería incluido en la revista francesa *Commune* en el número que salió en diciembre de 1936 (Martín Gijón 2009: 104).

Las tres únicas rúbricas que componen el denominado "ciclo alcarreño" se estructuran en torno a un acontecimiento de gran relevancia en la historia de la Guerra Civil que es, precisamente, la victoria de las tropas republicanas en la batalla de Guadalajara, circunstante poético de este ciclo. En esta contienda, el Ejército republicano, comandado por Enrique Líster, venció al Corpo Truppe Volontaire, fuerza italiana enviada por Benito Mussolini para apoyar la causa nacional y que, aunque contaba con 140.000 soldados en sus filas, solo envió 50.000 a la batalla. Por ende, manifiestan una evolución con respecto a la defensa de Madrid en cuanto a que el tema predominante es el elogio de los módulos combatientes y la exaltación de la madurez operativa con que han intervenido sus respectivos líderes, derrotando a un enemigo muy superior tanto en número como en recursos materiales y armamento. Esta victoria, que se produjo en marzo de 1937, se erige, por tanto, como la representación máxima de la eficacia militar del pueblo popular, además de una constituir una derrota clave del Ejército fascista italiano. De esta manera, en los tres romances prepondera un tono de rebelión popular que toma las armas para oponerse a la invasión italiana. En este sentido, compartiría el carácter de defensa del ciclo de Madrid pero desprendiendo un más que patente olor a épica, además de las invocaciones que hace Petere a su tierra natal, lo que justifica que las referencias al paisaje ocupen un lugar preferencial en estas composiciones. Así ocurre en el poema "Guadalajara" que, estructurado en cinco estrofas, utiliza la primera –como viene siendo habitual en nuestro autor– para ambientar la escena:

> Mesetas de tierra roja,
> barandales de la Alcarria,
> nunca os cubrió tanta nieve
> ni tanta sangre cuajada;
> nunca el viento fue tan fuerte,
> nunca tuvisteis más alma
> que el día que Líster dijo:
> "¡Aquí estoy con mis brigadas,
> aquí estoy con mis soldados,
> aquí estoy con mi batalla!" (1938: 60).

Presenta la Alcarria como una roja meseta, cubierta de nieve que, a su vez, se vuelve a teñir de sangre, y juega con el contraste de los colores producidos por la nieve y la tierra roja, para pasar el testigo a una cita del propio Líster, jefe del 5º Regimiento, utilizando de nuevo el recurso de la estructuración trimembre para recalcar el sitio en el que está con sus brigadas y soldados. Y justamente en la mitad del poema aparece la parte que posee un mayor interés, en la que establece una conversación entre un soldado republicano y un combatiente fascista italiano:

> ¿Qué viniste a hacer aquí,
> italiano camarada?
> ¿Qué te hemos hecho nosotros
> si no es el darte esperanza
> de que algún día verás
> libre y feliz a tu patria? [...]
> ¡Italianos camaradas,
> no luchéis contra nosotros! (1938: 61).

A través de este diálogo ficcional, Petere instaura un intento de desmoralización de las tropas italianas por un medio propagandístico y mediante un discurso directo. Al finalizar este breve parlamento, el poema comienza a adquirir un elevado tono de lirismo totalmente inusitado hasta entonces, y se dirige a los italianos animándoles a que luchen contra aquellos que a morir hasta tierras alcarreñas les han traído:

> luchad contra los tiranos
> que martirizan a Italia,
> que os trajeron a morir
> a los barbechos de la Alcarria. [...]
> Mientras cantamos victoria,
> la nieve os cubre la cara (1938: 61).

Los dos versos finales representan las dos caras de la batalla, una cubierta de nieve, esto es, derrotada e inerte, y otra gloriosa y en alza. Tanto en "Aire, tú" como en "Romancillo del viento alcarreño" tenemos al mismo protagonista: el viento. En el primero de los dos romances se alude a él como vocativo para que haga las funciones de mensajero y transmita la alegría propiciada por la victoria frente a los fascistas italianos. Por el contrario, también es el destinado a presentar el dañado paraje alcarreño por los bombardeos de la guerra, expuestos sobre él los cadáveres de los italianos que este aire ventea:

> [...] cadáveres italianos
> venteas en las praderas;
> cadáveres que yo vi
> con nieve de primavera. [...]
> Aire, tú, vendaval frío
> Sobre Trijueque y Brihuega;
> grandes combates se riñen
> sobre la tierra alcarreña;
> tierra aplastada de siglos,
> triste tierra soñolienta (1938: 62-63).

Martín Gijón (2009: 119) señala que esta "praxis poética, en la que el poeta pretende influir sobre los elementos, resulta muy frecuente en Petere y podría relacionarse con las canciones de intención mágica en la literatura oral de los pueblos primitivos". Ya en el final del poema se alude al aire como verdadero mensajero transmisor de la victoria de Guadalajara: "Cuando pases por Trijueque, / aire de la primavera, / aire, tú, aire de monte, / mira bien la roja tierra: / a España podrás contar / después muy felices nuevas" (1938: 64). Pero conviene realizar una matización con respecto al receptor de este poema fortísimamente subjetivado. Por una parte, se halla el destinatario ficcional, que sería el "aire" al que se le ha encomendado la tarea de trasmitir las "felices nuevas". Por otra parte, está el receptor real al que le deben ser comunicadas estas noticias, y que, gracias a la excelsa labor investigadora de Martín Gijón (2009: 119) sabemos que fue la delegación de obreros de las fábricas de Madrid. Asimismo, Miguel Hernández, que formaba parte de dicha delegación, estuvo en un acto junto a Herrera Petere en el que ambos pudieron leer algunos de sus poemas, como así nos lo confirma el propio Enrique Líster relatando este momento en *Nuestra guerra*:

> En pleno combate llegó al frente una delegación de obreras y obreros de las fábricas Quirós, Standard, Hutchinson, El Águila, Papelera Española, Jareños, Ericsson, Torrás, La Comercial de Hierro y cerca de la línea de fuego tuvo lugar un emocionante acto de confraternidad entre los representantes de los combatientes militares y los de la producción que intercambiaban sus experiencias y victorias en el combate común. En la reunión, Miguel Hernández y José Herrera Petere leyeron poesías suyas, entre ellas, las que acababan de hacer sobre la batalla que estaba teniendo lugar (1966: 113).

"Jaén de la verde oliva" –incluido en el ciclo del sur, que posteriormente analizaremos– fue el poema que nuestro poeta recitó en esta ocasión, cuando se encontraba instalado en Torija[5], un pueblo

---

5. Por estas fechas, La Barraca, tras la famosa victoria de la batalla de Guadalajara, se desplazó a esta ciudad y actuó en Torija. Así lo rememora el propio Enrique Líster en sus memorias escritas en *Nuestra guerra*: "a dos pasos de la primera línea de combate, el teatro *La Barraca* –compuesto de estudiantes– representaba para los soldados obras de Cervantes y de Lope de Vega" (1966: 116).

cercano a la Alcarria en marzo de 1937, junto a Miguel Hernández, que también recitó su poema "Sanguinario Mussolini", que había escrito por aquella época. Para dar por finalizado el ciclo alcarreño, analizaremos brevemente el poema "Romancillo del viento alcarreño", y debemos comenzar por el propio título, ya que nos da las claves para su correcta interpretación. Desde el punto de vista métrico, Rudolf Baehr (1973: 219), en su *Manual de versificación española*[6], afirma que "con el término de romancillo se denomina el romance cuyos versos tiene menos de ocho sílabas". Además, como se puede apreciar en este poema, esta forma de romance se caracteriza, fundamentalmente, por la asonancia continua en los versos pares, quedándose sin correspondencia en la rima los impares. Por tanto hemos de señalar que Petere utiliza este título para componer un romance prácticamente de versos heptasílabos y algún que otro hexasílabo con rima asonante en los versos pares, lo que difiere notablemente de las demás composiciones en las que se vale, como es la forma habitual en los romances, de octosílabos con rima asonante. Conjuntamente, inserta en él una seguidilla simple[7], es decir, una estrofa de cuatro versos en las que se alternan heptasílabos y pentasílabos, en la que solo el segundo verso y el cuarto se enlazan por la rima asonante. Con ella inaugura el poema y la introduce también a lo largo de toda la composición, incluso en el final: "El aire que respira / Guadalajara, / naciones estremece, / pueblos levanta" (1930: 65).

La alternancia de formas métricas es aquí utilizada por nuestro autor con la clara pretensión de agilizar el ritmo del poema, a la vez

6. Para un estudio pormenorizado de las formas especiales del romance, véase Rudolf Baehr (1973: 219-224).

7. La seguidilla es una forma estrófica muy utilizada para la poesía ligera de inspiración popular y consiste, por su procedencia, en una canción de baile, por lo que aquí encaja perfectamente. El esquema métrico que nuestro autor utiliza en su poema sería el siguiente: 7 a / 5 b / 7 c / 5 b. Para una mayor información sobre la historia de la seguidilla y sus diversas formas, véase el manual de Rudolf Baehr (1973: 247-258).

que también superpone tiempos distintos. En lo que respecta a la expresividad, Petere presenta el viento como un elemento purificador en el que se impulsa la fe en la victoria que recorre toda la Alcarria anunciando la llegada de la primavera. Se produce, por tanto, un logrado intento de alabanza de su tierra, cuya enorme grandeza debe ser proclamada –por hacer un juego de palabras– a los cuatro vientos, ya que "despierta corazones" y "levanta esperanzas":

> Los vientos que recorren
> las mesas de la Alcarria,
> la primavera anuncian
> para el pueblo de España;
> el olor de las flores
> de tierra conquistada
> despierta corazones
> y levanta esperanzas; [...]
> y los soles preparan
> días de victoria
> en tierras castellanas (1938: 66-67).

Entre medias del poema se encuentra inserto el extraordinario dibujo de Manuel Ángeles Ortiz que viene a representar, precisamente, la Alcarria durante un día de lluvia propugnada por una especie de ser mitológico que aparece en la esquina superior derecha sujetando lo que bien podrían ser unos rayos.

En el caso del ciclo del sur, ocurre prácticamente lo mismo que en las anteriores composiciones. Petere deja a un lado la referencia histórica en detrimento de la prioridad que otorga al hecho de situar Andalucía en el tejido de la zona atacada. Para ello, comienza halagando la tradición defensiva que ha caracterizado siempre a esta provincia como arenga general para defender el patrimonio amenazado por el ejercito fascista en el poema "De guerra se viste el sur":

> De guerra se viste el Sur,
> de guerra sus anchos cielos,

de guerra sus olivares,
de guerra sus pensamientos [...]
Hombres, al fusil la cara,
hombres, al aire los nervios,
andaluces descendientes
de los que en Bailén vencieron (1938: 69).

Para implantar el carácter de lucha y de victoria, Herrera Petere, con buen juicio, alude a la famosa batalla de Bailén, decisiva contienda que tuvo lugar durante la Guerra de la Independencia, el 19 de julio de 1808, y en la que el Ejército español venció a las tropas napoleónicas, suponiendo esta su primera derrota en una batalla campal y cuya consecuencia fundamental fue el abandono de la capital de José I. De esta manera, denominando nuestro autor a sus "soldados andaluces descendientes / de los que en Bailén vencieron" pretende infundir en ellos el sentimiento de victoria y, a su vez, hacerles partícipes de tan logrado triunfo. Al finalizar este poema expone dos versos en los que vuelve a recalcar esta condición de herederos de la victoria: "¡No olvidéis que somos hijos / de los que en Bailén vencieron!" (1938: 70). En una tónica parecida se ubica el celebrado poema "Jaén de la verde oliva", en el que apela tanto a la ciudad, personificándola a la vez que presenta la ambientación de la escena, como a los combatientes:

Jaén de la verde oliva,
más que verde, plateada,
que tan tranquilo te encuentras,
entre torres y montañas,
entre olivares y huertos
sin ver lo que te amenaza [...]
¡Mira a tu lado un momento,
a través de las montañas;
mira, mira con tus ojos
ya que no bastan palabras,
Jaén de la verde oliva,
en peligro de ser parda! (1938: 74).

Martín Gijón estudia en su libro uno de los aspectos que han pasado desapercibidos por la crítica en los escasos estudios que existen sobre la obra poética de Herrera Petere basado en una nueva lectura e interpretación de sus composiciones. Dicho elemento es "la poesía de la presencia", que da título a su libro, y es en este poema donde encontramos uno de los mejores ejemplos. Así, expone: "El individuo, al integrarse en el mundo, formando parte de una cosmología, se inscribe en los elementos y ritmos naturales. Ambos aspectos contribuyen a que en la poesía del frente, el destinatario sea subsumido bajo la comunidad y éste bajo la naturaleza se integra" (2009: 130). De esta manera, tras la apelación directa a la ciudad de Jaén como núcleo, posteriormente, pasa a integrar a los soldados mediante su fusión con los elementos naturales, en este caso, los característicos olivos jienenses:

> Briosas voces calientes
> de tus olivares salgan
> por entre sus troncos recios,
> por entre sus negras ramas,
> por entre sus finas hojas
> más verdes que plateadas.
> Olivos color de plomo,
> de plomo color de bala,
> hablan lenguaje de la guerra,
> de peligro y de amenaza;
> ¡Jaén, a las armas, dicen,
> hombres de Jaén, al arma [...]
> ¡A vencer, que sois los hijos
> de Andalucía la brava! (1938: 75-76).

Los combatientes, de evidente signo campesino, se fusionan con este entorno natural, estableciendo esa imagen de los olivos que parecen que son los que toman la palabra para hablar ese "lenguaje de guerra" y no los soldados situados a su amparo, y esa fusión se observa en el color de los olivos, que cambia del verde al plomizo característico de las balas. Vemos reflejado con claridad el concepto de presencia, en esa fundición del miliciano y su palabra con el ambiente rural que le rodea, concretamente, con los olivos, mediante la disposición en periodos trimembres, tan utilizada por nuestro poeta: "por entre sus troncos recios, / por entre negras ramas, / por entre sus finas hojas" (1938: 75). Cuando va finalizando el poema, aparta este tono casi de literatura fantástica y plagado de lirismo acentuado que ha ido adquiriendo a lo largo del poema para pasar de nuevo al aliento de arenga mediante el uso reiterado de oraciones exclamativas en las que hace un llamamiento a los combatientes jienenses para que tomen las armas. Y de nuevo apela al carácter de defensa que define a "Andalucía la brava" como detonante de la exaltación total del poema.

De gran interés resulta la última composición, titulada "A muerte es la guerra" que analizaremos para finalizar el ciclo del sur y, en consecuencia, el repaso analítico que hemos realizado a través de toda la *opus magnum* de Petere dentro del territorio poético. Desde el punto de vista métrico, al igual que con el "Romancillo del viento alcarreño", estamos ante otro romance compuesto en hexasílabos, comenzando desde el propio título, aunque aquí no lo especifica. Además, encontramos dos versos que se repiten durante todo el poema a modo de mote, "a muerte es la guerra, / ¿a muerte o a vida?" (1938: 84), y los alterna pero estableciendo ligeras variaciones, como por ejemplo, quitándole los signos de interrogación y convirtiendo la frase en una oración exclamativa, "¡A muerte es la guerra, / a muerte y justicia!" (1938: 85), aquí también añade un término nuevo; no obstante, al finalizar el poema expone una vez más este estribillo, pero utilizando la pregunta primero y la respuesta, que da lugar a la denominación del poema después: "¿A muerte es la guerra? / La guerra es a vida" (1938: 86).

A través de estos versos, y desde el mismo título, en lo que respecta a la expresividad del poema, vemos cómo hace referencia a la católica idea de la muerte como sacrificio por la futura vida en España; es decir, le confiere un sentido religioso a la muerte del soldado observado y considerado como una articulación más de toda esa amplia masa que mueve el organismo de lucha y resistencia republicana, no otorgándole un sentido individual, viéndose este minimizado, precisamente, por la inclusión del individuo en una colectividad. En el final del poema, podemos apreciar cómo reincide en esta concepción sobre la muerte:

> ¡Ay, España libre,
> llanuras tendidas,
> campos de viñedos,
> laderas de olivas!
> ¡Cosecha del pueblo
> seréis algún día! [...]
> Muy verde está el monte
> muy claro es el día.
> ¿A muerte es la guerra?
> La guerra es a vida (1938: 85-86).

En estos versos finales Petere establece una metáfora agraria en la que los campesinos milicianos son extensas "llanuras tendidas", "campos de viñedos" y "laderas de olivas" en cuanto a que serán el fruto de la cosecha del futuro pueblo. Es decir, el consumo de los alimentos producidos por estos árboles propiciará la vida de un pueblo, que se salvará, que no pasará hambre gracias a ellos, gracias a su lucha. Por lo tanto, vemos asociada aquí, a través de imaginería hortofrutícola, la muerte de los campesinos con el consumo de estos frutos y, siguiendo el sentido religioso que le otorga, su eficaz consecuencia posterior: la salvación de una comunidad. Una vez más, denotamos en este poema una naturalización del pueblo y de la actividad bélica, donde se puede apreciar, además, la significativa imagen que ha ido apareciendo a lo largo de todo el poemario, que es, en palabras de Martín Gijón: "el pueblo antifascista como fenómeno natural irresistible" (2009: 137). Por último, es importante destacar el dibujo de Manuel Ángeles Ortiz situado detrás del poema "Las tropas españolas cruzan el Ebro", en el que aparece un miliciano portando una bandera de color rojo, que parece evidente que representa la del PCE, aunque sin el símbolo de la hoz y el martillo. Detrás de él está todo un público observándole, con un fondo amarillo que tiñe lo que presumiblemente parece que es la Puerta del Sol de Madrid y que, con el suelo de color morado, conforma la imagen en su conjunto de los colores de la bandera republicana.

Con *Guerra viva*, nuestro poeta-soldado cierra la etapa más importante de toda su obra poética, y podríamos decir que incluso de su vida. Conviene insistir en esta faceta de convivencia con los milicianos y subrayar su importancia, precisamente, porque no todos los poetas comprometidos llevaron su adeudo a tales extremos. Y he aquí la diferencia, que radica en que Petere pudo empaparse en primera persona de toda la situación que vivieron en su día a día los combatientes para, posteriormente, poder traspasarla al papel y darle forma a través de 41 poemas propagandísticos que, al compilarlos en un poemario, conjeturan algo parecido a un diario de guerra en forma poética.

Un breve rastreo por sus composiciones más singulares nos ha permitido certificar el cultivo de una poesía destinada siempre a una segunda persona, tanto del singular como del plural, un "tú" receptor en el que no parece tener cabida ningún tipo de homenaje individual, exceptuando algún que otro poema como "A la muerte de Unamuno", que falleció, como sabemos, el 31 de diciembre de 1936, y que merece especial mención. Por lo demás, el elogio se hace siempre a las unidades combatientes, como observamos en los poemas "Quinto Regimiento" o "Cuatro batallones", inspirándose continuamente no en la organización en sí, sino en el conjunto de personas, desde el primero de los dirigentes como Enrique Líster hasta el último miliciano que las conformaban. Y dentro de estas alabanzas militares entronca también con la esfera personal y familiar, como se observa en los poemas "Héroes del aire" y "Nuestra aviación".

Consagrado, igualmente, a la alabanza popular, *Guerra viva* supone, además, una visión un tanto optimista de la contienda bélica, que trató de trasladar por todos los medios posibles a todo el pueblo, proletarios, combatientes o miembros del PCE, bien fuera a través de recitales en el frente de batalla o bien mediante lecturas en los programas de radios o transmisión en periódicos y revistas. Y es justamente aquí donde adquiere esta poesía su especial relevancia y significación, independientemente de su valor literario, porque, en palabras de Natalia Calamai, "todo tipo de poesía es válido cuando refleja los sentimientos auténticos del poeta" (1979: 17). Optando por elegir una forma tan popular como es el romance para dirigirse, precisamente, al pueblo español y comprometerse con su lucha, Herrera Petere se erige como uno de los grandes poetas del frente de la Guerra Civil española.

Bibliografía citada

I. Fuentes primarias

Herrera Petere, José, *Guerra viva. Romances*, Madrid, Ediciones Españolas, 1938.

II. Fuentes secundarias

Alba Hervalejo, Narciso (ed.), *José Herrera Petere, los artículos de "El Nacional"*, Madrid, Ediciones de la Torre, 1996.

Baehr, Rudolf, *Manual de versificación española*, traducción y adaptación de K. Wagner y F. López Estrada, Madrid, Gredos, 1973.

Calamai, Natalia, *El compromiso de la poesía en la Guerra Civil española*, Barcelona, Editorial Laia, 1979.

Gálvez Yagüe, Jesús, *José Herrera Petere: Vida, compromiso político y literatura*, Sigüenza, Librería Rayuela, 2000.

—"Miguel Hernández y José Herrera Petere: un camino en común", *El eco hernandiano*, 8, 2005, pp. 4-12.

—"José Herrera Petere y Miguel Hernández: amistad y compromiso en la guerra", *Anthropos*, 220, 2008, pp. 176-189.

Díaz Plaja, Fernando, *La Guerra Civil y los poetas españoles*, Madrid, San Martín, 1981.

Dennis, Nigel y Emilio Peral Vega (eds.), *Teatro de la Guerra Civil: el bando republicano*, Madrid, Fundamentos, 2009.

GÓMEZ DÍAZ, Luis Miguel, *Teatro para una guerra (1936-1939): textos y documentos*, Madrid, Centro de Documentación Teatral, 2006.

HERRERA LINARES, Emilio, *Memorias*, eds. Thomas F. Glick y José M. Sánchez Ron, Madrid, Universidad Autónoma de Madrid, 1986.

IGLESIAS RODRÍGUEZ, Gema, *La propaganda política durante la Guerra Civil española: la España republicana*, Madrid, Universidad Complutense de Madrid [tesis doctoral], 2005, disponible en <http://site.ebrary.com/li/universidadcomplutense/docDetailaction?docID=10086591&p00=10086591>.

LARRABIDE, Aitor L., "Textos inéditos de José Herrera Petere sobre Miguel Hernández. Dos amigos frente a sus centenarios", *Monteagudo. Revista de Literatura Española, Hispanoamericana y Teoría de la Literatura*, 15, 2010, pp. 73-82.

LÍSTER, Enrique, *Nuestra guerra. Aportaciones para una historia de la Guerra Nacional Revolucionaria del Pueblo Español 1936-1939*, Paris, Éditions de la Libraire du Globe (Colección Ebro), 1966.

MARTÍN GIJÓN, Mario, *Una poesía de la presencia: José Herrera Petere en el surrealismo, la guerra y el destierro*, Valencia, Pretextos, 2009.

MELDENSON, Jordana, "Los laboratorios de la propaganda: artistas y revistas durante la Guerra Civil española", en *Revistas y guerra. 1936-1939*, Madrid, Museo Nacional Centro de Arte Reina Sofía, Catálogo de la Exposición, 2007.

PERAL VEGA, Emilio, *Retablos de agitación política: Nuevas aproximaciones al teatro de la Guerra Civil española*, Madrid/Frankfurt, Iberoamericana/Vervuert, 2013.

OSUNA, Rafael, *Revistas de la vanguardia española*, Sevilla, Renacimiento, 2005.

SALAÜN, Serge, "Poetas 'de oficio' y vocaciones incipientes durante la Guerra de España", en Fraçois Botrel y Serge Salaün (eds.), *Creación y público en la literatura española*, Madrid, Castalia, 1974, pp. 181-214.

TRAPIELLO, Andrés, *Las armas y las letras. Literatura y Guerra Civil (1936-1939)*, Barcelona, Destino, 2011.

Urrutia, Jorge (ed.), *Poesía de la Guerra Civil española. Antología (1936-1939)*, Sevilla, Fundación José Manuel Lara/Vandalia Senior, 2006.

VV.AA., *José Herrera Petere: vanguardia y exilio. Actas del I Congreso Internacional. Guadalajara, 30 y 31 de octubre de 2009*, Guadalajara, Diputación Provincial, 2010.

La defensa de Madrid en la novela republicana. Propaganda a distancia

Alessandro Cassol
Università degli Studi di Milano

Una mirada desde lejos

No cabe lugar a dudas: las cuestiones que se tratan en este volumen son palpitantes como pocas. Resulta a todas luces evidente que el choque entre las ideologías o simples convencimientos políticos, las manifestaciones artísticas y la evaluación de las consecuencias de un conflicto tan desgarrador como fue la Guerra Civil, no son temas cómodos de tratar, ni mucho menos; antes bien, parecen configurarse como una encrucijada en la que las conciencias corren el riesgo de perderse, si no logran contemplar todo a debida distancia, más allá de distinciones entre buenos o buenísimos (invariablemente nosotros, o los nuestros) y malos o malísimos (invariablemente los otros, ellos, los demás). Desde mi perspectiva, la de un extranjero, distante geográfica y cronológicamente de los hechos, albergo la impresión de que a menudo se sigue tratando el asunto de la Guerra Civil, de sus causas, de su desarrollo y de su repercusión en las décadas posteriores, con dosis excesivas de maniqueísmo, adhiriéndonos a unos esquemas mentales prácticos, ágiles, que sin embargo no dan cuenta, no pueden dar cuenta, de la complejidad de los fenómenos, y de lo gris en que muchas veces se funden lo blanco y lo negro que creemos reconocer, o que quizá queremos reconocer.

Mi modesta aportación al tema que nos ocupa es, conscientemente, una especie de mirada "oblicua" con respecto a las otras que conforman el volumen. En efecto, como veremos, es difícil pensar en la novela como en un eficaz instrumento de propaganda activa. Por varias razones, entre los hechos narrados (y supuestamente exaltados) y la escritura novelística se interponen los filtros de la distancia (distancia que puede ser espacial, geográfica, o bien lingüístico-cultural, o bien temporal, cronológica). Por eso el título del presente artículo va acompañado por un añadido, una indicación complementaria, casi un apéndice, en la que, sin embargo, se encierra la visión general del tema.

La defensa de Madrid y los recuerdos inventados

Como sabemos, con la expresión "defensa de Madrid" (o, en alternativa, "batalla de Madrid"), los historiadores se suelen referir no a un acontecimiento preciso, sino al conjunto de episodios que caracterizaron la resistencia de la capital a la invasión por parte de las tropas sublevadas, resistencia que, con fases alternas, duró desde el famoso largo noviembre de 1936 hasta el último parte de guerra de Franco, del 1 de abril de 1939, con el que se dio por terminada oficialmente la contienda, aunque la entrada de los nacionales se produjo, en realidad, el 28 de marzo. Se trata de unos 900 días, pues, a lo largo de los cuales la ciudad de Madrid experimentó horribles actos de violencia por parte de uno y otro bando en contienda; asistió en vilo a los crueles enfrentamientos que se libraron en la sierra de Guadarrama; favoreció la salida del equipo de gobierno de la Segunda República que iba a refugiarse hacia Levante; confió el mando de las tropas a un general de poco brillante currículum y, contra todo pronóstico, casi victorioso, aunque platónicamente (me refiero a Miaja, por supuesto); entabló relaciones diplomáticas con la Unión Soviética esperando poder contar con su apoyo militar, que terminó concretándose esencialmente en escasas y obsoletas municiones; se animó al ver la movilización de las Brigadas Internacionales; sufrió violentos bombardeos a objetivos civiles, con todo su rastro de muertos y escombros; soportó como buenamente pudo lo que, al fin y al cabo, fue un larguísimo asedio; comió poco y mal, y esperó inútilmente que un día cambiara el destino de la guerra, acabando por sucumbir a lo inevitable.

Madrid fue la primera gran ciudad europea que sufrió los bombardeos de la artillería aérea, antes que lo mismo ocurriera a Londres o Milán o Hamburgo, y todo un listado desgraciadamente muy largo de ciudades martirizadas, heridas en sus edificios y monumentos, marcadas para siempre en su tejido urbano (Rodríguez Tranche 2012). Esa lamentable circunstancia, junto con la reiteración cotidiana del heroismo de sobrevivir y su prolongación más allá de lo esperable, ayudaron a convertir casi en tópico la resistencia madrileña, merced a su capacidad de aguantar tozudamente, contra viento y marea, incluso después de la batalla del Ebro o de que cayera Barcelona, acontecimientos que parecían haber puesto ya los créditos de cierre a esa sangrienta película bélica.

En la copiosa producción novelística reciente centrada en la Guerra Civil no escasean escenas que se desarrollan en el Madrid bombardeado. De entre las muchas posibles, escojo una cita de una novela que no trata de esos acontecimientos; un texto de un no-testigo –estoy hablando de Javier Marías y de su magnífica *Mañana en la batalla piensa en mí*– en que el narrador se explaya en un recuerdo, que no es tal, en realidad, ya que ni él (ni el propio Marías) estuvo presente cuando se produjeron las escenas que va evocando. Me perdonarán por la cita que copio a continuación, sin duda muy larga, pero funcional para subrayar un argumento que considero fundamental:

> En aquel momento el maître se volvió hacia la ventana justo antes de que sonara un trueno –como si lo hubiera presentido– y empezó a llover ávidamente igual que un mes o más antes, o no igual, esta vez con más furia y prisa, como si la lluvia tuviera que aprovechar su duración tan breve *o fuera una incursión aérea combatida por artillería.* En el plazo de medio minuto vimos amontonarse gente de la calle a la puerta del restaurante, vimos correr a mujeres y hombres y niños para protegerse de lo que venía del cielo, siempre *como los hombres y mujeres y niños de los años treinta en esta misma ciudad entonces sitiada, que corrían buscando refugio para protegerse también de lo que venía del cielo y de los cañonazos que venían de las afueras, del cerro de los Ángeles o del de Garabitas, los llamados obuses que hacían su parábola y caían sobre la Telefónica o en la plaza de al lado cuando fallaba la puntería, llamado por eso 'plaza del gua', con inverosímil humor fatídico, o en el enorme café Negresco que quedó destrozado y sembrado de muertos mientras al día siguiente la gente impertérrita y a la vez resignada iba a tomar su malta al café vecino, la Granja del Henar en la calle de Alcalá frente a la desembocadura de la Gran Vía, sabiendo que allí podía suceder lo mismo*, las afueras y el cielo como la mayor amenaza de los transeúntes que buscaban las aceras no enfiladas como las buscaban ahora bajo la tormenta, pues esta lluvia era sesgada por causa del viento y *las balas de los cañones tenían más probabilidades de alcanzar una u otra acera según el cerro desde el que disparaban los sitiadores, dos años y medio corriendo por estas calles con las manos sobre los sombreros y gorras y boinas y las faldas al vuelo y las medias rotas o simplemente sin medias*, en esta ciudad que ya desde entonces no ha sabido desacostumbrarse a vivir y ser como una isla (Marías 1997: 196-97).

Lo que tenemos aquí, en la magmática prosa de Marías, es precisamente un caso de "recuerdo inventado" por el protagonista y narrador, que además da la casualidad, como les pasa a menudo a los personajes de Marías, de que es escritor, aunque escritor fantasma. El párrafo citado está construido a base de una estudiada oscilación entre el presente de la narración (un almuerzo en un restaurante del Madrid de hoy, y la tormenta que estalla de repente) y el pasado de la guerra, conectados por medio de la asociación lluvia-bombas. Ese vínculo visual y mental desata una larga frase en que las modalidades de la descripción de lo observado y de la evocación de hechos pretéritos se imbrican perfectamente, como he intentado mostrar arriba, un tanto toscamente, al marcar en cursiva las frases que aluden a los bombardeos. No debe sorprendernos la circunstancia de que el narrador relate lo que *no* ha visto, las cosas de las que *no* fue testigo, los acontecimientos que *no* vio ni pudo memorizar. Nuestra innata tendencia a la narración nos induce a contar cosas que hemos retenido en la memoria después de escucharlas, o leerlas, o verlas en fotografía o en una película. Yo mismo, si tuviera la gracia que no quiso darme el cielo, podría escribir una novela sobre la Guerra Civil, y creo que todos, o casi, los que estén leyendo estas pocas páginas podrían hacerlo.

Lo que quiero subrayar es que, pese a la ingente cantidad de documentación visual y multimedia de que disponemos en torno a la Guerra Civil y a la defensa de Madrid, y que en línea teórica debería ser más que suficiente para preservar la memoria de aquellos hechos, aun cuando hayan desaparecido (y no les faltará mucho) los últimos supervivientes que puedan a buen seguro considerarse testigos de vista, pese a todo esto, como digo, no parece haberse extinguido la voluntad del recuerdo a través de la palabra escrita, de la memoria ficcional, de la recreación literaria, de los "recuerdos inventados" (con transparente alusión a una colección de cuentos de Enrique Vila-Matas).

Guerra Civil y novelas

No han faltado unos intentos de catalogar o por lo menos reseñar el corpus de la novela en torno a la Guerra Civil, y no voy a dar cifras en este sentido, porque serían enormes y en todo caso aproximadas. Señalo tan solo unos libros fundamentales, como son algunos que se citan en otros trabajos del presente volumen (como *Las armas y las letras*, de Andrés Trapiello, 1994), pero también el intento de repertorio bibliográfico de Marise Bertrand de Muñoz (1982), el estudio un poco desordenado de Carlos Fernández Santander (1996), o la reciente monografía de José María Martínez Cachero (2009). Uno de los pioneros en trazar un panorama general fue José Luis Ponce de León, que desde la distancia (temporal, su libro es de 1971, y espacial, siendo profesor en Stanford), escribe en el primer párrafo:

> Entre las muchas novelas de la guerra civil las hay muy, pero muy malas, junto a una gran mayoría de novelas que podríamos llamar discretas, y unas cuantas que desmienten la opinión de que nada bueno, literariamente, ha salido de nuestra contienda (1971: 10-11).

Por obvias razones de espacio, y asimismo por la igualmente obvia imposibilidad de dominar la galaxia de textos en torno a la Guerra Civil y en especial a la defensa de Madrid, no voy a proporcionar listados de novelas que podrían entrar en la categorización, un poco ingenua e impresionista, de Ponce de León. Lo que sí voy a intentar es dar un salto del nivel de los textos concretos (si bien citaré algunos) a la observación de tendencias y fenómenos generales, siempre a partir de la idea inicial de tratar de la novela republicana. Es un asunto peliagudo: la novela no se presta, por su naturaleza, a la propaganda activa instantánea, y solo puede promover, eso sí, y a veces con mucha fuerza, unas formas de propaganda *a posteriori*, desde la distancia, como digo.

En el esquema que sigue, intento distinguir varias categorías posibles de novelas que tratan los asuntos relacionados con la defensa de Madrid. Considero que las podemos agrupar basándonos en una diversidad macroscópica (ser, o no, ejemplos de escritura testimonial), y que a partir de ahí el conjunto se articula en torno a ejes ideológicos, lingüísticos, espaciales y cronológicos, que intentaré definir brevemente en los próximos apartados.

Escritura testimonial (Guerra Civil y dictadura franquista)		Escritura no testimonial (Democracia)
Novelas de escritoresque vivieron la Guerra Civil		Novelas de escritores que no vivieron la Guerra Civil
Partidarios del bando nacional	(distancia ideológica)	
Extranjeros	(distancia lingüística)	
Exiliados	(distancia geográfica)	
Autores de la Transición	(distancia cronológica)	

La distancia ideológica

Simplemente repasando un listado de las principales obras de exponentes nacionalistas, se notará como no escasearon, por cierto, las novelas de autores que vivieron la guerra en el bando alcista, con una tipología de experiencias muy variada. Indico aquí algunas, sin pretensiones de exhaustividad, comprendida entre los años de la contienda y los inmediatamente siguientes, hasta finales de la Segunda Guerra Mundial:

Agustín de Foxá, *Madrid, de corte a checa* (1938)[1]
Concha Espina, *Esclavitud y libertad. Diario de una prisionera* (1938)
Cecilio Benítez Castro, *Se ha ocupado el kilómetro 6* (1939)
Francisco Camba, *Madridgrado* (1939)

1. Noto incidentalmente que la novela de Foxá fue traducida muy pronto al alemán (1940) y al italiano (1944); buena prueba de su potencial propagandístico, si bien en función antirrepublicana, que le reconocieron en los países vinculados ideológicamente a la derecha española.

Tomás Borrás, *Checas de Madrid* (1939)
Wenceslao Fernández Flórez, *Un isla en el mar rojo* (1942)
Rafael García Serrano, *La fiel infantería* (1943)
Pedro García Suárez, *Legión 1936* (1945)

Hay quien se detiene en la avanzada del frente y en los pormenores supuestamente atractivos de la vida soldadesca, como Benítez Castro o García Serrano (cuya novela fue censurada porque refiere la costumbre de los soldados de frecuentar más ávidamente los postríbulos que las iglesias), y se trata sin duda de textos olvidables. Valga como ejemplo este fragmento, sacado de *Se ha ocupado el kilómetro 6*, de Benítez Castro:

> Aquí, ahora, luchamos por nuestra Revolución. Porque no había Justicia y porque no había seriedad entre los que mandaban. Luchamos porque el hombre trabaje y coma, tengamos patria y tengamos Dios. Luchamos por no dejar de ser españoles. Y nuestros enemigos, por todo lo contrario. Por el olvido de Dios y la pérdida de la Patria, vendida al extranjero, y por otra revolución que es el desorden y la anarquía (1939: 48).

La contraposición esquemática y la abundancia de mayúsculas, junto con el tono enfático, denuncian la urgencia de ese tipo de escritura novelística, y al mismo tiempo delatan su inconsistencia y su grosor estilístico.

En otros casos, se enfoca el "terror rojo", simbolizado, ya a partir de los títulos de algunas estas obras, por una sovietización de la capital y de los métodos sucios de los republicanos. La obra más conocida de este grupo es la de Foxá: Madrid es, para él, un círculo infernal, con sus prisiones ilegales, los violentos interrogatorios, los temidos "paseos" nocturnos, la bestialidad de los que él llama "salvajes", con su tergiversada interpretación de la realidad que ocultan por debajo de una operación de maquillaje lingüístico ("llamaban al robo, requisa, y al crimen, limpieza de la retaguardia"; 1963: 1189). Y sobre todo, destaca su certeza absoluta, fideística, de ser distinto y mejor, como se puede apreciar en este pasaje: "era el gran día de la revancha de los débiles contra los fuertes, de los enfermos contra los sanos, de los brutos contra los listos. Porque odiaban toda superioridad" (Foxá 1963: 1212).

Si las novelas procedentes del bando nacional no pueden hacer propaganda republicana, como es obvio, sino todo lo contrario, es porque hay una insalvable distancia ideológica, una fractura que tardará muchos años en recomponerse, aunque no perfectamente. Hay que reconocer que, con el paso del tiempo, incluso en los que apoyaron a los nacionalistas, se imponen visiones más equilibradas y menos mermadas por el odio hacia el enemigo. El caso más emblemático es seguramente el de José María Gironella, autor de una trilogía que culmina en una de las superventas de la época franquista, *Un millón de muertos*, novela de la que se dijo que fue "el primer evangelio de la convivencia y del equilibrio histórico español" (De la Cierva 1966: 301).

La distancia lingüística

No ideológica, sino lingüística y cultural, es la distancia desde la que escriben numerosos autores no españoles. La defensa de Madrid, y en general el conflicto intestino español, originó, como se sabe, una ingente producción literaria en prosa, de corte muy variado, en otras lenguas. Citándolos un poco al azar, Ernest Hemingway (*For whom the Bell tolls*), André Malraux (*L'espoir*), George Bernanos (*Les grands cimetières sous la lune*), George Orwell (*Homage to Catalonia*), Mikhail Koltsov (*Ispanski Dnevnik*), son los más conocidos casos de apoyo a la causa republicana, si bien con una actitud en parte crítica, y con cierta equilibrada toma de distancia, en algunos de los autores citados. Se trata solamente de algunos, y por cierto los más célebres, entre los autores que escribieron páginas inolvidables en torno a la contienda, de la que fueron testigos, siendo a menudo corresponsales para la prensa de su país, o incluso protagonistas directos como combatientes, quedando muy impresionados por la dureza del enfrentamiento, como puede verse en las palabras de

Bernanos: "La Tragédie espagnole est un charnier. [...] Impossible d'y mettre la main sans risquer une septicémie" (1995: 135). Recuerdo también que en el verano de 1937 tuvo lugar el Segundo Congreso Internacional de Escritores, cuya importancia destaca Aitor Larrabide en otras páginas de este libro.

La presencia masiva de intelectuales extranjeros dio un renovado impulso a la escritura propagandística, aunque la novela no llegó a ser el cauce de expresión favorito, ya que no era (no podía ser) tan rápido ponerla en marcha. Brilló por su ausencia la literatura italiana, y creo que este es un capítulo de historia cultural todavía por escribir. Es fácil pensar que, inmersos en el régimen fascista de Mussolini, las dificultades para apoyar a los intelectuales republicanos serían enormes. Sin embargo, huelga recordar la presencia, entre otros alemanes, del escritor socialista Gustav Regler, salido de su país en 1933, al ascender el partido nazi, y luego voluntario de las Brigadas, herido en Guadalajara y en Huesca. Recientemente se ha publicado en español *La gran cruzada* (2012), tomando el título, supongo, de la versión inglesa de 1940 (*The Great Cruzade*), aunque el original alemán, de 1937-1938, fuera *Das grosse Beispiel* (*El gran ejemplo*). Interesante notar que el título podría inducir a pensar que se trate de un texto producido por un exponente del bando nacional...

Volviendo a abrir, y cerrando enseguida, el paréntesis referente a los escritores italianos, señalo que el interés de mis connacionales para la que solemos llamar allí "la Guerra di Spagna", se manifestó con cierta intensidad solamente después de la Liberación de la dictadura fascista por los Aliados, y principalmente en forma de traducciones de textos poéticos, merced a la labor de hispanistas del calibre de Oreste Macrí, Dario Puccini, Giuseppe Bellini y otros. En cuanto a la escritura narrativa, se ha venido intensificando, en estos últimos años, la presencia de la Guerra Civil como telón de fondo de cuentos y novelas (Curreri 2007). El precursor fue Leonardo Sciascia, el gran escritor siciliano, que en un relato de 1960, *L'antimonio*, pone estas sugerentes palabras en la boca de su narrador, un joven fascista italiano que fue a España para la guerra y pilotó los aviones que bombardearon Madrid:

> Giravamo intorno a Madrid come di notte le farfalle intorno al lume, si avvicinano fino a sentirsi bruciare ed allargano il volo, di nuovo si avvicinano e per un guizzo di vento la fiamma le coglie. Così era Madrid. [...] Ma c'era, Madrid: di notte riverberava rosso nel cielo per gli incendi che i nostri aeroplani andavano ad attaccare; solo a momenti pensavo che in quella città c'erano bambini e vecchi, donne che urlavano pena, e case in cui migliaia e migliaia di persone abitavano (citado por Curreri 2007: 63)[2].

En años más cercanos se multiplican los ejemplos de novelas ubicadas en la España de los treinta (o en Portugal, véase Antonio Tabucchi), y creo que se trata de un fenómeno que va parejo con cierta revisitación (o revisionismo), sobre todo en el cine, favorecida por el paulatino alejamiento del calor de los hechos, de la época del terrorismo de los años setenta, los tristemente famosos *anni di piombo* (los años de plomo, que vieron, entre otros episodios, el bárbaro asesinato de Pier Paolo Pasolini). Una época que se interpreta, hoy, desde un clima ideológico-cultural en que la crispación política es evidente, y permanece la tensión entre las izquierdas, pulverizadas en múltiples formaciones, y las derechas, en algunos casos de corte marcadamente nacionalista cuando no xenófoba. Y eso vale no solo para Italia, sino para muchos países, como las últimas elecciones al Parlamento europeo han demostrado.

Si, como dije antes, los escritores italianos no fueron de los más prolíficos en apoyar la causa republicana durante la Guerra Civil, no por eso deja de ser relevante el papel que la contienda tuvo en los años de la Resistenza y de la consolidación de la oposición al régi-

2. "Dábamos vueltas en torno a Madrid, como las mariposas, de noche, se aproximan a la llama hasta sentir que se queman y amplían el vuelo, de nuevo se aproximan y, por un soplo de viento, la llama les atrapa. Así era Madrid. [...] Pero Madrid existía: de noche reverberaba rojo en el cielo, por los incendios que nuestros aviones iban a desatar; solo en algunos momentos pensaba que en aquella ciudad había niños y viejos, mujeres que gritaban sus penas y casas en que habitaban miles y miles de personas" (traducción al español en Curreri 2009: 53-54).

men de Mussolini. Solo recordaré el interesante artículo de Elio Vittorini, publicado en el número inaugural de la revista *Il Politecnico*, de septiembre de 1945, donde se leen estas palabras:

> Madrid, Barcelona. ¿Os acordáis del invierno del 36-37? Todo obrero que no fuese un borracho y todo intelectual que tuviera los zapatos rotos pasaron encorvados sobre la radio de galena cada tarde, buscando entre la lluvia que caía sobre Italia, cada noche después de cada tarde, las colinas iluminadas de esos dos nombres. Ahora oían que en el mundo injuriado se podía salir de la servidumbre, alzarse en armas contra ella, hacer sonar las trompetas en su contra. [...] Así ha sido la educación política de los italianos que ahora han vencido al fascismo y quieren construir un país nuevo: no ha sido una transmisión de la experiencia, de padres a hijos y de viejos a jóvenes, sino duras y brutales lecciones aprendidas directamente de las cosas y desde dentro de las cosas, una lenta maduración individual, un fatigoso descubrimiento de la verdad, toda una auto-educación, y toda entre julio del 36 y mayo del 39. El viejo antifascismo italiano no lo descubrimos, en realidad, hasta después. [...] Fue gracias a la guerra civil de España que lo descubrimos (citado por Binns 2004: 245).

Cierro definitivamente el paréntesis, no sin realzar la honda impresión que suscitó la contienda fratricida española en los escritores extranjeros, celebérrimos o menos conocidos. Sin embargo, su repercusión en términos de propaganda republicana fue, prácticamente, nula, en consideración de la distancia lingüística y de la problemática circulación de sus textos, cuando la hubo, en el territorio español.

La distancia geográfica

Se trata de otra razón más para la imposibilidad de hablar de una novela republicana de propaganda. Ingente fue la nómina de cuentos y novelas de los españoles exiliados, y Max Aub o Francisco Ayala o Ramón J. Sender son apenas unos nombres de un listado mucho más amplio, del que sacaremos, en cambio, unos ejemplos menos conocidos. Me refiero a Arturo Barea, Paulino Masip y Manuel Chaves Nogales, figuras que han sido rescatadas en tiempos cercanos de un olvido durado unas décadas.

Arturo Barea (189-1957), extremeño de nacimiento, instalado en Madrid desde la infancia, pasó su servicio militar en Marruecos, y a la vuelta entró en las formaciones sindicales, dedicándose enteramente a la causa de la Segunda República. Vivió el asedio de Madrid desde el interior del Palacio de Telefónica, donde supervisaba la prensa extranjera, y al terminar la guerra se fue a Londres. Es autor de un libro de cuentos hoy casi inencontrable, y sobre todo de una trilogía que tuvo la particularidad de publicarse primero en inglés y luego, en español; me refiero a *The Forging of a Rebel* (1941-1946), publicada en Buenos Aires como *La forja de un rebelde* en 1951. Una trilogía que quiere ser una especie de saga, que se extiende durante los años treinta, y que se desarrolla en Madrid en su tercera parte. No estará de más recordar que el propio Gironella, en el prólogo a *Un millón de muertos*, ubica la trilogía de Barea al lado de las obras de Malraux, Hemingway, Koestler y Bernanos, que serían ejemplo de parcialidad, de una visión distorsionada de los hechos, a la que se opondría su "respuesta ordenada y metódica" (la propia novela de Barea). En efecto, por mucho que la censura franquista impidiera la publicación en España de sus obras, condenándole al olvido, una lectura más atenta nos descubre una visión realista y casi despiadada de esos dos años madrileños, que no siempre serviría a la causa republicana, antes bien, todo lo contrario. Bastará citar este durísimo diálogo al que asiste el narrador, figura extensamente autobiográfica:

> Llegaron los camiones de la limpieza del Ayuntamiento de Madrid que venían a recoger los cuerpos. [...]
>
> —¡Vaya una noche! Estoy reventado. ¡Once me he cargado hoy!
>
> Ángel le preguntó:
>
> —¿Qué has estado haciendo? ¿De dónde vienes?

—De la pradera de San Isidro. He estado allí con los compañeros del Sindicato y nos hemos llevado unos cuantos fascistas con nosotros. Luego han venido otros amigos de otros grupos y les hemos echado una mano para acabar antes. Creo que hemos suprimido más de ciento esta vez (Barea 2000: 645-646).

Otro exiliado que lleva unos diez años largos ya de moda, a pesar de no tener una producción muy abundante, es Paulino Masip (1899-1963). Periodista con cargos de cierta importancia (fue director de *La Voz* y *El Sol*), se exilió en París en 1938, para luego irese a México. En una producción bastante amplia y variopinta, en la que entran poemas, relatos, traducciones, guiones cinematográfico, etcétera, descuella sin duda *El diario de Hamlet García* (1944), que ya a partir del título se anuncia como una obra cargada de simbolismo, y no exenta de cierto humor amargo. Se considera, hoy, como una de las mejores novelas de la primera mitad del siglo XX. El protagonista, un profesor de filosofía que da clases particulares a domicilio, encaja en una galería de personajes de la novela europea de los años de entreguerra, como son el Ulrich de *El hombre sin atributos* de Robert Musil o varias figuras similares de Pirandello, Svevo, Kafka, Schnitzler, Mann. A lo largo del diario, que empieza en 1935 y termina *ex abrupto* en octubre de 1936, Hamlet García asiste sin especial interés ni compromiso intelectual al aumento de la tensión política e ideológica, se aleja de su mujer (que obviamente se llama Ofelia), se siente atraído carnalmente por una discípula, la joven Eloisa, y descubre la crueldad de la guerra en ocasión del comienzo de la defensa de Madrid. Nunca toma partido de forma inequívoca, porque cualquier situación está filtrada por su mentalidad escéptica, por cierta tendencia a mantener la compostura (o un frío desinterés) frente a los accidentes externos. Sin embargo, el doble ataque de la violencia bélica y de la tentación erótica le llevan a una crisis y a una desestabilización. Cito una frase a manera de ejemplo de su autoconciencia del cambio: "Anoto con amargura que se está produciendo dentro de mí una disociación de las raíces más entrañables de mi ser" (Masip 1987: 194). No será necesario subrayar que la figura de

Hamlet García se ha interpretado como una alegoría de la crisis de los intelectuales y de los artistas frente a la barbarie. Asimismo, se entenderá que una obra como esta, por muy válida que nos pueda parecer ahora, bien poca ayuda habría podido brindar a la maquinaria propagandística del bando republicano.

Y paso ahora a una breve semblanza del último exiliado del que quisiera decir algo en estas líneas. Manuel Chaves Nogales (1897-1944), durante mucho tiempo recordado por los taurómacos por su biografía del torero Belmonte, es una figura cuyo rescate del olvido en que cayeron varios exiliados, quizá injusta pero de cierta forma inevitablemente, es muy reciente. Se debe principalmente al esfuerzo de recuperación que ha puesto en marcha en los ultimos años una investigadora sevillana, María Isabel Cintas, que ha venido editando obras prácticamente desaparecidas de los radares de la crítica, que, por muy potentes que sean, a la hora de escudriñar las profundidades del océano literario, siempre les quedan unas zonas de sombra inexploradas. Remito a los interesados a sus trabajos, que desvelan el complicado recorrido de los textos de este autor, impresos en parte en el extranjero, a raíz de su exilio. Destaca, entre estas obras del escritor y periodista andaluz, que fue director de la revista *Ahora* y al parecer muy cercano a Manuel Azaña, la colección de relatos *A sangre y fuego*, título bastante evocativo, oportunamente completado por un elocuente subtítulo: *Héroes, bestias y mártires de España*. Se trata de nueve relatos (que él define "novelas", subrayando que "cada uno de sus episodios ha sido extraído fielmente de un hecho rigurosamente verídico"; 2012: 14).

Resulta muy interesante detenerse en el prólogo a las piezas que conforman la colección. Nos da cuenta, aquí, de sus avatares personales, pero también de una visión de la Guerra Civil bastante peculiar, probablemente por colocarse todavía al comienzo del conflicto, a la que vincula una serie de profecías que, quizá desgraciadamente, no llegaron a cumplirse. Incluyo en esta su estimación del rastro de muerte que dejaría la guerra: una vez terminada, calcula, "habrá costado a Espana más de medio millón de muertos", lúgubre anuncio del título aún más catastrófico de la conocidísima novela de Gironella. A manera de ejemplo de su estilo narrativo, les propongo el *incipit* de "¡Massacre, massacre!", el primer relato de *A sangre y fuego*:

> Al sol de la mañana la bomba de aviación que cae es una pompita de jabón que en un instante raya el cielo azul de arriba abajo. Vibra al sentirse herido el gran diapasón del espacio y, luego, si se está cerca, se sufre en las entrañas un tirón de descuaje como si le rebanasen a uno por dentro y le quisieren volcar fuera. El estómago, que se sube a la boca, y el tímpano, demasiado sensible para tan gran ruido, son los que más agudamente protestan. Esto es todo. Mientras, el pajarito niquelado que ha puesto en medio del cielo su huevecillo brillante y fugaz como una centella, remonta el vuelo y pronto no es más que un punto perdido en la distancia (Chaves Nogales 2011: 15).

Hoy Chaves Nogales es una figura ya asumida como una de las más equilibradas e interesantes del periodismo de su época. "No se casaba con nadie", ha dicho de él Antonio Muñoz Molina, prologando la reciente reedición de *La defensa de Madrid*, una serie de 16 reportajes en que se detallan los primeros días del asedio (2011: 8). Incluso ha llegado a ser el protagonista de un corto o mediometraje documental, *El hombre que estaba allí*, de 2013, finalista en su categoría en los Goya de 2014, realizado gracias a una campaña de *crowdfunding*, promovida a través de las redes sociales.

La distancia cronológica

Por supuesto todo el mundo sabe que sería casi imposible nombrar a las decenas de novelistas que han escrito y están escribiendo en torno a la Guerra Civil y a los hechos madrileños, fenómenos de altísimo interés tanto en su vertiente más comercial, como en ser el resultado de un proceso de escritura por parte de autores que en su grandísima mayoría nacieron después de que finalizara la Guerra Civil, o incluso en los últimos años de la época franquista, cuando no directamente en la España democrática.

Sin embargo, la distancia temporal es evidente tabién en un grupo de obras centradas en la Guerra Civil, que unos testigos en primera persona fueron gestando durante varios años, aunque salieron buen trecho después, ya muerto Franco. A veces, claro, se interponen motivaciones externas a los textos, como fueron, por ejemplo, la dispersión de los exiliados, la atomización de sus escritos en revistas y editoriales esparcidas por todo un continente, y la censura franquista. Todo esto vale, por supuesto, en los tres casos de autores que hemos reseñado, si bien brevemente, en el apartado anterior, Arturo Barea, Paulino Masip y Manuel Chaves Nogales. Suerte pareja tuvo, solo por poner un ejemplo muy conocido, Max Aub y su ciclo *El laberinto mágico*, que consta de seis novelas, la segunda (*Campo abierto*), la quinta (*Campo del moro*) y la sexta (*Campo de los almendros*), ambientadas en Madrid, en diferentes momentos del asedio.

A veces, en cambio, entra en la ecuación también la voluntad de estilo y el *labor limae* de ciertos autores, que tardan años en sacar una novela, y lo hacen después de retocarla minuciosamente, o a una edad ya avanzada (cuando no póstumamente). Tres ejemplos que podrían citarse, todos de los años de la Transición, son Juan Iturralde, con *Días de llamas* (1976), Segundo Serrano Poncela, con *La viña de Nabot* (1979), y sobre todo Juan Eduardo Zúñiga, del que me permito proponerles dos brevísimos fragmentos, sacados del primer cuento de *Largo noviembre de Madrid*, titulado significativamente "Noviembre, la madre, 1936". Se trata del primer y del último párrafo, que estratégicamente se completan, se integran, aunque parezcan contradecirse. Recuerda el narrador que cuando era un chico pensaba, o quizá la indómita voluntad de supervivencia de la madre le sugería:

> Pasarán unos años y olvidaremos todo; se borrarán los embudos de las explosiones, se pavimentarán las calles levantadas, se alzarán casas que fueron destruidas. Cuanto vivimos, parecerá un sueño y nos extrañará los pocos recuerdos que guardamos; acaso las fatigas del hambre, el sordo tambor de los bombardeos, los parapetos de adoquines cerrando las calles solitarias... (Zúñiga 2007: 103).

Y al final, recordando esa madre que casi lo arrastraba, pero con dulzura, por una geografía urbana destrozada, concluye:

> Han pasado muchos años y a veces me pregunto si es cierto que todo se olvida [...] Y me digo: nada se olvida, todo queda y pervive [...] Todo pervivirá: sólo la muerte borrará la persistencia de aquella cabalgata ennegrecida que fueron los años que duró la contienda (Zúñiga 2007: 113).

Dar alimento a la memoria, porque es justo recordar, y si es posible aprender y no incurrir en los errores de siempre; pero no olvidemos el derecho al olvido, porque el ser humano tiene derecho también a olvidar, a no sentir la obligación de ir marcando aniversarios en la agenda, a no tener que verbalizar la experiencia física y mental del sufrimiento, más fuerte aún si no se entienden las supuestas razones que llevaron a ciertos comportamientos, ni se encuentra un significado, el que sea, en la retórica vacía. ¿Anestesiar el dolor, cauterizar las heridas, sepultar todo en el olvido, o insistir, vivificar, repetir, conocer a fondo, hacer memoria?

Conclusiones

Todo lo expuesto me parece confirmar la existencia de esa dimensión de la distancia, esa cuádruple perspectiva de la lejanía (ideológica, lingüística, geográfica y cronológica) desde la que se ha mirado y se mira la defensa de Madrid y en general la Guerra Civil española. En otras palabras, si existieron una poesía y un teatro de urgencia y de propaganda, con fines inmediatos, y una carga ideológica determinante, no creo que podamos decir lo mismo de la novela, al menos en lo que se refiere al bando republicano.

La redacción de una novela, o incluso de una colección de cuentos, se acerca a un proceso de sedimentación geológica. Una novela requiere tiempo, y no solo el que materialmente sirve para trasladar la palabra imaginada a la página escrita. Los personajes tienen que encajar en un conjunto superior, la intriga debe ser sostenida y resultar sostenible a lo largo de varias páginas, y el tiempo de la fábula puede ser muy extenso. La técnica del desahogo y del grito, la retórica a plenos pulmones, la hipertrofia de la expresión y la abundancia de imperativos y exclamaciones, el redoble de palabras abstractas y la frecuencia inusual de mayúsculas, si funcionan muy bien en panfletos y poemas de incitación y propaganda, porque sirven al intento performativo del discurso, mucho menos adecuadas resultan para la prosa narrativa, hecha salvedad de la periodística, que al menos en parte se mueve en el terreno resbaladizo entre narración, ensayo y crónica.

Si a estas consideraciones de carácter creativo intentamos añadir alguna reflexión en torno al problema de la circulación de los textos narrativos, será fácil comprender que una hipotética novela sobre la defensa de Madrid, entre planearse, redactarse, imprimirse y venderse, hubiera necesitado bastante más tiempo y condiciones bien distintas para poder ejercer alguna influencia como instrumento de propaganda. Apunta Emilio Peral Vega en otro trabajo de este volumen la escasez del papel, y el hecho de que gran parte de la actividad de las imprentas coevas se dirige a imprimir carteles, anuncios, periódicos, folletos, noticias, algo efímero y de corta duración, destinado a satisfacer unas exigencias de consumo inmediato, como tantas veces en la historia de la imprenta española (piénsese, por ejemplo, en los pliegos volanderos o en las sueltas teatrales). Añado que varias editoriales fueron incautadas por el gobierno, por los partidos y por los sindicatos, y los ritmos de salida de las publicaciones "normales" experimentaron un parón. Y claro, al terminar la guerra se impuso la censura franquista, que cercenó las posibilidades de que existiera una producción novelística consistente por parte de los defensores de la república.

Cierro estas reflexiones con una cita, sacada del primer párrafo del estudio de José Luis Ponce de León que nombré antes, y que creo que expresa bien la función de construir críticamente el recuerdo y la memoria que está confiada a los historiadores:

> Al trasladar esa guerra a sus novelas, los escritores españoles [y extranjeros, añado yo] nos dicen, a veces sin intentar hacerlo, que

un hecho semejante no debe suceder nunca más. Recordar pasados sufrimientos comunes puede tener la función redentora de ayudar a todos a ver claramente la necesidad de que no se repitan (1971: 9).

Ahí está la clave: conocimiento y memoria sí, de acuerdo, pero junto al compromiso ético con el futuro por parte del historiador que indaga el pasado.

Bibliografía citada

BAREA, Arturo, *La forja de un rebelde*, Madrid, Debate, 2000.

BENÍTEZ CASTRO, Cecilio, *Sa ha ocupado el kilómetro 6*, Madrid/Barcelona, Editorial Juventud, 1939.

BERNANOS, Georges, *Les grands cimetières sous la lune*, Paris, Plon, 1995.

BERTRAND DE MUÑOZ, Maryse, *La Guerra Civil española en la novela. Bibliografía comentada*, Madrid, José Porrúa Turanzas, 1982, 2 vols.

BINNS, Niall, *La llamada de España. Escritores extranjeros en la Guerra Civil*, Barcelona, Montesinos, 2004.

CHAVES NOGALES, Manuel, *A sangre y fuego. Héroes, bestias y mártires de España*, Barcelona, Libros del Asteroide, 2012.

—*La defensa de Madrid*, ed. María Isabel Cintas Guillén, Sevilla, Renacimiento, 2011.

CIERVA, Ricardo de la, *Cien libros básicos sobre la Guerra de España*, Madrid, Publicaciones Españolas, 1966.

CORREDERA GONZÁLEZ, María, *La Guerra Civil española en la novela actual. Silencio y diálogo entre generaciones*, Madrid/Frankfurt, Iberoamericana/Vervuert, 2010.

CURRERI, Luciano, *Le farfalle di Madrid. L'antimonio, i narratori italiani e la guerra civile spagnola*, Roma, Bulzoni, 2007.

—*Mariposas de Madrid. Los narradores italianos y la guerra civil española*, Zaragoza, Prensas Universitarias de Zaragoza, 2009.

Fernández Santander, Carlos, *Bibliografía de la novela de la Guerra Civil y el Franquismo*, A Coruña, Edicios do Castro, 1996.

Foxá, Agustín de, *Obras completas*, Madrid, Editorial Prensa Española, 1963, 3 vols.

Hansen, Hans Lauge y Juan Carlos Cruz Suárez (eds.), *La memoria novelada. Hibridación de géneros y metaficción en la novela española sobre la guerra civil y el franquismo (2000-2010)*, Bern, Peter Lang, 2012.

Luengo, Ana, *La encrucijada de la memoria. La memoria colectiva de la Guerra Civil Española en la novela contemporánea*, Berlin, edition tranvía/Verlag Walter Frey, 2004.

Marías, Javier, *Mañana en la batalla piensa en mí*, Madrid, Santillana, 1997.

Martínez Cachero, José María, *Liras entre lanzas. Historia de la literatura "nacional" en la Guerra Civil*, Madrid, Castalia, 2009.

Masip, Paulino, *El diario de Hamlet García*, Barcelona, Anthropos, 1987.

Ponce de León, José Luis, *La novela española de la guerra civil (1936-1939)*, Madrid, Ínsula, 1971.

Rodríguez Tranche, Rafael, "Miedo y terror en el Madrid republicano. De los bombardeos a la quinta columna", en Nancy Berthier y Vicente Sánchez-Biosca (eds.), *Retóricas del miedo: imágenes de la Guerra Civil española*, Madrid, Casa de Velázquez, 2012, pp. 115-126.

Trapiello, Andrés, *Las armas y las letras. Literatura y Guerra Civil (1936-1939)*, Barcelona, Destino, 1994.

Zúñiga, Juan Eduardo, *Largo noviembre de Madrid*, ed. Israel Prados, Madrid, Cátedra, 2007.

La deformación del enemigo en la cartelística republicana (1936-1939)

Álvaro López Fernández
Universidad Complutense de Madrid

"Veo que los pintores temen a la pintura, la rehúyen y se entregan a juegos ya en desuso del cubismo y sus provocadores". Con estas palabras evaluaba Miguel Hernández (1937: 20) la labor de Picasso en el *Guernica*. Desde una distancia anacrónica –y museística– hoy pueden parecer injustas. Movidas, tal vez, por la miopía pasajera de aquel que, por estar tan involucrado en el conflicto, no pudo ver bien esa atormentada caligrafía de la agonía que, de izquierda a derecha, recorren unos personajes sin salida ni luz que les ilumine. Anatomías retorcidas que huyen, se estiran hasta que o bien el toro, que representaría la barbarie fascista para Félix Mañara y Oriol Anguera, les atrapa sin remedio; o bien resulta atrapado por el marco del lienzo el pueblo español, la virilidad fertilizante que, en opinión de Bram Dijsktra o Juan Larrea, encarnaría el mismo animal (la simbología puede que nunca esté clara). Quien juzgue así, no obstante, la máxima de Miguel Hernández, irremediablemente entiende que el *Guernica* es un gran cuadro; pero quizás fuera más ajustado considerarlo, como aventuraba Inmaculada Julián González, "un gran mural y ¿por qué no? Un enorme cartel" (1993: 146). Al fin y al cabo, fue un encargo de la República. Un eslabón de lujo en el mecanismo de propaganda dispuesto por Josep Renau para la Exposición Internacional del 37 que, desde el atrio de la instalación, tenía que denunciar el ataque "neutral" de los alemanes, imprimir en los visitantes el dolor de la contienda, mover, en definitiva, a la compasión. Y sin embargo, todavía hoy, para sentir compasión por aquellas figuras deformadas, desparramadas por el óleo como carne inane, hay que pensar mucho la vista. Pues no son tangibles. No son realistas, lo que no implica que sus formas, para serlo, debieran haber estado calcadas de la realidad.

En 1934, durante el primer Congreso de Autores Soviéticos, se consagró el realismo socialista como la estética que habría de aspirar a cubrir todas las esferas artística –sociales–. Uno de los participantes de ese congreso fue Louis Aragon, quien un año más tarde presentaría en París una exposición de 150 fotomontajes de John Heartfield (el que fuera, por su influencia, el gran renovador de la técnica del cartel) organizada por la Association des Écrivains et Artistes Révolutionaires, de la que ejercía como secretario. Cuando uno revisa el discurso del poeta, no cabe duda de que "el compromiso político de Heartfield, y su temática y su estilo, concuerdan de un modo preciso con la definición de realismo de Aragon" (Evans 1992: 20). Así, este declararía que las composiciones del alemán superaban la "voie perdue" de los mejores empeños del arte moderno –como el de los cubistas–. Sin embargo, casi a continuación, Aragon compararía la nueva belleza revolucionaria que el artista estaba instaurando con la de "simples objects, comme jadis chez Cézanne les pommes, et chez Picasso la guitare" (1935: 42), pues estos tenían, por sí mismos, un sentido que "n'a pas défiguré la beauté". Se entiende entonces que, desde su génesis, este movimiento estético se haya percibido (y proclamado) como una regresión.

El llamado "Heartfield español", Josep Renau, postularía de hecho en 1937 que la esencia del realismo era que "nos plantea nuevamente el problema del hombre como problema central" (Renau 1976: 42). Dentro del marco cultural español, dicha investidura humanística se contraponía marcadamente a la deshumanización que, desde la tribuna orteguiana, había polarizado la evolución de ese "arte nuevo" –vanguardista–, que arrancaba de las manzanas de Cézanne (o de las guitarras de nuestro Picasso), hacia un "arte puro" en el que la obra de arte se inclinara a ser solo una obra de arte. Es decir, desligada de lo "social". Camino que, según Ortega, habría emprendido el arte moderno dos décadas atrás, pues frente a las antiguas directrices del gusto, su principal característica "desde el punto de vista sociológico" era que dividía "al público en estas dos clases de hombres: los que lo entienden y los que no" (2007: 84). Y en esa dicotomía, el arte de la mayoría caía siempre del lado realista, reconocible como un "extracto de vida" ("se comprende pues" –agregaba líneas después– "que el arte del XIX haya sido tan popular").

Flaco favor le hizo a la comprensión y valoración del no poco innovador realismo socialista (cuyas figuras tanto se empaparon de las líneas del *art decó*) la asimilación que, a raíz de las connotaciones del filósofo y de las réplicas que provocó, se produjo a partir de los años treinta entre arte puro/vanguardismo y entre arte social/convencionalismo. Tanto eco produjo que en su estudio casi fundacional sobre la cartelística republicana, Carmen Grimau aún defendería que la nueva clave realista estribaba en "la voluntad de recuperación de modelos académicos y retóricos"[1] (1979: 78). El inconveniente es que, así referida, esta recuperación contrastaba conflictivamente con la presencia de elementos surrealistas, expresionistas..., que poblaban no pocos carteles. Como justificación, la autora incidiría en el

1. En consecuencia, la interpretación (o reinterpretación) realista de Heartfield en la URSS no constituiría para la autora sino "una expresión transitoria entre los pocos artistas vanguardistas que se quedaron en el país (fue el caso de El Lissitsky, Tatlín, Rochenko) y los nuevos 'académicos' surgidos tras la estructuración y el reajuste sindical operado en 1932" (Grimau 1979: 78).

hecho de que el realismo que se intentó implantar, a imitación de los modelos soviéticos, en la cartelística republicana de la Guerra Civil nunca fue –resignificando el término orteguiano– "una manifestación pura" (1979: 49), sino que "convivió" con formas personales de vanguardia en presunta desaparición. Sin embargo, si uno compara la temática de estos carteles con el estilo empleado (y asumiendo que todo cartel bélico transmite una preceptiva social específica) advierte que no se trata tanto de una convivencia de formas como de una especialización dentro de una misma estética, o macro estética, *realista* en cuanto a que lo que prima –volviendo a la humanización– es que el mensaje se entienda y, en este caso, que pueda servir como arma expresiva. La clave radica, entonces, en lo accesible. Cualidad que se extiende a todas las manifestaciones de arte, intrínsecamente propagandista, de la Guerra Civil (no es baladí que Josep Renau, nombrado director de Bellas Artes en 1936, pasara a ocuparse en 1938 de la dirección de propaganda gráfica del Comisariado General del Ejército de la República). Desde esta óptica resulta muy comprometido afirmar, por ejemplo, que los *Dibujos de la Guerra 1937* con los que Luis Quintanilla intenta captar en trazos rápidos la serenidad –fotogénica– de los prisioneros, de las víctimas y de sus hijos (cabizbajos, erráticos) en los frentes son más realistas que las caricaturas alucinadas de su serie paralela *La España negra de Franco*, en las que, basándose en Grosz y en Goya, aspira a reflejar la verdad monstruosa de la cúpula rebelde, enajenada del espectador (y del soldado). Y es que, en un golpe de vista, el dibujante fue capaz de iconizar, de un lado, el drama frío de una guerra fraternal y, de otro, el carácter grotesco del franquismo y sus aliados.

La efectividad del cartel republicano se fundamentó asimismo en la comprensión de una iconicidad inmediata, cuya posible polisemia quedaba, además, rebajada por la caja de texto. No le falta por ello razón a Sánchez-Biosca cuando enuncia que el bombardeo más atroz hasta la fecha, el de Guernica, al carecer de una "apoyatura icónica" próxima al suceso, transformó el mural de Picasso en "emblema y documento al mismo tiempo" (2006: 90). Desafortunadamente (o no) la simbología filtrada por el malagueño no podía asumir tal responsabilidad, ya que el sentido de algunas imágenes no era ni siquiera intuitivo o esencial (como el de sus antiguas guitarras). Y qué decir de sus personajes. La compasión –es casi una paráfrasis aristotélica– reside en el reconocimiento de nuestra realidad en el otro. Al apostar por componer un friso de víctimas descoyuntadas, al distorsionar su carácter humano, la necesaria empatía que habrían de provocar sus lamentos (todos gritan en el *Guernica*) se pierde en una suerte de alegoría universal; y, por universal, alejada del marco histórico del que tenía que ser documento: el sangriento ataque de un invasor que, significativamente, no aparece en el lienzo. Y eso (o quizás por eso: porque no se hubiera producido ningún contraste formal) que los parámetros desfigurados que dispuso el pintor se hubieran ajustado mucho mejor a su representación. Pues al enemigo no hay que entenderlo. En esas líneas se mueve este trabajo.

Lo que aquí se propone es una revisión de los principales motivos a través de los cuales la cartelística republicana retrató a sus demonios. Hablar, no obstante, de "cartelística republicana" es hablar de una unión de conglomerados, aunque estén lo suficientemente imantados en su trayectoria como para propagar y poder rastrear en ellos una serie de "iconos". Estudios generales como el de Inmaculada Julián González (1993), o análisis de casos como el de Facundo Tomás (2006) han hecho hincapié, así, en el peso que, en el proceso creativo, impusieron las diferencias geográficas. Los artistas catalanes o valencianos, por ejemplo –arguyen los autores–, se amoldaron con mayor facilidad a las necesidades de un lenguaje cartelístico en guerra, al haber despuntado en sus territorios las señas o bien de una escuela muralista previa al conflicto o bien de una tradición litográfica que aligeró el trasvase de imágenes. Más interesante, sin embargo, en lo que respecta a la iconografía del enemigo resulta el contraste entre los distintos modos de codificar (y, en definitiva, de asimilar) la contienda que impulsaron los grandes "bloques" (a la manera gramsciana) ideológico-sindicales de izquierda. No en vano, los carteles comunistas se apoyaron, por lo general, en una retórica militar que premiaba al hombre pluralizado. Cascos, fusiles, rostros reemplazables (y esquematizados) se sucedían en hilera por los muros creando un trampantojo de protección, porque –no importaba el enemigo– era el número de soldados y su disciplina lo que conduciría a la victoria. Por otro lado, el anarquismo, contrario al principio de autoridad que rige toda concepción militar, tendería a la exaltación del héroe aislado (aunque común)[2] cuya figura "domina el espacio general, y su cuerpo, generalmente atlético y musculoso, se impone con toda su fuerza. El combatiente se halla generalmente solo frente a la *Bestia*" (Grimau 1979: 157). *Bestia* –no humana– porque, en un bloque y en otro, no convenía dibujar a la fuerza invasora nazi o a la encarnación del fascismo de un modo antropomórfico-cercano, que pudiera refrenar la mano del soldado (o del miliciano anarquista); y *bestia* –individual– porque había de mostrarse susceptible de ser vencida, de ahí que su tamaño acostumbrara a ser más reducido que el del contendiente.

Este esquema compositivo se ajusta como un guante al cartel de Monleón para la CNT Comité Nacional AIT, en el que un Hércules contenido, de tonos audazmente rojizos, desprovisto de todo atributo bélico que no sea su martillo, se prepara para asestar el golpe fatal a una serpiente con el lema "Fascismo" rotulado en su cuerpo. "Hay que dar el golpe definitivo" se leerá precisamente en otro cartel de la CNT-FAI en el que un miliciano rojo, cual caminante en un paisaje de atardecer, se acerca (uno de sus pies le pisa el cuello) a una sierpe moribunda en primer plano cuya lengua culmina en una

2. Hubo esfuerzos, no obstante, sobre todo por parte del Partido Sindicalista, para concienciar de la urgencia de respetar una disciplina y una estructura colectivas, propias de una guerra, a través de los carteles. El mensaje de unidad llegaría a prender en el esquema compositivo de obras como aquella que rezaba "Disciplina: Mando único", en la que Monleón tomaría el motivo de la repetición –metonímica– de soldados, que caracterizaría al cartel de la UGT, para cercar literalmente con bayonetas, con fusiles, con un dedo acusador (todo en rojo, blanco y negro) a un solo oponente orangutanizado, representante de la clase alta arribista, que salta sobre una esvástica rota. El artista valenciano despoja así, doblemente (por la diferencia numérica y por su deformación), de todo su poder de intimidación a sendas formas simbólicas del enemigo.

esvástica. Lo cierto es que, de entre todo el catálogo de bestias simbólicas, la serpiente será la más socorrida para caracterizar lo nazifascista. Una posible influencia de este empleo residiría en el enfrentamiento con la hidra, que, como ha constatado Marta García Morcillo (2008: 603), fue uno de los iconos clásicos predilectos que se reinterpretaron en el cartel político de la República de Weimar (cuyos diseños ejercerían no poca influencia en la producción republicana). Otro fue el Laocoonte. En la campaña del Partido de la Economía para las elecciones al Reichstag de 1924 se recuperaría, por ejemplo, la estampa de la escultura vaticana, aunque rebautizando a sus serpientes como el "gran capital" y el "comunismo" que amenazaban a la clase burguesa-moderada que el partido representaba. A esta referencia se acercaría más el cartel de Cristóbal Arteche encargado por el Front d'Esquerres de Catalunya para las elecciones de 1936, en el que una serpiente –desmesurada– con la palabra "l'abstencionisme" impresa, se enrosca y se dispone a embestir a su víctima.

La cartelística anterior a la Guerra Civil contaba, pues, con un fondo vivo, un pequeño almacén de motivos con el que remitir a lo mitológico –también el *Guernica* tenía "una respiración mitológica, había dicho el propio Bergamín" (Romero 2013: 92)–. Tendencia que, a la luz de los ejemplos anteriores, podría entenderse que se agudizó en el caso anarquista del 36 al 39. Y en efecto, composiciones como los Ícaros para la CNT Valencia (inspirados en la publicidad de Ludwig Nolhwein para la empresa Lufthansa en 1936), en los que Arturo Ballester hacía converger en una misma talla, de corte manierista, al avión y al piloto, apuntalarían este hecho. Sin embargo, dado el viso utópico/alegórico que presidió la propaganda revolucionaria anarquista (asentada sobre todo en Valencia y Barcelona), estas representaciones de un hombre –héroe, pero también adán del nuevo movimiento– enfrentándose a una serpiente recrearían, en última instancia, la lucha entre el bien y la –nueva– encarnación del mal: el fascismo. Palpita así en estos cuadros una suerte de iconografía redentora laica que invierte –en definitiva, el anarquista funciona como un San Miguel guardián frente al monstruo invasor– la propaganda de "cruzada" promulgada por el bando nacional. Y caracteriza, de paso, a sus aliados con la viscosidad inmoral, la naturaleza alevosa y arrastrada que se achaca al reptil. Un ente universalmente abyecto.

Este alcance universal fue una de las premisas que condicionó el diseño del cartel republicano, y es que sus mensajes se orientaban al frente y a la retaguardia tanto como al auditorio extranjero. En Barcelona se lanzaron, incluso, postales que reproducían los carteles más populares o eficaces. Y un gran porcentaje de ellos correspondió a los pocos que pintaron al enemigo, entre otras cosas por el carácter visionario (o monstruoso) que se le dio al invasor, que rompía desde su forma con las convenciones estéticas figurativas de las fuerzas republicanas y de su entorno. Al cabo, había que llamar la atención sobre su presencia en el territorio –que violaba el pacto de neutralidad– de un modo codificado (unívoco). Lo que entrañó la existencia de una censura oficial y de una contundente autocensura por parte de los artistas de los distintos bloques. Ello supuso, por ejemplo, que no se registraran murales anarquistas donde se exaltara la quema de iglesias –pues daba pábulo a la propaganda nacional–, pero también que se adoptaran y fijaran adscripciones icónicas que se habían esbozado recientemente en la cartelística rusa o alemana, como el de la serpiente = nazismo[3]. Así, en el fotomontaje "¡Seguid el ejemplo de España!", publicado en la revista antifascista alemana *AIZ* el 27 de febrero del 36 (es decir, alabando la victoria del Frente Popular en las elecciones), John Heartfield ya ilustraría cómo una lanza-bandera común, sujeta por tres "brazos" de la izquierda, ensartaba una serpiente con tres esvásticas.

Lo cierto es que, aunque con connotaciones acentuadas según la ideología (como la de encarnación del mal, anarquista), la serpiente-

3. Lo que no implica que no existiera un filtro. Las imágenes, habituales en la producción de Heartfield, de dirigentes nazis ataviados de carniceros (con hachas –o *fasces*–, delantales sanguinolentos) junto a blanquísimas aves, no pasaron, por ejemplo, al cartel republicano (por el componente de horror animado que suscitan).

nazi se multiplicaría por doquier en las paredes de la Guerra Civil. Incluso en un cartel titulado "Campesino! Entregando tus naranjas al C.L.U.E.A aplastas al fascismo", aparecía el ofidio de ojos gamados embestido por una bayoneta superpuesta a una caja de fruta. Y es que, una vez restringida la simbología del animal al nazismo-fascismo, el siguiente paso lógico consistía en rebajar el miedo que pudiera causar. Es entonces cuando la serpiente se desmitifica y se presenta flácida, ridícula, una criatura reptante que se podría estrangular y hasta pisar con la bota. Al menos de este último modo lo dispuso Monleón en su composición del 37 "La única consigna del momento: vencer. Vencer en todos los frentes", que más tarde imitaría el dibujante norteamericano Bruce Russell, lo que demuestra el impacto internacional que tuvo la publicidad republicana a la hora de consagrar un icono cuya elección para materializar lo nazi, a pesar de todo lo expuesto, aún puede resultar arbitraria. En este sentido, parece razonable que la asociación de los dos conceptos se fortaleciera por la semejanza entre los extremos de la esvástica y el cuerpo flexible (en esquema) de la serpiente. Fuera o no así, la mimetización entre el animal y la cruz se convertiría en uno de los derroteros más seguidos por los cartelistas rusos de la Segunda Guerra Mundial, como lo plasmaría con virtuosismo A. Kokorekin en su "Muerte a la bestia fascista!" donde, sobre un fondo blanco, un soldado rojo acuchilla (roja su sangre) al geométrico monstruo negro.

La serpiente en la cartelística republicana, tan adepta a usar fondos de tonos terrosos o enrojecidos, lució sin embargo siempre verde. Y como un elemento residual, su color impregnó a su paso (tal fue el eco de su modelo compositivo) otras representaciones fascistas extraídas del bestiario. Algunas no eran sino meras derivaciones del mismo icono. Así, resulta consecuente que la oruga de pupilas gamadas que se aproxima, incauta, al bastión dentado de Madrid en el cartel de 1937 que lanzó el Partido Sindicalista, fuera verde; igual que el pequeño cocodrilo patizambo del cartel del 5º Regimiento "Limpio de fascistas nuestro país", en el que se retoma un *leitmotiv* –el de la basura y la escoba– frecuente en la propaganda revolucionaria rusa... No obstante, también serán verdes los "muñecos" nazi, italiano y moro caricaturizados y sacudidos por un gigantesco puño en el cartel del Altavoz del Frente-Zona Sur "Fuera de nuestra tierra el fascismo invasor". Aunque ya se había bordeado el uso de ese verde estancado, mortecino ("verde repulsa", que dijeran los simbolistas), para colorear al opositor abichado en la publicidad de las elecciones del 36 (como lo demuestra el cartel de Robledano encargado por la UGT y el Frente Popular), parece que en poco tiempo las serpientes selladas con la esvástica (y más tarde también con el yugo y las flechas) ayudaron a hacerlo recurrente[4]. Hasta el punto de que el simiesco gigante fascista del cartel de Monleón en el que se pedía el alistamiento en la Columna Iberia –cuya flecha, roja y negra, atravesaba la boca acolmillada del monstruo–, era verde. Y al ser verde, esta bestia, cuyo aspecto emparenta con el King Kong de 1933, entroncaría con otro mito de redención, el de San Jorge. La revisión de dicho mito, llevado a cabo sobre todo por filiales comunistas en Cataluña, no se sumó, sin embargo, a la iconografía laica de lucha serena entre el bien y el mal que prorrumpió la CNT. Al contrario, redundaría generalmente en la parodia del enemigo a través de su modelo pictórico, como ocurría en el cartel de Alloza para la UGT Barcelona "Obrers! El feixisme es la fam, la guerra. Aixafal!!!". En él, el dragón –casi siempre embestido en escorzo y desde arriba, como

4. En el terreno especulativo (y no por ello menos esclarecedor) de las otras vías que hubiera podido seguir el cartel republicano, sorprende *avant la lettre* que sus artistas no explotaran el croquis cromático de composiciones electorales del 36 como "Por la amnistía votad al Frente Popular". Por la eficiente sencillez de este: sobre un fondo amarilleado, un militante rojo se sujeta a las rejas que conforman la boca de un engendro gorila-cárcel azul. Nada más elemental, se pudiera pensar, que plasmar el conflicto a través de los tres colores primarios: amarillo, rojo y azul. El azul de la falange, de las derechas. Por un lado, sin embargo, como se ha aludido arriba, la influencia de estas serpientes relegaron tal posibilidad; y, por otro, cabría recordar que existía la voluntad divulgativa de proyectar al verdadero enemigo como una fuerza ajena, un traidor a toda la realidad republicana (española), y, por ende, convenía otorgarle otro color que, además, fuera sensorialmente parlante. Verde repulsa, que pudiera decir un simbolista.

en el cartel– aparecería transmutado en un engendro hidrópico de aletas verdes y expresión irrisoria (cuyos rasgos podrían recordar al Nosferatu de Murnau) con el yugo y las flechas tatuados en su panza. La hoz y el martillo, CNT o FAI se leerían, por su parte, encima del monstruo parejo –aunque ensangrentado y despojado del significativo color verde– que yacía en el cartel del bando nacional "España, una, grande, libre".

La bestia peluda que planteaba Monleón en su composición enlaza, en cualquier caso, con otra vía de divulgación contra el enemigo que tuvo lugar durante la Guerra Civil, y que atañe también al último cartel mencionado del bando nacional: el de la barbarie. *Barbarie* en su sentido contemporáneo de "falta de cultura" o de "rusticidad y fiereza", pero también *barbarie* como la condición que en la edad clásica se imputaba a los extranjeros, a los que "balbuceaban". Como alega Gabriel Jackson es muy cabal "que comentaristas de muy diferentes puntos de vista se hayan referido a la guerra civil española como "la última gran causa" (2004: 31). En líneas gruesas (y propagandísticas), perder suponía para ambos bandos (y para sus homónimos ideológicos extranjeros) entregar el territorio a salvajes que llevarían a España (a Europa) a una irremediable regresión en su estado y concepto de civilización. Para el gobierno republicano la civilización se erguía sobre el mito histórico y la idea ("dar luz al entendimiento") de la Ilustración, lo que dejaría cierta huella o herencia en la cartelística directamente dependiente de los subcomisariados ministeriales de propaganda, esencialmente porque existía una estética expresionista capaz de asumir un código afín a su retórica de luz y oscuridad. De esta forma, el Altavoz del Frente, la organización de difusión del Ejército Popular, lanzó no pocos carteles que recreaban un motivo propio del cine "de monstruos": el de la garra peluda, primitiva, que invade violentamente el encuadro iluminado (pacífico) de la pantalla. La sinécdoque estaba lo suficientemente ritualizada para no tener que poner rostro al pesadillesco miedo que –se sabía– quería representar. Es lo que muestra el cartel "Defiende a tu hijo!", realizado por Aníbal Tejada, donde el yugo y las fechas se superponen a las manos afiladas y peludas que se acercan a la figura blanca que, sosteniendo a su hijo –descubierto un pecho–, alza el puño izquierdo en una postura que, hasta cierto punto, dialoga con la alegoría libertaria de Delacroix.

No hace falta remontarse muy lejos en la historia de la sátira para comprobar que la conversión de un sujeto en bestia peluda (atributo del salvaje) o sencillamente en mono ha sido uno de los recursos más efectivos para barbarizarle. El famoso cartel de la CNT "La bestia acecha ¡Cuidado al hablar!" (1936), en el que un gorila ataviado con una corona y un rosario acerca al espectador su oreja desproporcionada, sería un ejemplo de ello, aunque aislado. La representación del espía, no obstante, acabaría tomando sensatamente la máscara como icono y, junto a ella, el ojo escurridizo, incluso a veces afeminado, bajo una ceja de yugo y flechas. Sobre quienes recaería, casi desde el inicio de la contienda, todo el aparejo de lo simiesco serían las tropas marroquíes de Franco, a quienes se acostumbró a dibujar con poses contorsionadas, muecas congestionadas y rasgos sombríos que enfatizaran toda posible vinculación negroide. Descritos como seres ansiosos de pillaje y violación, el discurso de guerra republicano alimentó una política de terror contra ellos que era, a su vez, una política de revancha y reminiscencia, ya que, como glosa Núñez Seixas, el sobresalto que provocaban tenía "un referente cercano, pues las imágenes del moro invasor debían mucho al recuerdo de la feroz represión de la revuelta obrera de octubre de 1934 en Asturias, ejecutada por tropas del Ejército de África" (2012: 59). Como respuesta a los episodios de atrocidad franquista en los pueblos de Andalucía, imputados en la mayoría de las ocasiones a los soldados norteafricanos, Ramón Puyol realizaría la inversión de roles de poder en su litografía "El terror del fascismo en el frente del sur". Se ve allí cómo un "campesino monumental, ensombrecido –quizá para indicar que se trata de un representante anónimo del pueblo– somete al otro, cuyo terror ante el republicano se enfatiza a través de su postura abyecta" (Basilio 2013: 148): a cuatro patas, descalzo, despavorido, y con la cara alargadísima y con el gesto dislocado.

Sin embargo, este grabado de Ramón Puyol no se emplearía como cartel. Apenas habrá constancia del llamado "Ejército moro" en la cartelística, lo que para este análisis es tan significativo como lo hubiera sido su –deformada– presencia, pues esta salpicó otros contextos abocados a la tradición pictórica. Motivos se pueden bosquejar muchos. Por ejemplo la noción de "esbirro", de mercenario engañado por los ofrecimientos de Franco, que colgaba sobre ellos no solo les desplazó a un segundo término, sino que pudo expulsarles de una propaganda mural destinada a acusar a Alemania (Mussolini se consideró, al cabo, otra suerte de esbirro de Hitler) de transgredir el acuerdo de no intervención, ya que su inclusión hubiera distorsionado la unicidad de la denuncia y del enemigo, y, por lo tanto, debilitado un mensaje que tenía que recorrer el mundo. A esa campaña organizada, se podría sumar la *realidad* represora, muy diferente de las realidades que inspiraban las otras fuerzas rebeldes, que de entrada reactivaron esas tropas marroquíes, al haber dejado ya sus marcas –sus víctimas– en España. Parece convincente que corriera el riesgo de que sus retratos, aunque caricaturescos, en una pared del frente erosionaran la moral de los pelotones republicanos... En cualquier caso, todas estas especulaciones redundan en la necesidad funcional de los carteles de plasmar una lucha no de personas, sino contra conceptos. Al mal, a la barbarie, se habría de unir, entonces, la muerte.

Frente a la década de los veinte, los años treinta en la cultura española son años de una cosecha de –polisémico– realismo. Entre otras cosas por ese sistemático volver los ojos al Barroco, verdadero manual de realismos y naturalezas, que se produjo en todos los frentes artísticos. Solana (que estaría también representado en la Exposición del 37) inauguraría la añada, de hecho, con un lienzo de saturados olores barrocos: *La procesión de la muerte*, en el que un gran esqueleto –la Muerte– con expresión corporal compungida es ritualmente arrastrado por la masa, de quien se ofrece una suerte de *vanitas*. En la cabecera, los rótulos "Memento mori" o "Pulvis cinis et nihil", telón para las urnas de otros pequeños esqueletos –los muertos– que portan los nazarenos, rematan el homenaje (y el remedo) que el pintor hace de la tradición de Valdés Leal. Como muerte que anda y andante que está muerto, en el célebre e inteligentísimo cartel de Pedrero "El Generalísimo" lanzado por la Junta de Defensa de Madrid, el esqueleto de Franco avanza solemne, titánico, de uniforme –la esvástica al pecho–, con una larga capa sostenida por tres monigotes abultados (con las cabezas planas y redondeadas propias de Grosz) que encarnan a sus tres grandes garantes: el Ejército, la alta burguesía/aristocracia y la Iglesia; inconscientes todos de que también forman parte de un *vanitas*, en el sentido de vanidad, premonitorio de la superlativa caída de su general.

Tibias y húmeros amarrados conformarían, a su vez, los cuerpos de los habitantes del paraje devastado de Alberto Sánchez en su serie antifranquista *Cinco Flechas.* Y al igual que pasara con las serpientes, los huesos –resultado y prefiguración de la muerte– servirían para ilustrar los peligros mundanos (el alcohol, las venéreas) en las paredes de los cuarteles y de la retaguardia. Hollamos, pues, un motivo frecuente, que el bando nacional curiosamente emularía en su cartel "El comunismo siembra la muerte ¡Franco lo vence en los campos de batalla!", donde el sembrador se revela como un esqueleto descomunal vestido de rojo que arroja cruces como tumbas. He empleado el adverbio *curiosamente* porque la réplica de la UGT ("Cómo ha sembrado la Iglesia su religión en España") a esa composición de acabados torpes será casi la única muestra en la que un nazi, cuya esvástica pende como una medalla, se represente sin deformación[5], concentrado en su proceso de dispersar en hilera las mismas cruces del ejemplo precedente. Y es que tal deformación no aportaría nada a la composición: él, en alegoría, ya actúa como un emisario de la Muerte. No hace falta descarnarlo para desengañarnos de su condición. Por otro lado, del es-

5. Otro ejemplo lo constituiría el cartel conmemorativo de un año de guerra del que fuera el cartelista más premiado de la República, Bardasano, en el que un soldado, equipado con todo su aparejo militar, golpea con el fusil a un nazi (su casco volando) en el frente. El mensaje del autor madrileño es cristalino: un año de guerra ha fraguado un ejército republicano regular capaz de resistir y vencer al invasor. La deformación del nazi (con bigote, mandíbula cuadrada, rasgos rectos) no ha lugar aquí, ya que supondría adulterar con simbolismos esa igualdad bélica fáctica de la que se pretende convencer.

queleto como reflejo esencial (e irrebatible) no se libraría el mismo Picasso ante un cuadro como *La révolution espagnole* de Piccabia, quien, si suscribimos la ya clásica opinión de Félix de Azúa, no habría sino intentado glosar en su lienzo la esencia política del *Guernica* y su reverso, "con lo que de real tiene todo lo doble ejecutado" (Romero 2013: 68). En todo caso, Picasso tendría la oportunidad de devolverle el óbolo años más tarde con los huesos de otra guerra, los que materializan su *Monument aux espagnols morts pour la France*.

En la propaganda de una guerra y de otra, el concepto, fuera como fuera, más empleado en la representación del enemigo sería su concepto mismo. Es decir, su signo: la esvástica. En su valioso recuento de elementos simbólicos sobre un repertorio de cientos de carteles, Inmaculada Julián González (1993) halló 37 en los que aparecían cruces gamadas (frente a, por ejemplo, los 28 carteles que incorporaban como icono el puño cerrado). En la mayoría de las ocasiones estas cruces funcionaban como una etiqueta que se adhería a un barco, a los ya mencionados ojos de una serpiente..., pero en algunos momentos el concepto mismo se revelaba hasta capaz de matar. Así lo hace en el cartel de Monleón de 1937 que reza "¡Obreros! Este es vuestro provenir si triunfa el fascismo", en el que entre dos planchas de esvásticas atornilladas, un obrero rojo atado a la inferior espera soñoliento a que la superior le aplaste. En su cuerpo desnudo chorrea aún la sangre de una serie de heridas cuya posición recuerda irreversiblemente a las de Cristo... Y es que, como cristalizaría Oliva (y más tarde Bardasano) en su cartel "Fascio ¡No!", pronto se desarrolló un código visual según el cual la nueva cruz, la gamada, en la que se postraba el hombre, implicaba la destrucción del humanismo encarnado en la antigua imagen sacrificial de Cristo (a la que nunca renunció la iconografía anarquista). Lo que ideó Monleón fue poner en horizontal (descender) esa imagen y crear a partir de ella una maquinaria de tortura de indudable contundencia plástica. A la luz de esta imagen, no puede extrañar que la fotografía de Català Pic en el que una alpargata de mujer se dispone a pisar (de nuevo) una esvástica rota, se convirtiera, en opinión de Malraux, en el cartel de guerra más famoso de la historia.

Aun así, la máxima configuración de terror a la que pudieron aspirar las esvásticas se produciría en su hibridación con las bombas. Pedro G. Romero (2013) justificaba las sucesivas soluciones de Picasso en el diseño del *Guernica* frente a otras representaciones pictóricas coetáneas de bombardeos (como *Bombardeo en Colmenar Viejo* de Antonio Rodríguez Luna o *Bombardment* de Philip Guston), por su esfuerzo en sumar a la vez, sin inclinarse a una sola pulsión, las nuevas categorías del "terror" y su "retórica". Concediendo que el *Guernica* merece leerse hoy como la gran pintura de la angustia, incluso un manifiesto sobre su misma retórica (o el arte), cabe aclarar que nunca sirvió de expositor de o del terror.

En su estudio *Spain is US* (2013), sobre la propaganda del bloque norteamericano del Popular Front durante la Guerra Civil, Sonia García López evidenció que los dos máximos iconos a través de los cuales se pretendió concienciar al americano medio de la causa republicana, y que vertebran la trama visual de películas como *The Spanish Earth* o *Blockade*, fueron la vinculación con la tierra y, precisamente, los bombardeos. Estos últimos apelaban al horror casi cósmico que el avión –antiguo vehículo de fascinación y ensueño vanguardista– de guerra pasó a provocar al espectador, a lo que ayudó no poco su representación fílmica ritualizada. Bastaba –analiza la autora– atisbar el escuadrón de aviones en la pantalla para prevenir los siguientes (y temibles) pasos. Idénticos aviones a los de las secuencias aparecían a la derecha –esa era su trayectoria fílmica habitual– en el fotomontaje "Bombs over Barcelona: prevent this now!", editado por el Ministerio de Propaganda Republicano, que sirve de portada al volumen de García López; en primer plano, una madre conturbada (República protectora) abraza a su hijo en "un acusado punto de vista contrapicado, al que parecen asomarse los personajes, [que] enfatiza aún más la sensación de pánico" (Rodríguez Tranche 2012: 119). Nada hay más impactante en una estética realista, pues se ha tomado de la realidad, que lo fotográfico. Fotomontajes con los rostros de niños muertos en los bombardeos fueron distribuidos como carteles (que funcionaron como un crudísimo S.O.S internacional) en el mecanismo más señero de publicidad republicana que se hizo a través del terror. Un terror visceral.

Conviene concretar, no obstante, que el terror en arte, por ejemplo para el teórico Noël Carroll, se correspondería con aquel género vinculado a un afecto que suscita un monstruo necesariamente considerado como "amenazador e impuro" (2005: 70). Basten los atributos que se deducen de sus anteriores representaciones (lo traicionero de la serpiente, su índole de destructor de la civilización, el sadismo de su maquinaria, el estado yermo –enajenado de la vida– de sus esqueletos) para demostrar la intuitiva condición "amenazante" del enemigo fascista en los carteles republicanos. El concepto de "impureza", sin embargo, que maneja Carroll se asienta sobra lo intersticial y este, en su efecto de inmediata agitación, de repulsión, que el público siente al contemplar o pensar en el monstruo antinatura. Por lo que ser objeto de "terror-arte" resulta, como él admite, "limitado" (2005: 74). Sin embargo, al no humanizarse nunca en la propaganda de la República a los pilotos de los aviones fascistas[6] –en contraste con los heroizados pilotos leales–, la fusión mecánica de estos con el aparato, del que apenas se vislumbra su silueta, su descarga y su estrago, parece adecuarse a la descripción de Carroll. "Noviembre era frío y húmedo, lleno de nieblas, y la muerte era sucia", narraría el trasunto de Arturo Barea (2001: 221) en *La llama* (1951). Dentro de su capítulo "En la Telefónica", que recrea el bombardeo sistemático a Madrid durante noviembre del 36, los aviones circularían cual entes pestilentes que empozan el aire por el que pasan, a la par que dejan en su superficie una visión manchada, casi nauseabunda[7].

6. Lo que es inherente a otro elemento del terror que suscitaba la aviación: el anonimato de sus agresores. El crimen se perpetraba desde lo alto, lejos de la agitación o el drama humanos –cual visión esperpéntica– de sus víctimas, por lo que las imágenes de devastación que creaban abajo no habrían de contener –se podría pensar– a esos "hombres" sin rostro que atacaban arriba. Parecía tan fácil (y terroríficamente frío) como apretar un botón.

7. "La granada" –se relata en esa parte– "que mató a la vendedora de periódicos de la esquina de la Telefónica lanzó una de sus piernas al centro de la calle, le-

La tesis de Carroll interesa a las ambiciones de este trabajo porque plantea una noción del terror artístico desde la perspectiva no de la remisión a un evento (como el *Guernica* hace efectivo por su título), sino de su objeto emisor. Las consecuencias, no obstante, de poder adscribir a dicha noción de "terror-arte" (que encontraría en Goya a uno de sus paradigmas) esas escuadras de aviones y bombas, que lacran, como un sello, las esquinas de bastantes carteles republicanos con paisajes de ruinas; no son baladíes. Se podría aducir, de hecho, que en esta maquinaria de propaganda unificada radican algunas de las claves que permitieron asentar como un "objeto monstruoso" el terror –no ya el miedo– nazi en el mundo (para lo que resulta esclarecedora la crónica "ambiental" o "infernal" de Barea)... Lo que habría de gravar su valoración. Al menos no puede no verse la influencia que estos carteles ejercerían en un montaje como el "Das ist das Heil, das sie bringen" ("Esta es la salvación que traen"), que Heartfield ejecuta en 1938, en el que una afilada mano-garra de esqueleto emerge –entre una hilera de niños muertos y un barrio asolado– de las estelas de humo negro que dejan los aviones.

El debate sobre la calidad del cartel republicano en la Guerra Civil está, no obstante, lejos de cerrarse. Los juicios que, desde las actuales cicatrices críticas, siguen destacando por encima de sus audacias las taras de una generación de cartelistas inexpertos que tuvieron que someter su afectos –heridos– al ejercicio de la técnica y las exigencias comunicativas de un género, el del cartel, aún remoto para ellos (que desconocían, en principio, cómo hacer útil su mensaje), se apilan al testimonio coetáneo de voces como la de Ontañón, casi al término de la contienda, cuando hablaba "de una verdadera catarata de esperpentos pegados a las paredes" (Grimau 1979: 45), que a su vez sirve de glosa al Renau que, apenas dos años antes, había diagnosticado que "en el dominio de los elementos expresivos, la

---

jos de su cuerpo. Noviembre recogió aquella pierna, la refregó con sus barros y la convirtió de pierna de mujer en un pingajo sucio de mendigo" (Barea 2001: 252).

plétora de simbolismos y de representaciones genéricas, ahoga la memoria de la realidad viva, atrofia la eficacia de nuestro cartel de guerra" (1976: 40). Dado el carácter no-humano y no-fotogénico que vertebró la iconicidad (si se quiere, conceptual) del enemigo, los carteles que le pusieron una imagen se encontrarían entre los menos resentidos por este agotamiento. Al cabo, el margen de re-creación con el que contaban era bastante amplio, lo que les ayudó a alejarse de las convenciones del cartel comercial, cuya influencia aplomaría las alas de muchas composiciones.

Aun así, si se hiciera un inventario rápido de todos los carteles arriba citados, se comprobaría que apenas consta alguno posterior a 1937. Significativamente, ese año Ramón Gaya y Josep Renau protagonizarían una de las grandes polémicas que hubo en torno a la entidad y la función del cartel. Todo comenzó con la publicación en la revista valenciana *Hora de España* de una comunicación de Gaya titulada "Carta de un pintor a un cartelista". Célebre es la respuesta que dio Renau a la propuesta del pintor de fomentar una suerte de "cartel-pintura" que abandonara el artificio (y, por tanto, también la primacía de la técnica y el distanciamiento que esta provocaba) en favor de una expresividad que tuviera como referente a Goya (no a Solana, del que dirá que "es Goya, sí, pero inmóvil") en España, y a Delacroix y a Daumier en Francia; "Ayer Goya, hoy John Heartfield", contestaría el cartelista. La resonancia del lema soterraría, sin embargo, otra de las vías de actuación, hoy apenas comentada, que Gaya sugería en esa misma carta: diferenciar el estilo del cartel según se destinara dentro o fuera del territorio. Así, "el fotomontaje, si está muy bien utilizado" –precisaba el pintor– "creo que puede servir para nuestra propaganda en el extranjero porque allí necesitamos *pruebas, testimonios* [...], *convencer*, o sea, vencer derrotar a los que dudan, mientras que aquí lo que ha de lograrse es *expresar, decir, levantar, encender* aquello que *habita ya de antemano* en las gentes" (Gaya, 1937: 57). En irónico diálogo con el pintor, sí que se produciría una diferenciación de *modos* en lo que respecta a la representación del enemigo según cayera este dentro o no del lado español.

Como el lector habrá intuido a lo largo de estas páginas, la cartelística republicana "entendería" la Guerra Civil como una invasión a la que se sumaron, en terreno propio, adláteres traidores y ajenos a la realidad española. El verdadero mal, la barbarie, la muerte radicaba, pues, en el fascismo que les agrupaba a todos, lo cual resulta razonable. No en vano, existen pocos golpes de realidad bélica más desalentadores que recuperar la consciencia de luchar contra un "hermano" (y no contra una ideología). De ahí que ni el cartel del frente ni el dirigido a las tribunas sociales extranjeras pudieran asumir, en general, una visualización específica y singular para el bando golpista (a lo que se añade que parte de la intelectualidad europea estaba explicando la lucha como algo inherente a la raza o al genio españoles). En la retaguardia, no obstante, en el mismo escenario bombardeado donde se *representaba* esa contienda, las precauciones se tornaban diferentes, quizás más realistas. No es solo que sobre los tejados se pasearan "los aviones impunes", sino que existía la noción de que –y vuelvo a las palabras de Barea– "estábamos en guerra y en una plaza sitiada. Pero la guerra era una guerra civil, y la plaza sitiada, una plaza que tenía enemigos dentro. Nadie sabía quién era un amigo leal; nadie estaba libre de la denuncia o del terror" (Barea 2001: 221). En consecuencia, el miedo a la llamada "quinta columna", al espía delator, fue uno de los motivos –recurrente también en la cinematografía del conflicto– más permeables a la hora de pintar oponentes nacionales, aunque la mayoría de las veces se les encubriera bajo el icono de una máscara o se les aludiera sinecdóticamente por medio de una oreja gigante. No es así en el cartel de Oliver para el PCE Madrid, "Descubrid y aplastad sin piedad a la 5ª columna", donde una pandilla de monigotes animalados se revuelven en diferentes perspectivas tras haber sido descubiertos por la linterna de un enorme vigilante –garrota en mano y pie elevado hacia ellos–[8]. Esos monigotes quintacolumnistas no suponen, sin embar-

8. Bardasano, siempre correcto, y también reticente a cualquier tipo de conceptualización del enemigo que implicara tergiversar su aspecto, consigue eludir la

go, más que un extracto de la tradición caricaturesca más prosaica del XIX, una adaptación de cualquier viñeta elaborada de tipos sociales; y su reducido valor pictórico o icónico no se trasciende en el lenguaje del cartel, en contraste con los ejemplos de "Los Nacionales" de Juan Antonio Morales (aunque firmado por el Ministerio de Propaganda) o de "El generalísimo" de Cañavete, que deben igualmente sus recursos expresivos a la parodia periodística posdecimonónica.

En el primero de ellos, los embajadores redondeados, de catadura infantil, del Ejército nacional –a saber: un general, un religioso, un aristócrata-alto burgués con su esvástica al pecho, dos soldados norteafricanos y, sobre todo, el buitre que les vigila desde lo alto del mástil de donde pende: "Arriba España"– viajan juntos, de nuevo como invasores, sin apenas espacio entre ellos, en una ácida reinterpretación de la nave de los locos... En el segundo, el cartel de Cañavete encargado –como su homónimo– por la Junta de Defensa de Madrid, la materia reinterpretada sería nada menos que un Franco piafante en su caballo, que pasa primero a imitar la postura y los atributos del caballo de bastos de la baraja, para someterse luego a un proceso sistemático de lo que podríamos llamar una "muñequización dulce" –mariposa junto al equino y mejillas arreboladas incluidas–, que lo arrastra todo por un filtro de colores intensos y de abultamiento de formas.

No es casual que ambos autores echaran mano en su representación del filón estilístico de lo *naïf* para *parodiar* una estampa previa. El problema expresivo de dibujar al enemigo nacional de una guerra civil es que es sencillo que la mordacidad propia de la "sátira" (tan

conversión en insecto del quintacolumnista en su cartel "¡Al frente...! El parásito de la retaguardia", haciendo que la metáfora sobre su condición se proyecte fuera de él. Así, el madrileño dispone que una mano, del mismo color verde repulsivo que le correspondería al parásito, aguante la lupa que nos descubre al espía –junto a otros bichos– en su falsa y conocida apariencia humana, acodado en la mesa de un bar –qué mejor lugar para sonsacar información– frente a dos jarras de cerveza.

habitual en otras circunstancias) pase a manifestar lo "grotesco" o, mejor dicho, a resultar "grotesca", por el componente de doloroso reconocimiento del otro y de la verdad (bélica) que media entre ambos, que esta categoría entraña. La pintura podía enajenarse de esta problemática (aunque se adhiriera a un realismo de corte socialista), pero nunca una cartelística que había de prevenir perpetuamente contra la desmoralización. De ahí que la deformación de los rostros nacionales –difundida sobre todo a través de las portadas de suplementos y diarios o de las exposiciones de dibujos– corriera a cargo esencialmente de pintores (Luis Quintanilla, Antonio Rodríguez Luna...) conocedores y a veces retorcedores de las líneas degradantes de Grosz, Daumier y, especialmente, Goya. El considerado casi inmediatamente por la prensa como el heredero más preclaro de estos sería, sin embargo, Ramón Puyol, famoso sobre todo –aparte de por su cartel, emblema del frente "¡No pasarán! ¡Pasaremos!"– por su serie de *10 litografías*, expuestas en el Pabellón Internacional del 37, acerca de los tipos de enemigos mundanos que habitaban la retaguardia: "El bulista", "El espía", "El rumor", "El izquierdista", "El acaparador"...

La genialidad de Puyol en este ámbito no consistió tanto en su capacidad de deformación como de re-formación de esas figuras, a las que despoja de su humanidad para dotarlas de una anatomía que se ajustara mejor a las cualidades de su arquetipo. Es el caso –extremo– del izquierdista de gorro frigio pero corazón descubierto a la derecha, de pie izquierdo enraizado pero simiesca pierna derecha, al que le brotan desproporcionados puños cerrados hasta en su misma nariz (que imita la máscara tradicional del espía). Y mientras tanto al espía, de ojos como catalejos y orejones ingentes, le crecen las úlceras, espera a que el transmisor que corona su cabeza-casco le dé alguna señal, levanta la pierna arqueada como si calzara ventosas, le cuelga en el centro –preparada– la cámara de fotos... Motivos del surrealismo, del dadá, del expresionismo, de la caricatura se conjugan en estos Frankensteins adversos cuyos cuerpos y apéndices bamboleantes, cuya nula capacidad para ocultar el peligro de su naturaleza, revierten, sin embargo, en el viso ridículo de su conjunto. Se sabe, además, que el impacto que estas composiciones causaron en la retaguardia no fue pequeño, lo que invita definitivamente a pensar que estos carteles representaron quizás el súmmum creativo de la cartelística republicana, aunque ello suponga excepcionar del panorama a su autor. Pintor, escenógrafo y puede que el único capaz de concretizar esa noción intuitiva de "cartel-pintura" que predicaba Gaya.

Sea como sea, no conviene olvidar en este listado de méritos el sello del bloque que auspició las litografías: Socorro Rojo Internacional. Y es que esta plataforma de solidaridad internacional de corte estalinista, que tantas campañas lanzaría a favor de los familiares de los presos o de los abatidos en guerra, impulsó algunos de los carteles más *gore* y expresivos de la contienda; y a la zaga le iría su homólogo (y contrapuesto) Socorro Rojo de España. Baste ejemplificar que en el cartel-*collage* de 1938 de este bloque, "Por la Victoria...", se agregaría el concepto de "castigo" a esa retórica ya comentada de tipos sociales. Lo que se traduce en que a la izquierda de la imagen, bajo los rótulos en rojo "al acaparador" y "al que especula", cuelga el cuerpo hinchado de un degradado vampiro acaparador, cuyo cuello ha sido, en contrapaso, atravesado por el pico de una grúa.

"Toda imagen cuenta una historia". Ese es el lema con el que Peter Burke introduce su capítulo "Relatos Visuales" (2005), en el que habla de las imágenes como testigos –y por ende manifestaciones capaces de ofrecer un testimonio– de "la organización y de la puesta en escena" de los grandes acontecimientos históricos. En el caso de los carteles de guerra, sin embargo, no ocurre solo que estos documenten una historia cultural de la contienda, sino que se intentan anticipar a sus pautas, pues testimonian las proyecciones de los bandos. Dicha reflexión cobra especial relevancia al mirar a 1938, cuando, con la victoria algo más lejos, aparece un nuevo artículo de Renau sobre la función del cartel en guerra: "Entre la vida y la muerte". En sus páginas, el futuro director de Propaganda de la República se rebela contra el escepticismo y la –comprensible– visión negativa que los artistas (Grosz, Dix,...) que sufrieron la Gran Guerra y sus trincheras, perpetuaron a través de un arte inclinado "a la melancolía y la muerte", antitético, como reseña Jordana Mendelson, "de la victoria y la vida" que van a componer "su nuevo grito de batalla artística" [2013: 58]. Un grito fundador en el que Renau centraliza la audacia, el optimismo de un nuevo hombre que no puede desfallecer. El cartelista quería prevenir así de los efectos fatales de revisitar, entre otras cosas, las imágenes de atrocidad y de sufrimiento ligadas a un enemigo que no ha parado de perpetuarse en dos años de conflicto, y al que ahora habría que dejar invisible. Al fin y al cabo, no es a la épica a lo que se aspira a cantar, sino directamente a la victoria en las manos del conjunto unido republicano. De ahí que los nuevos fotomontajes que plasmara Renau, como la serie dedicada a *Los treces puntos de la victoria* de Negrín, funcionaran casi como documentos –constitutivos– de fe.

La propaganda republicana, en cualquier caso, nunca desatendió la presunción de verdad asociada a lo documental, al acta de la imagen "que se ha visto". O que fue vista. Al hilo de esa precisión, cabe referir, como estudia Míriam Basilio (2013), el interés de los pintores jóvenes de la Guerra Civil por entroncar en sus dibujos con las formas y temas de Goya, pues a través de ellos esperaban prolongar el valor "testimonial" de una guerra (la de la Independencia, cuya relectura mítica tanto alimentó el mensaje republicano) que adquirieron sus *Desastres*, no por casualidad reeditados en el 37. A ello responde la querencia de la Dirección de Bellas Artes por enfatizar los vínculos entre Goya (ayer) y (hoy) un Picasso "destinado" a recoger su función de testigo. De ahí también que las alusiones al de Fuendetodos se convirtieran en la salvaguarda más recurrente para exonerar al *Guernica* de las críticas que le reprobaban el estilo tan poco mimético (realista) con el que narró su testimonio. El testimonio de una verdadera hecatombe que, al contrario que Goya, Picasso no pudo ver (como no vio, al cabo, la guerra) salvo por reportajes y alguna fotografía.

Y sin embargo el *Guernica* nos espeta por todas partes su condición de documento: el blanco y negro de la cinematografía con el que se han pintado sus figuras, el travelín propio del noticiero con el que se pasa de una otra, la evocación de las texturas de un periódico que aparecen en su centro... Picasso compuso una impostada *escenografía* "de realidad" para representar su tragedia. Lo que supone que, ya no solo por la cuidadosa y parlante selección de obras que lo acompañaron o por su posición de honor en el vestíbulo de entrada (el escenario) del Pabellón Internacional del 37, sino por su misma entidad pictórica, el *Guernica* tenía un carácter teatral. Al cabo, la teatralidad inundaría buena parte del espacio público de los años treinta; es consecuente que sus códigos salpicaran a no pocos de sus carteles (y hasta al gran cartel republicano).

No obstante, si nos despojan de su texto, un ojo inexperto podría caer hoy en la tentación de entender que el musculadísimo Hefesto que sujeta implacable una pieza de hierro candente con la forma de la península antes de amartillarla en el cartel "El socialismo forjará una nueva España" representa la proyección brutal del enemigo –bien de un bando o bien de otro– contra el que había que estar preparado. En el cartel mudo de Bardasano, sin embargo, en el que un armado coloso rojo –los campesinos arando no le llegan a los tobillos– se aposta frente a nosotros bajo un cielo de espigas –cuya verticalidad incrementa la sensación de que nos mira desde arriba–, no quedará ya ningún asidero interpretativo transparente. ¿Por qué no podría encarnar ese coloso al comunismo tiránico que viene a hollar las tierras de España, a privarnos de los productos que cultivamos y, en definitiva, a someternos como esclavos? La respuesta estaba en las mismas calles, en la dimensión escénica de los carteles que, como dijera George Orwell en su *Homenaje a Cataluña*, "were everywhere, flaming from the walls in clean reds and blues that made the few remaining advertisements look like daubs of mud" (2004: 54). Y es que estos no solo suponían la manifestación cromática de una toma de fuerza; producían una interacción –más allá de las preceptivas que transmitían– con los leales. Así, los titánicos guardianes que *decoraban* los muros no servían tanto para infundir respeto al oponente como para constituir el reflejo continuado del republicano medio (recuérdese, no militar profesional), que había de envalentonarse ante la grandeza protectora de su ideología, y de él mismo al otro lado. El cartel actuaba pues a modo de espejo, deformante para todos aquellos enemigos que, como sucedía con los de Puyol, venían a quedarse allí registrados.

Bibliografía citada

Aragon, Louis, *Pour un réalisme socialiste*, Paris, Denoël et Steele, 1935.

Barea, Arturo, *La forja de un rebelde. Vol. 3. La llama*, intr. de Luis Antonio de Villena, Barcelona, Bibliotex, 2001.

Basilio, Míriam, "Esto lo vio Picasso: Goya, los grabados satíricos, el realismo y la propaganda republicana en guerra", en Manuel Borja-Villel, Rosario Peiró, Jordana Mendelson *et al.* (eds.), *Años treinta: teatro de la crueldad, lugar del encuentro*, Madrid, Museo Nacional Centro de Arte Reina Sofía, 2013, pp.145-159.

Burke, Peter, *Visto y no visto: el uso de la imagen como documento histórico*, trad. Teófilo de Lozoya, Barcelona, Crítica, 2005.

Carroll, Noël, *Filosofías del terror o paradojas del corazón*, trad. Gerard Vilar, Madrid, A. Machado Libros, 2005.

Evans, David, *John Heartfield AIZ-VI, 1930-1938* [folleto traducido por el Institut de València d'Art Modern], Valencia, Institut de València d'Art Modern, 1992.

Fundación Pablo Iglesias, *Carteles de la guerra: 1936-1939: Colección de la Fundación Pablo Iglesias*, Madrid, Agencia Española de Cooperación Internacional/Fundación Pablo Iglesias/Lunwerg, 2004.

García López, Sonia, *Spain is US: La Guerra Civil española en el cine del "Popular Front" (1936-1939)*, pról. Román Gubern, València: Universitat de València, 2013.

García Morcillo, Marta, "La antigüedad clásica en el cartel político contemporáneo: de la Europa decimonónica a la guerra civil española", en María Josefa Castillo Pascual (coord.), *Congreso Internacional "Imagines". La Antigüedad en las Artes escénicas y visuales*, Logroño, Universidad de La Rioja, 2008, pp. 591-614.

Gaya, Ramón, "Carta de un pintor a un cartelista", *Hora de España*,

1, 1937, pp. 56-58.

Grimau, Carmen, *El cartel republicano en la Guerra Civil*, Madrid, Cátedra, 1979.

Hernández, Miguel, "Hay que ascender las artes hacia donde ordena la guerra", *Nuestra Bandera*, 118, 1937, pp. 177-78.

Julián González, Inmaculada, *El cartel republicano en la Guerra Civil Española*, Madrid, Instituto de Conservación y Restauración de Bienes Culturales, 1993.

Mendelson, Jordana, "'Entre la vida y la muerte': la gran apuesta por el realismo en la España de los años treinta", en Manuel Borja-Villel, Rosario Peiró, Jordana Mendelson *et al.* (eds.), *Años treinta: teatro de la crueldad, lugar del encuentro*, Madrid, Museo Nacional Centro de Arte Reina Sofía, 2013, pp. 49-65.

Núñez Seixas, Xosé M., "El miedo al extranjero o el enemigo como invasor", en Nancy Berthier y Vicente Sánchez-Biosca (coords.), *Retóricas del miedo: Imágenes de la Guerra Civil española*, Madrid, Casa de Velázquez, 2012, pp. 53-71.

Ortega y Gasset, José, *"La deshumanización del arte" y otros ensayos de estética*, ed. Valeriano Bozal, Madrid, Espasa-Calpe, 2007.

Orwell, George, *Homage to Catalonia*, London, Penguin Books, 1989.

Pares, "Los carteles de la Guerra Civil española", en *Portal de Archivos Españoles*, <http://pares.mcu.es/cartelesGC/AdminControlServlet?COP=6> [marzo de 2015].

Renau, Josep, *Función social del cartel*, Valencia, Fernando Torres Editor, 1976.

Romero, Pedro G., "Bajar los ojos. La habitación de Frenhofer, Ubú General y las gafas de don Guernico", en Manuel Borja-Villel, Rosario Peiró, Jordana Mendelson *et al.* (eds.), *Años treinta: teatro de la crueldad, lugar del encuentro*, Madrid, Museo Nacional Centro de Arte Reina Sofía, 2013, pp. 65-93.

Rodríguez Tranche, Rafael, "Miedo y terror en el Madrid republicano: de los bombardeos a la quinta columna", en Nancy Berthier y Vicente Sánchez-Biosca (coords.), *Retóricas del miedo: Imágenes de la Guerra Civil española*. Madrid, Casa de Velázquez,

2012, pp. 115-127.

SÁNCHEZ-BIOSCA, Vicente, *Cine y Guerra Civil Española: Del mito a la memoria*, pról. José-Carlos Mainer, Madrid, Alianza, 2006.

S.B.H.A.C., "Carteles republicanos de la Guerra Civil". En *El arte republicano en la Guerra Civil española*, <http://www.arte.sbhac.net/Carteles/Carteles.html [marzo de 2015].

TOMÁS, Facundo, "Guerra Civil española y carteles de propaganda: el arte y las masas", *Olivar: Revista de Literatura y Cultura Españolas*, 8, 2006, pp. 63-85.

Entre la normalidad institucional y la propaganda. Experiencias escolares y universitarias durante la Guerra Civil

Carolina Rodríguez-López
Universidad Complutense de Madrid

Durante los tres años que duró la Guerra Civil dos administraciones se desarrollaron en paralelo y dos sistemas educativos trabajaron al tiempo para conseguir un común objetivo: ganar la contiende. Para ese fin se diseñó un argumentario básico que serviría para movilizar a niños, jóvenes y universitarios, y para que los fundamentos de cada uno de los bandos en conflicto quedaran claros y estuvieran permanentemente presentes. A ese objetivo básico se unían otros dos que, ahora sí, diferenciaban de raíz ambas posiciones. Mientras que el llamado "bando nacional" procuró desde muy pronto empezar a fundamentar las bases para construir su nuevo Estado, el bando republicano se esforzaba por mantener su legalidad institucional del mejor modo que podía, manteniendo en funcionamiento el sistema que legítimamente llevaba constituyendo desde abril de 1931 y sumando nuevas estrategias. Así, un Estado en construcción por la fuerza y un Estado que resistía y que se empeñaba en seguir funcionando estuvieron operativos en las zonas del territorio español controladas por uno u otro, según fuera produciéndose el avance de las tropas a la orden de Franco y según fuera manteniéndose la resistencia de las poblaciones republicanas.

Un sistema educativo, en todo nivel, lleva implícito la defensa de unos valores, una tradición formativa y unos principios acordados por el Estado que los sustenta ya sean estos religiosos, cívicos o formativos. Las coordenadas de funcionamiento y expresión que la guerra forzaba, llevaban también consigo una buena carga propagandística para que los fines perseguidos fueran alcanzados pronto. Las páginas que siguen se dedican al estudio de algunas formas de gestión y organización de los sistemas educativos durante la Guerra Civil española y al uso que de la propaganda ambos hicieron (Puelles Benítez 1999 y 2012, Fernández Soria y Mayordomo 2007, Fernández Soria 1984, 1993, 1998 y 2002).

Experiencias escolares en la zona republicana

El plan de acción educativa que la República había puesto en práctica desde 1931 la hacía conectar, tal y como su ideario proponía, con la tradición procedente de la Constitución de 1812 al dedicar un capítulo propio a la educación. Aunque la Constitución republicana de 1931 no consagraba ningún capítulo explícitamente a ello puede considerarse que el texto en su conjunto se ocupaba de describir sus propuestas educativas. Así, proclamaba la escuela única, la gratuidad y obligatoriedad de la enseñanza primaria, la libertad de cátedra y la laicidad de la enseñanza. Igualmente, establecía que los maestros, profesores y catedráticos de la enseñanza oficial fueran funcionarios y facilitaba a los económicamente necesitados el acceso a todos los grados de enseñanza para que ni su aptitud ni su vocación se vieran limitados. Se contemplaba, por último, la libertad de conciencia, se suprimía la obligatoriedad de la enseñanza religiosa y, en las regiones en que ello fuera posible, se regulaba la educación bilingüe, permitiendo que en las escuelas primarias se enseñara en lengua materna, aunque fuera diferente del castellano. El programa de acción educativa implementado por la república se desplegó a lo largo de los tres períodos gubernamentales que abarcó y se centró fundamentalmente en la creación de escuelas, en la formación de los maestros y en la extensión de la formación a todos los sectores de la población. La guerra comenzó estando vigente el gobierno del Frente Popular, que desde febrero de 1936 y con Marcelino Domingo a la cabeza (él fue también el ministro de Instrucción Pública en el primer gobierno de la república) reiteraba el proyecto con el que el régimen republicano echó a andar.

Durante la guerra varias experiencias se pusieron en marcha intentando mantener el cumplimiento de los ideales educativos de la República y ganar la guerra, todo a la vez (Fernández Soria 1984b: 245-270, Fernández Soria 2007]. Se entendía que la guerra procuraba varios enemigos que combatir, si bien muchos de ellos llevaban tiempo en la agenda republicana. El analfabetismo seguía siéndolo sin duda y con la finalidad de combatirlo surgieron dos líneas de trabajo. La primera se centraba en mantener una cierta normalidad a través de la educación formal y normalizada. Para ello y pese a la situación de guerra, se procuró mantener abiertas las escuelas, los institutos, las escuelas normales y también la Universidad, como veremos después. En segundo lugar y para paliar situaciones concretas de analfabetismo que importaban mucho para la buena marcha de la guerra, se crearon escuelas para adultos organizadas por asociaciones políticas y sindicales: la escuela Lina Odena de las mujeres antifascistas de Valencia, el Casal de la Mujer de Barcelona, las experiencias de las Juventudes Socialistas Unificadas, de Mujeres Libres, de los Ateneos Obreros, de las Academias de las Juventudes Libertarias (Fernández Soria 1996) son algunos ejemplos. De todos ellos destacaremos el trabajo de las Milicias de la Cultura.

Las Milicias de la Cultura fue sin duda la realización más característica de la República en guerra. Se basaba en la idea de unir la lucha armada, el combate ideológico y la planificación educativa, todo ello con el objetivo de enfrentarse al fascismo. Con la difusión de la cultura en todo lugar, espacio y momento que la guerra ofreciera, se conseguiría una auténtica educación revolucionaria. Ahora más que nunca, con una guerra que suponía no solo una confrontación ideológica, sino también real, la educación requería de su vertiente adoctrinadora. El decreto de 30 de enero de 1937, firmado por Manuel Azaña, facultaba para su creación al ministro de Instrucción Pública, Jesús Hernández, que seguía, en buena medida, parámetros ideológicos previamente aplicados en la URSS. Es claro que el predominio político del Partido Comunista de España (PCE) en el Ministerio de Instrucción Pública desde noviembre de 1936 y hasta el 5 de abril de 1938 marcó el proceso de toma de decisiones. El equipo ministerial, formado en noviembre de 1936, estaba próximo a las líneas del PCE: el ministro Jesús Hernández, el subsecretario Wenceslao Roces y los directores generales César García Lombardía, de Primera Enseñanza, y Josep Renau, de Bellas Artes, eran militantes del PCE. Esta tendencia tuvo continuidad en los nombramientos de cargos dentro de las Milicias de la Cultura, en su estructura organizativa y en sus apoyos políticos e ideológicos.

El caso más conocido es el de las milicias que operaron en Valencia gracias a las que sabemos cómo era su organización interna y sus códigos de funcionamiento. El decreto fundacional de las Milicias, establecía una estrecha relación entre maestros y soldados que se concretaría en que los milicianos de la cultura, aunque dependían profesional y económicamente del Ministerio de Instrucción Pública, estaban a la orden de los mandos del Ejército y sometidos a la disciplina militar. En su organización interna, en la cúspide estaba la inspección general de Milicias de la Cultura, compuesta por un inspector general y tres subinspectores generales que dependían de los inspectores del Frente que se distribuían en los distintos sectores de lucha: milicianos de cultura de división, de batallón y de brigada.

Desde la creación de las milicias, hasta el cambio ministerial de 1938, estuvo como inspector general de Milicias de la Cultura César García Lombardía y le sucedió Marcial López Blasco, que pertenecía a la CNT. García Lombardía, maestro del grupo escolar Pablo Iglesias de Carabanchel, era miembro destacado del PCE y de la Federación de Trabajadores de la Enseñanza de la Unión General de Trabajadores (FETE-UGT). Fue director general de Primera Enseñanza en septiembre de 1936, en el equipo ministerial de Jesús Hernández, y dejó el cargo para dedicarse a la organización de las Milicias. Entre sus funciones destacaban la creación de escuelas para alfabetizar o ampliar la cultura de los combatientes, la preparación de quienes querían entrar en las escuelas de guerra, la formación en las academias a los cuadros de mandos de nivel medio. Una tarea que se veía completada con actividades culturales y educativas diversas como la organización de conferencias, actividades artísticas y deportivas, la elaboración de periódicos murales, la colaboración en las publicaciones del frente y una larga lista.

La captación de maestros y estudiantes para ejercer como milicianos de la cultura comenzó justo después de la publicación del decreto de creación. El director general de Primera Enseñanza y los rectores de las universidades aún bajo administración republicana difundieron por radio y prensa una circular con la que efectuaban una llamada al personal docente masculino de todos los grados de la enseñanza, para que se incorporaran a las Milicias de la Cultura. Muchos maestros acudieron rápido a la llamada. La relación más completa para el Frente de Levante apunta a la existencia de 400 milicianos, todos muy jóvenes (entre 22 y 33 años) y mayoritariamente del PCE (aunque también había miembros de Izquierda Republica, de Unión Republicana y del PSOE). Eran también mayoritariamente hombres y apenas se hallan referencias de milicianas de la cultura si no es en los hospitales. Muy pocas, aunque se conocen los casos de la llamada Pasionaria gallega, de Enriqueta Otero y de Manuela Linares, estuvieron en el frente.

Los milicianos de la cultura ejercían en dos espacios concretos, en el frente y en los hospitales. En primera línea de fuego se establecieron las Escuelas del Frente, es decir, Hogares del Soldado y Rincones de Cultura. Los Hogares del Soldado eran puntos de reunión donde los combatientes se divertían pero también estudiaban. En estas escuelas se impartían clases contra el analfabetismo, el semianalfabetismo y de cultura en general. Las clases eran individuales o en grupo, y además de aprender a leer se estudiaban matemáticas, geografía e historia. En los Hogares se organizaron también bibliotecas, círculos de lectura, concursos literarios, periódicos, ciclos de conferencias, proyección de películas y representaciones teatrales, como las del grupo El Búho de Valencia, entre otras muchas actividades. El segundo frente de actuación de las Milicias de la Cultura eran los hospitales. En ellos, se aprovechaba la convalecencia de los soldados para ponerles a leer.

A la instrucción de los soldados era a lo que se dedicaba más recursos. Para mejorar resultados se confeccionaron y usaron materiales adaptando las metodologías a la edad, el interés y el nivel del alumnado. Los milicianos solían recibir una maleta que contenía una pequeña biblioteca de unos 20 volúmenes, mapas, tinteros, plumas, lápices, sobres, tarjetas... No faltaba la *Cartilla escolar antifascista*, de la que el Ministerio imprimió 10.000 ejemplares. Como estrategia para la enseñanza, frente al tradicional silabario, se optó por la lectoescritura, que se convirtió en un método más de concienciación y de propaganda con la que los adultos aunaban la lucha contra la incultura y la formación política. Acabada la fase de alfabetización a los nuevos lectores se les enfrentaba a la posibilidad de ampliar su cultura, de conocer más vocablos, de saber de literatura, geografía, matemáticas, historia.

También desde muy pronto, las autoridades republicanas se esforzaron en mostrar su preocupación por la salud física y espiritual de los niños. La infancia se señaló enseguida como elemento estratégico del gobierno republicano en guerra (Crego Navarro 1989: 299-328, Rekalde Rodríguez 2001 y 2013, Fernández Soria 1985: 337-354). El gobierno republicano no improvisó su interés por la infancia, pues había recogido ya en el artículo 43 de la Constitución de 1931 los aspectos más importantes de la declaración de Ginebra o la tabla de derechos del niño de la Sociedad de Naciones de 1924. Uno de los episodios más desconocidos de la guerra es cómo se organizó la asistencia de estos niños en el verano de 1936. El Consejo de Protección de Menores ya había recogido casi a 4.000 a comienzos del mes de agosto, repartiéndolos entre conventos y casas señoriales abandonadas. Se encargaban de cuidarlos y alimentarlos las esposas e hijas de los altos cargos republicanos junto a profesoras y alumnas de las escuelas normales madrileñas y del instituto escuela. Se unieron a esas iniciativas las ayudas particulares donde los propietarios o habitantes de pisos y casas actuaron como una especie de responsables de guarderías improvisadas.

La labor puramente asistencial se vio completada con actividades educativas algunas con marcas claramente políticas. Así, por ejemplo, la residencia infantil que se creó en el Hotel Palace con unos 30 niños de entre 7 y 17 años, combinó labor educativa y cultural. Los ejercicios gimnásticos y las visitas al cercano Museo del Prado se entrelazaban con la lectura de periódicos infantiles y políticos y con el estudio de los frentes de combate en el mapa de España. Los chicos nombraron un comité, formaron un Parlamento, eligieron a su presidente y constituyeron un tribunal encargado de resolver los conflictos. En estos órganos se discutían sus proyectos futuros, como la publicación de su propio periódico que llevaría el nombre de *Hoja Roja*, y la elección de un nombre para su refugio que acabó siendo el de "Huérfano Rojo".

Otra experiencia de características similares fue el Hogar Infantil del 5º Regimiento de Milicias Populares, organizado por el Socorro Rojo Internacional en el antiguo asilo de convalecientes de la calle Abascal. Con 270 niños y niñas de edades entre los 6 y los 14 años, huérfanos e hijos de combatientes republicanos y con ocho maestros esta institución es una de las primeras que se presentó como centro educativo más que meramente asistencial. Desde por la mañana se desarrollaban ejercicios gimnásticos, clases, talleres de trabajos manuales y conferencias de cultura popular o de temas políticos. Los niños preparaban un periódico mural para el que hacían dibujos y redactaban textos sobre la actualidad.

Las escuelas pública madrileñas también colaboraron en esta campaña de atención a la infancia pese a que la guerra se inició en mitad de las vacaciones de verano. Desde la Inspección madrileña y desde la Dirección General de primera enseñanza se pergeñó un plan para organizar residencias infantiles en los grupos escolares. Algunas estuvieron en funcionamiento, como las del Cervantes y las del Colegio del Divino Pastor. En la primera hubo unos 40 alumnos matriculados. Para determinar que se cumplían las condiciones necesarias para formar parte de la experiencia (tener padres o hermanos en las milicias y no poder ser atendidos en casa) se contó con el consejo y la ayuda antiguos alumnos reclutados como milicianos.

A mediados de septiembre empezó el curso 1936-1937 en las escuelas públicas de Madrid y los maestros intentaron incluir entre sus actividades el estudio de los avances del frente. El tema de las clases, se reconocía, no podía ser otro que la guerra, porque los chicos también lo demandaban. La vida trascurría entre lecciones, clases y bombas hasta que no hubo más remedio que trasladarse a Valencia.

Para vencer la resistencia de las familias, el gobierno republicano llevó a cabo intensas campañas de propaganda a favor de la evacuación de los niños madrileños. A los padres que la aceptaban, la prensa los presentaba como modelo de ciudadanos responsables. Una orden ministerial de 25 de febrero de 1937 creó la Delegación Central de Colonias, que sería, a partir de entonces, el organismo encargado de resolver la acogida de los niños desplazados a la zona mediterránea. Esta delegación, además de cuestiones organizativas y de intendencia, también se ocupaba de la educación. Que se pretendía realizar una experiencia modélica lo demuestra la calidad de los pedagogos implicados en la tarea, entre los que destacaron especialmente los maestros madrileños Ángel Llorca, Dionisio Correas y Dionisio Prieto, también la profesora de la escuela normal Regina Lago, además del supervisor general Antonio Ballesteros Usano, desde la inspección general de Primera Enseñanza. Todos conocían las novedades educativas europeas tras haber viajado numerosas veces por el continente.

El primer sistema que las autoridades republicanas arbitraron para recoger y cuidar de la población infantil evacuada fue el denominado "colonias en régimen familiar". En ellas se acogió a los niños en diferentes familias levantinas, pero coordinados y dirigidos educativamente por los docentes que les habían acompañado en la evacuación. Cada grupo de 40 o 50 niños en colonias de régimen familiar estaba bajo la supervisión de un maestro que elaboraba un informe sobre los menores, las familias de acogida y que les daba clases diarias en los locales municipales.

Desde enero de 1937 las autoridades republicanas impulsaron un nuevo modelo, las colonias colectivas. Inspiradas en las colonias de vacaciones, eran percibidas por los pedagogos como el germen de la España nueva, como el lugar donde se formarían nuevas generaciones que dirigirían la España que quedara tras la guerra. Eran generalmente colonias de niños que tenían la misma procedencia madrileña, incluso venían del mismo colegio, lo que les daba más sensación de unidad y comunidad. Ubicados por toda la costa levantina, también en Cuenca, en Albacete, en Aragón y Cataluña, se financiaban por las autoridades locales, también por los sindicatos.

Desde el primer momento, tanto la Delegación Central de Colonias como su sucesor, el Consejo Nacional de la Infancia Evacuada, publicaron orientaciones para unificar la labor pedagógica de estas colonias escolares. En las colonias debía primar la higiene, el orden, el buen gusto, la laboriosidad, el respeto, la convivencia y la austeridad. Se insistía en la creación de valores sociales como la cooperación y se primaban las tareas grupales.

A las colonias se les adjudicaba el papel estelar de construir a partir de niños huérfanos de los combatientes republicanos una nueva clase de hombres y mujeres sanos de cuerpo y espíritu. En definitiva, se trataba de obtener un nuevo ciudadano consciente de sus deberes y derechos y capaz de luchar por la libertad. En la escuela se desarrollaba también el espíritu democrático y revolucionario, y se fomentaban las tareas agrícolas, el conocimiento de los animales, la reparación de enseres, la gestión administrativa, las prácticas creativas de dibujo, poesía, teatro, etc.

La universidad como centro del sistema educativo: dos proyectos para la Universidad de Madrid

Durante los tres años que duró la Guerra Civil, la suerte de las universidades españolas corrió también en paralelo a los procesos de implantación o de continuidad de los dos regímenes políticos que en ella se dieron. Mientras que en las ciudades que se resistieron a la llegada de las tropas franquistas la actividad de las universidades procuró ajustarse a la normalidad regular del curso académico, aquellas otras en las que el Ejército de Franco había conseguido controlar todas las instituciones vieron cómo se diseñaban para sus universidades nuevos programas de enseñanza, se nombraban a las nuevas autoridades y se definían sobre la marcha los parámetros con los que iban a regirse los centros de enseñanza superior una vez consolidado el régimen franquista. La Universidad de Madrid responde fácilmente a ambas circunstancias. Desde el verano de 1936 y hasta aproximadamente 1938, quienes aún seguían adscritos a ella y seguían prestando allí sus servicios académicos, trataron en todo momento de hacer que se mantuviera en funcionamiento, defendiendo con ello la legalidad y la normalidad republicana. Al tiempo, según las tropas franquistas alcanzaban nuevos objetivos, se fue planificando el tipo de universidad acorde al nuevo sistema político. Para Madrid, desde el inicio de 1939, nuevas normas comenzarían a imponerse para que su universidad se ajustara cuanto antes a las novedades a ella demandada. Para la Universidad de Madrid se plantearon pues durante la guerra dos proyectos, dos vidas diferentes, con una guerra al fondo: la que procuró sostener la normalidad vigente del régimen republicano y aquella otra franquista que desde comienzos de 1939 estaba empezando a perfilarse (Rodríguez-López 1999 y 2013, Mancebo 1987 y 1988).

El que fuera rector de la Universidad de Madrid durante la guerra, José Gaos, y otros tantos catedráticos en ella activos o adscritos después, procuraron, en la medida que las circunstancias lo permitían, mantener su actividad como docentes e investigadores en la sede universitaria madrileña y cuando ello ya no fue posible emprendieron el camino hacia Valencia, estableciendo allí una Universidad de Madrid en Valencia, con alguna presencia institucional gracias a la actividad desempeñada individualmente por los profesores aún a ella pertenecientes e integrados ahora en la Universidad de Valencia. Con el traslado a Barcelona de buena parte de los académicos madrileños, ya en 1938, algunas actividades se mantuvieron también y ya en la primavera del 1939, con las tropas franquistas apostadas a la entrada de Madrid, su universidad recibió el nombramiento de quiénes la regirían para el Estado franquista.

Según las primeras disposiciones legales del gobierno republicano tras el golpe militar de julio de 1936, el Ministerio de Instrucción Pública confirmaba en sus cargos a los rectores, directores y secretarios, que continuarían en sus puestos, y nombraba entre el personal docente de los demás centros aquellos que desde ahora deberían asumir en cada uno la dirección y secretaría. Al finalizar el mes de agosto, los cargos de la universidad madrileña fueron renovados: el día 31 Fernando de los Ríos Urruti fue nombrado rector; León Cardenal Pujals y Enrique Moles Armella, vicerrectores y Nicolás Pérez Serrano, secretario general. Otro tanto sucedió en las facultades. En Medicina, se mantuvo el encargo del decanato al catedrático Manuel Márquez Rodríguez, que ya venía desempeñándolo desde octubre de 1934 y se confirmó como secretario a Juan Negrín. Lo mismo sucedió en Ciencias, de cuyo decanato se seguiría ocupando –lo hacía desde 1932– Pedro Carrasco Garrorena, con Honorato Castro Bonet como secretario de la facultad, también confirmado ahora. El resto de los decanatos cambió de titular: Luís Jiménez de Asúa fue nombrado decano de la Facultad de Derecho, con Felipe Sánchez Román como secretario general; Julián Besteiro se encargaría del decanato de Filosofía y Letras, con Américo Castro en la secretaría; y Antonio Madinaveitia Tabuyo sería el decano de Farmacia, con Alberto Chalmeta en la secretaría general.

En octubre, los cargos cambiaron de nuevo: en ese momento José Gaos asumió las riendas del rectorado, puesto que ocuparía ya durante toda la guerra y Francisco Ayala, las de la Facultad de Derecho. Esta renovación afectó también al cargo de secretario general, desde ahora en manos de José Miranda por la dimisión de Pérez Serrano quien, no obstante, ante la ausencia del decano de Derecho ocuparía en diciembre de 1936 el cargo de decano accidental. Miranda se mantendría en el puesto al menos hasta el otoño de 1937 y si bien desempeñó su cargo desde Madrid, fueron frecuentes sus viajes a Valencia para despachar con el rector Gaos (Preston 1998: 211-243, Ayala 2006: 200-225, Martínez Neira, Puyol Montero y Rodríguez-López 2004: 320-324)[1].

Con los cargos designados, el 10 de octubre de 1936, el Ministerio de Instrucción Pública dictaba una orden por la cual "a fin de utilizar el personal docente de las universidades en las funciones que le son propias o en las que, consecuentes con su preparación y especiales actitudes, puedan serles encomendadas", antes del día 21 de ese mes los catedráticos y profesores que se encontraran en zona leal o que pertenecieran a universidades enclavadas en "territorio sustraído al gobierno de la República", debían presentarse en la universidad a cuyo distrito perteneciera el lugar de su residencia en ese momento, poniéndose a las órdenes del decano y "debiendo quedar agregados al servicio de la facultad respectiva, entre tanto que la Universidad a que están adscritos se reintegre en la legalidad republicana"[2]. Con este marco general los primeros meses de la contienda dieron paso a la presentación en la universidad madrileña tanto de los docentes que en ella trabajaban como de aquellos otros que, huyendo de zonas ocupadas por el Ejército nacional, llegaban a Madrid.

Cumpliendo con la legalidad marcada, Besteiro convocó reunión extraordinaria de la Junta de la Facultad de Filosofía y Letras

1. Véanse todos estos nombramientos en el Archivo General de la Universidad Complutense de Madrid (en adelante AGUCM): AGUCM. P-463/58; AGUCM. P-612/15; AGUCM. P-641/45. AGUCM. P-585/11; AGUCM. P-464/11; AGUCM. P-555; AGUCM. P-448/23; AGUCM. P.578/7; AGUCM. P-474/3; AGUCM. P-514; AGUCM. P-612/114 y en el Archivo General de la Administración (en adelante AGA). Educación. 21/20528.

2. *Gaceta de Madrid*, 11 de octubre, 1936, p. 295.

para el 21 de octubre de 1936 a la que fueron llamados tanto los miembros que por derecho pertenecían a ella, como aquellos otros que se habían presentado en Madrid. Allí se tomaron una serie de acuerdos que garantizaban el mantenimiento de la normalidad académica y la celebración regular de clases y seminarios. Se acordó organizar cursos de carácter teórico y regular la colaboración de todos en las actividades que se consideraron más útiles: catalogación, ordenación y sistematización de los fondos incautados de bibliotecas y archivos y de los nuevos fondos que llegaran para aumentar el patrimonio artístico nacional; la organización de cursillos de arte, la formación del magisterio y la intervención de profesores en tareas propias de la enseñanza secundaria así como la lucha contra el analfabetismo, la colaboración en trabajos organizados por las Misiones Pedagógicas y el apoyo con trabajos propagandísticos a la labor cultural patrocinada por el Estado. Fijadas las tareas, cada uno de los profesores presentes indicó en cuál de todas ellas prefería ocuparse. Del trabajo universitario para la difusión cultural no quedaba fuera, como vemos, la dimensión propagandística.

La reunión servía también para detectar el profesorado que en el momento de su celebración aún estaba en Madrid. Los catedráticos de la Facultad de Filosofía y Letras que en octubre de 1936 estaban aún disponibles en la sede madrileña eran Ramón Menéndez Pidal, Antonio García Bellido, Bernardo Alemany, Emeterio Mazorriaga, Manuel Gómez Moreno, Emilio García Gómez, Agustín Millares, Andrés Ovejero, Armando Cotarelo, Julián Besteiro y José Gaos. De la Facultad de Ciencias acudió Manuel Hilario Ayuso. Se sumaron algunos catedráticos de provincias: Pascual Galindo Romeo (vicerrector de la Universidad de Zaragoza), José Camón Aznar (de Salamanca), Cayetano de Mergelina y Emilio Alarcos (ambos de Valladolid), Diego Angulo Íñiguez y Juan de la Mata Carriazo (los dos de Sevilla)[3].

3. En su calidad de auxiliares, encargados de facultad y ayudantes en la Universidad de Madrid acudieron Luis de Sosa, Bienvenido García, Luis Morales, Ela-

Otros profesores de la Universidad de Madrid advertían por esas fechas de su paradero y de sus trabajos en el frente en labores educativas. Se tenía noticias, por ejemplo, de que el ayudante de la Facultad de Filosofía y Letras, Domingo Fetcher Valls, se encontraba en Valencia[4] y de que Francisco Abbad Ríos, también ayudante incorporado a fuerzas del frente de Barbastro, se proponía colaborar en las actividades de catalogación, ordenación y sistematización de los fondos procedentes de las bibliotecas y archivos de la iglesia parroquial de esa ciudad.

El trasiego del profesorado madrileño procuraba ser controlado por las autoridades académicas de la Universidad de Madrid, aun-

---

dio García, Ángel Vegué Goldoni, Tomás Navarro Tomás, Concepción Muedra, Enrique Lafuente, Manuel Cardenal Iracheta, Gregorio Hernández de la Herrera, Pilar Parra, Ricardo Espinosa, Bonifacio Chamorro, Rafael Laínez Alcalá, Matilde López Serrano, Rafael Lapesa, Agustín Mateos Muñoz, José Gallegos Rocafull, José J. Estefanía, Vicente Blanco García, Julia de Francisco, Ramón Núñez y José Fernández Montesinos. Asistieron también Francisco Álvarez y Pedro Moral, representantes de la Federación Universitaria Escolar (FUE). Con posterioridad a la celebración de la Junta se habían presentado ante el decanato de Besteiro otros profesores como Julio Martínez Santa Olalla y Carmelo Viñas, ambos de la Universidad de Santiago; José María Pabón, catedrático en Sevilla y agregado al Centro de Estudios Históricos; Luis Pereira Rial, profesor en Santiago; Guadalupe de Lorenzo-Cáceres, profesora ayudante de la Universidad de La Laguna; Juan María Aguilar y Calvo (diputado y catedrático excedente de la Universidad de Sevilla) y Jesús Gómez de Segura, profesor de alemán en la Universidad de Granada. Les siguieron, Encarnación Cabré y Emilio Camps, ambos profesores ayudantes de la misma Facultad de Filosofía y Letras; Magdalena Carretas y Mercedes de Vega, auxiliares de la Universidad de Salamanca; Luis García y García y Mª del Carmen Villanueva, ambos ayudantes de la Universidad de Granada. Aguilar además precisaba que deseaba colaborar en los trabajos acordados por la facultad y especialmente en los de propaganda cultural patrocinados por el Ministerio de Estado ("Nota de Julián Besteiro a José Gaos", Madrid, 29 octubre 1936. AGUCM. Personal 219. "Nota de Julián Besteiro a José Gaos", Madrid, 27 octubre 1936. AGUCM. Personal 219).

4. "Nota de Julián Besteiro a José Gaos", Madrid, 27 octubre 1936. AGUCM. Personal 219.

que no siempre fuera fácil. La vía más directa para establecer este control era el estudio de las demandas de cobros de haberes de los trabajadores. Dadas las circunstancias resultaba complicado el mantenimiento de una mínima actividad académica. Pese a que un número importante de profesores ya se había mudado a Valencia, aún continuaron algunas tareas en la Universidad de Madrid, en Filosofía y Letras, como hemos visto y también en la Facultad de Ciencias, donde siguieron en activo algunos laboratorios. En enero de 1937 aún se reunió la junta de esa facultad, a la que acudieron los profesores Barinaga (antes de ir a Valencia), Reyes y el decano accidental, profesor Caballero. En la reunión se detallaron las actividades que Ángel del Campo[5] venía realizando en su laboratorio en colaboración con los profesores Cuadrado, Escolar, Hoyos y Boissier[6]. Al frente de la Facultad de Ciencias se encontraba Pedro Carrasco quien desde su localización en Valencia estuvo al corriente de las actividades de su facultad. Ángel del Campo, por su parte, siguió en Madrid, una vez que en mayo de 1937, el Ministerio de Instrucción Pública le autorizara para ello, si bien debía estar en todo momento "a las órdenes inmediatas de este Ministerio para cualquier función docente o profesional que se estimase oportuno confiarle".

En mayo de 1937, de nuevo tratando de saber de cuántos profesionales se disponía para trabajar en la universidad republicana, una orden disponía que los catedráticos, auxiliares y ayudantes de la Facultad de Medicina de las universidades de Madrid, Barcelona y Valencia así como las de las demás universidades se presentaran "sin ninguna excusa" ante los decanos de las facultades de Medicina de Madrid, Barcelona o Valencia en el plazo de quince días. En octubre de ese mismo año este llamamiento se efectuaba para que los disponibles concurrieran ya, como única sede posible, a la Universidad de Valencia.

También en mayo de 1937, una orden del día 10, consideraba extraordinariamente importante la actividad en las facultades de

5. AGUCM. P-462-16.
6. "Acta de la sesión celebrada el día 23 de enero de 1937". AGUCM 103/07-105.

Medicina dada la utilidad de los conocimientos en ellas impartidos para las necesidades de la guerra. Estas necesidades, se decía, exigían que dichas facultades continuaran funcionando y en ellas se organizaran cursos para los alumnos de los últimos años de la carrera en los que deberían conseguir "plena capacitación profesional, mediante un trabajo sistematizado y riguroso que permita el logro de los fines perseguidos, por el apremio de tiempo que las circunstancias imponen pero sin disminuir el nivel de los estudios y con máxima garantía, en punto a la solvencia profesional de los interesados, que a este Ministerio incumbe especialmente salvaguardar"[7]. Así, en las facultades de Medicina de Madrid, Barcelona y Valencia se admitiría matrícula para los alumnos de los últimos cursos de la licenciatura según los planes seguidos en cada facultad. La matrícula sería gratuita para los que estuvieran en ese momento prestando servicios al Ejército de la República. Las clases debían comenzar el 11 de junio y acabarían el 20 de diciembre[8]. El Ministerio de Instrucción Pública

---

7. *Gaceta de la República*, 12 mayo 1937.
8. El 7 de junio de 1937 había tenido lugar una reunión de la junta de la Facultad de Medicina de la Universidad de Madrid para aprobar el nombramiento de los profesores encargados de las distintas asignaturas que se impartirían en el curso intensivo que debía comenzar el día 11 de ese mes. Como director general de todos los cursos se nombraba al catedrático y vicerrector León Cardenal, aún en Madrid. Para la asignatura de Patología Médica se nombraba al profesor Manuel Díaz Rubio, ex profesor auxiliar de Madrid y en ese momento catedrático de la asignatura en la Facultad de Medicina de Cádiz, quien debería nombrar a los colaboradores que precisara. Como directores de la asignatura de Patología Quirúrgica, el Ministerio nombraba a Laureano Olivares Sexmilo, catedrático de la asignatura en Madrid, y a León Cardenal, y para la dirección de Obstetricia y Ginecología se contaba con Vital Aza. Se confirmaba también a Ciriaco Laguna para la explicación de la asignatura de Pediatría, a Mariano Soria para Oftalmología, a Adolfo Hinojar para Otorrinolaringología, a Blas Aznar para Medicina Legal, siendo los dos últimos profesores auxiliares de la asignatura correspondiente en Madrid. Para Higiene se contaba con Gregorio Baquero Gil, del Instituto Nacional de Enfermedades Infecciosas; para Dermatología, con Julio Bravo Sanfélix, del Hospital de Enfermedades Venéreas y con el catedrático de Patología General José Casas Sánchez, que pasaba a explicar

justificaba así el afán normalizador con el que se ponían en marcha estos cursos:

> Es motivo de seria preocupación para el Ministerio que los cursos semestrales convocados se desarrollen con el máximo rendimiento científico. Ello obliga a que las responsabilidades de la enseñanza de las distintas disciplinas recaigan en personas de notoria competencia profesional y de reconocida adhesión y lealtad al régimen legalmente constituido como garantía segura de que pondrán en el desempeño de su función el entusiasmo obligado. La ausencia de los titulares de algunas de las disciplinas comprendidas dentro de estos cursos deben suplirse en primer término con catedráticos de las mismas disciplinas en otras universidades agregados ya a Madrid y con los auxiliares y ayudantes de esa misma facultad. Si concurren en ellos las condiciones inexcusables de competencia, lealtad y adhesión anteriormente enunciadas; de no ser así es forzosa la colaboración de otros profesionales de competencia notoria y que ofrezcan todas las garantías exigidas, colaboración que por otra parte pueda resultar además conveniente incluso en un régimen de normalidad universitaria.

Junto a todas estas actividades, en el mismo curso de 1936-1937 se produjeron ascensos, se concedieron becas, hubo movimientos en el escalafón, nombramientos de ayudantes y auxiliares e incluso se cursó la convocatoria anual de premios extraordinarios en la Facultad de Filosofía y Letras[9].

No obstante, cercano el otoño de 1937, la mayor parte de los profesores eran conminados a trasladarse a Valencia. Así, una orden de 28 de agosto de 1937 disponía que todos los catedráticos, auxiliares y encargados de curso de todas las universidades que se encon-

---

Terapéutica Clínica. Para aprobar todos estos nombramientos se había mantenido constante contacto con el profesor Márquez, decano de la facultad instalado ya en Valencia (AGUCM. P-628/34; AGUCM. P-542/14; AGUCM. P-442/21).

9. AGUCM. Personal 219.

traran aún en zona republicana o en el extranjero debían presentarse en la secretaría general de la Universidad de Valencia antes del 15 de septiembre, quedando a disposición de los decanos de las facultades respectivas con la idea de que en octubre de ese año se reanudaran las clases. "Sólo se exceptúan de lo dispuesto en el apartado anterior los que estén desempeñando alguna misión oficial expresamente confiada por el gobierno. Los que sin causa debidamente justificada dejen de cumplir lo dispuesto en esta orden se entenderá que voluntariamente incurren en abandono de destino con las sanciones previstas en la legislación vigente"[10].

Los que quedaran en Madrid podían "hacer su presentación ante el delegado general de este ministerio en dicha ciudad"[11], al estar en Valencia el Ministerio de Instrucción Pública. En fechas próximas además, se produjo el relevo en el decanato de Filosofía y Letras, de modo que tras la dimisión de Besterio, sería Juan María Aguilar Calvo, adscrito temporalmente a la Universidad de Madrid, quien ocuparía el cargo[12]. Aguilar, para esas fechas ya estaba en Valencia dada su condición de diputado.

Estando así las cosas ¿a qué podían atenerse los alumnos? En principio, se había acordado la suspensión de matrícula para la enseñanza libre hasta el día 15 de agosto de 1936 y disposiciones sucesivas aplazaron la convocatoria de los exámenes reglamentarios de septiembre, así como el comienzo del curso, sin determinación de la fecha. Las razones se expresaban en el preámbulo del decreto de 1 de septiembre de 1936 y certificaban el deseo de "normalizar en un todo la vida académica del país, y la consideración de que no sería justo colocar en condiciones de inferioridad, privándolos del ejercicio de un derecho que otros podían gozar a los catedráticos, profesores y estudiantes que luchan en los frentes de combate". Sin embargo, el 18 de noviembre, el Ministerio, teniendo en cuenta la

10. *Gaceta de la República*, 243 31 de agosto de 1937.

11 *Gaceta de la República*, 253, 10 de septiembre de 1937.

12. "Nota del subsecretario de Instrucción Pública al rector de la Universidad de Madrid", Valencia, 6-10-1937. AGUCM. Personal 219.

situación que se les planteaba a los alumnos que tenían pendientes una, dos o tres asignaturas para acabar la carrera disponía que los alumnos de Valencia y Murcia que estuviera en esa situación "hallándose alistados en el ejército de la República cooperando directa o indirectamente a la lucha del pueblo contra el fascismo podían solicitar su admisión a las pruebas de suficiencia en la secretaría de la Universidad de Valencia".

Se mantuvo esta posibilidad de estudiar en Valencia, aún en enero de 1937, para aquellos alumnos a los que quedaran solo algunas asignaturas para acabar la carrera. De esta manera los estudiantes de las universidades de Madrid, Valencia y Murcia que se encontraran en esa situación podrían solicitar en la secretaría general de la Universidad de Valencia la admisión a las pruebas pertinentes en tanto que se hallaran alistados en el Ejército de la República, cooperando en servicio de vanguardia o de retaguardia. Las solicitudes para la práctica de estas pruebas se dirigían al rector de la Universidad de Valencia, indicando cada candidato la facultad de origen, las asignaturas que tuviera pendientes y su situación personal, política y militar[13].

Y en concreto, para los estudiantes de Medicina, a quienes en marzo de 1937 les faltaba el último año de carrera "y que desde los primeros días del actual movimiento faccioso están prestando servicios en hospitales de sangre y en batallones movilizados en los distintos frentes de combate" se les autorizaba "para seguir en la facultad de Medicina de Valencia un cursillo intensivo de habilitación profesional para fines de guerra".

Así las cosas, para el comienzo del curso 1937-1938, las materias de Filosofía y Letras, Ciencias y Derecho se podían cursar en Valencia, todas ellas refundidas, mientras que Medicina seguiría funcionando en Madrid, si bien los alumnos que así lo desearan podrían trasladar sus matrículas a Valencia. No obstante, ante la urgente evacuación de la población civil de Madrid, el Ministerio tuvo que dis-

13. *Gaceta de la República*, 28, 28 de enero de 1937.

poner la suspensión de algunos de los cursos anunciados en su Facultad de Medicina, salvo aquellos que, para los alumnos matriculados en los tres últimos cursos de la carrera, se habían iniciado en junio y tenían que terminar en diciembre[14].

Aún así, en septiembre de 1938, encontramos aún en Madrid al profesor Barinaga, regresado de Valencia, tomando posesión del cargo de secretario general de la Universidad de Madrid, con León Cardenal actuando todavía como vicerrector y con Julio Aragón, jefe de negociado de primera clase, accidentalmente ejerciendo funciones de secretario general de la misma universidad[15].

La llegada masiva de profesores y catedráticos a Valencia se inició a partir de noviembre de 1936, al mismo tiempo que se trasladaban el gobierno y las cortes y se constituía en Valencia la Casa de la Cultura. Con las fuentes valencianas, Mancebo (1997: 306) afirma que en el curso 1936-1937 los profesores foráneos eran en total 37: 24 catedráticos y 13 auxiliares.

A comienzos de noviembre de 1936, la Junta de Defensa Nacional tomó la decisión de evacuar a los hombres de ciencia, artistas, escritores, compositores y poetas. La organización de la evacuación fue encargada al 5º Regimiento, que contaba en sus filas con muchos miembros de la Alianza de Intelectuales Antifascistas. El 23 de noviembre, algunos de estos intelectuales fueron ya evacuados. Así lo recogió la prensa:

> [...] en dos magníficos autobuses, escoltados por milicianos, salieron con rumbo a Valencia, en compañía de sus familias respectivas [...] además, en cuatro tanques blindados, iban los aparatos científicos, libros, manuscritos, apuntes e instrumentos de trabajo de los evacuados. Los autobuses llevaban servicio sanitario, abundancia de tabaco, aguas minerales y caramelos, y las señoras fueron obsequiadas con ramos de flores adornados con lazos de los colores nacionales (Marrast 1974: 7).

---

14. *Gaceta de la República*, 292, 19 de octubre de 1937.
15. AGUCM. P-444/33.

En ese momento, Tomás Navarro Tomás, ya destacaba como uno de los más involucrados en la organización de la evacuación. Partirían además ahora los profesores de la Universidad de Madrid Enrique Moles, Antonio Madinaveitia y Arturo Duperier. Un segundo viaje tuvo lugar el día 1 de diciembre de 1936 y en él se encontraban Pedro Carrasco Garrorena, director del Observatorio Astronómico y decano de la Facultad de Ciencias de Madrid, y Alberto Chalmeta, catedrático también y secretario de la Facultad de Farmacia.

En Valencia, los intelectuales evacuados de Madrid fueron albergados en el Hotel Palace, convertido desde ese momento en Casa de la Cultura. Allí, se instaló una biblioteca en la que podían trabajar los profesores evacuados teniendo los químicos y los físicos a su disposición unos laboratorios en la Universidad de Valencia. Antonio Machado fue nombrado presidente del Patronato de la Casa de la Cultura, integrado por el catedrático de Medicina de Madrid, Manuel Márquez, el ya mencionado Tomás Navarro Tomás, Victorio Macho, José Moreno Villa y Luis Álvarez Santullano. A consecuencia de las tensiones políticas sufridas en el lado republicano entre mayo y junio de 1937, la Casa de la Cultura de Valencia fue disuelta, si bien en septiembre de 1937 prosiguió sus actividades. A la altura del verano de 1937 podemos encontrar ya en Valencia a los profesores de la Universidad de Madrid Manuel Márquez, José Barinaga, Enrique Moles, Alberto Chalmeta, José Giral, Arturo Duperier, Dámaso Alonso, Pedro Carrasco, Gabriel Martín Cardoso, Salustio Alvarado y José Gaos.

Desde los servicios aún situados en la universidad, a cuyo frente aparece el vicerrector León Cardenal, procuró tenerse cumplida información sobre dónde se encontraban los miembros de la Universidad de Madrid y sobre cómo iba a efectuarse el traslado a Valencia de quienes aún continuaban en la capital a comienzos del otoño de 1937. A finales de octubre el vicerrector informaba al delegado del Ministerio de Instrucción Pública en Madrid sobre qué profesores iban a ir siendo ya dados de baja en la nómina de habilitación de la Universidad de Madrid para pasar a cobrar sus salarios directamente en Valencia. Todos los nombrados, ahora, eran de la Facultad de Filosofía y Letras. Se sabía entonces que se encontraban en Valencia José Vallejo Sánchez, Diego Angulo Íñiguez y Emilio García Gómez, y que estaban aún en Madrid Armando Cotarelo, Antonio García Bellido, Cayetano de Mergelina, Enrique Lafuente, Agustín Millares Carlo, y Luis García García[16]. A estos últimos, el vicerrector les invitaba a enviarle el listado de familiares que les acompañarían a Valencia[17].

El conjunto de los intelectuales evacuados a Valencia pudieron seguir sus trabajos e investigaciones. Se trataba, en palabras de María Zambrano (1938: 56), de que todos estos profesores pudieran hacer "ahora lo que siempre hicieron". En la Casa de la Cultura tenían oportunidad, tal y como relata Moreno Villa de "inventariar los libros traídos del Monasterio de El Escorial y empacarlos en cajones bien forrados. La tarea la hicimos entre Navarro Tomás y yo, en los sótanos del Banco de España (sucursal de Valencia). Tardamos unas veinte tardes" (Marrast 1971: 9).

En la Casa de la Cultura se celebraron también algunas conferencias. En abril y mayo de 1937, por ejemplo, varias personalidades de esa Casa de la Cultura cooperaron en cursos breves organizados en la Universidad de Valencia, entre ellas los profesores madrileños Navarro Tomás y Manuel Márquez.

Una aproximación a los expedientes personales de los profesores madrileños de los que queda constancia de su paso por Valencia nos ha permitido acercarnos, siquiera escuetamente, a la actividad que algunos de ellos desempeñaron. Sabemos así, por ejemplo, que Pedro Carrasco Garrorera[18] se encontraba instalado en la Casa de la

---

16. "Nota del vicerrector de la Universidad de Madrid, León Cardenal, al delegado del Ministerio de Instrucción Pública en Madrid". Madrid, 25 de octubre de 1937. AGUCM. Personal 219.
17. Notas del vicerrector de la Universidad de Madrid, León Cardenal, a los profesores García y García, Cotarelo, Millares, Lafuente, Sosa, García Bellido y Mergelina. Madrid, 29 de octubre de 1937. AGUCM. Personal 219.
18. AGUCM. P-464/11.

Cultura de Valencia. Allí siguió desempeñando su cargo de decano de la Facultad de Ciencias de Madrid y continuó recibiendo todos los detalles de la situación de la misma hasta su integración en la Universidad Autónoma de Barcelona, en febrero de 1938[19].

Parece evidente que Salustio Alvarado[20] estaba en Valencia ya durante el verano de 1936 y allí continuó también en 1937. Domiciliado en esa ciudad solicitó a la Universidad de Madrid el abono de su salario. Consciente de lo difícil de la situación ("deseando que el presente momento lo hayan salvado sin novedad usted y todo el personal de esa secretaría") y dejando constancia de que deseaba contribuir a la campaña en apoyo de la República ("ni que decir tiene que supongo habrá descontado usted de mi paga los días de haber donado por el personal docente para las milicias, hospitales, etc.") no descartaba la idea de poder seguir acudiendo con normalidad a sus exámenes de septiembre. Se detectaba su presencia en Valencia también en abril de 1937, cuando solicitaba el envío de la documentación necesaria para su ascenso en el escalafón de catedráticos.

Por su parte, Gabriel Martín Cardoso[21], catedrático de Cristalografía de la Facultad de Ciencias de Madrid, instalado también en Valencia, trabajaba en labores de representación del gobierno de la República en congresos internacionales. En junio de 1937, el Ministerio de Instrucción Pública y Bellas Artes lo nombraba miembro de la delegación que debía representar a España en el XVII Congreso Geológico Internacional que se celebraría en Moscú del 20 al 29 de julio. Cardoso y Alvarado, se involucraron igualmente en tareas de la sanidad valenciana en guerra, con trabajos en los laboratorios en esa ciudad disponibles (Barona y Bernabéu Mestre 2007).

Uno de los catedráticos de la Universidad de Madrid con mayor impronta en la Valencia republicana en guerra fue sin duda José

19. *Gaceta de la República*, 291, 20 de octubre de 1938.
20. AGUCM. P-436/11.
21. AGUCM. P-586/38.

Gaos[22]. Duró poco en su cargo como secretario de la Facultad de Filología y Letras, y en octubre de 1936 fue nombrado rector de la Universidad de Madrid por el Ministerio de Instrucción Pública, dada la vacante producida en ese puesto al haber sido designado Fernando de los Ríos embajador de España en EE UU En noviembre de 1936, al celebrarse el tercer centenario de la publicación del *Discurso del método*, viajó a París como delegado oficial en un congreso mundial sobre Descartes. Instalado en la capital francesa, en febrero de año siguiente, el consejo de ministros lo nombró comisario general de España en la exposición internacional de París sobre artes y técnicas en la vida moderna. Según su discípulo mexicano Manuel Mindán, siempre mostró públicamente su condición de rector de la Universidad de Madrid y "quiso aprovechar este viaje para ponerse en contacto con algunos intelectuales amigos suyos, los llamados partidarios de la Tercera España. [...] Fue a visitar a Ortega que residía en Grenoble; se anunció como rector de la Universidad de Madrid" (Mindán 2000: 68).

Desde Francia, Gaos pasó a Valencia, y podemos constatar su presencia allí aún en la primavera de 1938. Sus gestiones como rector madrileño nos permiten advertir un detalle de enorme significación: la existencia de un sello institucional que demuestra la voluntad de trabajo y mantenimiento de la Universidad de Madrid en Valencia (ahora identificada con esa nueva denominación) y la emisión de papel timbrado con ese mismo distintivo.

Otros profesores madrileños viajaron junto con alguno de los centros de la JAE que a Valencia se trasladaron. De la JAE en Valencia se encargaron, sobre todo, Navarro Tomás y Santullano (Sánchez Ron 2007: 107). Además, ante la ausencia de Cabrera, que estaba en París, el catedrático de la Universidad de Madrid Enrique Moles[23] se hizo cargo de la dirección del Instituto Nacional de Física y Química, que continuó funcionando a lo largo de los años de guerra

22. AGUCM. P-514/14. Véase Gaos (1999).
23. AGUCM. P-612/15.

y donde se realizaron algunas investigaciones con fines militares. Compatibilizó este cargo, con el de vicerrector de la Universidad de Madrid, ya lo vimos, y con el de director de Pólvoras y Explosivos (Sánchez Ron 2007: 109), todo ello desde Valencia

Igualmente, en diciembre de 1936, el gobierno nombró una comisión delegada provisional en Valencia para que intentara continuar dirigiendo la labor de la Junta; la presidía el decano de la Facultad de Medicina de Madrid, Manuel Márquez[24], en Valencia ya desde el verano, y estaba asistido por los vocales José Moreno Villa y Victorio Macho. Desde ese momento, actuaría como decano accidental de la Facultad de Medicina el profesor Francisco Tello, quien decidió quedarse en Madrid, al cargo también del Instituto Cajal. "Gracias a ello se ha salvado todo el personal de nuestro laboratorio, la magnífica biblioteca y la colección de los clichés de las publicaciones de Cajal" (Sánchez Ron 2007: 110).

Con la obligatoriedad del traslado a Valencia de todos los organismos públicos, también la JAE, con la excepción del personal indispensable "para la custodia de edificios y archivos y para el desempeño de aquellos servicios que sea estrictamente necesario mantener" en Madrid, a Valencia, partió, por ejemplo, el Laboratorio Seminario Matemático y su actividad se organizó en torno a José Barinaga[25], que dirigió las actividades del centro junto con otros profesores procedentes de Madrid como Sixto Cámara Tercedor[26], Tomás Rodríguez Bachiller[27] y Ricardo San Juan Llosá[28]. Sin embargo, al año de su establecimiento en Valencia, la Comisión Delegada de la JAE decidió la clausura del Laboratorio Matemático y el cese de sus dotaciones, quedando Barinaga únicamente adscrito a la Universidad de Valencia. No obstante, el Laboratorio Matemático continuaría funcionando debido a los esfuerzos de Barinaga, que regresó a Ma-

24. AGUCM. P-585/11.
25. AGUCM. P-444/33.
26. AGUCM. P-461/29.
27. AGUCM. P-668/6.
28. AGUCM. P-693/46.

drid, para integrarse en el Instituto Obrero, quedando unido, de nuevo, a la Universidad de Madrid.

En Valencia, funcionó también el Centro de Estudios Históricos, con otro profesor madrileño al frente, el ya referido Tomás Navarro Tomás (López-Ocón Cabrera, Albalá Hernández, Gil Fernández 2007: 301-329, Pedrazuela 2007). Así describía su experiencia en Valencia:

> Desde hace varias semanas me encuentro en Valencia con mi mujer y mis hijas. Vivo en la residencia que el Ministerio ha improvisado para los intelectuales evacuados de Madrid. Nos encontramos bien y satisfechos dentro de las graves preocupaciones que cada uno lleva dentro. El Ministerio, y especialmente Roces, tienen toda clase de atenciones con nosotros procurando rodearnos de facilidades para trabajar y hasta de cuidados familiares.
>
> Vamos a publicar unos cuadernos con la colaboración de los que convivimos en la Casa de la Cultura. [...] Los cuadernos, con trabajos tan dispares, no tendrán el carácter de una revista normal. Serán la expresión bibliográfica de las circunstancias extraordinarias que han reunido bajo un mismo techo a este grupo de gentes.
>
> Me ocupo mucho de llevar adelante los asuntos de la Junta procurando que no se extingan los trabajos que puedan continuar y que no queden abandonadas las gentes que han sido útiles y puedan volver a serlo. El Ministerio muestra decidido interés en mantener nuestras actividades. Como yo solo no podía autorizar ciertas resoluciones, propuse la formación de una comisión interina con elementos que se encontrasen en Valencia. El Ministerio aprobó la propuesta, designando para presidente al doctor Márquez y para vocales a Moreno Villa y Victorio Macho.
>
> Hemos salvado el cuaderno de la *Revista de Filología Española* que había quedado en la encuadernación de la Imprenta Hernando. Vamos a hacer su reparto en estos días.... [...]
>
> Hemos traído también a Valencia a [Julián] Bonfante para que se ocupe de la continuación de *Emérita*. Lapesa no ha querido salir de Madrid, por motivos familiares que le impiden moverse de allí. [...] Creo que Gili Gaya va a venir también, incorporado al Instituto Escuela de Valencia.
>
> Aparte de mi colaboración en la revista de la Casa de Cultura, voy a dar un cursillo de Fonética en la Universidad y voy a tomar

parte en una serie de conferencias que los compañeros de residencia estamos organizando. Tengo además a mi cargo los asuntos del Cuerpo de Archivos y aún me queda tiempo para seguir un curso de ruso y aprender declinaciones y conjugaciones (Sánchez Ron 2007: 117-118).

Como ya adelantaba Navarro Tomás, uno de los episodios más significativos de la actividad de los intelectuales, investigadores y profesores madrileños durante la guerra en Valencia fue la puesta en marcha de una publicación en la que bajo el simbólico nombre de *Madrid* aquellos alojados por el gobierno de la República en la Casa de la Cultura podrían publicar sus trabajos en curso. La publicación contó únicamente con tres números, extraordinariamente cuidados, los dos primeros editados en Valencia, en febrero y mayo de 1937, y el tercero, en Barcelona, en mayo de 1938. Según se advertía ya en la presentación del primer número, la publicación era fruto claro de la circunstancia que todos estaban viviendo:

> Esta revista carece de precedentes. Hija de una serie de circunstancias, presenta un carácter insólito desde el punto de vista bibliográfico. ¿En qué sección la incluirán los libreros y bibliotecarios? Los trabajos de ciencias exactas, o de medicina, historia y literatura se alinean en ella con los de artes plásticas. Las tareas de investigación alternan con las de creación. Sepa el lector por qué.
>
> Los hombres que colaboran aquí jamás se hubieran visto reunidos para vivir bajo un mismo techo si no sobreviene la guerra y no concibe el gobierno español ese acuerdo magnánimo y significativo de poner en salvo a las personalidades que con sus obras, contribuirán al prestigio espiritual de la Nación. La guerra, y concretamente el asedio de Madrid, iba imposibilitando el trabajo de muchos de ellos. Ninguno pidió abandonar a la ciudad querida; pero el gobierno sostuvo que los valores espirituales no son solamente las obras históricas, sino quienes las ejecutan, y que si se tiende a la salvación de aquellas, justo es salvar a los otros. Decidido a esto encomendó al 5º regimiento el convencer a cada uno de que se aviniese al traslado. Preparó para todos un albergue en Valencia, la llamada "Casa de la Cultura", y les trasladó con sus respectivos familiares y útiles

de trabajo. Finalmente, una vez aquí, la alentó a publicar una revista en la que cada cual siguiese la línea normal de su tarea madrileña, científica o artística.

Teniendo en cuenta este propósito de continuidad, surgió para título de la misma la palabra *Madrid*. Madrid es lo que nos une a todos. Si de Madrid arranca nuestra labor, a ella y en homenaje a ella han de ir dirigidos todos los trabajos que aquí se publiquen[29].

Hora de España, la otra gran revista de la intelectualidad española en Valencia, publicitó con entusiasmo la aparición de esta nueva publicación, con el nombre de la capital madrileña[30]. En *Hora de España*, la presencia de los catedráticos madrileños también resultaría determinante al formar parte de su consejo de redacción Tomás Navarro Tomás, José Gaos y Dámaso Alonso.

La publicación de artículos de profesores madrileños en esta revista que llevaba el nombre de su ciudad, *Madrid*, sería una constante. Así, en el primero vieron la luz los trabajos de Manuel Márquez, Tomás Navarro Tomás (1974: 25-32), Enrique Moles (1974: 33), Arturo Duperier (1974: 85-88; profesor de Geofísica en la Universidad de Madrid) y Pedro Carrasco (1974: 131-138)[31]. El primero entendía que esta nueva revista, debía "ser expresión fiel, según se nos ha dicho, de las actividades que los individuos en ella acogidos realizaban habitualmente [...] y en tal sentido se me ha hecho el honor de solicitar mi colaboración, sin elementos bibliográficos, ni experimentales a mano, a causa de la circunstancias, no podemos ofrecer a los lectores un trabajo original, que siempre, por ser nuestro hubiera resultado modesto" (Márquez 1974: 11). Moles entendía la oportunidad que Valencia les brindaba como un "oasis de paz, (que) cobija a los evacuados de la ciudad mártir y empieza a sentir las dificultades y carestías del terrible conflicto cercano. Tras una labor fecunda e intensa en los últimos doce meses, me ha sido dable con-

---

29. *Madrid. Cuadernos de la Casa de la Cultura de Valencia*, 1, febrero, 1937, p. 7.
30. *Hora de España*, abril, 1937, pp. 297-300.
31. También AGUCM. P-477/31.

densar en tres memorias que aparcan en Viena, Praga y París, los resultados que juzgo fundamentales en el dominio que con preferencia vengo cultivando".

En el segundo número, editado en Valencia en mayo de 1937, participaron de nuevo Arturo Duperier (1974: 15-28), Antonio Madinaveitia (1974: 83-86), Tomás Navarro Tomás (1974: 127-134) y José Giral (1974: 89-120). Y, por último, en el número 3, tras el traslado de la sede de edición de Valencia a Barcelona, volvió a participar Tomás Navarro Tomás (1974: 341-354), el único madrileño que lo hace en todos los números, así como Ignacio Bolívar (1974: 319-340). Este tercer número, impreso por Seix Barral, fue dirigido por María Zambrano, quien así se expresaba en su presentación:

> Cuando se creó La Casa de la Cultura se hizo sin duda, respondiendo a circunstancias que después desaparecieron, a urgencia que la normalidad, la nueva normalidad de la guerra ha ido acomodando. Su existencia sin embargo puede justificarse por otras actividades, más cualquiera que ellas sean, la publicación de Madrid quedará siempre como un testimonio más y de los más valiosos, del temple moral de nuestros intelectuales, de la serenidad que ha permitido y hecho posible que entre tanto dolor, entre tanto riesgo y violencia se produzca este fruto siempre difícil del trabajo científico, de la literatura, de la poesía (Zambrano 1938: 55-56).

El desenlace final de la guerra llegó y la suerte de muchos de estos profesores tendría que reorientarse por fuerza. Para una buena parte de ellos, también para Gaos, Valencia sería la antesala del exilio. Por ejemplo, Ignacio Bolívar viajó a México, donde sería nombrado profesor honorario de la Escuela de Ciencias Biológicas; Pedro Carrasco emigró a Francia en compañía de Machado y prosiguió en México sus investigaciones de Astronomía y Espectrografía; en esta ciudad formó parte con Bergamín, Navarro Tomás, Enrique Rioja y Joaquín Xirau de la Junta de Cultura Española. Por su parte, Arturo Duperier trabajó en el Colegio Imperial de Londres entre 1939 y 1945 y no volvería a España, para reintegrarse a la Universidad de Madrid, hasta 1953; Enrique Moles, pasó a Francia y allí continuó trabajando hasta que decidió volver a España, donde, tras períodos sucesivos de cárcel, trabajó como químico, fuera ya de la universidad; Antonio Madinaveitia prosiguió sus investigaciones de Química Orgánica en México, donde también se instalaron Márquez, José Giral y José Gaos, Giral y Gaos, dos rectores de la Universidad de Madrid, muertos en México, quedarían allí enterrados...

La Universidad de Madrid, su rastro republicano, acabaría así desmembrada del todo, pese a su esfuerzo cotidiano de seguir en pie, por momentos con el rector en Valencia, uno de sus vicerrectores en Madrid y el otro en Valencia, con los decanos de Ciencias y Medicina en Valencia y el de Filosofía y Letras en Madrid... Y siempre tratando de que este desmembramiento final fuera lo más tarde posible...

En el lado franquista, en aquellas universidades ya ocupadas por el Ejército, las primeras reformas –que lógicamente aún no afectaban a Madrid– se anunciaron en agosto de 1936. Una orden del día 11 establecía que para evitar que los escolares que estuvieran en el frente resultaran perjudicados ante el comienzo de la organización de los cursos preparatorios, las matrículas, exámenes, convocatorias de exámenes de ingreso y de fin de curso, se verificarían sin plazo fijo de terminación. Además, tan pronto como la circunstancia lo permitiera, se concederían convocatorias extraordinarias para exámenes a los escolares que por "prestar servicios a la Patria" no hubieran podido realizar estas pruebas. Los rectores de las universidades serían los encargados de cuidar del exacto cumplimiento del contenido de esta orden. El inicio de las actividades docentes en la enseñanza primaria también era vigilado por los rectorados. Por orden de 19 de agosto de 1936, se pretendía que la enseñanza primaria retomara la normalidad y se proponía la "españolización de las juventudes del porvenir". Para que estas funciones se llevaran a buen término los rectorados estaban comprometidos a vigilar "toda manifestación de debilidad u orientación opuesta a la sana y patriótica actitud del Ejército y pueblo español, que siente a España grande y única, desligada de conceptos antiespañolistas que sólo conducen a la barbarie".

Las disposiciones que enseguida se ocuparon de regular directamente la actividad en el nivel superior de enseñanza dejaban para un mejor momento la reanudación de las clases al estar "la mayor parte de los escolares de los Centros Universitarios y de Enseñanza Superior, en acendrado patriotismo, [...] luchando en los diversos frentes, ya como soldados voluntarios o forzosos, bien adscritos a las milicias militarizadas (Falange, Requetés, etc.) que con el Ejército coadyuvan a la salvación de España". El profesorado universitario debía presentarse en sus destinos el día 15 de septiembre provistos de su plan de trabajo que más tarde sería o no aprobado por el rector. Al rector se le atribuyeron funciones, también, en los procesos depurativos. Desde septiembre de 1936 se les daba la posibilidad de valorar, junto con los decanos, la conducta de los maestros de enseñanza primaria, de los profesores de los niveles secundario y profesional y de recibir de las autoridades militares los informes sobre personal docente universitario. El progresivo poder que los rectores, nombrados desde el bando nacional, fueron atesorando sería ya pleno una vez que la guerra acabó y estos empezaron a dirigir las universidades a su cargo.

En enero de 1937 una nueva orden regulaba el modo en que catedráticos, auxiliares y ayudantes de universidad iban a prestar sus servicios, quedando obligados a ofrecer sus conocimientos en trabajos de investigación, conferencias y labores especializadas al servicio del ejército. Entre las actividades de las que se ocuparían estarían la organización de cursos de divulgación, preparación de materias especiales, extensión del conocimiento, cursos para extranjeros, etc. siempre con el objetivo de impulsar la "cultura nacional". Los cursos serían de asistencia libre y gratuita, se realizarían en las universidades de la zona nacional y estarían dedicados a Menéndez Pelayo. El primer curso se iniciaría el 15 de octubre, concluiría a finales de diciembre y versaría sobre temas que destacaban la cultura tradicional, la ciencia española y la "Historia patria". El segundo ciclo abarcaría del 1 de enero a junio de 1938, y se centraba en aspectos relacionados con el Movimiento, Arte, Historia, Literatura y Geografía de España, Filosofía, Teología, Derecho, Economía, Medicina y

Ciencias. Tenemos constancia de la celebración, al menos, de uno en La Coruña. La universidad colaboraba también en la organización de la censura y la depuración de libros. Para ello se crearon en cada distrito universitario comisiones depuradoras que, presididas por el rector, se encargaban de retirar de las bibliotecas todo material considerado contrario a los nuevos principios. Sin duda, la más importante de cuantas medidas se adoptaron en estos momentos fue la que esboza la reforma universitaria. En septiembre de 1938, una orden ministerial establecía la creación de una comisión, integrada por catedráticos de universidad, con el objetivo de que estudiaran y ofrecieran una serie de propuestas que luego el Ministerio valoraría para reorganizar la vida universitaria española. La comisión estaba presidida por Pío Zabala (catedrático de Historia de la Universidad de Madrid) e integrada por Inocencio Jiménez y Vicente (catedrático de la Universidad de Zaragoza), Ciriaco Pérez Bustamante (de Santiago), Emilio Jimeno Gil (de Barcelona) y Juan José López Ibor (de Madrid) (Rodríguez-López 2001: 55-137). Zabala asumió la dirección de esa comisión y en ella trabajó desde entonces. Además, antes de que la guerra finalizara, Pedro Sainz Rodríguez, ministro de Educación Nacional, aún en Burgos, firmó el decreto por el que desde marzo de 1939 Zabala era también nombrado rector de la Universidad de Madrid. De su nombramiento ya había sido avisado en enero, momento en que también se pusieron en su conocimiento los nombres del vicerrector y los decanos que le acompañarían en su tarea rectoral. Todos ellos fueron ratificados y comenzaron su labor tan pronto entraron las tropas franquistas en Madrid. Julio Palacios sería el vicerrector; Luis Bermejo Vida, el decano de Ciencias; Eloy Bullón, el de Filosofía y Letras; Fernando Enríquez de Salamanca, el de Medicina; José Casares, de Farmacia y Eloy Montero, de Derecho (Rodríguez-López 2001: 283-444). Zabala asumía así el encargo de dirigir una universidad que, como se ha visto, había sido sumamente activa en el transcurso de la guerra y para la que se tenían ahora nuevos planes. Buena parte de ellos fueron discutidos por la comisión ya citada y vieron la luz en el Proyecto de Ley de Reforma Universitaria que se publicó por orden de 25 de abril de 1939. Con algunos cambios, el proyecto se convertiría, poco tiempo después, en la Ley de Ordenación Universitaria publicada en julio de 1943 y que estuvo en vigor hasta 1970. El proyecto de ley pergeñado aún en guerra fijaba como primer objetivo la revitalización histórica de la universidad española de acuerdo con el ideario del nuevo Estado, lo que suponía la recuperación del ideal tradicional de la hispanidad, la dirección por la universidad de toda la enseñanza así como la formación patriótica y moral inspirada en el sentido religioso.

La universidad sería desde ahora el organismo rector de la cultura educativa, "el más autorizado elemento orientador de las ideas fundamentales hispánicas" en el ancho terreno de la enseñanza y de la cultura. Estaría integrada por las facultades existentes (Filosofía y Letras, Ciencias, Derecho, Medicina, Farmacia) y las que más tarde pudieran crearse (desde 1943, Veterinaria y Ciencias Políticas y Económicas), así como por los institutos, escuelas, colegios y centros oficiales vinculados a la universidad.

Tres serían los fines primordiales de la institución universitaria: primero, desarrollar entre la juventud estudiante los fundamentos ideales de la hispanidad, base de la cultura verdaderamente española, del sentido tradicional y del catolicismo de "nuestro pensamiento imperial"; segundo, promover el desarrollo de una cultura propia y original (lo que se vinculaba al empleo riguroso de los métodos de investigación) y, por último, instruir y educar a los alumnos en las especialidades profesionales, capacitándolos para llevarlas a cabo y para aplicarlas de manera práctica. Para que estos fines pudieran alcanzarse, el proyecto preveía la organización por la universidad de servicios de trabajo benéfico-docentes, de patronato y de protección escolar, colegios mayores, residencias, campos de deportes, etc. En su calidad de jefe superior de la demarcación y representante del gobierno, el rector estaría asistido por una serie de órganos colectivos (el Consejo de Distrito, el Claustro Ordinario, la Junta de Facultad, el Claustro Extraordinario...) en los que se subrayaba siempre su máxima autoridad personal. La figura del rector se definía como "presidente nato de la Universidad y de sus organismos representativos" (poco tiempo después la denominación sería "jefe") debiendo asumir la representación del gobierno en la universidad y en los establecimientos de educación situados en su distrito. A su lado actuaría el vicerrector, nombrado al igual por el Ministerio para sustituir al rector en su ausencia. Los decanos representarían al rector en cada facultad, siendo también los presidentes de estas. Los nombraría el ministro, a propuesta del rector, de entre los catedráticos del centro y regirían bajo su propia autoridad los intereses de su facultad. En su vertiente gestora de la alta cultura y la investigación, la Universidad tendría capacidad para organizar los estudios de doctorado, crear nuevas cátedras, seminarios, laboratorios de cultura superior, establecer cursos monográficos, crear escuelas, fundar museos, bibliotecas especializadas y centros de publicaciones científicas. Se dibujan en este proyecto igualmente los perfiles del cuerpo docente que la universidad albergaría. Se establecen entonces cuatro categorías: catedráticos numerarios, profesores adjuntos, auxiliares y ayudantes. El proyecto redactado en guerra desde el lado franquista se ocupaba también de los fines de la educación, que quedarían cumplidos en parte con la adscripción a todas las facultades de una enseñanza apologética. La universidad, según este criterio, restauraría la vida corporativa religiosa abarcando aspectos que irían desde la moral profesional al código deontológico completo. Para la buena difusión de estos preceptos, las universidades organizarían residencias y colegios mayores en la capital del distrito, se establecería también un sistema de protección escolar destinado a los alumnos que estuvieran dotados de aptitudes excepcionales y no dispusieran de medios económicos suficientes, y se fijaba, por último, la disciplina académica, para cuyo ordenamiento pormenorizado el Ministerio redactaría un reglamento con las normas para el personal docente y administrativo, así como para el cuerpo escolar de las universidades.

Puede tomarse este proyecto como el primer contacto entre las nuevas autoridades y la nueva universidad. Llama la atención, en primer lugar, la presencia de la Iglesia, patente no solo en lo que el régimen entiende por asuntos espirituales, sino que se extiende hasta cuestiones directamente organizativas y decisorias. La Iglesia consiguió ver decretados como fines de la educación la formación religiosa del alumno y la preocupación por su preparación "moral" ante el ejercicio de su profesión. La educación espiritual y religiosa se equipara a la física e intelectual. Uno de los puntos en que la Iglesia aparece con más fuerza es, sin embargo, en la facultad de considerar –y llamar– universidades a sus instituciones de carácter educativo. En definitiva, la universidad, la de Madrid también, tenía antes de que la guerra acabara un diseño nuevo a punto de ser estrenado. Un diseño que hacía que la vida universitaria previa, la que se había resistido a dejar Madrid, la que a duras penas se sostuvo desde Valencia, quedara en un olvido obligado y amordazado, que solo años más tarde o desde fuera de España pudo romperse. En escasos tres años, la Universidad de Madrid había cambiado de planes de trabajo, de dirigentes, de personal y de ideario, y se enfrentaba desde 1939 a una nueva y vieja vida a la vez que marcaría del todo su vivencia durante el largo franquismo.

De educación y propaganda

Siempre podrá debatirse hasta qué punto y calado un sistema educativo es un laboratorio de ideas, una fábrica de ciudadanos, un espacio para la formación y conformación de un pensamiento. El debate está servido aún más fácilmente si analizamos el funcionamiento de tal sistema en una situación de guerra y más aún si hablamos de una guerra civil. Cumplir con las funciones mencionadas se tiñe entonces de la necesidad imperiosa de ganar, de avanzar en las posiciones alcanzadas, de ganar adeptos para la causa. Una causa de resistencia y una causa de consolidación de un nuevo Estado –contrario por principio al otro– estuvieron enfrentadas durante la Guerra Civil española y ambos bandos entendieron que con la educación podían conseguir mayores afinidades y, por lo tanto, más fuerza para el triunfo. La propaganda entonces se mezcla con la formación porque el objetivo último de la misma sería ganar la guerra. La victoria acabaría demostrando, o así sostenía la propaganda, que los valores sostenidos eran los más apropiados o al menos los que más y mejor se habían difundido.

Bibliografía citada

AYALA, Francisco, *Recuerdos y olvidos*, Madrid, Alianza, 2006.

BARONA, Josep Lluís y Josep BERNABÉU MESTRE, *Ciencia y sanidad en la Valencia capital de la República*, València, Universitat de València, 2007.

BOLÍVAR, Ignacio, "El Instituto Nacional de Ciencias Naturales", *Madrid. Cuadernos de la Casa de la Cultura*, 3, Barcelona, reimpresión, números 1-3, Valencia/Barcelona, febrero 1937-mayo 1938, Glashütten, Verlag Detlev Auvermann KG, 1974, pp. 319-340.

CARRASCO, Pedro, "La hipótesis individualista", *Madrid. Cuadernos de la Casa de la Cultura de Valencia*, 1, reimpresión, números 1-3, Valencia/Barcelona, febrero 1937-mayo 1938, Glashütten, Verlag Detlev Auvermann KG, 1974, pp. 131-138.

CREGO NAVARRO, Rosalía, "Las colonias escolares durante la Guerra Civil (1936-1939)", *Espacio, tiempo y forma*, Serie V, Historia Contemporánea, nº 2, 1989, pp. 299-328.

DUPERIER, Arturo, "Sobre la electricidad de la atmósfera", *Madrid. Cuadernos de la Casa de la Cultura de Valencia*, 1, reimpresión, números 1-3, Valencia/Barcelona, febrero 1937-mayo 1938, Glashütten, Verlag Detlev Auvermann KG, 1974, pp. 85-88.

FERNÁNDEZ SORIA, Juan Manuel, *Educación y cultura en la guerra civil (España 1936-1939)*, Valencia, Nau Llibres, 1984.

—"La educación en la España republicana durante la guerra civil (1936-1939)", *Bordón. Revista de Pedagogía*, nº 252, 1984, pp. 245-270.

—"La asistencia a la infancia en la guerra civil. Las colonias escolares", *Historia de la Educación: Revista Interuniversitaria*, 4, 1985, pp. 337-354.

—*Vencer y convencer: educación y política en España 1936-1945*, València, Universitat de València, 1993.

—*Cultura y libertad: la educación de las juventudes libertarias (1936-1939)*, València, Universitat de València, 1996.

—*Educación, socialización y legitimación política (España 1931-1970)*, Valencia, Tirant lo Blanch, 1998.

—*Estado y educación en la España contemporánea*, Madrid, Síntesis, 2002.

—"Iniciativas de alfabetización en la España republicana durante la Guerra Civil", *Transatlántica de Educación*, 2, 2007, pp. 94-111.

Fernández Soria, Juan Manuel y Alejandro Mayordomo, *Educación, guerra, revolución. Valencia, 1936-1939*, Valencia, PUV, 2007.

Gaos, José, *Obras completas. Tomo XIX. Epistolario y papales privados*. México, UNAM, 1999.

Giral, José, "Melaninas", *Madrid. Cuadernos de la Casa de la Cultura de Valencia*, 2, reimpresión, números 1-3. Valencia/Barcelona, febrero 1937-mayo 1938, Glashütten: Verlag Detlev Auvermann KG, 1974, pp. 89-120.

López-Ocón Cabrera, Leoncio, María José Albalá Hernández y Juana Gil Fernández, "Las redes de los investigadores del Centro de Estudios Históricos: el caso del laboratorio de fonética de Tomás Navarro Tomás", en VV.AA., *Laboratorio de España. La Junta para Ampliación de Estudios e investigaciones científicas (1907-1939)*, Madrid, CSIC, 2007, pp. 301-329.

Mancebo, María Fernanda, "Una universidad en guerra. La Federación Universitaria Escolar. Valencia, 1936-1939", en VV.AA., *La II República: una esperanza frustrada*. Actas del Congreso: Valencia. Capital de la República (abril 1986), València, Edicions Alfons el Magnànim, 1987, pp. 293-319.

—*La Universidad de Valencia en guerra. La FUE (1936-1939)*, Valencia, Ajuntament de València/Universitat de València, 1988.

Madinaveitia, Antonio, "El principio amargo de algunas compuestas", *Madrid. Cuadernos de la Casa de la Cultura de Valencia*, 2, reimpresión, números 1-3, Valencia/Barcelona, febrero 1937-mayo 1938, Glashütten, Verlag Detlev Auvermann KG, 1974, pp. 83-86.

MÁRQUEZ, Manuel, "Mecanismo de las diversas clases de visión binocular y, en especial, de la estereoscópica", *Madrid. Cuadernos de la Casa de la Cultura de Valencia*, 1, reimpresión, números 1-3, Valencia/Barcelona, febrero 1937-mayo 1938, Glashütten, Verlag Detlev Auvermann KG, 1974, p. 11.

MARRAST, Robert, "Introducción", en *Madrid. Revista de la Casa de Cultura de Valencia*, reimpresión, números 1-3, Valencia/Barcelona, febrero 1937-mayo 1938, Glashütten, Verlag Detlev Auvermann KG, 1974, p. 7.

MARTÍNEZ NEIRA, Manuel, José María PUYOL MONTERO y Carolina RODRÍGUEZ-LÓPEZ, *La Universidad española 1889-1939. Repertorio de legislación*, Madrid, Dykinson/Universidad Carlos III de Madrid, 2004.

MAYORDOMO, Alejandro y Juan Manuel FERNÁNDEZ SORIA, *Patriotas y ciudadanos. El aprendizaje cívico y el proyecto de España*, Valencia, Tirant lo Blanch, 2008.

MINDÁN, Manuel, "El magisterio de José Gaos en España", en Teresa Rodríguez de Lecea (ed.), *En torno a José Gaos*, València, Institució Alfons el Magnànim, 2000, p. 68.

MOLES ARMELLA, Enrique, "Veinte años de investigaciones acerca de densidades gaseosas", *Madrid. Cuadernos de la Casa de la Cultura de Valencia*, 1, reimpresión, números 1-3, Valencia/Barcelona, febrero 1937-mayo 1938, Glashütten, Verlag Detlev Auvermann KG, 1974, p. 33.

NAVARRO TOMÁS, Tomás, "Citas literarias sobre entonación emocional", *Madrid. Cuadernos de la Casa de la Cultura de Valencia*, 1, reimpresión, números 1-3, Valencia/Barcelona, febrero 1937-mayo 1938, Glashütten, Verlag Detlev Auvermann KG, 1974, pp. 25-32.

—"Datos literarios sobre el valor fisonómico de la voz", *Madrid. Cuadernos de la Casa de la Cultura de Valencia*, 2, reimpresión, números 1-3, Valencia/Barcelona, febrero 1937-mayo 1938, Glashütten Verlag Detlev Auvermann KG, 1974, pp. 127-134

—"La voz fisonómica en los personajes literarios", *Madrid. Cuadernos de la Casa de la Cultura*, Barcelona, 3, reimpresión, números

1-3, Valencia/Barcelona, febrero 1937-mayo 1938, Glashütten, Verlag Detlev Auvermann KG, 1974, pp. 341-354.

Pedrazuela, M., "El Centro de Estudios Históricos durante la guerra y su conversión en CSIC. Los últimos meses de la JAE en Valencia", en *Congreso La guerra civil española 1936-1939*, Madrid, 2007, <http://www.secc.es/media/docs/17_3_PEDRAZUELA.pdf>.

Puelles Benítez, Manuel de, *Educación e ideología en la España contemporánea*, Barcelona, Tecnos, 1999.

—*Política, legislación y educación*, Madrid, UNED, 2012.

Rekalde Rodríguez, Itziar, *Escuela, educar e infancia durante la guerra civil en Euskadi*, Salamanca, Universidad de Salamanca, 2001.

—"La educación social en el frente durante la guerra civil. Una historia para no olvidar", *RES Revista de Educación Social*, 17, julio, 2013, pp. 1-21.

Rodríguez López, Carolina, "La Universidad de Madrid en Valencia. Traslado y actividad de los universitarios madrileños en la capital de la República", en Manuel Aznar, Josep L. Barona y Javier Navarro (coords.), *València, Capital cultural de la República (1936-1937)*, València, Universitat de València, 1999, pp. 159-181.

—*La Universidad de Madrid en el primer franquismo: ruptura y continuidad (1939-1951)*, Madrid, Dykinson/Universidad Carlos III, 2002.

—"Las tres vidas de la Universidad de Madrid durante la guerra civil", en Álvaro Ribagorda y Eduardo González Calleja (eds.), *La Universidad Central en la Segunda República*, Madrid, Dykinson/Universidad Carlos III, 2013, pp. 323-347.

Sánchez Ron, José Manuel, "La Junta de Ampliación de Estudios e Investigaciones Científicas (1907-2007)", en VV.AA., *Laboratorio de España. La Junta para Ampliación de Estudios e investigaciones Científicas (1907-1939)*, Madrid, CSIC, 2007, p. 107.

Zambrano, María, "Notas. Madrid. Cuadernos de la Casa de la Cultura", *Hora de España*, XX, agosto, 1938, p. 56.

Bando nacional

Dionisio Ridruejo, propagandista (1937-1939)

José Luis de Micheo Izquierdo
Universidad Complutense de Madrid

1. 18 de julio de 1936. Del alzamiento militar a la Guerra Civil

Para entender el ascenso de Dionisio Ridruejo a la Delegación General de Prensa y Propaganda del régimen de Franco, hay que tener en cuenta (si no se prefiere creer en la pura casualidad) las circunstancias que rodearon el golpe de Estado del 18 de julio de 1936, y, sobre todo, su evolución.

Al referirme a las circunstancias en las que se desarrolló el golpe, quiero señalar, en concreto, la mezcla de elementos de distintas, y aun opuestas naturalezas, que confluyeron en el alzamiento militar; y cómo el desenvolvimiento de los hechos resultó en un producto bastante inesperado. Tan inesperado que, aún ahora, cabe discutir (aquí no lo haremos) qué cosa (o qué cosas) fue el régimen, además de una gigantesca máquina de concitar las más encontradas voluntades. Por marcar el camino de una manera muy concreta, podría decirse que el general sublevado menos revolucionario de los que se alzaron, Franco, se encontró, año y medio después del 18 de julio de 1936, al frente de un partido único (en realidad de un partido bífido), que tenía por objeto (supuesto) hacer una revolución fascista en la que él mismo no creía en absoluto. Máxime si se tiene en consideración que contaba para ese propósito con apoyos tan dudosos como el Ejército y la Iglesia.

Las fuerzas nacionalistas eran, por una parte –la principal– los militares sublevados, que no respondían a otra característica que a la de ser lo que comúnmente se llamaba "gente de orden": ranciamente católicos, de raigambre burguesa y políticamente conservadores (monárquicos, en gran medida) formados, en su mayoría más notable (Franco, Mola, Sanjurjo, Yagüe, Varela, Queipo) en las guerras africanas. Y, por otra –importante por su número, pero de escasa calidad combativa– los restos del naufragio democrático (CEDA, alfonsinos, regionalistas catalanes moderados, carlistas), que, en mayor o menor medida, habían conspirado desde el principio, contra el régimen republicano, y que encarnaban –en su confusión– una importante mayoría sociológica de la población católica española, que se sintió desde el principio, y –debe decirse– no sin razón, amenazada por el insensato anticlericalismo republicano. Estaba claro que el golpe buscaba una solución rápida, y ni siquiera está claro, a día de hoy, que esa solución fuera tanto la remoción del régimen republicano como una idea vaga de orden ante todo. Tan vaga como la que se contiene, precisamente, en el bando publicado por el general Franco en Las Palmas al adueñarse de la ciudad, el 17 de julio de 1936, que, como es sabido, terminó con un descriptivo "Viva la República".

Y, ¿la Falange?

La Falange (Falange Española de las Juntas de Ofensiva Nacional Sindicalistas –FE de las JONS–) no era casi nada. Un pequeño partido fascista –o, al menos, fascistizante (otro debate recurrente)– que había llevado, desde su creación el 29 de octubre de 1933, la asendereada vida de uniones, desuniones, fusiones, expulsiones y derribos a la que los regímenes parlamentarios burgueses condenan a las formaciones extravagantes. Tenía FE de las JONS[1], además del voluntarismo propio de estos movimientos, y de su imaginario fascista (camisas, banderas, formaciones, gritos y consignas) un cierto aire poético que lo alejaba algo, al menos formalmente, del fascismo italiano, y mucho más sustancialmente del siniestro nacionalismo alemán. No es este el momento ni el lugar para relatar su historia. Baste decir que, cuando se produjo el golpe, Falange Española de las JONS (FE, de aquí en adelante) reunía a un paupérrimo número de militantes (una buena parte de ellos puramente nominales) y algunos apoyos bastante mercenarios; y que su jefe nacional, José Antonio Primo de Rivera –al que llamaré José Antonio, a partir de ahora– estaba encarcelado (como una buena parte de sus mandos) e imputado por diversos delitos.

Pero el fracaso del golpe, desvanecida la idea inicial (la toma del poder por los militares llevaba consigo toda una sucesión de presupuestos que hacían inútiles planes más minuciosos), desencadenó una búsqueda de referentes imprescindibles para embridar la situación. Y por una sorprendente conjunción de acontecimientos, FE se vio convertida en tal referente. Se trataba, como digo, de un partido marginal, pero eran sus carencias –y en particular la debilidad de su ideario– las que lo hacían útil en este momento, porque era como un recipiente susceptible de albergar cualquier cosa.

Por ello, por su aspecto de fuerza de choque que superaba las ideologías caducas de los viejos partidos democráticos, apenas unos meses después de la sublevación, fracasado el golpe, y devenido en

1. FE de las JONS nació de la unión de Falange Española (el partido de José Antonio Primo de Rivera) con las Juntas de Ofensiva Nacional Sindicalistas (JONS) de Ramiro Ledesma, trasunto de la integración de las Juntas Castellanas de Actuación Hispánica de Onésimo Redondo, y las propias JONS. La unión, celebrada solemnemente entre los dos caudillos fascistas, en marzo de 1934, sin embargo, duró muy poco (Ledesma fue expulsado del partido en enero de 1935) aunque FE de las JONS, no sin sus protestas, se quedó con las siglas y símbolos jonsistas –el yugo y las flechas– y, prácticamente, con su exigua militancia, incluido Redondo.

guerra civil, FE acumulaba cientos de miles de afiliados, sus milicias tenían autonomía dentro del organigrama militar del bando sublevado[2] y los símbolos fascistas se habían aceptado como los propios de la España nacionalista (hasta el punto de discutirse agriamente si el himno nacional debería ser la monárquica "Marcha de granaderos" o el "Cara al sol"). Y estaba en el terreno de lo posible la implantación de un Estado fascista en España. FE era ese referente necesario.

Solo bajo esta perspectiva, la de la formidable improvisación a la que tuvieron que recurrir los sublevados, se comprende que un oscuro jefe local de una no menos oscura delegación de la Falange (la de la provincia de Segovia), con apenas 23 años, y que ni siquiera había terminado sus estudios superiores, llegara a controlar todo el aparato propagandístico del nuevo Estado fascista en ciernes, en plena Guerra Civil; a convertirse en el segundo de a bordo del todopoderoso Serrano Suñer (al que apenas conocía, por entonces) y a obtener el dudoso e injusto apelativo de "Goebbels español". Este personaje es Dionisio Ridruejo (El Burgo de Osma, Soria, 1912-Madrid, 1975).

2. Un fascista de circunstancias

Pero, ¿quién era Ridruejo entonces? Un joven poeta, que se movía con soltura en los círculos intelectuales y sociales del Madrid republicano; que ya había publicado un libro –casi un escolio del modernismo– (*Plural*, 1935); y, políticamente, uno de tantos jóvenes de su clase que abrazaron el fascismo por motivos sentimentales y estéticos: "Di mi adhesión al pequeño movimiento falangista, más por la pasión juvenil de tener algo a que entregarse que por la esperanza razonada de ver realizada su utopía" (Ridruejo 1988: 7). Su formación

2. FE de las JONS disponía de dos academias de oficiales, dirigidas por el propio partido.

en el ideario de FE, como señala varias veces en sus abundantes (pero a veces velados) testimonios históricos de esta época, era escasa, lo que no deja de llamar la atención en un hombre que sería, a la postre, el encargado de imbuirla *velis nolis* a los españoles.

Dionisio Ridruejo empezó la guerra como jefe local de FE en Segovia, al mando de un ramillete de estudiantes de enseñanza media, y con un arsenal formado por tres pistolas y un detonador de juguete. De las pistolas solo una contaba con la imprescindible munición, como informó, es de imaginar que con bastante vergüenza, al responsable de la sublevación, cuando, siguiendo órdenes del mando, se presentó para ofrecerle tan pobre contingente (Ridruejo 1976: 61). Era, además, responsable local del sindicato universitario falangista, el SEU, desde 1935, por mandato expreso y directo de José Antonio, lo que implicaba únicamente responsabilidades sobre sí mismo, puesto que solo él conformaba la organización en la capital castellana.

No sería justo considerar que, en ese momento, Ridruejo fuera un fascista convencido; ni siquiera sería cierto decir que la política le interesara de un modo fundamental. Dejando aparte sus años infantiles, en 1930 había empezado Derecho en Madrid, en concreto en el Real Colegio Universitario María Cristina, de San Lorenzo de El Escorial, sin ninguna vocación, por lo que empleó mucho tiempo en cultivar la amistad de un selecto grupo de intelectuales, que le fueron dirigiendo en su afán de hacerse escritor. Algunos de ellos –muy singularmente Antonio Tovar– aparecerán después a su lado, cuando Ridruejo ostente ya responsabilidades jerárquicas en el Estado del 18 de julio.

En 1931, se produjo, como es bien sabido, el advenimiento de la Segunda República. Dos años después, el gobierno republicano decretó el cierre del Colegio, y Ridruejo marchó a Segovia, sin poder ni terminar los exámenes. Sin embargo, no se fue como había llegado. Las circunstancias políticas de esos dos años de régimen republicano le habían ido inclinando hacia el fascismo, tras el paso natural por la CEDA. Fue esencial la lectura de *Genio de España*, de Giménez Caballero –"GC"– para que se produjera este giro, y el tímido e incipiente poeta abordara la curva decisiva de su vida:

> Vi en las manos del escritor Antonio Robles, un ejemplar de la bonita edición de *Genio de España*. "Es un disparate fascista del [*sic*] Giménez Caballero", comentó el humorista republicano. Lo compré enseguida. El fantasma del fascismo aleteaba ya (1932) por la imaginación de los jóvenes de mi clase y condición, que estábamos pendulando entre los manifiestos futuristas de Marinetti, la visión de *El acorazado Potemkim* y la lectura de Menéndez y Pelayo. El libro no corregía el estilo –simplificaciones y relumbres– del autor. Pero me fascinó (Ridruejo 1976: 156).

Tan fascinado quedó Ridruejo que, al llegar a Segovia, se afilió a FE, partido recién fundado por José Antonio –al que, por cierto, no le hacía demasiada gracia el ensayo de GC–. Pero lo cierto es que el pequeño partido no puede decirse que le robara, en ese primer momento, mucho tiempo. De hecho, fue en 1934 cuando publica su primer libro de poesía, ya reseñado. Aunque tampoco le era tan indiferente, puesto que Antonio Tovar recuerda que, en 1935, Ridruejo "me hablaba como un celoso falangista lleno de esperanzas" (Tovar 1976: 47).

Tampoco era un militante cercano al mando. Realmente, no cabe sino considerar su militancia como nominal. Ya se ha dicho que la organización, en Segovia, no tenía representatividad alguna. El mundo de Ridruejo seguía siendo la literatura, que cultivaba tanto en el plano teórico –leyendo a los autores tanto modernos como clásicos– como práctico, pergeñando poemas, a la búsqueda de su modelo estético.

No obstante, sucedió un acontecimiento importantísimo (quizás mucho más importante de lo que el mismo Ridruejo terminara de aceptar): el joven poeta tuvo ocasión, por pura casualidad, de conocer a José Antonio Primo de Rivera, su jefe político, en una velada literaria en la Granja de San Ildefonso, en casa de unos amigos comunes. En la tertulia, "más literaria que política", leyó Ridruejo algunos de sus poemas, con bastante nerviosismo, y recibió, incluso, una crítica de José Antonio sobre el efecto de los acentos agudos en los endecasílabos (Ridruejo 1976: 52).

La personalidad de José Antonio dejó un poso permanente en el alma de Ridruejo. No es cuestión –al menos ahora– de discutir si su relación fue más o menos cerrada. Eso da lo mismo, creo, aunque no debe dejar de reseñarse que tanto en *Escrito en España* como, sobre todo, en *Casi unas memorias*, Ridruejo da cuenta de numerosos encuentros, algunos en eventos sociales, pero otros en situaciones muy distintas. Como sea, y a pesar de que no negó nunca su admiración por Primo de Rivera, pone siempre una cierta distancia, como se ve en este párrafo, algo crepuscular, y teñido de desengaño barroco:

> No fue nuestra relación –no podía serlo– una amistad personal. Para ello me sobraba a mí reverencia y a él edad. Cuando se han recién cumplido los 23, los 33 son muchos años. Pasa el tiempo y todo lo muda: hoy para mí, aquel hombre es ya un joven. El mito, por otra parte, se ha apeado, dejando, sin embargo, un poso sentimental muy positivo (Ridruejo 1976: 55).

Sin embargo, lo cierto es que (qué paradójico, Ridruejo, siempre) es difícil no advertir en su literatura, y hasta en su vida pública, una resonancia joseantoniana constante. No me refiero solo a sus obras y actitudes de juventud, donde salta a la vista; sino también a sus escritos y hechos posteriores. En todo caso, y por lo que a este trabajo interesa, hay mucho del estilo de José Antonio en los escritos propagandísticos de Ridruejo. Tanto que si no fuera una *boutade*, diría que Dionisio Ridruejo interpretó y expresó con más exactitud que José Antonio –y la exactitud es un término esencialmente joseantoniano– la doctrina falangista. Y que contribuyó de manera decisiva a desarrollarla, como se verá.

En septiembre de 1934, Dionisio Ridruejo se traslada a vivir a Madrid para cursar estudios en la escuela de periodismo de *El Debate*, el periódico cedista de Herrera Oria. Para entonces, Ridruejo se relaciona frecuentemente con "la corte de poetas de José Antonio" (Rodríguez-Puértolas 2008: 138) de la que formaban parte Mourlane, Foxá, Montes, Alfaro, Ros..., y llegó a colaborar con dos versos[3]

3. "Volverán banderas victoriosas / al paso alegre de la paz".

en la composición del celebérrimo himno de FE (que ya es FE de las JONS), "Cara al sol".

> La sociabilización de Primo de Rivera facilitó la constitución de aquella "corte literaria". [...] Seguramente en aquella tertulia [la de la Ballena Alegre] se habló alguna vez de componer un himno para el nuevo partido, pero la decisión de componerlo se adoptó en otro lugar: la "cueva" del Or Kom Pom, el 3 de diciembre de 1935 [...]. La "escuadra de poetas", formada por el propio Primo de Rivera, José María Alfaro, Agustín de Foxá, Dionisio Ridruejo, Rafael Sánchez Mazas, Jacinto Miquelarena y Luis de Urquijo [...] escribió el "Cara al sol", al que puso música Juan Tellería, también asistente (Mainer 2013: 81).

Resulta curioso que en ese clima de tensión política inaguantable en que se vivieron los últimos meses de la República, Ridruejo permaneciera bastante ajeno a lo que sucedía. No consta, en la numerosa bibliografía que desde 1939 en adelante se publicó sobre la actividad de la Falange en esos años, ninguna referencia de importancia a Ridruejo. Parece como si su vida se moviera en un mundo tan ideal como el de sus sonetos. Incluso no deja de llamar la atención la forma, frívola y despegada, en la que Ridruejo aborda la etapa previa a la Guerra Civil:

> Recuerdo que la última reunión que tuve con Samuel [Ros], con Ponce [Alfonso Ponce de León Cabello, pintor expresionista] con Xavier [de Echarri], con Pedro [Mourlane] y con el escultor Aladrén fue para planear un posible crucero por el Mediterráneo, que se ofrecía por aquel verano por 3.000 pesetas [...] (Ridruejo 1976: 44-45).

Y termina con este párrafo, bastante estupefaciente:

> [...] sólo los que conocían la verdad a fondo pensaban que lo presumible era inminente. Si al presidente del Consejo de Ministros le tomó la sublevación de África en plena incredulidad, ¿por qué los vagos adheridos a fuerzas no decisivas habían de pensar que la cosa iba al galope? (Ridruejo 1976: 44).

Ridruejo, a pesar de esta curiosa ceguera, relata que volvió a Segovia en junio de 1936 y que "sabía la prueba que se les venía encima" (Ridruejo 1976: 64). Inmediatamente se implicará en la sublevación pendiente. Es nombrado jefe local de FE, y, una vez estallada la guerra, jefe local, pero de propaganda. Su primer contacto con este mundo. Cumple, entonces, dedicar un breve comentario a esta modalidad de hacer la guerra.

Excursus: propaganda y Guerra Civil

La Guerra Civil fue, seguramente, la primera guerra moderna en muchas cosas. De manera, creo, algo precipitada, se la viene considerando como un ensayo para la Segunda Guerra Mundial; pero sí es verdad que fue en la guerra de España donde apareció, por primera vez como un arma más, la propaganda.

La propaganda política había sido esencial en el proceso de surgimiento del fascismo italiano, como medio de unir –aglutinar– a las masas en torno a una serie de iconos –diríamos hoy– cuyo principal exponente era, obviamente, Mussolini. Recuerda el profesor italiano Francesco Barbagallo (citado por Sevillano 1998: 81) que

> [...] la naturaleza esencialmente violenta de los años de formación y consolidación del régimen fascista italiano, que se constituyó como un Estado policial con funciones represivas, no excluía que la dictadura intentara fundamentarse sobre la organización de una amplia adhesión de masas con la doble finalidad de superar la ruptura entre el Estado liberal y las masas y de responder a las exigencias de reorganización capitalista, por lo que, a diferencia de los sistemas autoritarios de tipo tradicional, la organización del consenso mediante instrumentos de difusión cultural y de comunicación social fue un aspecto esencial.

Y no menos esencial fue en la toma del poder por parte del nazismo, en Alemania, apenas tres años antes de que estallara la Guerra Civil, de tal manera que el nombre del ministro de Propaganda del Reich, Joseph Goebbels, es el exponente del uso de la propaganda en estos menesteres. Teniendo en cuenta el carácter totalitario del fascismo, y su debilidad por las técnicas emergentes en aquella época (muy en particular por el cine) no es de extrañar que los medios de comunicación de masas se les revelaran a sus dirigentes herramientas perfectas para la creación de esa comunidad nacional excluyente, cuya consecución caracteriza a esta ideología.

Que esta forma de hacer estaba muy bien intuida por FE al empezar las hostilidades se ve en esta simple decisión de nombrar responsables en este ámbito desde el primer momento. Pero no estamos del todo ante modelos intercambiables con Alemania o Italia, sin perjuicio de su evidente influencia. La llegada al poder del fascismo en estos países se produjo mediante procesos, que fueron cumpliendo una serie de etapas. Claro es que hubo un sinnúmero de improvisaciones (el éxito de la marcha sobre Roma fue tan inesperado para Mussolini que ni siquiera formaba parte de la manifestación, por ejemplo; el *Putsch* de Múnich no pasó de ser un episodio más digno de una ópera bufa que de la teoría elemental de un golpe de Estado); pero se desarrollaron sobre un tablero políticamente estable, reconocible siquiera en sentido formal, y, al menos desde este punto de vista, admiten un análisis cronológico razonable.

En el caso español, es claro que no. El bando nacionalista estaba a caballo entre la revolución pendiente de una pujante –en apariencia– y revolucionaria FE y el carácter burgués y católico-conservador, que era la verdadera naturaleza del alzamiento, y su rumbo natural. El choque entre la revolución pendiente y la realidad alteraría la unanimidad que había presidido –de grado o por fuerza– las revoluciones nacionalistas en Alemania e Italia, hasta el punto de que esa revolución ni siquiera llegó a nacer; y la dispersión de fuerzas, incluso después de la unificación, afectó también, como es natural, a la propaganda.

3. Los primeros meses de Guerra Civil. Segovia

A Ridruejo lo habíamos dejado de jefe local de Segovia, y responsable local de propaganda. Como tal, había fundado un periódico, *Fa-*

lange –"pulcro y retórico", según el mismo Ridruejo– al que luego califica de "tan inocentemente imperial y sindicalista como las circunstancias aconsejaban" (Ridruejo 1976: 65-66). Resulta difícil sostener la veracidad de esa posición subalterna, respecto del contenido de una publicación de la que fue fundador y director; y, mucho más, aceptar la pretendida inocencia de las ideas contenidas en las palabras "imperial" y "sindicalista", estando las cosas como estaban. Es, creo, evidente, que –por encima de ese tono como de travesura que usa para contarlo– el joven poeta había asumido sus funciones directivas y propagandísticas, por incipientes o modestas que fueran, de forma decidida, y tomando iniciativas propias.

Sin embargo, las cosas iban a cambiar muy pronto en el entorno político de Ridruejo, debido a la evolución del golpe de Estado, su conversión en guerra civil y su cristalización en dictadura.

El 20 de noviembre de 1936, y aunque la noticia no se hizo oficial hasta 1937, José Antonio –ascendido a mito en las filas nacionalistas– había sido fusilado en Alicante. Un histórico, pero de segunda fila, Manuel Hedilla Larrey, jefe provincial de Santander, y persona de limitada capacidad, enfrentado a otros camisas viejas –y a alguna nueva– con menos escrúpulos y más ambición se hizo cargo, como jefe provisional (a José Antonio se le empezó a nombrar como "el Ausente", porque volvería) de encabezar el partido. Se estaba produciendo un vacío de poder *de facto*, y entre los nacionalistas se estaba imponiendo la idea, y lo cierto es que con toda naturalidad, de que la guerra exigía dejar de lado los intereses partidistas para confiar su dirección a un mando único, con capacidad para obtener la victoria. La resistencia estaba en los falangistas más recalcitrantes, los camisas viejas, afiliados a FE antes de la guerra, entre los que se contaba Ridruejo, y que todavía llamaban al alzamiento "revolución".

Y Ridruejo, en Segovia, iba siendo testigo de lo que empezaba a barruntarse, como lo describe perfectamente este párrafo:

> Se imponía pues una época de organización y, por otra parte, iba a comenzar la batalla política de retaguardia por la definición de

> lo que ya dejaba de llamarse alzamiento, para llamarse movimiento, que algunos hasta llamábamos revolución (Ridruejo 1976: 65).

Es decir: FE veía peligrar –paradójicamente, ya que era la fuerza política mayoritaria– su objetivo de constituir un Estado fascista, por la presión de la burguesía y los militares monárquicos y de la Iglesia católica. Y, lo que era peor, veían cernirse sobre ellos el riesgo que ya José Antonio (Primo de Rivera 1963: 969) había entrevisto: su conversión en una fuerza de asalto, al servicio de los más conservadores.

4. Nombramiento como jefe local de Valladolid

Así las cosas, en los primeros días de 1937, Ridruejo fue nombrado, a instancias de Manuel Hedilla, jefe de la Falange de Valladolid, cuyos miembros tenían una bien ganada fama de hombres duros, muy distinta de la tropilla adolescente de Segovia. Era un cargo difícil, dada la grave crisis de mando existente tras la muerte de su principal adalid, Onésimo Redondo, al empezar la guerra; y el posterior descabalgamiento de su hermano Andrés, que sonó para continuarle, aunque no superó la oposición del núcleo duro de la militancia. Los falangistas vallisoletanos llevaban muy a gala haber estado, antes y ahora, en 'primera línea'. Sin perjuicio de que fuera así, FE de Valladolid se había hecho célebre por la virulencia con la que supo limpiar la retaguardia, aunque, en honor a la verdad, cuando llegó Ridruejo a su mando, estas actividades habían remitido casi del todo, sin duda por falta ya de causa[4].

---

4. Dionisio Ridruejo, enfrentado al problema de la represión de los sublevados en Castilla la Vieja, ejecutada, en buena parte, por las milicias de FE, asegura con vehemencia que él nunca participó, ni alentó, tales desafueros (Ridruejo 1988: 9), sin perjuicio de que asuma la culpa que le corresponda por haber sido jerarca del régimen. Igualmente, Manuel Penella, secretario personal y biógrafo, señala (Penella 2012: 157) que no hay constancia documental ni testimonial de

El cargo, al que Ridruejo llegó poco convencido, le había venido, sin embargo, de la mano, curiosamente, de la propaganda, y de sus tiempos de jefe local en Segovia. Tuvo su origen en 1936, durante una, al parecer, improvisada celebración patriótica en esta ciudad (quizás la toma de Badajoz por los nacionalistas). Con motivo de este acontecimiento (o quizás de otro, porque Ridruejo, lo que no deja de causar extrañeza, o de no causarla[5], es incapaz de concretarlo) y para celebrarlo como era de rigor, se reunieron en la plaza del Ayuntamiento de esta ciudad las milicias segovianas y las autoridades, entre ellas Dionisio Ridruejo. Pero salieron al balcón, al parecer sin preparar la arenga correspondiente. El mismo Ridruejo recrea los hechos, adornándolo con todo tipo de cautelas y casualidades. Ridruejo siempre da la sensación de que estaba ahí como podía no haber estado:

> Se hizo un poco de silencio y el gobernador, o el alcalde, dijo: "Alguien tiene que hablar". El jefe provincial de Falange me dio un fuerte codazo en las costillas echándome sobre los hierros del balcón y ordenó lacónico: "Habla tú" (Ridruejo 1976: 68).

Ridruejo sostiene que para él fue una sorpresa descubrir que estaba hecho para dirigir a las masas, aunque fuera como altavoz de otros que ya habían sentado las bases de su discurso, y de los que él, Ridruejo, solo era un sintetizador. Aunque no recuerda su primer

---

que Ridruejo tomara parte, ni directa ni indirectamente, en ningún tipo de represión.

5. La toma de Badajoz (12 al 14 de agosto de 1936), y la consiguiente ruptura por el oeste del Ejército republicano (y por eso digo lo de la extrañeza) supuso la operación estratégicamente más decisiva de la primera fase de la guerra. Y también un episodio muy sonado, a causa de la represión de los nacionalistas, denunciada, con más o menos exageración, por los republicanos. Resulta extraño que Ridruejo no recuerde la que fuera su primera intervención relevante, si esta estuvo ligada, precisamente, a esta operación, celebrada en todo el territorio sublevado por todo lo alto. Más bien parece que, como en tantas veces, el soriano mira el pasado con ojos de presente.

discurso –al evocar sus palabras emplea el término "debí"– sí es consciente de una cosa, fundamental aquí, y con la que no se puede menos que estar de acuerdo:

> Sé muy bien que en ese momento comenzaba mi carrera –no muy larga, eso sí– de Chanfalla-Montiel. Un oficio que tendría luego muy ilustres continuadores en el dominio de los *mass media* (Ridruejo 1976: 68).

A partir de entonces, y durante todo 1937, hasta este nombramiento como jefe provincial en Valladolid, Ridruejo había ampliado su radio de acción a toda la provincia de Segovia; a la de Valladolid, luego, y, después, a los propios combatientes, convirtiéndose en un "altavoz del frente". Ridruejo recorrió los frentes durante esos primeros meses de lucha, desplegando ante los soldados y los enemigos su brillantez expresiva, y convirtiéndose en uno de los más cotizados oradores del bando nacional. Nada tiene de extraño, entonces, que Hedilla, como hemos dicho, se fijara ahora en él.

Ridruejo, no obstante, dudó en aceptar el cargo, y no lo asumió sino después de cavilarlo mucho, porque, además, "aceptar era tomar una grave decisión: la de torcer el rumbo previsible de mi vida, embarcándome en la nave política, que es de las que nunca tornan" (Ridruejo 1976: 72).

Ni pizca de razón le faltaba a Dionisio Ridruejo. No tanto por su ascenso a jerarca de cierta importancia, sino porque fue en Valladolid donde se iba a decidir su vida política.

5. El decreto de unificación. La Jefatura General de Propaganda

Ridruejo asumió, finalmente, el cargo, y se incorporó a su puesto. Siguió desplegando sus capacidades propagandísticas y oratorias, y redobló su esfuerzo de ideólogo, publicando artículos de opinión en los principales diarios falangistas, singularmente en *Arriba*. También se ocupó de insuflar vida al antiguo Auxilio de Invierno, la organización de beneficencia pública, dirigida por Mercedes Sanz Bachiller, viuda del fallecido Onésimo Redondo. Desde mayo 1937, con su nueva denominación de Auxilio Social, estaba enmarcada en su Delegación Nacional, y, además de para sus fines propios, se empleó profusamente para actividades de propaganda, mediante murales, carteles, discursos, publicaciones periódicas, etc. (Orduña 1996: 237-256).

También protagonizó Ridruejo un sonado escándalo, al ocupar y radiar el 29 de octubre por Radio Nacional, contra la expresa prohibición del mando, el discurso pronunciado por José Antonio en el cine Europa de Madrid, el 2 de febrero de 1936, muy crítico contra el capitalismo (texto completo en Primo de Rivera 1945: 109), aventura en la que también le acompañó Antonio Tovar (1976: 49).

Se avecinaba, sin embargo, el momento crucial de la llamada "unificación", cuyos primeros síntomas ya hemos visto que Ridruejo había percibido en Segovia. En realidad, la colocación de todas las fuerzas políticas (en particular de falangistas y requetés) bajo un mando único, llevaba gestándose desde que Franco ascendiera a la jefatura del Estado (1 de octubre de 1936). Era un elemento clave para su Estado autoritario, como es de imaginar. Pero tuvo que esperar a que su cuñado (y albacea de José Antonio, aunque nunca simpatizó con FE), Ramón Serrano Suñer, antiguo diputado de la CEDA, escapara del Madrid republicano, donde había conseguido sobrevivir a las sacas de noviembre de 1936 (no así sus dos hermanos, asesinados en Aravaca). Cuando se incorporó al cuartel general franquista en febrero de 1937, recibió el encargo de diseñar un Estado totalitario, con un único jefe: Franco.

El encargo respondía, estrictamente, a un modelo de Estado autoritario, cuya ideología quedaba subordinada a este carácter[6]. Se-

6. Aunque es un lugar común afirmar que la constitución jurídica del Estado del 18 de julio tuvo carácter profiláctico, para evitar una especie de golpe por parte de las milicias falangistas, al estilo del que Hitler había abortado en la Noche de los Cuchillos Largos (1934), creo que no es así. Los propósitos iniciales del ge-

rrano, en un primer momento, y previendo las dificultades internas que tal cosa llevaría consigo, había parado las urgencias de Franco; pero, convencido de que la guerra iba a durar mucho más de lo previsto, y de que era preciso organizar el presente, pero sobre todo el futuro, empezó la tarea.

Así, tras algunas normas previas, de menor alcance, el 19 de abril de 1937, se promulgó el decreto de unificación, por el que se eliminaban los partidos políticos en la zona nacional, y se constituía Falange Española Tradicionalista y de las Juntas de Ofensiva Nacional Sindicalistas (FET y de las JONS) como partido único. La norma no fue bien recibida en los sectores más fascistas de la Falange, ya que entendían que el apaño eliminaba de raíz la capacidad revolucionaria de la Falange (no se habían querido dar cuenta de que esa capacidad revolucionaria, de haberla tenido alguna vez, había dejado de existir desde que la pusieron al servicio de una empresa más bien reaccionaria). Esto dio lugar a un amago, bastante ridículo, de sedición –los llamados "Sucesos de Salamanca"– que se saldó con la condena a muerte de Manuel Hedilla, el sucesor de Primo de Rivera en la jefatura nacional de la Falange, que se había negado a ocupar su cargo de miembro de la Junta Política, descontento, no tanto con la unificación en sí (de hecho, Franco le había mantenido puntualmente informado de todos estos movimientos, y su incorporación al aparato de gobierno era cosa pactada), sino con el papel que en ella le correspondía a la Falange[7].

Ridruejo, en principio era firme partidario de no aceptar la unificación, pero no sabía que estaba a punto de llegarle, de su mano, el cenit de su poder[8]. Cuando la detención de Hedilla, que él presen-

---

neral Franco no se alteraron por las algaradas insustanciales de los falangistas, ni por las fantasías del carlismo o de otras fuerzas menores del bando nacionalista, y el Estado autoritario pensado por el general cayó, inexorable, como estaba previsto desde que alcanzara la jefatura del bando sublevado.

7. A este respecto, véase el exhaustivo examen de Joan Maria Thòmas (2014).

8. Ridruejo se alineó junto a los, digamos, 'revolucionarios', los hedillistas, en parte por fidelidad a la idea, y en parte por fidelidad a las personas (Pilar Primo

ció, ya que se encontraba en su domicilio, se precipitó, junto con Pilar Primo de Rivera, al gobierno militar, para solicitarle a Franco que reconsiderara la decisión, y que se entrevistara con los jerarcas falangistas para reconducir la situación. Tomado en un principio como un guardaespaldas de la hermana del fundador, fue hecho pasar finalmente ante el general Franco por, precisamente, Ramón Serrano Suñer, a quien no conocía, pero al que tuvo ocasión de expresarle, precipitadamente, su indignación[9]. Ridruejo no tuvo éxito en la petición de libertad (aunque Franco, formulariamente, sí mantuvo, como le solicitó el soriano, algunas entrevistas con jefes falangistas como Aznar, Bravo, Dávila y otros); pero el mismo Franco le hizo notar a Serrano que el único falangista que le había parecido valioso era, precisamente, Ridruejo[10].

---

de Rivera, sobre todo, que era lo más próximo a José Antonio que quedaba). Pero en su fuero interno, siempre estuvo más cerca de la unificación del mando, máxime cuando lo cierto es que el decreto proporcionaba a FE lo más parecido a un Estado fascista que cabía esperar. Por ello, los motivos de la rebelión falangista (o lo que fuera), pintada después por los 'puros' como una suerte de sacrificio bárbaro al Moloch franquista, son inexplicables, y carecen, visto lo visto, de sustancia. Se acercan más a una disputa infantil por el fuero o el huevo, que a una lucha gallarda por la idea.

9. Ridruejo hace notar que Serrano, aunque era la primera vez que le veía, le comentó que conocía sus discursos, por haberlos oído en radio, o leído en la prensa (Ridruejo 1976: 96), aspecto que corrobora Serrano (1976: 87).

10. Resulta notable que Franco, ni en los peores momentos de la relación de Ridruejo con el régimen, mostrara especial inquina contra él. Ya siendo jefe provincial de Valladolid, en 1937, se produjo un sonado acontecimiento, protagonizado por él mismo, cuando, quebrantando la prohibición expresa del gobernador civil, leyó, tras apoderarse al mando de una escuadra de la emisora local de radio, un discurso de José Antonio particularmente crítico contra el capitalismo (Ridruejo 1976: 87). Ridruejo pisó la cárcel, pero sin mayores consecuencias que unos días de arresto. El segundo enfrentamiento, por la detención de Hedilla, tuvo un resultado impensable para el soriano, ya que le convirtió en delegado nacional de propaganda. Y, finalmente, su disidencia, que fue pública y precedida por una carta acusatoria al general Franco, tampoco le causó los problemas que por los que otros tuvieron que pasar. Se diría que había algo en Ridruejo que atraía a Franco... O que nunca le pareció un peligro.

Iniciado así el proceso de creación del Estado franquista, Ramón Serrano Suñer fue apoderándose paulatinamente de los resortes decisivos del poder, aunque, en rigor, no ostentase en el entramado cargo alguno. La rebelión falangista fue resolviéndose sin más drama que la conmutación de la pena de muerte a Hedilla; y poco a poco, los falangistas, Ridruejo y su grupo "primorriverista" incluido, aceptaron el mando único de Franco, sin mayores problemas. Ridruejo (2008:12) se atribuye un cierto papel de mediador, "correveidile", entre el cuartel general de Serrano y los falangistas 'auténticos', donde sitúa el origen de su mutua amistad.

Como sea, Serrano empezó, entonces, a desarrollar, poco a poco y sin precipitaciones, la construcción de un aparato capaz de ganar la guerra, y, sobre todo, asegurar la paz y el mando soberano de Franco. Formó un Consejo Nacional de FET y de las JONS, el 19 de octubre de 1937, y su correspondiente Junta Política (en ambos organismos primaba la representación falangista); y en enero tomó posesión el nuevo gobierno, que sustituía al mando puramente militar, denominado, hasta entonces, Junta Técnica del Estado (JTE). Ramón Serrano Suñer, por fin, ocupó una cartera, la importantísima de Interior, de la que se hizo depender los servicios de prensa y de propaganda.

Aunque Ridruejo creía que en el reparto de cargos se le destinaría a otros menesteres, el ministro le ofreció la entonces llamada Jefatura General de Propaganda (Ridruejo 1988: 12) que, aunque rechazó en un primer momento, aceptó posteriormente. Ridruejo –como orador y agitador conspicuo que había llegado a ser–, formaba ya parte del Consejo Nacional de Propaganda de FE de las JONS, y, en tal concepto, era miembro del grupo que representaba a los falangistas en la redacción de los estatutos del recién creado partido único (Morente 2006: 150).

Ridruejo ofrece una curiosa versión de este hecho, del que se desprende que sus previsiones eran muy otras:

> Por lo que a mí atañe, se encontró que era demasiado joven, demasiado soltero y demasiado aficionado a las mujeres para encargarme del gobierno de la juventud e inspirar confianza a los padres

> de familia del país. Y, en conclusión, se consideró más adecuado para el puesto al sevillano Sancho Dávila que, por otra parte y en materia de Educación, [*sic*] no iba a crear el menor problema (Ridruejo 1976: 122).

Notable, y sobre todo improbable, autorretrato de Ridruejo, convertido a sí mismo en una suerte de crápula, o de maldito. Es cierto que Sancho Dávila no iba a crear problemas al gobierno, pero ni como encargado de la juventud ni en ningún otro puesto. Tan cierto como que Serrano ya tenía pensado, desde siempre, que Ridruejo se encargara, por méritos propios y no para apartarle de otro sitio por sus poco creíbles flaquezas de la carne, de lo que mejor dominaba, como era notorio: la comunicación.

6. La propaganda nacionalista hasta ese momento

Pero antes de seguir adelante, cabe detenerse un instante en el estado en el que estaba el aparato de propaganda nacionalista, cuando Ridruejo accedió a su jefatura.

Resumiendo mucho, al empezar la guerra todos los partidos que apoyaban al bando nacional, en mayor o menor medida, tenían aparatos de propaganda en funcionamiento. Sin perjuicio de esto, se había fundado también una llamada Oficina de Prensa y Propaganda, a cuyo frente se situó al célebre y tremebundo general Millán Astray. A su lado, GC, Arrarás, y alguno más. Este embrión fue sustituido pronto por una Dirección de Prensa y Propaganda, dirigida por el católico Vicente Gay, que empezó a tomarse muy en serio la difusión de consignas e idearios.

Por decreto de 19 de enero de 1937 –al tiempo de incorporarse Ridruejo plenamente a la propaganda– la Dirección fue sustituida por la Delegación de Prensa y Propaganda, a la que se hizo depender directamente de la Secretaría del jefe del Estado, con unas funciones inequívocas, como se lee en la propia norma: "Coordinar el servicio de las estaciones de radio, señalar las normas a que ha de sujetarse la censura y, en general, dirigir toda la propaganda por medio del cine, radio, periódicos, folletos y conferencias", según transcribe Morente (2006: 165).

Un comandante del Ejército, Arias Paz, ocupó la cabeza de este organismo, sustituyendo a Gay. Precisamente Arias Paz había sido el que creó el aparato de los "altavoces del frente", antes nombrados. Tuvo de segundo, y de vigilante, al monárquico Vegas Latapié (Santonja 1996: 29).

Por fin, constituido ya el primer gobierno de Franco en los términos que ya he dicho, Ramón Serrano Suñer, en su calidad de ministro del Interior, instituyó el Servicio Nacional de Prensa y Propaganda, del cual se escindieron las dos ramas correspondientes a su propia denominación: Prensa por un lado; y Propaganda por el otro. La dirección de la primera se encomendó a José Antonio Giménez Arnau; la de la segunda, a Dionisio Ridruejo, con el cargo oficial de jefe nacional del Servicio Nacional de Propaganda (decreto de 2 de marzo de 1937).

Es importante destacar que, al lado de esta organización, digamos, nacional, e independiente –hasta cierto punto– de ella, los falangistas mantenían una Delegación de Prensa y Propaganda de FE y de las JONS. Su responsable era Fermín Yzurdiaga, sacerdote y falangista; un tipo singular que se caracterizaba, además de por su capacidad oratoria, por su discurso radicalizado y violento, además de barroco hasta el extremo[11]. Precisamente fue él quien reclutó formalmente a Ridruejo para la propaganda, y hasta le nombró vocal de su consejo asesor, aunque al soriano, el llamado 'Cura Azul' no le

11. En su círculo, durante los primeros meses de la guerra, se había ido formando, en Pamplona, un grupo compuesto por escritores como, entre otros, Ángel María Pascual, Rafael García Serrano, Joaquín Ilundáin, López Ibor, Pedro Laín, Eugenio Montes, Eugenio d'Ors… y el propio Dionisio Ridruejo. Una buena parte de estos nombres, junto con otra nómina no menos ilustre que se fue sumando al grupo (Torrente Ballester, Rosales, Panero, Tovar, Vivanco) arroparán a Ridruejo a partir de su nombramiento como responsable de la propaganda nacionalista.

gustaba demasiado, por su oratoria exagerada, que rayaba, según él, en el delirio (Ridruejo 1983: 186)[12].

Yzurdiaga acabó eclipsado en 1938, y desapareció de la escena entonces, aunque mantuvo algún cargo en el aparato franquista hasta los años cincuenta. Su puesto lo ocupó, temporalmente, no podía ser otro, Ramón Serrano Suñer, con lo que quedó también unificada de facto, a la espera de su unificación de *iure*, la propaganda franquista.

Este fue el panorama, trazado en apunte, que encaró, pues, Ridruejo.

7. La construcción del tinglado de la propaganda. El dirigismo cultural

Ridruejo ocupó el cargo efectivamente desde febrero de 1938 hasta noviembre de 1939, unos meses después de la finalización de la guerra. Poco tiempo, en verdad, para un encargo que abarcaba, además de la propaganda en sí misma, el cine, la imprenta y la radio, así como la difusión, en general, de la cultura. La prensa contaba, como hemos visto, con un departamento propio.

El diseño del aparato de propaganda ideado por Ridruejo pretendió ser una superación del modelo existente hasta ese momento. No le falta razón al poeta cuando señala que la propaganda de entonces no se diferenciaba mucho de la empleada para la venta de cal-

12. Como es natural, Ridruejo se apresura a aclarar que en el consejo, no tuvo nunca nada que hacer, salvo celebrar alguna reunión fortuita (Ridruejo 1976: 118). De nuevo, pasaba por ahí... Morente, sin embargo, recopila alguna opinión contraria, como la de José-Andrés Gallego (1997: 68), que sostiene que Ridruejo fue secretario general de Propaganda y representante en la Delegación Nacional del Estado (Morente 2006: 152), cosa que el mismo Ridruejo tuvo ocasión de refutarle al historiador personalmente; Penella no hace referencia a estos cargos, sin embargo.

cetines[13]. Pero añade, inmediatamente, que su idea era otra, muy diferente. Y era cierto, ya que Ridruejo estaba a esas alturas impregnado de la sacralidad de su misión; y penetrado del alucinado espíritu mesiánico que el nacionalismo contagia a sus adeptos, llevaba en la cabeza todo un plan de adoctrinamiento organizativo, no solo en lo referente a las formas –la incorporación de los modelos nazi-fascistas de movilización de masas y del empleo anestesiante de la propaganda política–, sino, sobre todo, en el fondo:

> Apuntaba al dirigismo cultural y a la organización de los instrumentos de comunicación pública en todos los órdenes. Era un plan probablemente siniestro pero no banal. Lo malo –o lo bueno– es que quedaba muy por encima de los recursos disponibles y de mi propia autoridad. Y que, en rigor, no era lo que se me pedía (Ridruejo 1976: 130).

Esta afirmación de Ridruejo, a mi entender, no es exacta. Probablemente no hubiera medios *todavía*, pero el "dirigismo cultural" era, exactamente, lo que se esperaba de él, puesto que en eso consistía, precisamente, su aportación a la construcción del Estado totalitario franquista. Debemos dar por sobreentendido que en un Estado totalitario, la autoridad tiene naturaleza estrictamente funcional, lo que implica que es adaptable a cualquier circunstancia, siempre que sirva al propósito nuclear. Por lo tanto, la imposición global de una doctrina, que Ridruejo pretende que fue una idea suya, sí era lo que se le pedía (como, por lo demás, es obvio) quedando a su arbitrio, únicamente, el método. El régimen, incluso desde antes de serlo, procuró presentar un modelo oficial de cultura, basado en la ortodoxia religiosa, y los valores considerados como conformadores

13. En la actualidad, se considera marketing, además del comercial, la difusión de ideas de salvaguarda social (precaución al volante, por ejemplo); consignas cívicas (no fumar o hacer deporte); y, por supuesto, la propaganda electoral, y, en general, la política. Las doctrinas totalitarias del primer tercio del siglo pasado, no cabe duda, abrieron caminos entonces impensables en este ámbito.

del ser de España. Y esto no se aparta un ápice de las labores de un responsable de propaganda, sino todo lo contrario.

Ocurre que Ridruejo, como en otras ocasiones, consideraba como suyo lo que no era sino fruto de su propio adoctrinamiento.

Este objetivo, sin embargo, debió de esperar, ya que, como ocurre, por otra parte, cuando se introducen cambios en una organización, se vio obligado a remover los escombros de la estructura anterior, y a construir su propio hábitat, tanto en las unidades propagandísticas del frente como en las de retaguardia. Así, fue quitando y poniendo departamentos y personas[14], siempre bajo la dirección directa de falangistas. Con ello, asegura Ridruejo, ponía su servicio bajo la doble dependencia del Ministerio del Interior, Serrano Suñer, y del secretario general de FET y de las JONS (Raimundo Fernández Cuesta), aunque este último, "no la utilizaba apenas, bien porque no se fiaba de mí, bien porque no tenía deseos de mandarme" (Ridruejo 1976: 123)[15].

Finalmente, el servicio quedó conformado de esta manera: Radiodifusión, aunque este medio, en contra de lo que asegura Ridruejo (1976: 122) se compartió entre Prensa (suministro de material informativo) y Propaganda, que era quien lo gestionaba; Ediciones; Cinematografía; Teatro; Música; Artes plásticas, un departamento esencial, en el que Ridruejo, junto con el pintor Caba-

14. De estas primeras semanas data el célebre episodio de su enfrentamiento con el antiguo diputado cedista Ramón Ruiz Alonso, quien había dirigido el piquete que detuvo a Federico García Lorca en 1936 (y que posiblemente dirigió su asesinato en Viznar), instalado en la organización de propaganda ya en sus tiempos de Salamanca (porque la Delegación Nacional recién creada tenía su sede en Burgos).

15. Dionisio Ridruejo había estado entre los falangistas que eligieron a Fernández Cuesta como secretario general de FET y de las JONS, en vez de, precisamente, a Serrano Suñer. Fernández Cuesta, amigo personal de José Antonio, y camisa vieja, había sido encarcelado en Madrid al estallar la sublevación, pero fue canjeado en 1937. Tenía, pues, una legitimidad que le faltaba a Serrano. Sin embargo, su falta de carisma y de liderazgo le hizo perder enseguida muchos de estos apoyos heredados.

nas, diseñaba la escenografía de los actos propagandísticos, a base de tribunas, banderas, y movimiento de masas, al estilo nazi-fascista; Propaganda directa y Propaganda en los frentes. Es de notar que la suma de los departamentos, salvo los relacionados con la guerra todavía en curso, compone el eje cultural de una sociedad cualquiera. Por lo tanto, y a despecho de lo que diga Ridruejo, estaban en sus manos, como una gran masa de barro dispuesta para adoptar las formas nacidas en la mente del alfarero, el futuro de la vida intelectual y científica del Estado nuevo.

Al frente de estos departamentos, Ridruejo puso a personas de su círculo de Pamplona, como Antonio Tovar (Radiodifusión), Manuel García Viñolas (Cinematografía) Luis Escobar (Teatro) o Pedro Laín Entralgo, a quien encomendó la esencial de Ediciones. Otros intelectuales de los que se fue rodeando Ridruejo fueron Rosales, Torrente Ballester, Vivanco (todos formaban parte del departamento de Ediciones); el ya nombrado pintor Juan Cabanas, Edgar Neville, Pedro Gamero del Castillo, José Caballero y José Romero Escassi, de los que asumió la idea (réplica de La Barraca de García Lorca) de representar obras de teatro clásico, hacer recitales de poesía y montar autos sacramentales (iniciativa esta última propiedad del mismo Ridruejo) por los pueblos y ciudades en su Tarumba[16].

---

16. Frente al teatro de guerra republicano, heredero, en lo que es posible en tales circunstancias, de los nuevos aires del género, que habían empezado a entrar en España a finales de los años veinte, el teatro franquista de propaganda prefirió, como es lógico, el del Siglo de Oro (del que preconizaba su "recuperación devota"), y los autos sacramentales, así como los recitales de poesía clásica, aunque se representaron o leyeron algunas obras escritas *ad hoc* por poetas del bando nacionalista, como Miquelarena, Duyos o Pérez Ormazábal. Las zarzuelas y cantos regionales formaban parte, también, del arsenal del teatro nacional. En la misma línea ideológica, José María Pemán, Joaquín Calvo Sotelo, así como Eduardo Marquina y Juan Ignacio Luca de Tena, escribieron obras de teatro "patrióticas", ensalzando los valores del 18 de julio. Dionisio Ridruejo, en particular, ya al frente de la propaganda, se ocupó de la puesta en escena del auto sacramental *El hospital de los locos*, de Valdivieso, con el que, en 1938, se celebró el Corpus en Segovia. En este panorama, pero justo en la tendencia contra-

Analizando, muy someramente, su equipo, es evidente que, como señala Andrés-Gallego (1997: 70), todos ellos estaban unidos por un mismo fondo doctrinal, que se apoyaba en tres pilares: la crítica a la vieja Europa liberal, el catolicismo de España y el Estado totalitario. Solo el catolicismo separaba esta ideología del fascismo original, o del nazismo. Y no en balde, entre la jerarquía católica de raigambre monárquica y los revolucionarios falangistas, las relaciones no siempre fueron buenas. Aunque los dos formaban en el mismo bando, la pugna interna entre ambos fue constante en todos los ámbitos, y también en el cultural y en el propagandístico, con algunos episodios verdaderamente sonados. Morente señala, de manera muy acertada, que esta pugna (que ya provenía, por lo demás, de los tiempos de la República) consistía en que los primeros pretendían incorporar elementos fascistas a su proyecto de monarquía católica; mientras que los segundos querían incorporar el catolicismo a su proyecto fascista, "pero compartiendo, unos y otros, la forma totalitaria del Estado y su matiz radicalmente antiliberal" (Morente 2006: 169). Finalmente, el catolicismo triunfó en todas las líneas, y los últimos falangistas "puros" –Ridruejo entre ellos– se instalaron, tan ilusos y tan testimoniales como entonces, en sus respectivas jaulas de oro (Joan Pecourt 2006: 207)[17], pero para eso habría de pasar algún tiempo.

---

ria, en la vanguardia de un teatro renovado, debe destacarse la figura de Torrente Ballester, que ensayó con *El joven Tobías* una forma moderna de expresión teatral. La obra fue corregida por la censura eclesiástica de manera que imagino bastante desconcertante para el autor, hasta el punto de que solo la intervención, de Serrano, permitió su publicación. El propio Torrente había publicado en el número 2 de *Jerarqvía* (1937) un artículo, "Razón y ser de la dramaturgia futura", y *El joven Tobías* encarnaba algunos de los fundamentos de su poética teatral. La obra fue leída en Burgos por Rosales y el mismo Ridruejo, en un acto íntimo que se convirtió en un dormidero de aburridos oyentes, según cuenta este último (Ridruejo 1976: 144). Para una visión global del teatro en la guerra de España, véanse Dennis y Peral Vega (2009 y 2010).

17. "Como ya sabemos, la cultura del primer franquismo estaba dominada por la competición entre dos facciones de la inteligencia alineada con los vencedores de la guerra civil: los católicos y los falangistas. El choque entre el falangismo y

8. La relevancia de Ridruejo en su cargo

Señala Jordi Gracia (2005: 12), y creo que está en lo cierto, que la obra de Ridruejo, y muy en concreto *Casi unas memorias*, sigue siendo la mejor fuente de información sobre las circunstancias vitales del poeta. Sin embargo, este libro, y, en general, su obra, poco dice sobre su trabajo al frente de la Jefatura de Propaganda. Se pierde en un mar de semblanzas y de anécdotas, pasando, pues, como de puntillas por este tramo escabroso de su vida, en el que, podría pensarse por lo que dejó escrito, fue una especie de director de escena de los grandes actos; o que se encargó de mandatos de tono menor, e incluso testimoniales (por ejemplo, el de grabar el nombre de José Antonio en todas las iglesias de España, encabezando la lista de caídos "Por Dios y por España").

Lo cierto es que no es así. Ridruejo tuvo una parte importante de responsabilidad en el afianzamiento del Estado franquista –y de ahí surge el íntimo dolor que nunca abandonará su obra literaria y aun su transcurso vital– aunque es justo, también, matizar esta afirmación. Sin perjuicio de la necesaria autonomía funcional que tuvo, no debe olvidarse que Serrano Suñer se mantenía siempre y en todo momento en un escalón jerárquico superior. El Estado iba adquiriendo una estructura autoritaria, la propia de una dictadura, y desarrolló una atribución de funciones y cargos que respondían a esa naturaleza. La libertad de decisión, incluso de un jerarca como Dionisio Ridruejo, era, por tanto, relativa, porque, como en cualquier dictadura, los flujos de poder no respondían siempre al organigrama.

Dicho esto, eliminando del debate una visión perversa –goebbelsiana– de Ridruejo, no cabe negar, como digo, su papel fundamental en la imposición del totalitarismo en España. Sus verdaderas

---

el catolicismo no era un asunto aislado del mundo cultural; al contrario, estaba íntimamente ligado a las tensiones internas que durante aquellos años estructuraban el campo político franquista. [...] Con el paso del tiempo, la relación de fuerzas entre ambos grupos fue inclinándose poco a poco hacia el polo católico. [...]".

responsabilidades estriban, sin embargo, no tanto en lo que hizo (juicio meramente cuantitativo y superficial) sino, sobre todo y nada menos, en actuar conforme a una idea fatal (juicio cualitativo, de mucha hondura): la de que la amputación de las libertades y la sumisión del individuo a la estandarización nacionalista era lo que le convenía a España; y, obviamente, en poner su gran capacidad intelectual al servicio de la ejecución implacable de esa idea. Fue, es cierto, una actuación vicaria, que siempre se movió, y a veces con grave disgusto, en los límites impuestos por Serrano. Pero fue, también, una actuación leal y llevada a cabo inteligentemente y, al menos hasta un momento determinado, sin reservas. Por eso es difícil de aceptar el juicio que Ridruejo hace de sí mismo: "mi poder efectivo era bastante reducido, especialmente si se miraba por el lado en que éste podría ser interesante: el del poder de realizar. Lo que tuve más bien –y especialmente a través de Serrano Suñer– fue una cierta influencia" (Ridruejo 1976: 146).

Bastante más, creo, que una cierta influencia. Pero como su actuación se movió en tres terrenos distintos –la ideologización, la propaganda propiamente dicha y la censura– me referiré muy brevemente a cada uno por separado para justificar esta afirmación.

8.1. Ridruejo ideólogo

Ridruejo fue el principal ideólogo fascista, y así lo ponen de manifiesto artículos como este ("El gobierno y el Movimiento"), publicado en *Arriba* el 5 de febrero de 1938, al día siguiente de la constitución del Consejo Nacional de FET y de la JONS, que Ridruejo compara, de forma delirante, con un matrimonio. Estado, nación, partido y jefe componen el Movimiento, que es lo que demandaba España para el momento y para el futuro.

> Nunca hubiésemos deseado para España un Estado sin Movimiento, un Estado superpuesto a la Nación [...].
>
> Un [...] pueblo con un Estado así sentiría pronto, por el camino del desaliento o de la subversión, la necesidad de desentenderse de su

> Gobierno. Porque, de no hallar las comunidades el cauce ordenado y paternal del Estado para su marcha hacia el destino, es de lo que surgen las revoluciones violentas... (en Gracia 2005: 58).

De su trabajo como ideólogo, Tovar deja dos pinceladas al respecto: la primera, cuando escribe que Javier Martínez de Bedoya[18] le confesó que hasta que había llegado Ridruejo nadie había sabido explicar el sindicato vertical (Tovar 1976: 48). La segunda, cuando señala cómo Ridruejo resultó "absorbido" por las labores doctrinales del Consejo Nacional o de la Junta Política, que era donde se cocinaban los cimientos sobre los que se habrían de levantar los muros del Estado del 18 de julio (1976: 56). También estuvo comisionado para redactar, junto con Gamero del Castillo y Juan José Pradera, los estatutos del partido único, lo que, por cierto, le llevó a un célebre encontronazo con el mismísimo general Franco, en el curso de una reunión de la Junta Política, donde el jefe del Estado le tildó de desleal, por desconfiar de su fidelidad al partido (Serrano Suñer 1976: 90, Morente 2006: 189).

También es muy interesante el testimonio de Serrano Suñer, al respecto del trabajo desarrollado por ambos ("importante participación") en tareas tan decisivas para la consolidación del régimen como la redacción del Fuero del Trabajo (marzo de 1938), la conformación de las bases del sindicato vertical, de la Organización Juvenil o de los servicios sociales (Serrano Suñer 1976: 91). Debe prestarse atención a la presencia del poeta soriano en temas tan esenciales, en los cuales, al menos hasta un punto, tuvo la ocasión de introducir puntos de vista falangistas en la verdadera urdimbre del Estado.

También fue idea de Ridruejo, y desarrollada ampliamente durante su mandato y después de la guerra, la creación de toda una red de mandos, tanto en FET y de las JONS como en la Sección Femenina, con el fin de formarlos en labores de propaganda y enseñanza

18. Jerarca jonsista, corresponsable de Auxilio Social, y, a la postre, cónyuge en segundas nupcias de la viuda de Onésimo Redondo, Mercedes Sanz Bachiller.

doctrinal. La primera fue la Escuela Central de Educación Política; y cualquier persona que quisiera subir por la organización a puestos superiores, debía acreditar su asistencia al centro. Llegaron, incluso, a crearse, en 1937, en Zaragoza y Málaga, colegios en los que, además de impartirse las enseñanzas propias del bachillerato, se formaba a los alumnos en la doctrina falangista (Peñalba 2013: 217).

8.2. Propagandista

En cuanto a la pura labor de propaganda, es sabido que los movimientos totalitarios tienden a convertirse en una pseudoreligión; y toda religión precisa de una liturgia, elemento este –el rito– identificado y compartido tanto por la masa estandarizada como por los líderes, que adquieren mediante esta repetición de actos, naturaleza mesiánica. Ridruejo resultó un absoluto maestro en la movilización de masas (Tovar 1976: 52), y, sobre todo, en poner los recursos de la estética moderna al servicio de la propaganda, siguiendo la pauta que acabo de apuntar.

Por otra parte, Ridruejo dio un fuerte impulso a elementos propagandísticos básicos, integrándolos en una dirección única. Así, Jacinto Miquelarena, responsable de Radio Nacional de España[19], creó una red de emisoras por todo al país; García Viñolas se puso al frente del Departamento Nacional de Cinematografía. Se empezaron a producir las primeras películas de propaganda, y, sobre todo, fue entonces cuando dio los primeros pasos, aún con otro nombre –*Noticiario Español*– el celebérrimo No-Do.

También fueron responsabilidad de Ridruejo, desde luego, las más importantes publicaciones periódicas editadas en España (por ejemplo *Vértice*, *Jerarqvía* o la importantísima *Destino*), en cuyas páginas publicaban sus obras, no necesariamente literarias, sino también de pensamiento, estética o doctrinales, los intelectuales falan-

19. Por decreto de 14 de enero de 1937, dictado por la Junta Técnica del Estado, se había fundado Radio Nacional de España en Salamanca.

gistas, y, con cuentagotas, los no falangistas que buscaban un lugar donde ampararse. Las revistas de esta época (incluida la posterior, *Escorial*) eran importantísimos referentes a la hora de la ideologización. *Destino*, editada en Cataluña, de mostró particularmente contundente contra el nacionalismo catalán (Morente 2006: 175).

Al lado de las publicaciones periódicas, y, si cabe, con mayor importancia aún, hay que contar la actividad de control sobre el mercado editorial, delegada esta censura en Laín, quien, además, dirigía la Editorial Jerarquía, posteriormente Editora Nacional. Son abundantes los testimonios, algunos verdaderamente notables, que dan fe del celo con el que se ocupó la censura de evitar que circularan, ya no obras de reproche obvio, sino alguna firmada por Salazar –presidente de Portugal y uno de los pocos aliados del general Franco–, García Serrano o nada menos que Donoso Cortés. Ridruejo, en varias ocasiones, manifestó, en referencia a esa época, que, si bien dirigía la censura, no tenía capacidad de controlar sus procesos, por la presencia de "una Junta Superior, más o menos secreta" (Beneyto 1975: 124, citado por Morente 2006: 172), testimonio que no parece cierto en absoluto.

Recayó también sobre él la responsabilidad de algo de lo que, en realidad, se estaba ocupando de hecho desde hacía tiempo: organizar el atrezo de las liturgias con las que el régimen fue transmitiendo su ideología. El mismo Ridruejo recuerda, con términos muy mordaces, uno memorable: la extravagante jura de los miembros del Consejo Nacional de FET y de las JONS en el monasterio de las Huelgas el 12 de diciembre de 1937, en la que también Franco juró, a su vez, su cargo de jefe nacional (Ridruejo 1976: 121); y queda también en el recuerdo el funeral de José Antonio, el 20 de noviembre de 1938, oficiado en la catedral de Burgos.

Y, cómo no, hay que reseñar su propia literatura, vertida en editoriales y artículos, y también en poemas que exaltan a Franco, a José Antonio, u otros semejantes. Algunos de ellos, además de en la prensa, se recogieron en *Poesía en armas (1936-1939)*, publicado en 1940; o en obras colectivas como *Corona de sonetos a José Antonio* (1939). Muchos de ellos desparecieron en ediciones o recopilaciones anteriores, cuando ya no representaban, en modo alguno, la evolución vital política del autor. Su carrera literaria, sin embargo, corrió suerte dispar, aunque en la actualidad se perciben intentos serios de, olvidando su faceta de hombre político, iniciar trabajos críticos sistemáticos.

De lo que no hay, sin embargo, duda, es de su capacidad oratoria, innata, que fue mejorando con la práctica constante durante los años de guerra. Su estilo

> se caracterizaba por la potencia de sus imágenes, la frecuencia de las metáforas religiosas, la fuerte carga nacionalista y el tono profundamente poético que daba al conjunto de sus palabras, lo que lo convertía en el más fecundo seguidor –y probablemente superior al modelo– de la afición de mezclar lo poético con lo político que había caracterizado a Primo de Rivera (Morente 2005: 154-155).

De una manera algo más hagiográfica, Tovar lo recuerda como un orador prodigioso, incidiendo en su impronta joseantoniana –"¡Qué aciertos de expresión, qué seguridad en el tono, qué tensión poética que recordaba el estilo joseantoniano!" (Tovar 1976: 48)–. Aunque no se cuenta, lamentablemente, con casi ninguna de sus piezas completas (apenas unas reseñas), sí parece que Ridruejo supo siempre ajustar su palabra al 'estilo' falangista, y más al de su fundador, en un ejercicio de mímesis discursiva en el que Ridruejo resultó un maestro[20].

8.3. La censura

No es posible olvidar que el comienzo del mandato de Dionisio Ridruejo, coincidió con una verdadera avalancha normativa que afec-

20. Penella (2013: 176) da cuenta textual de un discurso de Ridruejo, pronunciado en Villalón de Campos, sobre la reforma agraria, en el que, dejando aparte la imposibilidad de llevar a cabo las ideas que lo conforman, destacan dos cosas: esa capacidad mimética para asumir la retórica de José Antonio y su convencimiento.

tó decisivamente a su servicio, tanto en lo puramente organizativo, como en lo material.

En el ámbito administrativo, pero con una importancia decisiva en la articulación del Estado franquista (aunque aquí la dejemos de lado, por no ser, estrictamente, nuestro objeto de estudio) se publicó la Ley de Prensa (22 de abril de 1938), que sometía a todas las publicaciones al férreo control del Estado. Ya en el ámbito de la organización de la propaganda, y de la mano de la unificación de mando, se crearon las jefaturas provinciales de propaganda, dependientes de la Delegación Nacional (Sevillano Calero 1998: 108).

Y coincidió también con la aparición sistemática –la había, naturalmente antes, pero con un carácter muy vinculado a la marcha de la guerra– de la censura. Esto debe entenderse en un sentido inequívoco: la censura franquista no fue un conjunto de leyes, decretos y órdenes deslavazado; sino, más bien, una herramienta imprescindible, diseñada con un fin estratégico: la ideologización sistemática de la sociedad, que, como sabemos, era la idea nuclear de Ridruejo al tomar posesión de su cargo[21].

Estas normas, que fueron cayendo inexorables desde el Ministerio del Interior, redactadas, o al menos encargadas y supervisadas por un inflexible Serrano Suñer, abarcaron la totalidad de las manifestaciones artísticas y el conjunto de los medios de comunicación (que quedaron sometidos al poder único de la jefatura del Estado). Es decir, sobre una buena parte de las competencias de Ridruejo: cinematografía, radiodifusión, teatro, ediciones, música... De esta manera, el control de los aspectos culturales del Estado descansó en las únicas manos de Ridruejo y sus camaradas.

---

21. Paradójicamente, la censura, desde un primer momento, reflejó la pugna que mantenían la Iglesia católica más tradicional y conservadora, y el último reducto de los falangistas joseantonianos (que serían, años después, denominados, de manera singular y bastante improbable "falangistas liberales": el mismo Ridruejo, Laín, Tovar, Torrente, Rosales...); pugna que se saldó con la victoria arrolladora de la primera (Pecourt 2006: 207). Quiere decirse que Ridruejo, en definitiva, contribuyó de nuevo a levantar otra barrera más a su ideología falangista.

En un principio, se legisló de manera sectorial: así, cronológicamente, se estableció la censura previa para las publicaciones, y se establecieron duras restricciones para la entrada en la España franquista de publicaciones editadas en el extranjero (abril de 1938); finalmente, en mayo de 1939 se centralizó la censura de ediciones en el Instituto Nacional del Libro. La censura de cine se reguló en noviembre de 1938, creándose al efecto la Junta de Censura Cinematográfica y la Comisión de Censura Cinematográfica.

En cuanto a la radio, en octubre de 1939 se reguló su control, e incluso el de la publicidad comercial que se emitiera por las emisoras, encomendando esta tarea a las jefaturas provinciales de propaganda. Se obligaba también a conectar obligatoriamente con Radio Nacional de España para emitir las noticias de interés nacional.

Esta multiplicación de organismos censores dio lugar a numerosos encontronazos, ya que no era raro que los censores de las jefaturas provinciales, extremando el celo, prohibieran lo que en instancias superiores se había permitido. Para evitar esto (en julio de 1939) se creó, en el Servicio Nacional de Propaganda, y en su dependencia, la Sección de Censura, con la función de atender, según reza el artículo 2 de la orden por la que se constituyó este órgano[22]:

> 1º. A la censura de toda clase de publicaciones no periódicas, y de aquellos periódicos ajenos a la jurisdicción del Servicio Nacional de Prensa; 2º. A los originales de obras teatrales, cualquiera que sea su género; 3º. A los guiones de películas cinematográficas; 4º. A los originales y reproducciones de carácter patriótico; 5º. A los textos de todas las composiciones musicales que lo lleven, y a las partitu-

22. El preámbulo de la norma decía así, uniendo forma y materia: "En distintas ocasiones ha sido expuesta la necesidad de una intervención celosa y constante del Estado en orden a la educación política y moral de los españoles, como exigencia de éste que surge de nuestra guerra y de la Revolución Nacional. Con objeto de que los criterios que presiden esta obra de educación posean en todo momento unidad precisa y duración segura, conviene crear un organismo único, que reciba la norma del Gobierno y la realice, aplicándola a cada caso particular" (Sevillano Calero 1998: 86).

ras de las que lleven título o vayan dedicadas a personas o figuras o temas de carácter oficial.

La censura no desapareció hasta después de la muerte del general Franco. Dionisio Ridruejo, años después, diría de este tiempo, aunque fijándose sobre todo en la década de los cuarenta a los cincuenta, que

> En toda época y lugar, la situación histórica y social impregna al quehacer de la inteligencia. Pero no de un modo imperativo y por reducción de las opciones personales a un "sí" o a un "no". En nuestro caso, esa presión fue anormal y particularmente reductora. Quizá excitó la creación en algunos campos. Aguzó los ingenios pero contrajo las imaginaciones y lastró el juicio con un barajamiento de valores (Ridruejo 1973: 38).

De esta breve síntesis de lo que fue la actuación de Ridruejo al frente de la propaganda nacionalista se desprende que esta no fue, precisamente, algo sin importancia. Fue nuclear, y, sobre todo, fue el origen.

Ahora bien: un análisis más detenido lleva a una conclusión desoladora. En realidad, estos años marcan el gran fracaso de Ridruejo. Porque todo su empeño no sirvió a otro fin que el de, en definitiva, censurar. Por encima de cualquier cosa, la influencia real de Ridruejo en la constitución de un Estado fascista cuando tuvo la posibilidad de influir en él, fue nula. Así lo prueba el hecho de que Franco, en el boceto de los estatutos de FET y de las JONS, escritos por Ridruejo, y posteriormente en el singular juramento de las Huelgas el 19 de octubre de 1937, vetará cualquier posible vinculación, ni siquiera formularia, con el ideario falangista (Penella 204: 2013), ni mucho menos con la propia organización. El Estado, como aseguró Laín, años después, no pasó de tolerar las ocurrencias de los falangistas –Laín se refiere a los falangistas auténticos, naturalmente– a los que les permitió vivir en su espacio (su "gueto") "siempre que no tratase de intervenir en las decisiones serias" (Laín 1976: 202). La propaganda y los propagandistas ponían el "estilo"[23], y el totalitarismo franquista, radicalmente alejado del fascismo, se iba consolidando como la verdadera doctrina imperante[24].

9. Ridruejo en Cataluña. Desengaño y dimisión

En verano de 1938, Ridruejo y algunos miembros de su equipo, marcharon al frente catalán. Tras la cruel batalla del Ebro, el camino hacia Barcelona quedaba expedito. Y en este momento se produjo el último zarandeo –y bastante estrafalario, la verdad sea dicha– que sufrió Ridruejo. Contra toda esperanza (y debe destacarse el despiste fenomenal que el delegado de Propaganda tenía sobre su propio bando) una vez tomada Barcelona, Ridruejo condujo una columna de camiones cargada de libros y folletos escritos en catalán, con la ilusoria pretensión de que se repartieran entre la población, acompañado de un manifiesto, también es ese idioma, sobre la unidad de España. Su idea era que Cataluña no se considerara "vencida ni conquistada", sino integrada en la nueva España; e incluso, en esa línea, se llegó a celebrar algún mitin introduciendo párrafos en la lengua

23. El "estilo" falangista es un concepto vacío, que, poco a poco, mediante aportaciones de todos los órdenes, se fue constituyendo en una forma de ser muy cercana a la religión, a la que quedaban obligados moral y éticamente los falangistas. Fue Laín Entralgo el artífice de esta creación, en cuyo fondo flotaba un aroma medieval y litúrgico. El "estilo", en definitiva, juntaba catolicismo, vida heroica incluso en lo cotidiano, conciencia de la misión histórica de España ("Unidad de destino en lo Universal", según los 27 puntos programáticos de FE) y, en definitiva, una forma de ser cuya referencia última era la conducta convertida en mito de José Antonio.

24. Este fracaso en el campo de la cultura es paralelo al que sufrieron los falangistas cuando intentaron controlar un espacio propio en el terreno de la prensa. La ley de 20 de mayo de 1941, que creó la Vicesecretaría de Instrucción Popular, puso punto final a cualquier esperanza que pudieran albergar los más irreductibles falangistas, sobre la posibilidad de influir en el gobierno del nuevo Estado. Sin embargo, este momento ya no iba a encontrar a Ridruejo en la política activa.

vernácula. La autoridad militar impidió el reparto, retuvo los camiones y de los libros no se supo más. Lo relata Ridruejo (1976: 171). Y del contenido del manifiesto da cuenta Jordi Gracia (2008: 51 y 52).

La torpeza del Ejército nacionalista de tratar a los catalanes, en general, como traidores a España, y el intento de subsumir sus tradiciones, e incluso su idioma, en el clima imperial de la España Una (el separatismo era uno de los principales problemas a extirpar por los vencedores) desencadenó en Dionisio Ridruejo un proceso larvado de disensión. Como siempre, no puede decirse con absoluta certeza que estas reflexiones, que esta caída del caballo, correspondieran a ese exacto momento, y que no sean parte de su intento de reconstruir una personalidad desde el presente. En todo caso, la situación que vivió en Cataluña le decepcionó profundamente, aunque le permite anudar en un mismo punto su culpa y su redención:

> Me fui de Barcelona con las peores sospechas. Pero aún quedaba mucho hilo por tejer o destejer. Puedo anticipar, eso sí, que sería en Cataluña, años más tarde, donde el redactor de estos recuerdos empezaría a contemplar con ironía su propia imagen anterior (Ridruejo 1976: 171)[25].

Sea o no sea cierto lo que afirma Ridruejo, es indiscutible que estos fueron los últimos pasos que dio en su cargo. En febrero de 1939 ingresó enfermo en un hospital del Montseny, donde vivió el final de la Guerra Civil; y Ridruejo establece una vinculación entre su enfermedad y el incidente de Barcelona:

---

25. Lo fue, en efecto, porque, a raíz de su destierro en San Andrés de Llavaneras, Ridruejo entró en contacto con círculos democrático-liberales, que fueron los arietes que empezaron a quebrar el muro de fascismo que todavía, por lealtades personales, mantenía, y que seguirá en pie hasta primeros de los cincuenta. No es un disparate pensar que la sorprendente experiencia de conquistador de Cataluña en 1939, a la luz de su nueva conciencia, le sirviera de catalizador de su maduración.

> Las primeras medidas de ocupación –mezcla de hosquedad represiva y beatería empalagosa– me pusieron al borde de la náusea. Regresé a Burgos descorazonado y enfermo y unos días después tenía que ir a reparar mi estado físico –y en cierto modo el moral– en un sanatorio, precisamente en las montañas catalanas. Esto me impidió llegar a Madrid, ocupado en abril, hasta otoño (Ridruejo 2008: 13).

Regresó a Madrid en junio, y en diciembre abandonó voluntariamente el cargo, para fundar, junto con Laín, *Escorial* (1940), una revista que, sin perjuicio de que aún hoy persistan las discrepancias sobre su verdadera intención y naturaleza, acabaría reuniendo en sus páginas a muchos de los más destacados intelectuales españoles, y no todos, desde luego, amigos del régimen, siendo considerada como "el principal vehículo de la llamada generación del 36" (Fanny Rubio 1973: 33).

Aunque nunca abandonó la política, Ridruejo no volvió a ostentar cargo de responsabilidad alguna. La historia posterior a su renuncia es harto sabida. En definitiva, marchó con la División Azul a luchar por su fascismo; en la misma línea se separó del régimen; y, poco a poco, en el destierro en Cataluña y durante su estancia como corresponsal de *Arriba* en Roma, fue abandonando sus ideas fascistas y se convirtió, entrada la década de los cincuenta, a la socialdemocracia, sufriendo exilio y cárcel. Esta peripecia le granjeó el respeto de sus antiguos enemigos, y puede decirse que sirvió para convertirle en un ejemplo.

10. A modo de conclusión

Y, ya como cierre de esta páginas, cabe hacerse la pregunta de cuál fue, entonces, la relevancia de Ridruejo durante su permanencia al frente de la Jefatura Nacional de Propaganda.

Creo que desde el punto de vista organizativo, su actuación sirvió correctamente para hacer progresar el servicio hacia su destino prefijado... por Serrano Suñer. Incorporó a una serie de personas de indiscutible valía, y los amalgamó de una manera eficiente, lo que sin duda habla muy bien de su capacidad y de su inteligencia.

Desde el punto de vista material, de fondo, me parece lo que ya dije: que su responsabilidad fue decisiva para que calara el discurso totalitario del Estado franquista –fue un magnífico altavoz– e inútil en lo referente a su falangismo de partida. Ridruejo fue, en realidad, el jefe de una legión realmente bíblica de censores, y de ahí, sin duda, su desconcierto, su malestar y, por último, su renuncia. Tardó muchos años en ver lo que era –o eso nos parece ahora– diáfano: que el general Franco pretendía, ni más ni menos, edificar su propio Estado, y que no iba, en modo alguno, a ponerse al servicio de un grupo de jóvenes fascistas sin hacer.

Trágicamente (Ridruejo es una figura esencialmente trágica), la mejor interpretación de Ridruejo del estilo falangista, su gran mímesis joseantoniana, fue la aventura de la División Azul, que, sin embargo, pasó desapercibida, primero porque no se entendió su verdadero alcance (de nuevo la utilización del personaje), y segundo porque pronto quedó enterrada en la derrota de Alemania y el viraje que hizo el régimen para ocupar su extraño papel de dictadura amiga de las democracias, bastión anticomunista y vigía de Occidente. Pero, para entonces, Ridruejo estaba, ya, aunque él puede que no lo supiera, dibujando en el futuro los primeros trazos de su elipsis.

Bibliografía citada

Andrés-Gallego, José, *¿Fascismo o Estado católico? Ideología, religión y censura en la España de Franco. 1937-1941*, Madrid, Encuentro, 1997.

Beneyto, Antonio, *Censura política en los escritores españoles*, Barcelona, Euros, 1975.

Castellet, José María, *Literatura, ideología y política*, Barcelona, Anagrama, 1976.

Gracia, Jordi (ed.), *Dionisio Ridruejo: materiales para una biografía*, Madrid, Fundación Santander Central Hispano, 2007.

Gracia, Jordi, *La vida rescatada de Dionisio Ridruejo*, Barcelona, Anagrama, 2008.

Laín Entralgo, Pedro, *Descargo de conciencia (1930-1960),* Barcelona, Barral Editores, 1976.

Mainer, José-Carlos, *Falange y literatura*, Barcelona, RBA, 2013.

Morente, Francisco, *Dionisio Ridruejo. Del fascismo al antifranquismo*, Madrid, Síntesis, 2006.

Denis, Nigel y Emilio Peral Vega (eds.), *Teatro de la Guerra Civil: el bando republicano*, Madrid, Fundamentos, 2009.

—(eds.), *Teatro de la Guerra Civil: el bando nacional*, Madrid, Fundamentos, 2010.

Orduña, Mónica, *El Auxilio Social (1936-1940). La etapa fundacional y los primeros años*, Madrid, Escuela Libre Editorial, 1996.

Pecourt, Joan, "El campo de las revistas políticas bajo el franquismo", *Papers*, 81, 2006, disponible en <http://ddd.uab.cat/pub/papers/02102862n81/02102862n81p205.pdf> (7 de marzo de 2015).

Penella, Manuel, *Dionisio Ridruejo. Biografía*, Barcelona, RBA, 2003.

Peñalba, Mercedes, "Creando falangistas: las Escuelas de Mandos del régimen franquista (1937-1945)", en Teresa María Ortega López y Miguel Ángel del Arco Blanco (eds.), *Claves del Mundo Contemporáneo. Debate e Investigación,* Granada, Comares, 2013.

Primo de Rivera, José Antonio, *Obras completas*, eds. Agustín del Río Cisneros y Enrique Conde Gargollo, Madrid, Ediciones de la Vicesecretaría de Educación Popular, 1945.

Redondo, Gonzalo, *Historia de la Iglesia en España, 1931-1939*, vol. II, Barcelona, Rialp, 1993.

Ridruejo, Dionisio, *Con fuego y con raíces. Casi unas memorias*, Barcelona, Planeta, 1976.

—"La vida intelectual española en el primer decenio de la postguerra", *Triunfo*, extraordinario sobre *La cultura española del siglo* XX, 507, 17 de abril, 1972; reeditado en *Entre literatura y política*, Madrid, Seminarios y Ediciones, 1973.

—*Escrito en España*, ed. Jordi Gracia, Madrid, Centro de Estudios Políticos y Constitucionales, 2008.

Rodríguez-Puértolas, Julio, *Historia de la literatura fascista española* (2 vols.), Madrid, Akal, 2008.

Rubio, Fanny, *Las revistas poéticas españolas (1936-1939)*, Madrid, Turner, 1976.

Santonja, Gonzalo, *De un ayer no tan lejano. Cultura y propaganda en la España de Franco durante la guerra y en los primeros años del Nuevo Estado*, Madrid, Noesis, 1996.

Serrano Suñer, Ramón, "La renuncia", en VV. AA., *Dionisio Ridruejo: de la Falange a la oposición*, Madrid, Taurus, 1976.

Sevillano Calero, Francisco, *Propaganda y medios de comunicación en el franquismo*, Alicante, Universidad de Alicante, 1998.

—"Propaganda y dirigismo cultural en los inicios del nuevo Estado", en *Pasado Memoria. Revista de Historia contemporánea*, 1, especial *Instituciones y sociedad en el franquismo*, Alicante, Universidad de Alicante, 2002.

Tovar, Antonio, "La guerra", en VV. AA., *Dionisio Ridruejo: de la Falange a la oposición*, Madrid, Taurus, 1976.

Vegas Latapié, Eugenio, *La frustración de la Victoria. Memorias políticas 1938-1942*, ed. Emilio de Diego, Madrid, Actas, 1995.

“Por Dios y por España”: poesía y propaganda del bando nacional durante la Guerra Civil

Javier Cuesta Guadaño
Universidad Complutense de Madrid

Consideraciones previas

Una realidad incuestionable sobre la producción literaria de nuestra Guerra Civil es que la poesía ocupó un lugar preeminente como método propagandístico utilizado por republicanos y nacionales[1]. Y esta circunstancia no se refiere solo a la contienda que enfrentó a

1. El teatro es otro de los géneros utilizados prioritariamente por la propaganda de los dos bandos. Véanse, por la novedad que suponen con respecto a los trabajos ya clásicos sobre el tema, el reciente libro de Peral Vega (2013), así como los dos volúmenes correspondientes a republicanos y nacionales, editados por Nigel Dennis y Emilio Peral (2009 y 2010).

los españoles entre 1936 y 1939, pues el género lírico –y muy especialmente las formas métricas más populares– ha sido siempre el preferido en conflictos bélicos para enardecer los ánimos de los soldados en el frente de batalla o en la retaguardia, para ensalzar el valor de los héroes de uno y otro signo, o para canalizar los sentimientos de dolor de quienes más directamente sufren las consecuencias de la guerra. Estos versos mejor o peor trabados, pero "concebidos cerca del enemigo, oyendo el sostenido paqueo, el silbido de las balas, el zumbido de los proyectiles de cañón, el tableteo de las ametralladoras y hasta los lamentos de los heridos" (Calle Iturrino ¿1940?: 7-8), se convierten en instrumento propagandístico de una ideología que se defiende, al mismo tiempo, con armas y con palabras, como si el conflicto se concibiera también como acto poético[2].

La poesía de guerra de ambos bandos ofrece un enorme material para el estudio reposado de los mecanismos de agitación que se pusieron en marcha desde el comienzo de la contienda. A los versos que defienden la causa republicana se han dedicado un sinfín de trabajos bien conocidos, cuya profusión se explica tanto por la cantidad de soportes editoriales –antologías y poemas publicados en hojas volanderas, boletines, periódicos del frente, revistas y libros individuales– como por la calidad de los autores de estos textos, que no por casualidad defienden la legalidad de la República y desde el principio se convierten en defensores de una idea de la cultura que nada tiene que ver con la ideología de los sublevados. La poesía del bando nacional ha merecido también la atención de algunos investigadores, aunque bien es verdad que su estudio en profundidad es re-

---

2. Sobre este carácter instrumental de la poesía escribe Jorge Urrutia: "Sin duda y probablemente más que en el caso de otro tipo de textos literarios, un poema –y sobre todo un poema de guerra–, además de leerse, se usa, se utiliza" y "se integra en la guerra como un arma más, tanto dirigida a sostener la moral de las propias tropas y de la retaguardia, como ocupada en minar la resistencia enemiga. Además, se convierte en un medio para la integración de poetas y lectores en la colectividad, para sentirse miembro de un grupo y, así, encontrar el abrigo moral y sentimental preciso" (2006: 12 y 17).

lativamente reciente, como ocurre también con otros géneros; baste recordar que en los años sesenta solo se tenía noticia de unos pocos libros y que fue a partir de los trabajos de José-Carlos Mainer (1971), seguido por Julio Rodríguez Puértolas (1986), Andrés Trapiello (1994) o, más recientemente, José María Martínez Cachero (2009), por señalar algunos ejemplos representativos, cuando empezó a recuperarse –con más o menos falta de prejuicios y objetividad– la literatura de aquellos que, como acuñara Trapiello, habían ganado la guerra, pero habían perdido la historia de la literatura[3]. Entre los poetas nacionales encontramos algunos de cierta nombradía en los años treinta, como los que pertenecieron a la llamada "corte literaria" de José Antonio, integrada por Agustín de Foxá, Rafael Sánchez Mazas o Dionisio Ridruejo; asimismo, a la causa franquista se sumaron ciertos poetas que se habían destacado por su defensa del tradicionalismo, como José María Pemán o Eduardo Marquina, así como otros autores que por diversas circunstancias se comprometieron –antes o después– con el "Alzamiento", como Luis Rosales, Luis Felipe Vivanco, Leopoldo Panero, Manuel Machado, Álvaro Cunqueiro, Gerardo Diego o Francisco Pino. Junto a ellos, nos encontramos también con escritores anónimos que se dieron a conocer durante la guerra y que cosecharon una fama efímera o limitada, como Federico de Urrutia, Esteban Calle Iturrino, Rafael Duyos, Manuel de Góngora, Nicomedes Sanz y Ruiz de la Peña o Vicente Serna, entre otros muchos[4].

---

3. Desde el punto de vista exclusivamente poético, pueden añadirse los estudios de conjunto de Jan Lechner (1968) y Natalia Calamai (1978), aun cuando apuestan sobre todo por la poesía del bando republicano; interesan también los trabajos de Francisco Caudet (1986 y 1993) sobre la poesía nacional. Sobre la literatura y la ideología fascista española, véase el libro coordinado por Mechthild Albert (1998).

4. Las antologías de poesía de guerra publicadas desde los años noventa recogen, cada vez con mayor objetividad, a los poetas nacionales. Deben tenerse en cuenta las de César de Vicente (1994) –la más completa por la selección de poetas y textos–, Gonzalo Santonja (1997) –novedosa por su elección de lo que el autor denomina "versos sin enemigo"–, Andrés de Morales (1999) –algo más

Estas páginas no tienen un afán de exhaustividad porque el tema es inabarcable, así que lo que se ofrece aquí es un repaso somero de la poesía escrita en el bando nacional, con especial atención a las antologías, a los libros más significativos y, sobre todo, a las constantes temáticas e ideológicas que comparten los poemas de guerra. Esta metodología resulta más útil para entender cómo es la poesía escrita en las filas franquistas –también para proponer futuras aproximaciones al tema–, teniendo en cuenta, asimismo, que ese afán de exhaustividad resulta poco menos que imposible si acudimos a las cifras. Además de los poemas publicados en periódicos o revistas de carácter efímero, el número de folletos y libros de poesía nacional registrados hasta la fecha asciende, según el catálogo actualizado de Gonzalo Santonja (1997: 375-412), casi a 200 títulos, frente a los 75 republicanos –un número a todas luces insuficiente– localizados por Serge Salaün para su libro sobre *La poesía de la guerra de España* (1985). La razón de tal desequilibrio entre las cifras manejadas para uno y otro bando la explica el propio Santonja cuando afirma que en la zona republicana predominaron los periódicos de guerra y que fue en sus páginas donde se publicaron la mayor parte de los textos, muchos de ellos recogidos, desde muy temprano, en los famosos *Romanceros*; en el campo contrario, sin embargo, los poemas se agruparon mayoritariamente en libros. No hay que olvidar que los nacionales se apropiaron de las prensas editoriales, localizadas en ciudades que pronto se convirtieron en plazas franquistas, y que existió entre sus filas cierta necesidad, un tanto épica, de fijar de for-

---

limitada, pero interesante por su ámbito de difusión– o Jorge Urrutia (2006) –muy equilibrada y objetiva–; no hay que olvidar tampoco los trabajos que realizó en fechas tempranas Fernando Díaz-Plaja (1976 y 1981). No obstante, se publican algunas antologías más subjetivas, como la que hace Aquilino Duque (2003), más favorable a la España nacional. A estos títulos, pueden sumarse las dos recopilaciones de romances (populares y anónimos) y canciones (políticas y de combate) de ambos bandos, realizadas por Maryse Bertrand de Muñoz (2006 y 2009).

ma menos transitoria el espíritu de su lucha[5]. Debemos advertir, sin embargo, que muchos de estos volúmenes fueron ediciones de autor y que –salvo casos concretos– los libros contaron con tiradas muy limitadas, cuya difusión se redujo al ámbito local o provincial. Nada parecido, por tanto, a lo que ocurría en la zona roja con las Milicias de la Cultura o el Altavoz del Frente, pues "ni en cuanto a popularidad, ni muchísimo menos en cuanto a participación conocería la zona franquista un fenómeno similar al romancero popular republicano" (Santonja 2007: 380)[6]. Tal abundancia bibliográfica no se aviene, como es de suponer, con la calidad literaria, pues se trata de una poesía de circunstancias, que no trasciende los límites del contexto histórico en que surge y que tan solo confirma la importancia que tuvo el género lírico más como mecanismo de propaganda que como hecho estético; así lo advertía Luis Cernuda, desde su exilio mexicano, con un simplificado pero certero diagnóstico: "Durante los años de la Guerra Civil hubo excesivo acopio de versos, tanto de un lado como de otro; y aunque la consigna fuera 'cantar al pueblo' de un lado, y de otro 'cantar la causa', ni unos cantos ni otros, pro-

5. Desde el punto de vista teórico, resulta interesante la diferencia que estable Serge Salaün –aunque en su libro solo se analiza la poesía republicana– entre el carácter inmediato de los textos publicados en periódicos y aquellos que se recogen en libro: "El libro funciona como una suma, un conjunto cerrado [...] que atestigua la solidez de la epopeya, aporta la duración ya que la perennidad que se suele asociar al signo impreso se prolonga lógicamente sobre el contenido histórico que empapa la epopeya y le confiere la misma duración virtual. El libro instaura raíces y un pasado glorioso y el hecho de que este pasado sea muy reciente o incluso por confirmar no contribuye poco a quererlo fijar definitivamente. El libro adquiere una especie de carácter sagrado porque reúne un núcleo de textos originales que son la 'fe de vida' de un mundo nuevo" (1985: 90).

6. Sobre la importancia cuantitativa que los romances tuvieron como instrumento de propaganda republicana hablan estos versos nacionales de Francisco Javier Martín Abril: "Ni con canciones guerreras, / ni con romances de saña, / podéis cortar el avance / de nuestra santa Cruzada: / torrente noble y sereno / que solo lleva agua clara; / y el río no se detiene / por un manojo de zarzas" ("Segundo romance guerrero a las puertas de Madrid", *Cancionero guerrero*, 1937: LVII y LIX).

ductos de ambas consignas (era inevitable), sobrevivieron al conflicto" (1975: 478-479)[7].

La poesía de la Guerra Civil: el bando nacional

1. "NO HAY GUERRA SIN RETÓRICA"

En el primer número de *Hora de España*, publicado en enero de 1937, Antonio Machado escribía unas conocidas palabras de su Juan de Mairena sobre una realidad compartida por los dos bandos en cuanto a la retórica de guerra se refiere:

> Cuando los hombres acuden a las armas, la retórica ha terminado su misión. Porque ya no se trata de convencer, sino de vencer y abatir al adversario. Sin embargo, no hay guerra sin retórica. Y lo característico de la retórica guerrera consiste en ser ella la misma para los dos beligerantes, como si ambos comulgasen en las mismas razones y hubiesen llegado a un previo acuerdo sobre las mismas verdades. De aquí deducía mi maestro la irracionalidad de la guerra, por un lado, y de la retórica, por otro (1937: 8-9).

---

7. Sobre la abundancia de poetas y poemas durante la Guerra Civil, desde la perspectiva nacional, existen múltiples testimonios, como este de José María Pemán: "La guerra ha tenido para la poesía española eficacias de primavera. Todos los días tengo sobre mi mesa montones de originales de libros y poemas en demanda de un prólogo, un consejo o simplemente un acuse de recibo. [...] Yo confío que de todo este hervor, una vez que se sienten los posos e impurezas, saldrá una definitiva y depurada poesía civil y patriótica, género de que nuestra España andaba huérfana o poco menos" ("Carta-Prólogo", en Barrios Masero 1938: 13). Pemán se refiere también a la oportunidad, casi profética, que la guerra les ha dado a los poetas españoles para que pongan en práctica lo aprendido durante la renovación poética que se gestó durante la Edad de Plata: "La Guerra de España estaba ahí aguardándonos al final de este aprendizaje que han sido estos veinte años de purificación poética y adiestramiento formal... Era para ella –tema supremo, triunfo último del Ser– para lo que, sin saberlo, llevábamos años los poetas afilando, con tanta paciencia, nuestros lápices" (1938: 11).

El autor de *Campos de Castilla* expone una verdad insoslayable: el enfrenamiento violento o la guerra como fines en sí mismos suponen el fracaso de la dialéctica; de ahí que la retórica que sustenta todo conflicto armado revele, en definitiva, una situación exenta de moralidad, y que, una vez rechazada la palabra como forma de entendimiento, se recurra a un retoricismo hueco como forma de persuasión dirigida a quienes todavía no se han sumado a la causa o a quienes, a pesar de defenderla, necesitan reforzar sus posiciones. No toda la poesía de guerra responde a esta instrumentalización del lenguaje, pero sí que es mayoritaria la utilización de ciertos recursos que, en el ejercicio de propaganda, resultan coincidentes en los dos bandos.

El poema se concibe como una totalidad épica que pretende ideologizar o convencer –en tanto que se trata de conseguir adhesiones–, informar o divulgar –para que los destinatarios conozcan puntualmente lo que ocurre–, y mitificar o idealizar –en el sentido de realzar, a veces exageradamente, las virtudes heroicas de ciertos líderes–. Los textos suelen ser breves, sencillos y directos para facilitar no solo su inclusión en los soportes impresos, sino la posibilidad de que sean memorizados, declamados y hasta representados[8]. En este

8. Sobre la naturaleza "poética" de muchas piezas teatrales de urgencia son interesantes las reflexiones de Serge Salaün: "El teatro en verso, sobre todo con los romances escenificados –cosa muy frecuente–, prolonga la naturaleza física de la poesía: un romance declamado, con decorado, actores y todo el aparato del género teatral, no es más que poesía actualizada, *representada*, ya que la dimensión visual se añade a las demás percepciones ya solicitadas. El mensaje utiliza la presencia de los objetos, los seres animados que se mueven y hablan (el impacto de la voz), sin hablar de la comunión de un público que participa a un rito colectivo. Este teatro en verso representa sin duda el mayor grado de materialización del lenguaje, cuando las palabras reciben su carga física más densa y diversificada, cuando por fin el signo se confunde con las cosas" (1985: 184). Un ejemplo de romance que se lleva a las tablas en el bando nacional es el "Romance de Luis Platero", de Rafael Duyos, al que nos referiremos más adelante. Hay también ejemplos de piezas teatrales en verso, remedo del famoso "teatro poético" –histórico y tradicionalista–, que en las primeras décadas del siglo xx habían cultivado sobre todo Eduardo Marquina o Francisco Villaespesa; véase

sentido, la forma métrica más utilizada es el romance en octosílabos –a veces el romancillo–, que se convierte en el mejor modo de expresión por su carácter lírico-dramático-narrativo y por ser una forma poética auténticamente popular, privilegiada, además, por las características formales propias del género –el comienzo *in medias res*, las anáforas y paralelismos sintácticos, el uso de la primera persona del plural, las exclamaciones e interrogaciones retóricas, la tensión dramática, las apelaciones a quienes escuchan o leen, etc.–[9]; también se escriben sonetos en endecasílabos y alejandrinos, aunque su esquema clasicista se reserva para la mitificación de ciertos personajes o para el canto heroico. En cuanto a los temas, una de las principales coincidencias entre la poesía de uno y otro bando es que "sus autores se refieren en más de una ocasión a episodios importantes de la lucha o a personas que desempeñaron un papel destacado en ella" (Lechner 2004: 275); ambos recurren, asimismo, a una lógica que defiende los valores propios frente a los del enemigo, que alienta la

---

La mejor reina de España (1939), de Luis Rosales y Luis Felipe Vivanco, en torno a la reina Isabel la Católica. Otras muestras son *Espíritu español* (1937), de Valentín García González *Valensette*, *Evocaciones patrióticas* (1937), de Juan José Pérez Ormazábal, o el "auto religioso" *Huésped de la primavera y vencedor de la muerte* (1940), de Diego Navarro (Dennis/Peral 2010).

9. Entre los poetas nacionales encontramos numerosos testimonios que dan fe de la importancia del romance, como el que escribe José María Pemán: "Y esta del romancero es solera aromática y pura que da buen sabor a cuanto rocía. En esto sí que nuestra tradición es rica, abundante y autónoma. ¡Como que el romance es como el sello que da autenticidad popular a nuestras empresas bélicas! Guerra con romances –Reconquista, Independencia, esta Cruzada Nacional–, guerra auténtica, de entraña popular. Guerra sin romances –Flandes, Italia–, guerra puramente política e imperialista" ("Carta-Prólogo", en Barrios Masero 1938: 14). También el poeta Esteban Calle Iturrino justifica su elección del romance como forma estrófica popular: "No escogí intencionadamente el romance para reflejar mi inspiración. Expresé con él mis pensamientos y sentimientos espontáneamente. No he sido yo el único poeta que así se ha expresado. Como para probar cuán hondamente calaba en las entrañas de la raza la gesta española, hubo en la Nación un reverdecimiento de la forma literaria más castiza y peculiar de nuestro pueblo" (¿1940?: 8).

participación –sobre todo de los jóvenes– en la lucha y que reclama el triunfo de su modelo de España.

En cualquier caso, aunque hay características comunes, la diferencia entre ambos contendientes –con excepciones en uno y otro campo– es que unos entienden desde el primer momento que la poesía y la cultura en general pueden utilizarse como expresión popular de la libertad, la solidaridad, la igualdad, la justicia o la revolución, y otros conciben el impulso poético como una forma de exaltación altisonante de símbolos imperiales y religiosos[10]. Trapiello ha resumido –en términos absolutos, aunque quizás demasiado restrictivos– los dos principios antagónicos que se enfrentan durante la Guerra Civil: los que se adscriben al bando republicano defienden "los irrenunciables principios de la Ilustración" y quienes se asocian a la causa nacional luchan "por la civilización cristiana de Occidente y los privilegios seculares bendecidos por ella, mediante una cruzada que trataba precisamente de conculcarlos" (2010: 14).

2. Poética de la zona franquista: ideario de la Falange

¿Cuáles son los temas o motivos más representativos en la poesía del bando nacional? ¿Qué poética inspira y sustenta los versos de la zona franquista como instrumento de propaganda? No todos los soldados o simpatizantes que se integraban entre los sublevados estaban afiliados a Falange –había también carlistas, monárquicos, miembros de asociaciones católicas, afiliados a los partidos de la derecha (CEDA) o partidarios sin más del "Alzamiento"–; tampoco todos los escritores nacionales pertenecían al partido, pero sí existía un grupo de poetas que, desde antes de la guerra, procedían de filas falangistas o que in-

10. El poema "Augurio a la Ciudad Universitaria", de Ernesto La Orden Miracle, refleja bien esta dicotomía: "¡Oh, ciudad de los Estudios, / maravillosa ciudad, / trocada en campo de guerra / siendo jardín de la paz! / Dios ha elegido tu suelo / como escenario sin par / para hacernos ver el drama / de la Historia universal. / La Cultura es un combate / religioso y militar, / no el falso fruto soberbio / de la razón natural" (*Romancero nacional* 1939: 28).

cluso habían formado parte de una auténtica "corte literaria" en torno a la figura de José Antonio Primo de Rivera (Carbajosa 2003)[11]. Falange Española, el partido fundado por el hijo del dictador en el mitin que se desarrolló en el Teatro de la Comedia de Madrid el 29 de octubre de 1933[12], se inspiraba en el fascismo italiano, un movimiento totalitario por el que sentían muchas simpatías declaradas los escritores agrupados en torno a José Antonio, como Rafael Sánchez Mazas o el excéntrico Ernesto Giménez Caballero. Entre otras muchas cosas, la Falange se presentó como un "movimiento poético" –liderado por lo que ellos consideraban una minoría intelectual muy selecta, como la teorizada por Ortega en *La rebelión de las masas*– y la intención de Primo de Rivera era la de "proporcionar a la Falange un estilo literario y estético" (Payne 1975: 43); de hecho, en el discurso fundacional del partido se incluyen referencias más o menos indeterminadas a la poesía, como la que sigue: "A los pueblos no los han movido nunca más que los poetas, y ¡ay del que no sepa levantar, frente a la poesía que destruye, la poesía que promete!" (Primo de Rivera 1945: 25). En definitiva, la estrecha relación entre la poesía y la política era necesaria para poner en práctica un programa de reformas tan idealista en algunas de sus propuestas como el de Falange:

> Carácter esencial de Falange, que la distingue y ha hecho triunfar de otras concepciones políticas, es su raigambre poética. Poesía y políti-

11. Sobre la relación de José Antonio con la poesía, y más concretamente con el poeta Federico García Lorca, resulta interesante el reciente libro de Jesús Cotta, *Rosas de plomo. Amistad y muerte de Federico y José Antonio* (2015).
12. Ramiro Ledesma Ramos, Onésimo Redondo y Julio Ruiz de Alda, implicados en las Juntas Ofensivas Nacional Sindicalistas (JONS), se unieron al partido de José Antonio en 1934 y el movimiento pasó a llamarse Falange Española de las JONS. Tras la muerte de Primo de Rivera, Manuel Hedilla lo lideró, pero se vio inmerso en una lucha por el poder de la formación, asumido finalmente por el "Caudillo". Franco promulgó el 19 de abril de 1937 un decreto de unificación mediante el que se fusionaba la formación con el partido carlista Comunión Tradicionalista y la unión se denominó Falange Española Tradicionalista y de las JONS (FET y de las JONS) (Rodríguez Jiménez 2000).

> ca tienen una afinidad tan estrecha que hay un punto en que se unen. La poesía es creación imaginativa, mientras que la política es imaginación creadora. Por ello, en cierto sentido, todo poeta es un político, y solo puede ser auténtico político quien tenga alma de poeta, quien posea suficiente imaginación para saber crear y recrear a un pueblo. Ha sido José Antonio quien dijo que "a los pueblos no los han movido nunca más que los poetas". En una época de políticos carentes de sentido poético y creador, apareció José Antonio con su alma de poeta, y, por serlo, ha conseguido que su creación política sea hoy el cauce del vigoroso renacer de España (Genovés Amorós 1939: 9-10).

El programa ideológico del partido, publicado en el diario *ABC* el 30 de noviembre de 1934, resume las claves de un pensamiento que se convertiría en sustento ideológico del bando nacional: "España es una unidad de destino en lo universal" (2); "Tenemos voluntad de Imperio. Afirmamos que la plenitud histórica de España es el Imperio" (3); "Nuestro Estado será un instrumento totalitario al servicio de la integridad patria" (6); "Es misión esencial del Estado, mediante una disciplina rigurosa de la educación, conseguir un espíritu nacional fuerte y unido e instalar en el alma de las futuras generaciones la alegría y el orgullo de la Patria" (23); o "Nuestro movimiento incorpora el sentido católico –de gloriosa tradición y predominante en España– a la reconstrucción nacional" (25) (Primo de Rivera 1945: 519-526). La retórica falangista se concentra en un lenguaje y un estilo propios, caracterizados por un espíritu militar, patriótico y religioso. El contenido ideológico se transmite a través de un tono emocional exaltado que apela directamente a los sentimientos y no mediante el contraste de ideas o la discusión crítica de unos supuestos más que discutibles: "Se potencia, no la reflexión o el análisis político, sino el entusiasmo sentimental, la camaradería, la solidaridad, la unión del 'nosotros' frente a 'ellos', la hermandad" (Carbajosa 2003: 123). Ese mismo tono es el que mayoritariamente encontramos en la poesía nacional, impregnada de consignas aprendidas en una educación previa en el falangismo. Y esa fue la función de los poetas que se consideraban deudores del mito joseantoniano, "la de suministrar retórica, estilo y estética a la guerra –tan llena de 'primaveras', 'novias' y 'luceros'– y a la España 'nacional'" (Carbajosa 2003: 132)[13].

La retórica de los nacionales –con antecedentes en la poesía de José María Pemán o Ramón de Basterra– se inspira en el tradicionalismo nacionalista y autoritario, de inspiración fascista, que intenta sublimar conceptos de pretensión universal: el pasado inmortal de una patria y un imperio católicos –encarnado primero por la Reconquista de Castilla y después, por los reinados de Carlos I y Felipe II, el rey de El Escorial, erigido como emblema de una España tan imperecedera como el granito de sus muros[14]–, y la idea de una cruza-

13. En este sentido, la función de los poetas debía ser también la de canalizar los sentimientos colectivos a través de sus poemas; así lo señaló el diplomático Juan Pablo de Lojendio: "Una revolución solo es completa cuando, en el fervor y en la pasión de la tarea nueva, el pueblo rompe a cantar. Y he aquí que la España de Franco es toda ella música de himno y canción. Recogerla e interpretarla, atento el oído al compás del pueblo, es la misión de los poetas" ("Prólogo a la edición americana", en Duyos 1938: 9).

14. El Escorial se convierte –antes, durante y después de la guerra– en baluarte simbólico de la España tradicionalista, imperial y católica. En el libro de Manuel de Góngora, *Dolor y resplandor de España* (1940), se incluye un largo romance, de inspiración falangista, escrito en 1935 y titulado "Las sombras del Monasterio". El texto reproduce una ensoñación nocturna y siniestra en torno al monumento escurialense, en la que cobran vida los esqueletos que descansan tras sus muros para velar por la España eterna: «Todos responden: ¡Presentes! / ¡Pues por España velemos: / por sus rescoldos sagrados, / por sus cunas y sus lechos, / por sus llantos y sus risas, / por sus rejas y sus bieldos, / por el trigo de sus panes, / por la prez de sus trofeos, / por las cruces de sus torres / y las aras de sus templos!" (1940: 21); al final del poema se insiste en la misma idea: "Ríndeles gracias, España: / que, mientras tú estás durmiendo, / desde su reino de sombras / te están velando tus muertos" (1940: 23). Otro ejemplo significativo sobre el tema es el texto que Giménez Caballero publica durante la guerra en *Acción Española*: "Todo él: jerarquía, armonía. [...] La ecuación catolicista, universa, entre Oriente y Occidente, entre libertad y autoridad, entre racismo germánico e igualitarismo semita: *cristiandad*. Escorial: supremo *Estado* de la Cristiandad. La perfección de su unicidad" (en Rodríguez Puértolas 1986: 100). La basílica escurialense sirvió también de lugar de enterramiento provisional para el cuerpo de José Antonio, trasladado en loor de multitudes desde Alicante durante diez días y recibido el 30 de noviembre de 1939 en el monas-

da religiosa (el monje) y militar (el soldado) –no contra el infiel, sino contra el enemigo ateo, marxista, soviético o judeo-masón–, que vincula integralmente la Iglesia y el Estado, en lo que se conoce como nacional-catolicismo. Y todo ello representado mediante símbolos como el yugo y las flechas de los Reyes Católicos[15], el color azul de las camisas de los falangistas, los brazos en alto[16], los "luceros" y "estrellas" que aparecen por millares como símbolo visible de sus mártires, o determinadas palabras y lemas –"¡Arriba España!", "España, Una, Grande y Libre", "Caídos por Dios y por España" o "¡Presente!", siempre en mayúscula y entre signos de exclamación–, cuya intención era la de sintetizar sentimientos representativos de un ideario más sentimental que filosófico.

3. Clasificación de la poesía nacional

Si se utiliza el criterio de la autoría, la poesía del bando nacional puede clasificarse en dos grandes grupos: por un lado, libros colectivos (antologías, recopilaciones y homenajes) y, por otro, libros indi-

---

terio, antes de que, no por casualidad, se construyera el Valle de los Caídos –lugar definitivo donde reposarían sus restos, junto a los de Franco– en el mismo término municipal de San Lorenzo de El Escorial.

15. Una muestra sobre el tema es este soneto de Julio Sigüenza: "Del pulso duro y del afán ahíto / –tersas, vibrantes, con el sol fundidas– / van cinco flechas del dolor nacidas / a clavar su ambición al infinito. / Ambición sin medida ni contento; / impulso soberano, mano llana… / Las cinco flechas clavan la diana / del más audaz y duro pensamiento. / Y en sangre roja, por el sol bruñidas, / vibrando y tersas quedan suspendidas / en la bóveda azul. Potente y dura, / es una mano que el confín araña / buscando en las estrellas la más pura / para el glorioso amanecer de España" ("Alegoría de las cinco flechas", *Poemas del Imperio* 1939: 73-74).

16. En el poema "Nuestro saludo", de Tomás Borrás, se utilizan metáforas creacionistas para definir el saludo fascista –de origen romano– que utilizaron los nacionales: "Brazo en alto: Iniciación de ala. / Brazo en alto: Hito para innumerables caminos de espacios gozosos. / Faro de mar redondo de aventura. / Infinito señalar heroísmos posibles. / Signo para atraer los signos de mástiles iguales. / […] / Brazo en alto: / Voluntad de forzar la vida" (en Montero Alonso 1939: 36).

viduales (donde se incluyen poemarios y folletos diversos, así como algunos romanceros de una sola firma –a diferencia de lo que ocurre en el bando republicano, donde son colectivos– publicados antes). A estos dos tipos de volúmenes hay que añadir textos anónimos y canciones populares, cuya autoría a veces es difícil de concretar.

Las páginas de los periódicos y revistas recogieron inicialmente los poemas que forman parte de las antologías, y muchos de ellos se publicaron también en libros de guerra. No sorprende, por tanto, que la dispersión de los textos y su lento trabajo de recopilación retrasasen la aparición de estas obras colectivas, que no vieron la luz hasta 1939, cuando la victoria de los nacionales era casi una realidad –con la guerra terminada o a punto de terminar– y la función de la poesía había perdido ya su carácter agitador para convertirse en testimonio del acontecimiento histórico y patriótico del que todos habían sido testigos de excepción. Fue entonces cuando se imprimieron las tres antologías de poesía nacional con las que contamos: *Lira bélica (Antología de los poetas y la guerra)*, de José Sanz y Díaz, que se publicó a comienzos de año en Valladolid, en las prensas de la Librería Santarén, con 93 poemas de 65 autores; la *Antología poética del Alzamiento (1936-1939). Poetas del Imperio*, de Jorge Villén, que salió en primavera, publicada en Cádiz por Establecimientos Cerón y Librería Cervantes, con 68 composiciones (más 11 anónimas) de 43 poetas; y el *Cancionero de la guerra*, de José Montero Alonso, que apareció en octubre, publicado en Madrid por Ediciones Españolas, con 79 composiciones de 31 poetas. Las tres comparten los mismos propósitos y a muchos de los autores presentes en ellas los encontramos inevitablemente en más de una, aunque la tercera tiene interesantes particularidades.

Lira bélica es bastante anárquica y no tiene un orden preestablecido, pues el editor afirma que ha editado el conjunto teniendo en cuenta el orden con el que los poemas llegaron a sus manos. El resultado es una recopilación heterogénea, con cierto aire popular, en la que caben temas muy diferentes y se confunden autores conocidos y otros que no lo son tanto. Por sus páginas circulan los nombres de Manuel Machado, Felipe Cortines y Murube, Eduardo de

Ory, José María Pemán, Eduardo Marquina, Alfredo Marqueríe, Agustín de Foxá, Nicomedes Sanz y Ruiz de la Peña, Federico de Urrutia, Antonio R. Guardiola, Pedro Pérez Clotet o Gerardo Diego, e incluso encontramos a tres mujeres, la leonesa Lina Tagore –pseudónimo de Agustina Lobo Aguado de la Huerta, autora de *Lira de sol y de piedra* (1939)– y las gallegas Marina Cascallar Vázquez y Herminia Fariña –precursora del teatro en gallego y autora de *¡Por España y para España! (El libro del combatiente)* (1937), donde se incluyen también algunos poemas en esa lengua–.

El libro se inicia con un "Prólogo-ensayo" sobre "Los poetas y la guerra", en el que José Sanz y Díaz justifica la organización y el sentido de una antología que ya estaba preparada desde 1937. Sus palabras son una especie de manifiesto poético del bando nacional repleto de ideas que se repiten hasta la saciedad en este tipo de discursos y que parecen demostrar la superioridad militar y el espíritu bélico de los sublevados:

> Las grandes victorias, las terribles batallas, las gestas heroicas y los incomparables acontecimientos que estamos viviendo en esta Guerra Santa, en esta cruzada de Reconquista, han despertado los corazones, encendido los espíritus y exaltado las plumas, convirtiendo la visión y el latido en poesía épico-narrativa.
>
> [...]
>
> El paisaje nacional, ora en calma monótona, ora rasgado por los estampidos mortíferos de la metralla; las terribles armas de combate en las zanjas trogloditas, sobre el Océano o en la región de las nubes; los tanques, la Aviación, los submarinos, la Artillería, las máquinas automáticas, las granadas de mano, etc., el fuego mortífero y el ruido ensordecedor dieron temas grandiosos y terribles al poeta, así como más tarde se los proporcionará al pintor.
>
> La exaltación sublime de la Religión, la Cultura y la Historia imperial de España fueron también motivos de estas composiciones patrias.
>
> Mas la poesía épico-lírica vino en generosa ayuda de España en un sentido mucho más elevado aún que los cantos de gesta; la poesía de la guerra y sus autores han guiado en la lucha al auténtico pueblo español por la senda de la fe inquebrantable, por el camino

> del sacrificio y por la cumbre inmácula de una Cruzada que gestó un Imperio civilizador e hispano.
>
> [...]
>
> España, la auténtica, ni aun en estos momentos terribles de 1937, magníficamente varoniles y trágicos, acaso los más descomunales que conoció su Historia, pródiga en gestas y heroísmos, dejó de preocuparse por la Poesía y por la Cultura (Sanz y Díaz 1939: 7-8 y 11).

La *Antología poética del Alzamiento* es acaso la recopilación más completa y mejor estructurada. El contenido se divide en ocho secciones cuya denominación informa bien de los temas subjetivos que más interesa destacar: "Cantos de España", "Cantos de los episodios gloriosos", "Cantos del dolor de España", "Cantos de los combatientes", "Cantos de los caídos", "Cantos de los héroes y mártires", "Héroes de romance" y "Cantos del Caudillo"[17]. Dedicada a José María Pemán –"poeta alférez, que siente, canta y vive la nueva Epopeya Nacional" (1939: 5)– porque había ayudado al antólogo a organizar el libro, este conjunto recoge quizás los poemas más representativos de la poesía franquista y, al mismo tiempo, otra teorización poética sobre los motivos o constantes más representativos de la España nacional:

> Nuestra nueva Cruzada, por ser Cruzada del espíritu contra la materia, tenía que levantar y hacer vibrar desde el primer momento, en tonos de poesía épica, cuantas glorias y episodios triunfales ganaban para España sus buenos soldados. Y porque era guerra de espíritu, los poetas entonaron sus cantos desde primera hora, y a la era escéptica y fría que nos precedía sucedió un nuevo renacimiento, una nueva edad, en la que la lucha y la poesía eran manifestaciones de fe, de entusiasmo por los principios y valores eternos.

---

17. Una de las novedades de esta antología con respecto a las demás es que incluye varias composiciones de autores extranjeros, como el famoso poema "A los mártires españoles", de Paul Claudel, traducido por Jorge Guillén (1939: 151-159), aunque –según su propia versión– obligado por las circunstancias.

> La Cruzada está siendo fecunda en héroes y poetas. Poetas y soldados se han confundido muchas veces en las primeras líneas de fuego, no siendo pocos los versos que se han escrito en las mismas trincheras.
>
> Y al lado de la juventud combatiente ha surgido la juventud poeta: que, por las primicias que conocemos, nos auguran que la España venidera, la España imperial, tendrá sus buenos cantores, porque los tiene en su amanecer.
>
> Una variedad de forma, en diversas escalas y grados, ha caracterizado las composiciones del Alzamiento. Se han rimado todas las formas métricas, pero han predominado las formas más clásicas: el romance y el soneto.
>
> Y así tenía que ser: nuestras gestas gloriosas llegaron a nosotros a través de los Cantares de Gesta y de los Romances viejos. La gesta de hoy se inmortalizará también por los poemas y los romances, y otra vez, como antaño, suenan cantorcillos anónimos, prueba como ninguna otra de que nuestra guerra tiene desde el primer instante un sentido profundamente popular (Villén 1939: 7-8)[18].

En esta *Antología poética del Alzamiento* encontramos versos de Manuel Machado, José María Pemán, Felipe Sassone, Francisco Javier Martín Abril, Manuel de Góngora, José María Castroviejo, Eduardo Marquina, José María Souvirón, Eugenio D'Ors, Esteban Calle Iturrino, Federico de Urrutia, Álvaro Cunqueiro, Rafael Duyos, Luis Rosales, Vicente Serna o Enriqueta Calvo Sotelo, junto a otros muchos.

La tercera de las antologías referidas es el *Cancionero de la guerra*, de José Montero Alonso, una recopilación en la que sorprende la cuidadosa presentación de los autores, cuyos textos van precedidos

---

18. Pueden ilustrar aún más el contenido ideológico del bando nacional estas palabras del poeta y dramaturgo Eduardo Marquina, publicadas en una revista de guerra: "En cambio, a nuestro lado está todo el que siente la tradición española y se enorgullece de pertenecer a la estirpe de los que realizaron la epopeya del Descubrimiento y la Conquista. Los que sienten la grandeza de América anhelan ver la Madre España renacida y cumpliendo la misión histórica que les señala su obra de sembradora y misionera" (en Peral Vega 2013: 28).

siempre de una breve reseña sobre las circunstancias vitales de cada uno de ellos durante la guerra y unas pinceladas sobre sus características poéticas. Los nombres recogidos en este *Cancionero* son en muchos casos coincidentes con las otras dos antologías, aunque en este caso se incluyen también algunos otros que no estaban en las demás, como el poeta modernista Emilio Carrere, Luis Fernández Ardavín o Tomás Borrás, más conocidos los dos últimos como dramaturgos.

En el "Preliminar" que escribe Montero Alonso se reflexiona en general sobre la poesía de guerra de los poetas nacionales, aunque se distingue entre la situación de quienes escribieron en las zonas franquistas y la de aquellos que, aun siendo partidarios del bando nacional, vivieron en zonas republicanas hasta el final de la guerra, como ocurrió con quienes residían en Madrid. En este sentido, la idea de "las dos Españas", que hoy entendemos como una dicotomía entre republicanos y nacionales, es aquí tan solo la denominación que se aplica a los poetas nacionales que se sienten "liberados" frente a quienes todavía esperan serlo:

> A lo largo de la guerra se han escrito muchos versos en las dos Españas: en la que podía gritar su fe y su gozo y en la que lloraba y esperaba en silencio. [...] El gran dolor de España había, por fuerza, de ser también fuente de emoción y de poesía. [...] En la España inicialmente liberada, esos versos eran la expresión lógica, incontenible, de una fe y de un entusiasmo. Nombres de gloria, páginas de gesta, caminos triunfales... Poesía, muchas veces, de himno. [...] La poesía de los escritores que hubieron de quedar en la otra España tiene, en cambio, un tono distinto. Su emoción es más recóndita, más solitaria, más dolorosa. Como si el terror, el hambre y el frío hubiesen dejado en esa poesía –y en sus forjadores, naturalmente– una huella perdurable, honda. Obra creada en silencio, bajo el odio y la persecución. Cada verso podía equivaler a una sentencia de muerte. Las cuartillas habían de ser escondidas, enterradas. A veces, rotas, confiando solo a la memoria el que los versos no desapareciesen de un modo definitivo. Dolorosa creación, toda riesgo y nobleza, esta de los poetas en la zona roja. Honda fe la suya, callada y ardientemente sostenida en la tristeza de la inmensa cárcel que era Madrid (Montero Alonso 1939: 9-10).

Los restantes libros colectivos de la España nacional responden a dos actitudes un tanto contradictorias por sus circunstancias de edición. El primero de ellos es el titulado *Los versos del combatiente*, firmado por un tal José R. Camacho y publicado en Pamplona, por Ediciones Arriba, en 1938, con el patrocinio de la Delegación Nacional de Prensa y Propaganda de FET y de las JONS. Hasta hace relativamente pocos años, apenas se tenían datos sobre el extraño autor del libro, que decía ser "sargento de morteros", pero fue Félix Grande, en su libro sobre Rosales –*La calumnia*, publicado en 1987–, quien señaló la responsabilidad declarada del autor de *La casa encendida* –junto a otros compañeros de generación– en la edición del libro. El nombre escogido para presidir la portada no es otro que José Rosales Camacho, *Pepiniqui*, y los demás participantes en esta especie de libro apócrifo son su hermano Luis, Manuel Machado, Leopoldo Panero, Luis Felipe Vivanco, José María Pemán, Dionisio Ridruejo y Agustín de Foxá. Los mejores poetas del bando nacional se habían reunido para escribir quizás el mejor libro de la zona franquista. Hoy ya se sabe que se trató de un encargo de Dionisio Ridruejo desde Burgos "para que llegase a los combatientes una muestra poética distinta a la poesía topiquera y mediocre al uso" (Martínez Cachero 2009: 234)[19]. El otro libro es la famosa *Corona de sonetos en honor de José Antonio Primo de Rivera*, publicado en Barcelona, por Ediciones Jerarquía, en 1939. En este caso, la exhibición retórica y la nómina de poetas que forman parte del cuadro

---

19. José Montero Alonso le dedica –no sabemos si consciente o no del juego literario– estas palabras al frente de los textos seleccionados del "autor" en su *Cancionero de la guerra*: "Escritor en la zona nacional, José R. Camacho renueva felizmente en su vida el viejo dúo de la pluma y la espada. Es poeta y soldado. Escribe y es sargento de morteros. Sus versos, de una encantadora sencillez, tienen una limpia cadencia popular, una gracia de copla y de romance. Poesía fluida, transparente. Ternura ante las trincheras, ante los camaradas que están esperando a la muerte, clavados los ojos en la sombra y el alma puesta en Dios. Y fe, una gran fe, una fe clara, como iluminada. Envoltura ligera, de gracia y de espuma; pero tras ella, tras su leve cárcel de palabras, una emoción honda y fuerte, un auténtico sabor de pasión española" (1939: 39).

de honor –que se abre con unos versos en latín de Antonio Tovar, traducidos al final del conjunto: "Recibe, / tejida con verde laurel, / esta corona. / ¡Ay! Tu tumba tendrá / la que para ti trenzó el amor"– demuestran la finalidad laudatoria de este volumen de sonetos impecables en su forma, pero algo afectados en su contenido de exaltación joseantoniana. Representantes modernistas y novecentistas –Manuel Machado, Marquina, D'Ors–, miembros del 27 o de sus círculos –Gerardo Diego, Pemán, Adriano del Valle–, del 36 –Rosales, Vivanco, Panero, Ridruejo, Laín Entralgo, Alfonso Moreno, José María Alfaro–, así como personajes inclasificables como Cunqueiro, parecen anticiparse a la corriente "garcilasista" que será nota predominante de la llamada "poesía arraigada" de posguerra.

Los libros firmados individualmente son abundantes, aunque hoy solo recordamos los títulos de unos pocos ejemplares por la importancia de sus autores. Es el caso de Manuel Machado, cuya filiación con los sublevados se debe a la circunstancia de encontrarse en Burgos al comienzo de la guerra y a una actitud de adhesión por miedo a represalias. El poeta escribió varios artículos en prensa, especialmente en el *ABC* de Sevilla, en donde defendía plenamente –con un lenguaje preñado de retoricismo– la autoridad de Franco y de la Iglesia. Los versos que escribió durante la contienda están recogidos en *Horas de oro. Devocionario poético* (1938), aunque además participó en *Los versos del combatiente* y en la *Corona de sonetos en honor de José Antonio Primo de Rivera*. En el libro de guerra, se aprovecharon muchos poemas pertenecientes a su etapa modernista –donde las referencias entonces culturalistas eran ahora consideradas tradicionalistas–, junto a otros nuevos sobre Franco, José Antonio, Emilio Mola o varios santos. *Horas de oro* está dedicado al Caudillo con tópicos grandilocuentes como los siguientes: "Dignaos, pues, Señor, aceptar el homenaje de este libro que –en alas de la gloria de vuestro nombre– llevará a todos los confines del dilatado Imperio de nuestro idioma el eco de la nueva Reconquista de España, de que es V. E. el excelso Caudillo" (Machado 1994: 127). También en el "Prólogo" a una de las secciones del libro el poeta exhibe sin complejos el retoricismo imperial y católico de los nacionales: "Así, ahora que vemos a nuestra España en la cumbre de un nuevo sacrificio por la Civilización Occidental, en trance de heroicidad por un ideal católico, es decir, universal, como en sus tiempos de Granada y Lepanto, el poeta, que mostró a su patria en el espejo de la Historia todo un ayer glorioso, es asombrado a su vez por el heroísmo actual de su Patria y la gesta admirable de la nueva Reconquista" (Machado 1994: 133-134).

José María Pemán es otro miembro destacado entre los poetas áulicos por su adhesión incondicional a los principios del Movimiento Nacional. Es autor del *Poema de la bestia y el ángel* (1938), "el gran poema de la Guerra Civil", según Lechner (2004: 375), en el que se contraponen de forma maniquea y apocalíptica las fuerzas del mal –representadas por la "bestia" republicana– y el bien –encarnadas por el "ángel" nacional–; el propio autor señala, en las palabras prologales de la obra, lo que se propuso reflejar con su libro: "No solo el hecho actual, anecdótico, inmediato, sino todo su profundo significado apocalíptico de revelación de la eterna pelea de la Bestia y el Ángel, y toda su proyección profética e imperial sobre un futuro luminoso: esqueleto, vestido y músculo de este retrato de la Guerra, que he soñado con ambición y redondez agotadora de apasionado abrazo" (1938: 17). Se trata, en definitiva, de una alegoría sobre las glorias patrias, con poemas sobre circunstancias o situaciones concretas de la guerra –batallas importantes, plazas "liberadas", enclaves emblemáticos, etc.–, sobre la continuidad histórica de ese legado en la "cruzada" emprendida por Franco, y sobre el sentido religioso de la contienda, con alusiones bíblicas no exentas, en ocasiones, de cierto antisemitismo. Completan este elenco de libros destacados dos muestras significativas: *Poesía en armas* (1940), de Dionisio Ridruejo, y *El almendro y la espada* (1940), de Agustín de Foxá, dos poemarios publicados ya tras la Guerra Civil, pero en los que se recogen textos –de una calidad poética que supera con creces a muchos de sus contemporáneos– escritos durante la contienda.

Junto a estos grandes nombres, se encuentra un buen número de obras de mayor o menor difusión, cuyos títulos remiten a la misma tópica de hueco retoricismo que, sin embargo, depara en ocasiones sorpresas de mayor importancia cualitativa. Destacan los conjuntos de romances escritos por una sola persona, como el *Romancero de la Reconquista* (1937), de Nicomedes Sanz y Ruiz de la Peña[20]; los *Romances azules* (1937), de Juan Gómez Málaga; el *Romancero guerrero* (1937), de Francisco Javier Martín Abril; los *Romances de la Falange* (1938 y 1939), de Rafael Duyos; el *Romancero nacional* (1939), de Ernesto Laorden Miracle; o el *Romancero de la guerra* (¿1940?), de Esteban Calle Iturrino. También hay que referirse a otros títulos de cierto interés, como *Poemas de la Falange eterna* (1938), de Federico de Urrutia; *Cantos imperiales* (1938), de Vicente Serna; *Altura* (1938 y 1939), de José María Castroviejo, que es "el mejor de los libros líricos de estro fascista" para Mainer (2013: 105); *Cancionero de la guerra. Poemas del resurgimiento español* (1939), de Casimiro Cienfuegos[21]; o *Dolor y resplandor de España* (1940), de Manuel de

20. Este prolífico poeta es también autor de *Romance de la muerte de Pepe García "El Algabeño"* (Valladolid, Santarén, 1937) o *Romances de guerra y amor* (Valladolid, Santarén, 1937 y 1939).

21. Se trata de uno de los volúmenes de poesía de guerra más completos y estructurados. En sus primeras páginas se reproduce un autógrafo del general Aranda. Le siguen varias secciones dedicadas a variopintos temas nacionales: "Primeras canciones" –entre ellas un poema a la memoria de Calvo Sotelo–, "Ciclo del Principado" –que incluye poemas a los héroes y mártires o textos dedicados a la ciudad de Oviedo–, "Roja y gualda (Cantos a la bandera)", "Paz en la guerra (Canciones de la retaguardia blanca)" –con plegarias a Cristo-Rey, un "Homenaje lírico a Italia y Alemania", poemas a la Virgen, etc.–, "Hombres y pueblos (Medallones militares)" –Franco, Mola, Aranda, Moscardó, Varela, Millán Astray, Queipo de Llano–, "Otras estampas de héroes y ciudades" –Tánger, Málaga, "Elegía de los caídos", soneto dedicado a "El Ausente", Menéndez Pelayo, la Virgen de Covadonga–, "Sinfonía española" –donde se incluye una "Marcha triunfal", remedo de la de Rubén Darío–, "El lema del nuevo estado: una Patria, un Estado, un Caudillo", y hasta una composición musical al final del libro –"¡Salve, Franco, el victorioso!", con letra de C. Cienfuegos y música (se reproduce la partitura) de Rafael Chico Bartolomé–.

Góngora[22], entre otros muchos libros cuyos versos se rescatan por vez primera en estas páginas.

4. Versos azules: temas y tópicos de la España nacional

Lo primero que llama la atención al acercarse a los versos azules de quienes sueñan con la España eterna es en buena medida la profusión de conceptos de inspiración fascista sobre la patria, la raza, el imperio, la cruzada, los "Caídos por Dios y por España" –entre los que ocupa lugar de honor el "Ausente"– o el Caudillo, que en su horizonte de totalitarismo apenas van más allá de sí mismos y constituyen no realidades tangibles sino ideas identificadas con un lenguaje retórico y monológico[23]. Un texto que ilustra bien el sentido de esta

---

22. Todos estos libros contienen sorprendentes colofones en donde el tiempo ya no se mide según el calendario sino en función del I, II o III Año Triunfal –para dejar constancia de la victoria– y siempre con indicaciones de carácter religioso sobre el tiempo litúrgico o el santoral –para dejar constancia de la fe–. Un ejemplo relevante es el que cierra la segunda edición de los *Romances de la Falange* (1939), de Rafael Duyos, pues señala que el libro fue impreso "en el mes de noviembre del Año de la Victoria, al tiempo que cruzaban las tierras de España los restos de José Antonio llevados a su morada escurialense".
23. César de Vicente Hernando advierte el antihumanismo que esconde este lenguaje que se agota en sí mismo: "El 'cronotopo' poético fascista (la Castilla de la Reconquista, lo que ya es una terminología tendenciosa; el siglo xvi; el Barroco grandioso; ...y el campo castellano), sustentado una vez más en su propia mitificación de la realidad histórica, confluye con un necesario anti-humanismo: la historia no la hace el hombre (burguesía) sino la 'Raza' (fascismo)" (1994: 35). Sobre este último concepto, léase el poema "La raza española", de Manuel Francisco Sincero, fechado el 12 de octubre ("Día de la Raza") de 1937: "Hoy, en la lucha sangrienta / que en nuestros campos se entabla / con vigor inigualado, / vuelve a despertar la Raza; / [...] / Y nuestros soldados llevan / tal calor en la batalla / que funden hasta el acero / de las enemigas armas. / Y ocupan llanos y valles / y coronan las montañas / porque es la tierra española / la prenda que así rescatan. / Y mueren con alegría / por la Cruz y por España / los héroes ignorados / de la más Santa Cruzada, / porque llevan en sus venas / ¡la sangre de nuestra Raza!" (*Latidos de España. Reflejos de dolor y de gloria* ¿1938?: 101-102).

poética es el "Envío" con que se abren los *Poemas de la Falange eterna*, de Federico de Urrutia:

> A Francisco Franco, César y Héroe.
> A Ti, José Antonio, Iluminado y Profeta.
> [...]
> A todos los que cayeron por el Imperio y Dios.
> A la Vieja Guardia de las Catacumbas.
> A los que vistieron nuestro hábito para ir a las trincheras.
> A todos los Cruzados del Caudillo.
> A los que hermanaron sus almas con las nuestras por la unidad de España.
> A los Flechas que cantan.
> A las Mujeres que lloran.
> A los que se fueron, a los que luchan, y a los que vendrán.
> A todos los "Camisas Azules".
> Por el triunfo de la Cruz y de España.
> Por las Banderas del Nacionalsindicalismo.
> ¡¡SALVE!! (1938: 5).

El punto de partida de esta configuración mítica de la realidad es la actualización de un pasado recreado de acuerdo a una visión tradicionalista y conservadora de la historia, como en el soneto "Tradición", de Manuel Machado, que encabeza la *Antología poética del Alzamiento* [*APA*], donde se advierten los males de no respetarla y se hace una defensa de la involución histórica: "¡Ay del pueblo que olvida su pasado / y a ignorar su prosapia se condena! / ¡Ay del que rompe la fatal cadena / que al ayer el mañana tiene atado! / [...] / Reniega de una vana pseudociencia... / Vuelve a tu tradición, España mía. / ¡Solo Dios hace mundos de la nada!" (1939: 13)[24].

24. Véase, en este mismo sentido, "Voz de España, Una, Grande, Libre", de Manuel de Góngora, oración en recuerdo de las glorias imperiales y defensa a ultranza –por las armas, si es preciso– de la tradición española: "Para que vuelvas a ser, España, se hace preciso / esto que has hecho: templar la espada de hierro nuevo en escameles de Tradición. / Por los que dieron su ardiente sangre de

Esta actitud ciertamente reaccionaria reclama el nacimiento de una nueva España, inspirada en las gestas heroicas de aquellos que vuelven a alentar la necesidad de resucitarla. El "Canto a la España deseada", de Miguel Martínez del Cerro, se refiere a un país dormido que tiene que despertarse con el mismo espíritu heroico que impulsó los grandes acontecimientos que marcaron el discurrir de la historia:

Una España yo quiero igual que aquella España
que hace doscientos años se nos quedó dormida...
Una España perfecta y generosa, compendio
de constantes trabajos y supremas conquistas.
[...]

¡Capitanes de Flandes, marinos de Lepanto,
héroes y misioneros de las Indias,
maestros de Alcalá y de Salamanca,
pintores y escultores de Sevilla...!

¡Teólogos de Trento, artesanos del Escorial,
poetas que cantabais al Dios Eucaristía,
santos los que sentisteis y enseñabais
las leyes interiores de la mística...!

¡Todos los que gozasteis de aquel afán eterno,
todos los que sentisteis aquella inquieta vida,
dadnos vuestras espadas y vuestras claras plumas,
vuestra Fe, vuestro esfuerzo, vuestras rimas...,
y venid con nosotros en afán de combate
a sentir nuestra empresa y a gozar nuestro día...!

---

precursores / y en las quebradas y los barrancos de la montaña de la quimera / fueron custodios y guardadores / de lo romántico de una bandera / que hoy sus bisnietos dan a los aires con gesto altivo de triunfadores" (*Dolor y resplandor de España* 1940: 76).

Españoles de hoy, santos y mártires;
héroes de independencia y reconquista.
Españoles de hoy. En el reloj del tiempo
la hora sonó de la inmortal consigna:
¡Hagamos una España como la España aquella
que hace doscientos años se nos quedó dormida!
(*APA* 1939: 34-35).

El motor de esa recuperación histórica vuelve a ser el legendario reino de Castilla –"Por Castilla la Vieja, / la que fizo el Imperio / y las grandes empresas, / ahora fluyen corrientes / de romance y de guerra" (Nicolás Sanz y Ruiz de la Peña, "Romance de loa a Castilla", *Romancero de la Reconquista* 1937: 11)–, región española en la cual se depositan las esperanzas de resucitar la unidad de una patria *invertebrada*, en expresión de Ortega[25]. Se trataba de volver a recu-

25. El tema de Castilla es predominante en los libros de poesía nacional, de donde pueden extraerse múltiples ejemplos, como los siguientes: en el romance "Castilla, tú eres la imagen…", de Francisco Javier Martín Abril, se identifica claramente a Castilla con la identidad española: "Castilla, tú eres la imagen / de los destinos de España; / línea recta de horizontes / sobre la llanura parda. / Castilla, tú eres el aire / que ha vencido a la montaña; / tú eres la luz que ha inundado / la tierra de nuestra patria. / Tú eres vuelo, pensamiento, / arco en tensión, flecha y llama, / canción de siglos prendida / en la paz de tus besanas" (*Romancero guerrero* 1937: XV); el poema "El alma de Castilla", de Vicente Serna, se centra en la descripción lírica del paisaje: "La hermosura de los cielos con sus noches tan románticas; / la aridez de la llanura tan severa, tan callada, / el fornido campesino y el pastor de las majadas; / el gañán de noble pecho y la moza honrada y casta, / cuando bregan, cuando cantan, cuando rezan, cuando aman, / son el ala hidalga y buena de la estepa castellana" (*Cantos imperiales* 1938: 144-145); la segunda parte del volumen *Mi primer libro. Camisas azules* (1938), de Angelina Herrero Pina, contiene una sección formada por varios poemas que se titula "Castellanas", donde la autora escribe un "Canto a Castilla" y varios textos en los que desaparecen las referencias a la guerra y su voz se torna más lírica y sentimental, en este caso en torno al paisaje castellano-manchego; por último, la sección de "Sonetos" de *Poesía en armas*, de Dionisio Ridruejo, incluye dos textos dedicados "A Castilla" –"Hoy contemplo la tierna madrugada / que alza tu tierra al aire prometido / y rasga tu horizonte someti-

perar el sentido histórico de uno de los territorios que habían forjado el mito de la España imperial desde la Reconquista y de equiparar el pasado glorioso de construcción nacional con la restauración patriótica que propugnaba el bando franquista. La apropiación de los símbolos implicaba una reescritura de la historia y una vinculación del presente con un pasado idealizado; ello explica el poema, dividido en varias partes, "El Cid conquista Valencia (Cuatro romances históricos y uno simbólico)", de Nicomedes Sanz y Ruiz de la Peña, en el que primero se recrean episodios cidianos como el destierro, el paso por el monasterio de Cardeña y la conquista de Valencia, y después se pretende la continuidad histórica de esos episodios –algunos de ellos claramente apócrifos– para reforzar el mensaje simbólico de quienes defienden la restauración del pasado a través de las armas: "Albores de Reconquista / se han encendido de nuevo / y, en el crisol de la guerra, / se va a redimir un pueblo / con crispaciones viriles / y dura fibra de acero" porque "hoy es Castilla el comienzo / de la nueva redención" ("El ayer y el hoy se funden...", *Romancero de la Reconquista* 1937: 79 y 81). Castilla se convierte de nuevo en el motor histórico y espiritual de España:

En Castilla y por Castilla
alza la Unidad su cetro
y baten alas de cumbre
las águilas del Imperio,
en los más altos remansos,
entre las nubes y el cielo.
Paso a paso, y firme siempre,
vas a tu destino eterno,
Castilla, motor de España,
antorcha del orbe entero,
por tu ruta de infinito,
milenios y más milenios,

---

do / al fuerte privilegio de la espada" (1940: 29)– y "Al río Duero durante la guerra española" –"¿No llega a ti el estruendo, no remueve / tus aguas con mensaje de bravura / el combate que tanto honor te debe?" (1940: 32)–.

alzando en más tu hidalguía,
ya vencedora del tiempo.
[...]
¡En Castilla y por Castilla
España vuelve al Imperio!
¡Mío Cid vela por ella
desde los altos luceros!
(Ibíd.: 88-90).

Castilla es, asimismo, el escenario de nuevas gestas para el Cid Campeador, héroe simbólico de la poesía épica que de nuevo resurge como "correlato objetivo" de otros personajes convertidos en mito por ser caídos en el campo de batalla; en el "Romance de Castilla en armas", de Federico de Urrutia, lo encontramos, incluso, vestido de falangista: "El Cid –lucero de hierro– / por el cielo cabalgaba, / con una espada de fuego / en fraguas del sol forjada" o "El Cid, con camisa azul, / por el cielo cabalgaba" (*Poemas de la Falange eterna* 1938: 28 y 30)[26]. Pero no solo se restituye la condición mítica de "el que en buena hora nació", pues ocurre algo parecido –aunque con una presencia bastante más discreta– con Alonso Quijano, como en el poema "Mi señor, don Quijote", de Esteban Calle Iturrino: "Hay que tornar a España, Don Quijote, / hay que vestir de nuevo la coraza, / pues fuiste del honor el sacerdote / devuélvele el honor a nuestra raza" (*Cantos de Guerra y de Imperio* 1937: 12).

26. Otros textos retoman el valor simbólico de Rodrigo Díaz de Vivar, como "Canto a Castilla", de Vicente Serna, donde los caballeros medievales representados por el Cid se equiparan con los labradores castellanos en su intención de forjar un mismo destino pilotado por el espíritu nacional: "Hunde la reja en la tierra, labriego, que eres hermano / de aquellos otros fornidos caballeros sin mancilla, / que tal vez Rodrigo Díaz con la Tizona en la mano / se levante de la tumba diciendo: ¡Arriba Castilla!" (*Cantos imperiales* 1938: 64). Otra representación sobre el referente castellano y el sentido de epopeya que tiene para los nacionales la Guerra Civil es el poema "Dieciocho de julio", de Emilio Carrere: "El dieciocho de julio, los caballeros de Franco / han forjado un Romancero que vivirá cien mil años, / con hazañas como rosas en los arneses de antaño. / ¡Solo el Cid, por ser el Cid, les puede estrechar la mano!" (en Montero Alonso 1939: 52).

La concepción de España –"martillo de herejes", "luz de Trento" o "espada de Roma", como quería Menéndez y Pelayo– está estrechamente unida a la idea de Dios, y la propia guerra es una cruzada contra quienes niegan el poder divino: "Porque España es el ritmo de la vieja armonía / que se impuso ante el Mundo por la Cruz y la espada, / y cuando el Mundo se hunde en el caos de lo incierto / España se redime y lo redime a él" (Sebastián Soubirón, "Del exacto amanecer de España", *APA* 1939: 33). Ese carácter religioso de la realidad histórica es, en resumen, una garantía para quienes confían en la victoria, pues la providencia parece haberse fijado de nuevo en España para que sea escenario de una guerra por la defensa de la fe: "Otra vez sobre el libro azul que baña / la luz naciente en oro ensangrentado, / el dedo del Señor ha decretado / un destino de estrellas para España" (J. M. Pemán, "España", *APA* 1939: 17). Esas guerras de religión que en tiempos de la Reconquista enfrentaban a moros y cristianos son ahora una nueva campaña contra el infiel marxista, que se encuentra en los antípodas ideológicos de un país construido sobre cimientos cristianos: "Frente a tu Plaza Roja, mi Alcázar toledano; / frente a tu descreimiento, mi crisma de cristiano; / y frente al agrio gesto de tu hoz y tu martillo, / la generosa y franca sonrisa del Caudillo" (Manuel de Góngora, "Dolor y resplandor del 18 de julio", *Dolor y resplandor de España* 1940: 119)[27].

Asimismo, la idea de cruzada se radicaliza cuando se recuerda la persecución que había sufrido la Iglesia durante algunos momentos de la República por parte de grupos extremos; no pueden obviarse

27. En el poema "Evocación y lección de España", de Manuel de Góngora, la propia España se convierte en caballero de la Orden de Santiago y pide la intercesión del Apóstol –como en esas batallas de la Reconquista– para que ayude a las tropas nacionales: "Desde aquel 'Campo de Estrellas', / piedra sillar de tus aras, / la sombra del Santo Apóstol / de la recia faz barbada, / en vísperas de su fiesta / volvió a encenderte en su brasa. / A empuñar el bordón vuelves, / suela de romero calzas, / te humillas en su sepulcro / y le pides que te valga. / Y como en nuevo bautismo / de aquella fe limpia y clara / con que en Clavijo le viste / campeador de tu batalla, / ¡bordas de nuevo en tu pecho / su fina cruz encarnada!" (*Dolor y resplandor de España* 1940: 86-87).

los asesinatos de religiosos, así como la destrucción de iglesias, conventos o imágenes de gran valor histórico-artístico, situaciones que se recrudecen con el estallido de la Guerra Civil[28]. En este sentido, la reacción de la Iglesia es, por estos y otros motivos, bastante complaciente con el bando nacional durante la guerra, y después lo será aún más –aunque hay excepciones– durante la dictadura franquista; encontramos numerosos testimonios que aluden a estas circunstancias, como el poema "El buen Jesús", de José Ramón Otero Pumares, donde Cristo es defenestrado y tiene que vagar por las calles como un proscrito:

Un día, ¡cielo santo!, de horror y de locura,
se alzaron contra Cristo con diabólico afán,
y ¡contra España...!, al grito de "¡Progreso y Cultura...!",
y cubrieron la Patria de vergüenza y pavura,
alzando los pendones de guerra de Satán...
[...]
Y el Buen Jesús, Dios Santo, con sus llagas abiertas,
entre befas e insultos huyendo a la abyección,
vagaba por las plazas y las calles desiertas,
rota su blanca túnica..., y llamaba a las puertas,
sin que hallase refugio su Santo Corazón...
(*Amanecer... Dios y España. Versos raciales* 1939: 41)[29].

28. Una película de propaganda nacional-católica sobre estas cuestiones, aun cuando se utilizan imágenes previas a la guerra, es *Vía Crucis del Señor en las tierras de España* (1940), de José Luis Sáenz de Heredia.

29. Un libro casi totalmente dedicado al asunto, con lenguaje apocalíptico, es *La novena Cruzada. Poema de la guerra contra los monstruos* (1937), de Ramiro de Alconchel. También se habla de la persecución religiosa en "El Cristo mutilado", de Luis Fernández Ardavín, un poema sobre la historia de una imagen familiar, escondida en el jardín de la casa por temor a que fuera descubierta por los republicanos: "Pero llegó una turba malcarada, / torpe y soez, materialista y ciega, / y en los templos y hogares hizo siega / de vidas y de cruces. Arrasada / la casa del Señor; sangre y tortura / bajo la arcada gris de sus sillares; / el atrio parroquial, pira de altares; / y sarcasmo y ludibrio la tortura; / los pequeños retablos que, inocente, / la lámpara doméstica ilumina / fueron pisoteados feroz-

El tema de los "Caídos por Dios y por España" es santo y seña de la poesía nacional, así como la cuestión previa de los jóvenes que se entregan a la causa por la oportunidad que el destino les brinda para convertirse en héroes y mártires de unos ideales por los que dar la propia vida. Esa es la motivación primera de quienes acuden al frente para contribuir a la restauración de una España que ellos consideran corrompida; así en estos tres fragmentos: "¡Qué triste estaba la Patria, / sin Cruz, ni Espada, ni Trono, / sin los símbolos supremos / de su pasado glorioso!"; "España republicana: / ¡sangre, lágrimas y lodo!" y "Pero aquella España triste / guardaba en lo más recóndito / de sus entrañas fecundas / un riquísimo tesoro / de arcangélicos espíritus / y de corazones mozos / que pugnaban por salir / al sol y al aire, briosos, / para hacerla grande y libre / con sacrificios heroicos" (Esteban Calle Iturrino, "Romance de la España triste", *Romancero de la guerra* ¿1940?: 23, 24 y 26). Los jóvenes se dirigen al frente con alegría, pues la guerra –necesaria para forjar el ideal patriótico– se concibe como un deporte en el que participan hombres vigorosos en un ambiente de camaradería: "La lucha es consigna de pueblos viriles, / la guerra es crisol de las razas, / sin lucha no hay días azules / ni plenitudes triunfales doradas, / ni unánime afán de dominio ecuménico; / sin guerras no hay patrias" (E. Calle Iturrino, "Salutación a la heroica juventud española", *Romancero de la guerra* ¿1940?: 13). Por consiguiente, la muerte es una forma de sublimación, de tal forma que su llamada siniestra es más poderosa que la voz de la amada incapaz de retener o disuadir a los soldados; véase, en este sentido, el poema "Pañuelo en el aire", también escrito por E. Calle Iturrino, que, como vemos, es uno de los más impetuosos poetas de guerra:

Se ha roto la cadena, amada mía,
me separo de ti, me llama el fuego,

mente / por la bestia asesina. / Y para que el dilecto Redentor / no fuese, como todos, profanado, / lo enterramos un día con dolor, / con el mismo dolor que a un ser amado" (en Montero Alonso 1939: 82).

no corro a él, desalentado y ciego,
sino con ojos llenos de alegría.

La guerra por la Patria es romería,
el combate, deporte, limpio juego,
para que reces tú, morir, y luego
esperar en lo azul tu compañía.

La voz de los clarines es más fuerte
que tu voz cristalina, y es la muerte
la más fiel y celosa enamorada…

No llores, ríe con tu risa de oro,
voy a cantar con mi falange, a coro,
cara al sol, la canción de la alborada
(*Cantos de Guerra y de Imperio* 1937: 57-58)[30].

---

30. Puede confrontarse con el "Romance de los ojos abiertos", de Lina Tagore, donde se expresa el dolor contenido de una novia que recibe a su amado muerto y que no expresa explícitamente su tristeza porque es más importante la afirmación de una muerte necesaria como justificación de la causa por la que se lucha: "La novia vio la mirada / de aquellos ojos obsesos: / ojos que cegó la muerte / con fáciles escarceos / y que el amor ilumina / con luz de espíritu tenso. / Ella descifró el enigma / de aquellos ojos abiertos, / pues desprendiendo el emblema / de yugo y flechas del seno / dijo –después de besarlo–: / ¡Amor, cumplo tu deseo! / El tesoro que reclamas / dormirá sobre tu pecho / que abrió, con su sangre moza, / campos y rutas de imperio / iluminando de auroras / el trazo de tu recuerdo" (*APA* 1939: 17-18). En el poema "Madres de España", de Juan Gómez Málaga, se elogia la resignación dolorida de las mujeres –elevadas a la categoría de mito– que han perdido a sus hijos en el frente: "Mujer de Roma, que un día / el mundo te diera fama / por ese gesto grandioso / de sentimientos del alma, / te ha salido una rival / que en sentimiento te gana / porque ha sido en otro siglo / y el escenario fue España…" (*Romances azules* 1937: 113-114). Muchas de estas mujeres participaron también en la guerra, como se pone de manifiesto en "La ciudad y la aldea", un poema de Vicente Serna dedicado "A las patrióticas camaradas de FET y de las JONS que dejaron las comodidades de sus casas para ayudar al campesino en sus labores": "Mujeres de Falange y orgullo de una España / que renace al impulso de una nueva fazaña / […] / Mujeres de Falange, sublimes portadoras / de ejemplos que contienen semillas bienhechoras" (*Cantos imperiales* 1938: 67-68).

Uno de los caídos más famosos de la poesía de guerra es Luis Platero, el protagonista del "Romance azul", de Rafael Duyos[31]. Con un lirismo inusitado, que recuerda incluso los romances lorquianos, este poema dramatizado relata la muerte de un joven falangista ("Bandera de Marruecos"), que perece en el Cerro del Águila (Toledo) y llega simbólicamente al cielo, donde es recibido por el "Jefe" de los "Presentes" que habían caído antes que él y por un coro de ángeles que son proyección divina de sus exequias fúnebres en el plano real:

Luis Platero.–	Yo soy valiente… La vida no me importaba. Yo quiero ganar… ¡Ganar! ¡Yo quería salvar a España…! ¡No puedo dejarla…! ¿Quién me ha traído hasta aquí…? ¡No! ¡Yo no quiero! ¡Yo buscaba una trinchera…!
Jefe de Presentes.–	¡Y te has encontrado el Cielo! ¡Este es el lucero tuyo…!
Luis Platero.–	¿Y aquellos…?
Jefe de Presentes.–	¡Nuestros luceros…! Todos estamos presentes en el afán de allá lejos… Para que España no muera nosotros siempre aquí prestos,

31. El autor incluye una nota previa sobre la historia de este curioso personaje: "Yo conocí a Luis Platero… Era camarada mío, en Tánger… Lo mejor de la juventud nacional-sindicalista. Camarada de la primera hora… Tenía diez y ocho años. Renunció a todo; al trabajo seguro, al cariño de su madre viuda, ¡quién sabe si al amor…! ¡Voluntarios para el frente! ¡Y allá fue con su camisa azul y su risa y alegría constantes…! Un mes después, en la batalla del Cerro del Águila, al cumplir un enlace peligroso, cuando, cantando frente a las ametralladoras, cruzaba de una a otra trinchera, una bala anti-española se lo llevó para siempre" (*Romances de la Falange* 1938: 41).

vigilantes, sin descanso,
vigilantes, sin relevo…
¿Oyes…?

CORO DE ÁNGELES.– ¡Una…! ¡Grande…! ¡Libre…!

[…]

EL POETA.– ¡Silencio! ¡Se para el aire!
¡La luna también! ¡Silencio!
Todo parece que está
metido dentro del sueño…
Hay un no sé qué en el aire
que trae no sé qué recuerdos…
En el nocturno doliente
de la vega de Toledo,
por las orillas del Tajo,
traen en hombros a Platero…
Cuatro camisas azules
lo llevan al cementerio
(*Romances de la Falange* 1938: 46 y 48)[32].

Los caídos son hombres que luchan por su causa –de un signo o de otro– y que aceptan serenamente la muerte gloriosa como premio por lo que ellos entienden un compromiso ético. Se ha señalado que "la fascinación por la violencia y la atracción morbosa por la muerte están presentes en los ideólogos y teóricos […] del proyecto fascista" (Núñez Florencio/Núñez González 2014: 209), y lo cierto es que ese poder de atracción irracional se debe en parte a una retórica largamente alimentada ya en los discursos falangistas de José Antonio. El "¡Viva la muerte!" de Millán Astray en el todavía poco

32. Esta pieza simbólica –recogida en la antología de textos teatrales editados por Dennis/Peral (2010: 119-125)– se publicó inicialmente en la revista *Vértice,* 5 (IX/X-1937). La obra formó parte del repertorio de una compañía teatral de guerra y de un recitador, como afirma el propio Duyos en las palabras previas a su romance, junto con unas indicaciones escénicas: "El Romance se debe recitar a media luz. Paisaje de la vega de Toledo –cielo con nubes–. Pertenece al repertorio de 'La Tarumba', Teatro de la Falange de Huelva; y al repertorio del recitador José González Marín" (1938: 41).

esclarecido acto de la Universidad de Salamanca –donde Unamuno pronuncia el famoso "Venceréis, pero no convenceréis"– es el resultado de una filosofía y una lírica macabras, capaces –en este caso sí– de convencer, y hasta de embriagar, con su mensaje siniestro: "Se podía embriagar a los militantes, a los camaradas, a los ilusionados –o ilusos– hasta el punto de que consideraran un deber o un honor –o ambas cosas– poner en riesgo la vida por el ideal o, incluso, en casos extremos pero no insólitos, preferir la misma muerte a la vida, siempre que fuera una muerte gloriosa" (Núñez Florencio/Núñez González 2014: 214). En todo caso, la realidad última es que la muerte iguala en el campo de batalla, aunque Pemán establece diferencias entre los que caen en uno u otro frente, como afirma en su "Romance de los muertos en el campo":

> ¡Ay los muertos de la guerra – sin mármoles y sin cruces!
> ¡Ay los muertos de la guerra – con su epitafio de vientos y de nubes!
> [...]
> ¡Y cómo iguala la muerte – los rojos y los azules!
> ¡Qué amor de sol los acerca! – ¡Qué paz de tierra los une!
> Nadie es nada. Todos son sílabas que se resumen
> en un romance sin nombre – y en un olvido sin cruces.
> [...]
> Pero Dios sabe los nombres – y los separa en las nubes
> (*Poema de la bestia y el ángel* 1938: 135-136).

La glorificación de esos "Caídos por Dios y por España" es, como queda demostrado, uno de los motivos más recurrentes de la poesía nacional; puede resumir su sentido heroico el poema "Muerto por España", de E. Calle Iturrino, donde se defiende la valentía y el ardor juvenil de los caídos: "Caíste, como deben caer los luchadores, / dando cara a la muerte y al pie de una bandera, / el pensamiento un nido de bélicos ardores, / el corazón un cáliz de flor en primavera. / La juventud un vértigo de bellas ambiciones, / ascua viva de fuegos patrióticos la entraña; / así se abren al mundo los nobles corazones / y así quiere que sean sus héroes España" (*Cantos de Guerra y de Imperio* 1937: 19). Concluye el texto con una apología de la muerte, considerada ya como ejemplo moral para los que luchan por sus ideales: "No importa que la muerte sorprenda nuestro paso / al emprender caminos de gloria y de fortuna; / para que tenga luces de aurora nuestro ocaso / los brazos maternales nos mecen en la cuna. / No despleguéis banderas de vuelos imperiales / si no han de ser las tumbas de vuestros hijos templos, / si no han de ser las vidas crisoles de ideales, / si no han de ser las muertes prolíficos ejemplos" (ibíd.: 21)[33].

La exaltación de los héroes nacionales es otra de las claves temáticas que con mayor frecuencia suele aparecer en la poesía de los sublevados como expresión del culto fascista a la personalidad de los jefes o líderes militares y espirituales. José Antonio Primo de Rivera y Francisco Franco –además de Mola (muerto en accidente aéreo)[34], el general Moscardó (destacado por su defensa del Alcázar de Toledo), Onésimo Redondo (muerto en el campo de batalla)[35] o Julio

---

33. Aunque no tienen la misma importancia simbólica que los caídos, los mutilados representan también un modelo de conducta no solo para los que continúan en el frente, sino para aquellos que no han tomado las armas y tienen la obligación moral de hacerlo; bien representativo es "Mas volvió sin una pierna", de Vicente Serna, un poema escrito "para todos los mutilados de guerra en la segunda reconquista de España": "Y tú, español, pon la mano / sobre tu propia conciencia / y ve si te acusa de algo / mientras sangran las trincheras, / mientras vuelven los gloriosos / mutilados de la guerra, / que ellos con dura justicia / vendrán a pedirte cuentas / de tu obrar en retaguardia / para hacer la España nueva" (*Cantos imperiales* 1938: 197-198).

34. Véase el poema dedicado a "Emilio Mola", de Juan Gómez Málaga, en el que se recrea la estética lorquiana: "La Luna, luna, lunera, / de sus alturas se baja, / y al revolver una esquina / se está secando una lágrima... / Una paloma bajó / en cruz, tendidas las alas, / dándole escolta a la luna / que viene en carro de nácar / en donde lleva los héroes / que forman la *nueva guardia...*" (*Romances azules* 1937: 33-34).

35. El poema "A Onésimo Redondo", de Francisco Javier Martín Abril, recuerda su entierro: "Tú ya eres gloria, escultura / simbólica de Falange. / Escolta de multitudes, / como un río, por la calle. / Bosque de brazos en alto; / bayonetas imperiales. / Se lo llevan entre flores / los muchachos de Falange. / Sordina tie-

Ruiz de Alda (fusilado en la cárcel), entre otros– son los modelos más recurrentes de esta idealización, especialmente el primero de ellos por ser el más importante valedor del ideario y por las circunstancias en las que se produjo su muerte. Su ejecución el 20 de noviembre de 1936 en la cárcel de Alicante, después de haber sido encarcelado al comienzo de la guerra por conspirar contra la República, lo convirtió en un auténtico mártir de la causa nacional y en una presencia constante entre quienes permanecían en la lucha, a pesar de no darse a conocer su muerte hasta más tarde y de ser conocido por ello como "el Ausente"; por eso muchos se preguntaban –como en este "Mensaje a José Antonio", de Federico de Urrutia– dónde estaban sus restos, para recuperarlos pronto y convertir su figura en mito:

¿Dónde fuiste, José Antonio,
que te busco y no te encuentro?
¿Por qué no acaba tu ausencia?
¿Quién encadenó tus nervios?
¿Cuántas veces te han herido
en el corazón abierto?
¿En qué catacumbas frías
encarcelaron tu cuerpo?
¿En qué rincón nos esperas
de Luz y Laurel cubierto?
[...]

---

nen los vientos, sordina tienen los mares..." (*Romancero guerrero* 1937: XXIII). Angelina Herrero Pina escribe un poema "A Mercedes Sanz Bachiller. Viuda de Onésimo Redondo. Delegada Nacional de Auxilio Social" para consolar su tristeza y pedirle que trabaje al servicio de la causa nacional: "¡Qué sola quedaste! / Sentías nostalgias. / ¡Qué triste era el día! / ¡Qué largas las horas pasaban! / ¡Qué noches de amargo delirio, / de luces opacas, / de estrellas sin brillo, / y las aves nocturnas cantaban / canciones sin son ni armonía, / que augurios llevaban / al sentir de los seres que velan / por el alma del ser que adoraban! / ¡Pasaban las horas! / ¡Los días pasaban! / ¡La pena seguía...! / ¡Minaba tu alma!, / y pensaste, mujer, consolarte, / sirviendo a tu Patria" (*Mi primer libro. Camisas azules* 1938: 9-10).

España te está esperando
con tus banderas al viento.
(*Poemas de la Falange eterna* 1938: 53-54).

Primo de Rivera es un modelo de entrega a los principios del Movimiento Nacional y así se desprende de los textos que forman parte de la aludida *Corona de sonetos en honor de José Antonio Primo de Rivera* [*CS*]. Los sonetos que se reúnen en ese libro laudatorio rezuman todos un mayor o menor exaltado clasicismo. Gerardo Diego recuerda su fusilamiento con versos que tienen ecos lorquianos: "Ese muro de cal, lívido espejo / en que araña su luz la madrugada, / de infame gloria y muerte blasonada / coagula y alucina alba y reflejo" (*CS*: 5); Laín Entralgo escribe un "Soneto a la manera de Quevedo": "cambiaste por la gloria la existencia / y Dios elevó a norma tu destino" (*CS*: 9); Manuel Machado eleva una "Oración a José Antonio" y se pregunta si hace guardia en el cielo: "José Antonio, ¡Maestro!... ¿En qué lucero, / en qué sol, en qué estrella peregrina / montas la guardia? Cuando a la divisa / bóveda miro, tu respuesta espero" (*CS*: 11); Leopoldo Panero –aséptico en sus alabanzas por la pureza estética de su lenguaje– dice "no ver, pero temblar", mientras advierte apenas la presencia de José Antonio: "Hablar sin la palabra, ver sin verte, / y buscarte en la niebla de la gracia / hacia la luz remota de la orilla" (*CS*: 16); y Luis Felipe Vivanco pone su voz alegre al servicio de un recuerdo juvenil: "Y mientras gime mi postrer lamento, / torres de juventud cantan tu gloria / sobre la airada majestad del viento" (*CS*: 25). Aunque no forman parte del libro, pueden añadirse a esta lista los sonetos que escribe Dionisio Ridruejo, en los que se refiere a Primo de Rivera con términos que aluden a su vida heroica como acta fundacional de la España soñada: "Dio raíz a la espiga y a la estrella / y, por salvar la tierra con sus días, / murió rindiendo su hermosura en ella" (*Poesía en armas* 1940: I, 45) y "¡Qué justo corazón y largo aliento, / y dura voluntad y luz sonora, / dieron pulso a la sangre, fe a la aurora, / senda a la tierra y alegría al viento! / [...] / Fue quien volvió a los sueños verdaderos, /

quien sujetó al destino los azares; / murió en España y la dejó ganada" (ibíd.: III, 47).

Hay otros muchos poemas recogidos en libros de guerra que no olvidan el ejemplo intelectual y la valentía de José Antonio. Si bien la utopía de su misión se ha desvanecido con la muerte, Álvaro Cunqueiro reclama la necesidad de seguir cantando en su ausencia para dar testimonio del triunfo cosechado por los herederos de su mensaje:

Es preciso que cantemos hasta el fin.
Que José Antonio sepa que no hay miedo,
ni culebras ni fango ni hambre cruda.
Que cantaremos hasta que no falte
ni un corazón de hombre escrito a su palabra.
Porque es él, sabéis, es aquel hombre
que había de venir porque se manda soñar cuando se es mozo
y las manos no pueden secarse eternamente
con muros de lodo en el desierto.
Es preciso que cantéis como canta el mar las más roncas mareas
porque él escucha cómo resucitamos.
("El César escucha cómo cantas", *APA* 1939: 131).

José Antonio es, sobre todo, ejemplo de conducta para los soldados, que deben encomendarse a él y reflexionar sobre sus enseñanzas cuando se encuentren en el frente: "Camarada, cuando reces, / no le olvides en tus rezos, / y cuando reces, medita / la verdad de tu maestro" (J. Gómez Málaga, "José Antonio", *Romances azules* 1937: 18). Las semillas que simbólicamente representan su esfuerzo y su trabajo han de dar buenos frutos: "Español, abre la entraña / que llegó la sementera; / que caigan en lo más hondo / de tu sensible conciencia / las semillas del Ausente, / la siembra de aquellas perlas / que nos han de dar por fruto / una España grande y nueva" (Vicente Serna, "Las tres sementeras", *Cantos imperiales* 1938: 97). Y es que, aunque su muerte fue muy temprana –"Te fuiste sin que te viéramos. / Te nos marchaste de pronto / sin que nos diéramos cuenta / de que nos dejabas solos" (Ernesto La Orden Miracle, "Invocación a José Antonio", *Romancero nacional* 1939: 121)–, el legado de la Falange y de su fundador –bien resumido en estos versos– continúan vigentes: "La norma de la Falange, / su mito voluntarioso, / su estilo nuevo y distinto, / su modo de ser heroico; / la muerte, como un servicio; / la obediencia, como un voto; / la vida, como una prueba / de milicia y sacerdocio" (ibíd.: 122)[36].

El otro gran paladín de la España nacional es el general Franco, cabeza visible del golpe militar iniciado en las plazas del norte de África contra la República y futuro "Caudillo de España por la gracia de Dios", como rezaban las monedas de la dictadura; ya en el artículo IX de los Estatutos de FET y de las JONS se declaraba explícitamente su autoridad: "Como autor de la era histórica donde España adquiere las posibilidades de realizar su destino y con él los anhelos del Movimiento, el Jefe asume en su entera plenitud la más absoluta autoridad. El Jefe responde ante Dios y ante la Historia" (Payne 1975: 164). Manuel Machado lo elogia en un famoso soneto hagiográfico:

> Caudillo de la Nueva Reconquista,
> Señor de España, que en su fe renace,
> sabe vencer y sonreír, y hace
> campo de pan la tierra de conquista.
>
> Sabe vencer y sonreír... Su ingenio
> militar campa en la guerrera gloria

36. No solo se escribieron versos solemnes de exaltación joseantoniana –un extremo es la "Balada del Ausente", de Ernesto Burgos, en la que se le compara con Cadmo, Hércules y Sigfrido en versos de resonancias épicas (*APA* 1939: 172-175)–; en el otro lado de la balanza encontramos coplillas populares que remedan formas tradicionales, como estas dos jotas que recuerda Rafael García Serrano en sus *Cantatas de mi mochila*: "Échale amargura al vino / y tristeza a la guitarra; / compañero, nos mataron / al mejor hombre de España. // Con un puñado de sal / y otro de canela en rama / hizo Dios a José Antonio / para que salvara a España" (en Bertrand de Muñoz 2009: 138).

seguro y fiel. Y para hacer Historia
Dios quiso darle mucho más: el genio.

Inspira fe y amor. Doquiera llega
el prestigio triunfal que le acompaña,
mientras la Patria ante su impulso crece,

para un mañana, que el ayer no niega,
para una España más y más España,
¡la sonrisa de Franco resplandece!
(*APA* 1939: 201).

El poder del Caudillo se inspira en Dios y en los grandes hombres de la historia española, como el Cid Campeador: "Ha vuelto a nacer el Cid / y con el Cid sus soldados. / ¡España se reconquista / con caballeros cristianos!" (Juan Gómez Málaga, "Francisco Franco", *Romances azules* 1937: 9). Su ascendencia casi divina se recrea en esta escena representativa del culto a la personalidad –prototípico del fascismo–, en la cual la extensión de su mano abierta se interpreta como un gesto de bendición hacia el pueblo que se siente protegido por ella (Antonio G. Guardiola, "La mano de Franco"): "Yo he visto en Salamanca, en un balcón barroco, / la mano milagrosa del fuerte General. / Y aunque se abrió velada en cortesano guante, / yo vi que era del pueblo aquella mano leal. / [...] / Nadie pregunte nunca, blasfemo, quién la mueve. / ¿No comprendéis, amigos, que la ha inspirado Dios?" (en J. Sanz y Díaz, *Lira bélica* 1939: 45). El autoproclamado "Caudillo" –en tanto que guía político, militar y espiritual de su pueblo– aglutina las cualidades características de un gobernante totalitario que ha de restaurar la supuesta dignidad perdida de su patria; así se pone de manifiesto en este "Romance del general Franco", de E. Calle Iturrino:

Eres, el tan esperado
pastor de la grey hispana,
predestinado a vestir
el airón y la dalmática,

y desde una humilde cuna
llegar a un dorado Alcázar
para hacer de tundras, prados,
ejércitos, de mesnadas,
legisladores, de obreros,
y próceres, de los parias.
(*Romancero de la guerra* ¿1940?: 20)[37].

No resulta extraño, si atendemos a esta prefiguración casi mesiánica, que su nombre se convierta para sus seguidores en símbolo de la renovada España que ha de construirse tras la guerra: "Se han alzado los invictos luchadores..., / se han erguido las agudas bayonetas..., / rompe el viento el redoblar de los tambores..., / rasga el aire el pregonar de las trompetas, / y en el valle y en la cumbre de granito, / ¡y en el fondo del barranco!, / solamente se oye un grito: / ¡Franco! ¡Franco! ¡Franco!" (Vicente Serna, "¡Franco! ¡Franco! ¡Franco!", *Cantos imperiales* 1938: 17). Asimismo, Federico de Urrutia escribe la "Leyenda del César visionario" –una denominación, por cierto, retomada por Umbral–, donde se alude a la esperanza que los más reaccionarios tenían en él como libertador de una España que ellos consideraban oprimida:

¡Ay general, vuestra España
se está muriendo de espanto!
Hubo un revuelo de aceros
por el paisaje africano.
Levantó el César la espada
como un guerrero de antaño

37. Angelina Herrero enumera los rasgos más característicos de la personalidad de Franco: "Le digo que es valiente, / generoso, cristiano, / hombre grande, erudito, / guerrero sin igual, / bondadoso, sublime, / español que en tus venas / corre ardiendo la esencia / de la sangre real / [...] / España vivifica / contigo su pasado, / contigo España vuelve / a ser Patria inmortal; / significas la raza / purificada, limpia, / del León de mi España, / bravo, noble y leal" ("Franco", *Mi primer libro. Camisas azules* 1938: 2-3).

y al otro lado del agua
formó a sus abanderados,
que extendieron las banderas
del Mañana y del Pasado.
[...]
Los incendios de los templos
se apagaban a su paso.
Brotaban flores y espigas
en los campos arrasados.
En los hogares entraba
Justicia y Pan artesano.
Las montañas inclinaban
sus crestas para besarlo.
Y las águilas altivas,
desde los picos más altos,
como heraldos de los cielos
bajaban a saludarlo.
Y de la tierra surgían
bosques de brazos alzados.
[...]
Los hombres abandonaban,
preso en el surco, el arado.
Las mujeres a sus hijos
gritaban: ¡Ya llegó Franco!
(*Poemas de la Falange eterna* 1938: 59-61).

Coda con varios poemas de dolor

Por suerte para la poesía, la grandilocuencia que predomina en los textos del bando nacional no es absoluta y, junto a estas manifestaciones, todavía es posible encontrar textos que no alientan a los soldados para que se conviertan en mártires, que no hacen alarde de una superioridad militar que conduce a la victoria, que no se regodean en el pasado glorioso ni en la exaltación de una nueva cruzada, y que no defienden el odio ni la destrucción forzosa del enemigo. En las "Trincheras del frente de Madrid", de Agustín de Foxá, se enfrentan hombres que comparten una misma sangre, apenas separados por unos pocos metros, pero distintos y distantes en su manera de entender la España por la que luchan:

> Una línea de tierra nos separa.
> Pero estamos tan lejos...
> Para llegar hasta vosotros, trenes,
> rutas extrañas, playas extranjeras.
> Y sin embargo, hermanos enemigos,
> ¡qué cerca nuestra sangre!, que aclararon
> las mismas frutas, que encendieron, roja,
> primaveras y labios parecidos.
> (*El almendro y la espada* 1940: 87)[38].

En el fragor de la batalla, la soledad se hace más profunda –especialmente durante la noche, cuando lloran los soldados, por recordar los versos de Salvatore Quasimodo o la novela de Ana María Matute–; recuérdese el poema "Navidad en el frente", de Luis de Armiñán:

---

38. En un poema de José María Castroviejo, incluido en *Altura* (1938 y 1939), se equipara la actividad de los contendientes de ambos bandos con una ligera necesidad de reconciliación, a pesar de las diferencias insalvables que hay entre unos y otros: "A vosotros, obreros rojos, nosotros, las juventudes / de España, hablamos: / Nuestra alegría ha brotado como una flor en vuestra sangre. / Sin vuestra fuerza bruta y estimulante como un chorro / no hubiéramos podido despertar el alma muerta de España. / ¡Por vosotros estamos en línea de combate! / [...] / Nosotros os combatimos fieramente... / Por eso precisamente os amamos. / La sangre llama a la sangre / y un día certero como una aguja marcharemos / implacablemente unidos / por un sendero que golpeará el estremecimiento / de nuestras miradas. / [...] / ¡Dichosa España fundada una vez más / sobre las sangres de todos sus hijos!" (1939: 20). El poemario está a la espera de una buena edición crítica que ponga en evidencia su alta calidad poética, sobre todo si lo comparamos con la mayor parte de los que se han comentado en estas páginas. Interesa también el libro porque cuenta con una elegía dedicada a Federico García Lorca ("Paso firme"), una circunstancia que resulta poco menos que sorprendente en el contexto de la poesía nacional.

¿Tú has visto a un hombre llorar?
¡Pues lloran también los hombres!
Luego dicen..., dicen... ¡Qué dicen!
No solo el cuerpo tiembla de dolor y de frío,
tiembla el alma, y ese temblor
no se parece a ninguno.
¿Ves tú algo? Yo no veo nada.
¡Está todo tan negro! ¿Oyes?
No. Arrímate a mí; así.
¡Allá lejos! ¿Recuerdas? ¡Qué harán!
¡Tú y yo aquí! No llores...
No: es el aire el que quema los ojos,
el aire el que me hace llorar...
(en J. Montero Alonso, *Cancionero de la guerra* 1939: 28-29).

La muerte enamorada de tantos y tantos españoles enloquecidos es el origen del llanto y el dolor por un amigo muerto –lirismo íntimo y delicado– en esta canción tradicional ("Presente") de Leopoldo Panero para *Los versos del combatiente*: "En el valle de Alfambra / cayó mi amigo, / sobre la nieve blanca / como el armiño. // En el valle de Alfambra, / ya junto al río, / cayó mi amigo, madre, / cayó mi amigo" (1938: 23).

Entre esos poemas doloridos se encuentran los que escribe Aurelia Ramos para su libro *Impresiones de guerra. Versos de amor y de dolor* (1939), en los que se reduce el tono épico y afectado para que lo poético surja de la expresión de sentimientos amargos, de tal forma que el estilo es mucho más depurado y sincero[39]. El poemario está dividido

39. El volumen, apaisado e ilustrado con dibujos de un tal Calvo Yuste, se abre con un "Pórtico" de Luis Fernández Ardavín, en el que se destacan las cualidades poéticas de la autora y se glosa el contenido del libro: "¿La guerra...? Casi, casi, no son versos de guerra. / Son dolor... Son el rastro que ella deja al pasar. / De su tronar terrible sacudiendo la tierra, / ni un eco, ni un gemido... Su acento familiar / os hablará de todo lo que la guerra trajo; / de la estela de llanto que a su furia siguió. / Versos que se recitan en tono dulce y bajo. / Versos hechos con lágrimas, a cañonazos no" (1939: 7-8).

en tres secciones –"¡Guerra! (1936)", "¡Paz! (1939)" y "Miscelánea"–, aunque es la primera de ellas la que recoge más directamente ese sentimiento de íntima tristeza que le provoca la contienda, a la que ella misma define en el título de un poema como "Siembra de odios". Ese inútil enfrentamiento entre quienes forman parte de una misma colectividad le hace preguntarse por las raíces del odio en un texto ("Agosto, 1936") sobre los registros de casas realizados por milicianos: "Llevan odio en la mirada y es a mí a quien la dirigen: / si son pueblo y yo soy pueblo, ¿por qué ese odio..., por qué...?" (1939: 23). La barbarie se pone de manifiesto a través de su propia experiencia, pues ella ha sufrido en carne propia la pérdida de un hermano, como relata en un poema ("A la muerte de mi desgraciado hermano Enrique. Asesinado en agosto de 1936") que niega el sentido heroico y utilitario de su muerte para expresar el puro dolor de alguien que ha dado la vida por un hijo: "¡Pobre mártir ignorado, mudo, solo, obscurecido! / ¡Sin una cruz que señale la tierra donde ha caído / ni una mano bienhechora que le diera un Crucifijo! / No le busquéis en las listas de héroes condecorados; / buscadle por los rincones de los seres desgraciados: / no fue mártir de la causa: ¡dio la vida por su hijo!" (1939: 27). A las preguntas que suscita la irracionalidad del conflicto responde el lirismo intimista de otro texto ("Lo que vieron las rosas") que pretende ser un contrapunto poético de la tragedia: "Rosas blancas cual la nieve, que trepáis por su ventana; / ¿qué sabéis de la tragedia que ocurrió aquella mañana? / "Nosotras –hablan las flores– no sabemos qué pasó... / [...] / ¡Aquella noche el rocío nuestro llanto lo formó! / Pero no sabemos nada: ¿la mataron... o murió...?" (1939: 35). Seguidamente, el poema "Mari Reme. Nacida en plena revolución" plantea el contraste entre los horrores de la guerra y las perspectivas de paz representadas por la recién nacida:

¡Nace una niña! ¡Cesen los horrores!
Dad una tregua a muertes y terrores
para que no se asuste su inocencia:
¡que sus ojos no vean la existencia
a través de la lucha y los dolores!

Nace una niña; y al mirar su faz,
huye del odio la visión tenaz
y mueren los rencores y la saña:
¡que se haga un gran silencio en toda España
y oigan todos su voz que habla de PAZ! (1939: 39-40).

En último término, aunque forma parte de la sección dedicada a los poemas escritos tras la victoria, llama la atención el texto "¡Fin!", fechado el 17 de abril de 1939, por la continuidad de unos sentimientos que deberían ser felices, pero que no lo son, puesto que las terribles consecuencias de la guerra incivil obligan a conservar una visión desesperanzada y existencialista de la vida: "¡Ya ha acabado la guerra…! ¡Ya todo es alegría…! / Ya no hay miedos ni odios; no hay lucha ni terror… / Pero aquella esperanza que mi fe sostenía / cruel se ha convertido en un nuevo dolor. / Y ya no queda nada; todo se ha hecho pedazos; / aunque siga la vida, no hay nada que esperar: / ni el calor de un cariño, ni el sostén de unos brazos, / ni un pecho en que apoyarse para poder llorar…" (1939: 66).

También contra esa retórica excesiva que iguala tanto o más que la muerte, contra esa España cainita que parte en dos un corazón helado, contra esa patria de "caídos por Dios y por España", pero caídos a fin de cuentas, claman estos versos de Luis Rosales, herido por el ruido ensordecedor de "La voz de los muertos":

Y tú, ¿qué harás ahora cuando los muertos vuelven?
Sobre la arena sola, desnuda y sin rumores,
que consagró a los cuerpos su fervor silencioso,
sobre las aguas tristes que enlutaron la espuma
de sus olas en flor, por los muertos que tienen
toda la mar de España por sepultura y gloria,
y de pie, sobre el viento melodioso y antiguo,
de pie, como murieron, ya sin peso en el aire,
vendrán todos los muertos al corazón del hombre
[…]
¡Tierra entera de sangre que es la voz de tus muertos
y nos da nacimiento, costumbre y agonía!

¡Tierra que solo brinda paciencia y superficie!
¡Tierra para morir, deshabitada y loca
por cumplir tu hermosura.
Oh España, Madre España!
(en Santonja 1997: 273-274).

Bibliografía citada

FUENTES PRIMARIAS

Libros de poesía

ALCONCHEL, Ramiro de, *La novena Cruzada. Poema de la guerra contra los monstruos*, Sevilla, Imprenta Bergalí, 1937.

BARRIOS MASERO, Manuel, *Poemas de la nueva España. Motivos líricos de la Santa Cruzada*, Sevilla, Tipografía de Manuel Carmona de los Ríos, 1938.

CALLE ITURRINO, Esteban, *Cantos de Guerra y de Imperio*, Bilbao, Dochao, 1937.

—*Romancero de la guerra*, Bilbao, Escuelas Gráficas Santa Casa de Misericordia, ¿1940?

CASTROVIEJO, José María, *Altura. Poemas de guerra* [1938], Barcelona, Jerarquía, 1939.

CIENFUEGOS, Casimiro, *Cancionero de la guerra. Poemas del resurgimiento español*, San Sebastián, Editorial Española, 1939.

DUYOS, Rafael, *Romances de la Falange*, Buenos Aires, Corletta & Castro/Delegación Regional de Prensa y Propaganda de Falange Española Tradicionalista y de las JONS, 1938.

—*Romances de la Falange. Primero y segundo pliegos*, Valencia del Cid, Ediciones Vuelo/Delegación Provincial de Educación Nacional de Falange Española Tradicionalista y de las JONS, 1939.

FARIÑA, Herminia, *¡Por España y para España! (El libro del combatiente)*, Vigo, Talleres Tipográficos Faro de Vigo, 1937.

FERNÁNDEZ ESPINOSA, Juan, *El Caudillo de la nueva Reconquista de España*, Sevilla, Imprenta de la Gavidia, 1938.

Foxá, Agustín de, *El almendro y la espada. Poemas de Paz y Guerra*, San Sebastián, Editora Internacional, 1940.

Gómez Málaga, Juan, *Romances azules*, Ávila, Imprenta y Encuadernación de Senén Martín, 1937.

Góngora, Manuel de, *Dolor y resplandor de España. Poesías*, Barcelona, Ediciones Santa Fe (Talleres Altés), 1940.

Herrero Pina, Angelina, *Mi primer libro. Camisas azules*, Toledo, Talleres Gráficos de Rafael G. Menor, 1938.

La Orden Miracle, Ernesto, *Romancero nacional*, Barcelona, Luis Miracle, 1939.

Machado, Manuel, *Poesía de guerra y posguerra*, ed. Miguel D'Ors, Granada, Universidad de Granada, 1994, 2ª ed., corregida y aumentada; incluye *Horas de oro. Devocionario poético* (Valladolid, Reconquista, 1938).

Martín Abril, Francisco Javier, *Romancero guerrero*, Valladolid, Casa Cuesta, 1937.

Otero Pumares, José Ramón [Ramón del Valle de Oro], *Amanecer... Dios y España. Versos raciales*, Madrid, Gráficas Uguina, 1939.

Pemán, José María, *Poema de la bestia y el ángel*, Zaragoza, Jerarquía, 1938.

Ramos, Aurelia, *Impresiones de guerra. Versos de amor y de dolor*, Madrid, Imprenta Comercial, 1939.

Ridruejo, Dionisio, *Poesía en armas*, [Madrid], Jerarquía, 1940.

Sanz y Ruiz de la Peña, Nicomedes, *Romancero de la Reconquista*, Valladolid, Santarén, 1937.

Serna del Barrio, Vicente, *Cantos imperiales*, Soria, Urbión, 1938.

Sigüenza, Julio, *Poemas del Imperio*, Vigo, Faro, 1939.

Sincero, Manuel Francisco, *Latidos de España. Reflejos de dolor y de gloria. Poesías*, Palma de Mallorca, Imprenta Independencia, ¿1938?

Tagore, Lina [Agustina Lobo Aguado de la Huerta], *Lira de sol y de piedra*, Valladolid, Reconquista, 1939.

Urrutia, Federico de, *Poemas de la Falange eterna*, Santander, Aldus, 1938.

Libros de teatro

DENNIS, Nigel, y Emilio PERAL (eds.), *Teatro de la Guerra Civil: el bando republicano*, Madrid, Fundamentos, 2009.

DENNIS, Nigel, y Emilio PERAL (eds.), *Teatro de la Guerra Civil: el bando nacional*, Madrid, Fundamentos, 2010.

Antologías y libros colectivos del bando nacional

MONTERO ALONSO, José (ed.), *Cancionero de la guerra*, Madrid, Ediciones Españolas, 1939.

R[OSALES] CAMACHO, José (ed.), *Los versos del combatiente*, Bilbao, Arriba, 1938.

SANZ Y DÍAZ, José (ed.), *Lira bélica. Antología de los poetas y la guerra*, Valladolid, Librería Santarén, 1939.

VILLÉN, Jorge (ed.), *Antología poética del Alzamiento (1936-1939)*, Cádiz, Establecimientos Cerón y Librería Cervantes, 1939.

VV.AA., *Corona de sonetos en honor de José Antonio*, Barcelona, Jerarquía, 1939.

Antologías contemporáneas de poesía de guerra

BERTRAND DE MUÑOZ, Maryse (ed.), *Romances populares y anónimos de la Guerra de España*, Madrid, Calambur, 2006.

BERTRAND DE MUÑOZ, Maryse (ed.), *Si me quieres escribir. Canciones políticas y de combate de la Guerra de España*, Madrid, Calambur, 2009.

DÍAZ-PLAJA, Fernando, *Los poetas en la guerra civil española*, Esplugas de Llobregat, Plaza & Janés, 1976.

—*La guerra civil y los poetas españoles*, Madrid, San Martín, 1981.

DUQUE, Aquilino (ed.), *Poética del Alzamiento*, Madrid, Plataforma, 2003.

MORALES, Andrés de (ed.), *España reunida. Antología poética de la Guerra Civil española, 1936-1939*, Santiago de Chile, RIL Editores, 1999.

SANTONJA, Gonzalo (ed.), *Todo en el aire. Versos sin enemigo. Antología insólita de la poesía durante la guerra incivil española*, Barcelona, Círculo de Lectores/Galaxia Gutenberg, 1997.

Urrutia, Jorge (ed.), *Poesía de la Guerra Civil española. Antología (1936-1939)*, Sevilla, Fundación José Manuel Lara, 2006.

Vicente Hernando, César de (ed.), *Poesía de la Guerra Civil española. 1936-1939*, Madrid, Akal, 1994.

Fuentes secundarias

Albert, Mechthild (ed.), *Vencer no es convencer. Literatura e ideología del fascismo español*, Madrid/Frankfurt, Iberoamericana/Vervuert, 1998.

Argente del Castillo, Concepción, *La Guerra Civil en la poesía española (1936-1939)*, [1969], Granada, Mirto Academia, 2011.

Calamai, Natalia, *El compromiso en la poesía de la Guerra Civil española*, Barcelona, Laia, 1979.

Carbajosa, Mónica y Pablo Carbajosa, *La corte literaria de José Antonio. La primera generación cultural de la Falange*, Barcelona, Crítica, 2003.

Caudet Roca, Francisco, "Aproximación a la poesía fascista española, 1936-1939", *Bulletin Hispanique*, 88, 1986, pp. 155-189.

—"La poesía española de la guerra civil: la zona nacionalista", en *Las cenizas del Fénix. La cultura española en los años 30*, Madrid, Ediciones de la Torre, 1993, pp. 465-501.

Cernuda, Luis, *Estudios sobre poesía española contemporánea*, en *Prosa completa*, ed. Derek Harris y Luis Maristany, Barcelona, Barral, 1975.

Cierva, Ricardo de la (dir.) y Mª del Carmen Garrido (coord.), *Bibliografía general sobre la Guerra de España (1936-1939) y sus antecedentes históricos. Fuentes para la Historia Contemporánea de España*, Madrid/Barcelona, Secretaría General Técnica del Ministerio de Información y Turismo/Ariel, 1968.

Cotta, Jesús, *Rosas de plomo. Amistad y muerte de Federico y José Antonio*, Barcelona, Stella Maris, 2015.

Genovés Amorós, Vicente, "Prólogo", en Rafael Duyos, *Romances de la Falange. Primero y segundo pliegos*, Valencia del Cid, Ediciones Vuelo/Delegación Provincial de Educación Nacional de Falange Española Tradicionalista y de las JONS, 1939, pp. 9-12.

LECHNER, Jan, *El compromiso en la poesía española del siglo* XX [Tomo I: 1968 y Tomo II: 1975], San Vicente del Raspeig, Universidad de Alicante, 2004.

LOJENDIO, Juan Pablo de, "Prólogo a la edición americana", en Rafael DUYOS, *Romances de la Falange*, Buenos Aires, Corletta y Castro/Delegación Regional de Prensa y Propaganda de Falange Española Tradicionalista y de las JONS, 1938, p. 9.

MACHADO, Antonio, "Consejos, sentencias y donaires de Juan de Mairena y de su maestro Abel Martín", *Hora de España*, 1, 1937, pp. 8-9.

MAINER, José-Carlos, *Falange y Literatura* [1971], Barcelona, RBA, 2013.

MARTÍNEZ CACHERO, José María, "La corte de los poetas", en *Liras entre lanzas. Historia de la Literatura "Nacional" en la Guerra Civil*, Madrid, Castalia, 2009, pp. 229-273.

MONTERO ALONSO, José (ed.), "Preliminar", en *Cancionero de la guerra*, Madrid, Ediciones Españolas, 1939, pp. 9-11.

MONTES, María José, "Poesía" ["Repertorio bibliográfico"], en *La Guerra española en la creación literaria (Ensayo bibliográfico)*, Madrid, Universidad de Madrid, 1970 (Anejos de Cuadernos Bibliográficos de la Guerra de España [1936-1939], nº 2), pp. 69-99.

NÚÑEZ FLORENCIO, Rafael y Elena NÚÑEZ GONZÁLEZ, *¡Viva la muerte! Política y cultura de lo macabro*, Madrid, Marcial Pons, 2014.

PAYNE, Stanley G., *Historia del fascismo español*, Madrid, Ruedo Ibérico, 1965.

PEMÁN, José María, "Carta-prólogo", en Manuel BARRIOS MASERO, *Poemas de la nueva España. Motivos líricos de la Santa Cruzada*, Sevilla, Tipografía de Manuel Carmona de los Ríos, 1938, pp. 13-15.

PERAL VEGA, Emilio, *Retablos de agitación política. Nuevas aproximaciones al teatro de la Guerra Civil española*, Madrid/Frankfurt, Iberoamericana/Vervuert, 2013.

Primo de Rivera, José Antonio, *Obras completas*, Madrid, Ediciones de la Vicesecretaría de Educación popular de FET y de las JONS, 1945.

Rodríguez Jiménez, José Luis, *Historia de Falange Española de las JONS*, Madrid, Alianza, 2000.

Rodríguez Puértolas, Julio, *Literatura fascista española. Volumen 1. Historia*, Madrid, Akal, 1986.

Salaün, Serge, *La poesía de la guerra de España*, Madrid, Castalia, 1985.

Santonja, Gonzalo, "Prólogo. Caballo de Troya", en *Todo en el aire. Versos sin enemigo. Antología insólita de la poesía durante la guerra incivil española*, ed. Gonzalo Santonja, Barcelona, Círculo de Lectores/Galaxia Gutenberg, 1997, pp. 13-33.

—"Nuevas notas para el catálogo de libros y folletos de poesía en la zona franquista durante la guerra", en *Todo en el aire. Versos sin enemigo. Antología insólita de la poesía durante la guerra incivil española*, ed. Gonzalo Santonja, Barcelona, Círculo de Lectores/Galaxia Gutenberg, 1997, pp. 375-412.

Sanz y Díaz, José (ed.), "Prólogo-ensayo", en *Lira bélica (Antología de los poetas y la guerra)*, Valladolid, Santarén, 1939, pp. 7-11.

Trapiello, Andrés, *Las armas y las letras. Literatura y Guerra Civil (1936-1939)*, [1994], Madrid, Destino, 2010.

Urrutia, Jorge, "Poética para un desastre", en *Poesía de la Guerra Civil española. Antología (1936-1939)*, ed. Jorge Urrutia, Sevilla, Fundación José Manuel Lara, 2006, pp. 11-53.

Vicente Hernando, César de (ed.), "Estudio preliminar", en *Poesía de la Guerra Civil española. 1936-1939*, Madrid, Akal, 1994, pp. 5-36.

Villén, Jorge (ed.), "Prólogo", en *Antología poética del Alzamiento (1936-1939)*, Cádiz, Ediciones Establecimientos Cerón y Librería Cervantes, 1939, pp. 7-9.

Teatro áureo y propaganda ideológica durante la Guerra Civil en la España sublevada[1]

FRANCISCO SÁEZ RAPOSO
Universidad Complutense de Madrid

"Un pueblo se conoce a sí mismo por su teatro"
(José Bergamín, *Mangas y capirotes*).

Que el teatro es un arma cargada de futuro, parafraseando el famoso verso de Gabriel Celaya, lo saben desde siempre aquellos que han dedicado su vida a escribirlo, dirigirlo, interpretarlo, estudiarlo y censurarlo. Su inmediatez, su huella emocional, su potencial mimético, su intrínseca sencillez, su capacidad de apelar a lo más profun-

1. Este trabajo se beneficia de mi vinculación al proyecto "Escena Áurea (I). La puesta en escena de la comedia española de los Siglos de Oro (1570-1621): Análisis y base de datos" (ref. FFI2012-30823)

do del alma humana..., lo convierten, por un lado, en un arte idóneo desde el punto de vista propagandístico y adoctrinador y, por otro, y por las mismas razones pero desde intereses opuestos, en un arte que es necesario vigilar y controlar férreamente. Partiendo de la teoría marxista del Estado, en concreto de los niveles e instancias que conforman el concepto de "superestructura" social, Louis Althusser (1992) diferenciaba nítidamente varias realidades paralelas, necesarias y complementarias, pero, al mismo tiempo, diferentes. Dos realidades indisociables, pero, a la vez, indisolubles: poder del Estado y aparato del Estado, entendido este último siempre con un valor represivo y constituido por el gobierno, la administración, el ejército, la policía, los tribunales, las prisiones, etc. Pero, además, este aparato del Estado se distinguiría de los aparatos ideológicos del Estado, conformados por instituciones religiosas (el sistema de las distintas Iglesias), escolares (el sistema de las diferentes escuelas, públicas y privadas), familiares, jurídicas, políticas (el que da cabida a la diversidad de partidos), sindicales, de información (prensa, radio, televisión, Internet desde hace unos años) y culturales, en el que, junto a las artes en general, la literatura en particular, los deportes, etc., podemos incluir al teatro[2].

Estas consideraciones con valor genérico y global parecieran adquirir un sentido aún más profundo e insondable en el caso español. Es como si nuestra cultura (o, mejor dicho, los represores mecanismos de poder con los que se articula la maquinaria del Estado) tuvieran incorporados ese gen dominante contra la potencialidad heterodoxa del teatro. Como si "el espíritu del pueblo" español (el *Volksgeist* que conceptualizaron los románticos alemanes) estimulara la necesidad de coercer y contener esa poesía que, como afirmaba Federico García Lorca, anhela levantarse del libro para hacerse humana. La colosal cantidad de documentación que nos ha permitido

---

2. Desde un planteamiento althusseriano se acercaba también al teatro, entendido como una disciplina altamente ideologizada y politizada, Diego Santos Sánchez en uno de sus estudios sobre teatro falangista (2013b).

conocer la práctica de nuestro teatro clásico en toda su amplitud y hasta en su más mínimo detalle no es más que una prueba indirecta de ello. La más importante aportación que la cultura española ha legado a la universal generó una maquinaria censoria de una envergadura directamente proporcional.

Aquellas obras asediadas por los infatigables censores del Seiscientos formaron parte también del conflicto político que se produjo en España tres siglos después, durante la Segunda República y la subsiguiente Guerra Civil. Los escenarios teatrales serían un campo de batalla más, y muy relevante, de la guerra ideológica sobre el modelo de Estado que se libró en aquellos años. Las obras de nuestro teatro áureo se convertirían, convenientemente acomodadas a la visión e intereses particulares, en el canon dramático al que recurrirían los ideólogos e intelectuales de los dos bandos.

El impacto que nuestro teatro del Siglo de Oro tuvo en la creación de este nuevo modelo teatral no fue homogéneo. Se percibe a diferentes niveles: 1) como cantera doctrinal de la que extraer axiomas en los que sustentar los principios fundamentales del nuevo régimen; 2) como excusa para dirimir las diferencias políticas entre los dos bandos enfrentados; 3) como modelo dramático a seguir a la hora de componer las obras dentro del nuevo contexto cultural; y 4) como puestas en escena de obras de la época.

Sin afán (ni posibilidad) de ser exhaustivo, en las páginas que siguen me propongo hacer un repaso a cada una de estas posibilidades.

Mucho se ha escrito sobre la actividad teatral desarrollada en esos años por los integrantes del denominado bando liberal o republicano. La causa está en la cantidad y la calidad de sus propuestas, abanderadas por figuras de la talla de García Lorca (con La Barraca), Max Aub (con el grupo teatral El Búho), Cipriano Rivas Cherif, María Teresa León (que estuvo al frente del Comité de Agitación y Propaganda de la Alianza de Intelectuales para la Defensa de la Cultura y del Teatro de Arte y Propaganda), etc.

Por razones puramente funcionales y de priorización de intereses, el bando golpista dedicó sus esfuerzos y energías al objetivo de ganar la guerra y, posteriormente, diseñar y organizar el futuro Estado que pensaba gobernar. Por consiguiente, no prestaron demasiada atención en un primer momento a ninguna empresa de índole cultural. A medida que el conflicto fue avanzando y la balanza de la victoria se iba decantando de su parte, entendieron la necesidad de crear un arte al servicio del nuevo Estado que empezaba a dar sus primeros pasos, un arte que no solo estuviera preocupado por una función estética, sino también didáctica y propagandística para una sociedad con una alarmante tasa de analfabetismo (para hacernos una idea, en el año de la proclamación de la Segunda República, 1931, entre un 30 y un 40% de la población adulta no sabía leer ni escribir y la mitad de la población infantil no estaba escolarizada). Un arte que ayudara al nuevo país creando un clima anímico e ideológico favorable. Para emprender este importante cometido, el general Franco eligió a la Falange, partido político de ideología reaccionaria que no se había caracterizado, precisamente, por mostrar un excesivo interés en iniciativas de tipo cultural[3], tal vez, porque la nómina de intelectuales que militaban en sus filas era entonces insuficiente. Y eso, a pesar de que su fundador, José Antonio Primo de Rivera, había declarado en una ocasión que "no ser poeta está reñido con ser falangista"[4]. Además, culpaban en buena medida al desarrollo cultural de los años previos a la proclamación de la República, que se había mantenido y potenciado durante esta, como el causante directo de la inestabilidad política que había sacudido al país y, por consiguiente, de la propia guerra. La inquietante afirmación del intelectual falangista Ernesto Giménez Caballero es clara en este sentido: "Yo volví, y creo que muchos otros, a la mística de la anticultura debido a que la cultura nos había precipitado a la barbarie de una guerra" (Rodríguez Puértolas 2008: 76 y 469).

No pasaría mucho tiempo para que el aparato político de los sublevados se convenciera de la necesidad de comenzar a crear un dis-

3. De hecho, como se encarga de subrayar Delgado Gómez-Escalonilla (1992: 80), incluso se suprimió el sistema educativo de la República.

4. En un artículo aparecido en el año 1934 en la revista *FE* se afirma que el fascismo es "un concepto poético de la historia" (Rodríguez Puértolas 2008: 133).

curso oficial que sería mucho más fácilmente digerible por el ciudadano envuelto en una cápsula de propuesta estética y de alegato apologético histórico. Poco después del golpe de Estado se creó la Junta de Defensa Nacional, que posteriormente pasaría a denominarse Junta Técnica del Estado. Pero el cambio se empezó a notar especialmente a partir de 1938, cuando se fundan la Comisión de Cultura y Enseñanza de la Junta Técnica del Estado, la Junta Nacional de Teatros y Conciertos del Ministerio de Educación Nacional (que se transformará en el Consejo Nacional de Teatros en 1940) o el Departamento de Prensa y Propaganda que, en su configuración, tenía una Subsección de Teatro que dirigió, en un primer momento, Luis Escobar. Se trataba, lógicamente, de órganos propagandísticos a través de los que se quería gestionar la cultura y frente a los que estuvieron personalidades como Dionisio Ridruejo, José María Pemán, Eduardo Marquina, Felipe Lluch o el ya mencionado Giménez Caballero. En ellos se consideró el teatro como una disciplina especialmente sensible para la consecución de sus fines en el marco del nuevo Estado que diseñaban, como afirma sin ambages Ridruejo: "En estos momentos trascendentales en que se bate el porvenir de la Patria, el teatro debía surgir como beligerante en el campo de las ideas –él que es maestro de la vida, como la Historia– para recoger las explosiones de patriotismo que han llevado a una gesta de reconquista al glorioso pueblo español" (Rodríguez Puértolas 2008: 319). El aprovechamiento del potencial teatral trajo consigo, de manera necesaria, su estricta vigilancia a través de un órgano de censura que, en opinión de Kessel Schwartz (1968: 558), supuso la iniciativa más categórica por controlar y canalizar la producción literaria en nuestro país desde los tiempos de la Inquisición.

Para contrarrestar cualquier tipo de disidencia que lo pudiera poner en peligro, los cimientos sobre los que sustentar el nuevo edificio ideológico tenían que apuntalarse en el sustrato más sólido de nuestra dignidad y pundonor. Por ello, se emplearon como anclajes del mismo los conceptos de nacionalismo, imperialismo y sentimiento ultrarreligioso que, desde tiempos de la Reconquista, habían hecho de España el pueblo escogido por Dios para velar por la ortodoxia católica y, en caso necesario, corregir y castigar cualquier desviación de la norma establecida. Nadie mejor que Marcelino Menéndez Pelayo epitomaba la defensa de esta visión mesiánica. Pero no solo él, pues José Antonio Primo de Rivera había señalado como una de las creencias más firmes del ideario falangista la convicción de que el sistema de gobierno connatural de la nación española, el único que puede dar la auténtica medida de nuestra importancia en el concierto internacional, era el Imperio: "Afirmamos que la plenitud histórica de España es el Imperio [...] España alega su condición de eje espiritual del mundo hispánico como título de preeminencia de las empresas universales" (Rodríguez Puértolas 2008: 64). Se volvió la vista a momentos y personajes significativos de nuestra historia (el nacimiento de Castilla, entendida como núcleo genésico y esencial de España, el Cid, la Reconquista, Isabel la Católica, el Descubrimiento de América, Cristóbal Colón...), pero, muy especialmente, a nuestro Siglo de Oro, época de máximo esplendor histórico y también cultural que coincidía, precisamente, con ese sistema de gobierno. La teoría filosófica de la palingénesis, que defiende que todo, incluidos los seres vivos, tienen un ciclo de vida definido tras el cual se produce una reencarnación o nuevo nacimiento, esto es, una regeneración en términos generales, era inherente al fascismo. En el *Discurso al silencio y voz de la Falange*, pronunciado en Vigo en diciembre de 1937, Fermín Yzurdiaga Lorca manifestaba su anhelo de retornar a esa Edad de Oro idílica que en el devenir de nuestra historia se corresponde con los siglos XVI y XVII. Y lo planteaba no como un mero deseo, sino como una contingencia ineludible propiciada con el amparo de la Falange:

> Y volverá Fray Juan de la Cruz a cantar y el maestro Vitoria a regir y se llenarán los claustros de estudiantes y las ventas de caballeros y los caminos de poetas, y un día, bajo el sol de oro de la nueva historia, ante el pasmo del Mundo, volverá Don Quijote a su locura de enhebrar estrellas, de estrellar rufianes con su lanza y de batir

monstruos, castillos y rebaños por el honor de una dama: ¡Nuestra Señora España![5].

Los dos principios fundamentales sobre los que el aparato ideológico franquista construyó el sentimiento patrio fueron los conceptos de nación y de catolicismo, con los que, desde una perspectiva estética y cultural en general, se debía construir o alimentar el mito de la "España eterna" (Santos Sánchez 2013: 1157).

Como si de una revisión del "mito gótico" se tratara, el retorno a aquella era arcádica aún no superada, y dulcificadamente interpretada, se convirtió en un anhelo innegociable. Y, obviamente, cuando se examinaba el esplendor cultural de esa época, una disciplina artística brillaba con luz propia: el teatro. Nuestro teatro áureo se entendió como la expresión más excelsa del genio artístico español, como el producto cultural que mejor exhibía nuestra capacidad creativa, pero también nuestra esencia, nuestros principios y creencias. Hasta la supuesta técnica interpretativa de los actores del Siglo de Oro (empíricamente indemostrable) se convirtió para el crítico Luis Araujo Acosta en el modelo a seguir por los intérpretes españoles, según defiende en su artículo *El arte de los cómicos*, publicado en *ABC* el 1 de junio de 1939[6]. El teatro áureo fue la única manifestación de carácter literario, de hecho, que quedó exenta de la necesaria obligación de pasar el estricto control de la Sección de Censura a partir del fin de la guerra (Santos Sánchez 2013a: 566).

Esta suerte de delimitación nocional en forma de cajas chinas que va desde lo general a lo particular y que, a su vez, sirve para proyectar lo común desde lo individual, condujo a la figura de Lope de Vega, el artista más destacado en la más importante de las disciplinas artísticas del periodo cultural y político más relevante de la historia de España. El Fénix de los Ingenios cobra especial importancia por la celebración en 1935 del tricentenario de su fallecimiento. El más descomunal de

5. Tomo la cita de Mainer (1971: 1).
6. Puede consultarse en García Ruiz (1997a: 525).

nuestros dramaturgos áureos se convierte en el oscuro objeto del deseo propagandístico de las gentes del teatro de ambos bandos, que recurrirán a él de manera tendenciosa para usarlo como altavoz de autoridad intelectual de sus respectivos intereses. En el lado nacional, se obviaron aquellos aspectos de la biografía de Lope que pudieran entrar en conflicto con los valores religiosos o morales promovidos por ellos, mientras que se percibía en sus obras la defensa de las virtudes españolas más genuinas y proverbiales, la esencia de nuestra raza. Lope es visto, como se señala en la falangista revista *Haz*, como el símbolo de "la unidad de destino de la España de siempre, militar, católica, universitaria, doctoral y artesana". Hoy nos pasma la naturalidad con la que algunos falangistas terminaban sus proclamas con un "¡Arriba Lope de Vega! ¡Arriba España"[7]. Los más vehementes, como Julián Pemartín, convirtieron a Lope en una suerte de visionario que transfundió en su teatro la aspiración de un totalitarismo de corte fascista que serviría para salvar a España de las tropelías que la democracia y los gobiernos de corte izquierdista habían cometido con ella:

> Se encuentran, pues, plenamente marcadas, en el teatro de Lope de Vega, estas tres condiciones necesarias de una sociedad sana y robusta: la jerarquía organizada, la unidad de mando, la alegría vital. Precisamente, todo lo que nos falta hoy en nuestra España, en la que se ha borrado todo sano sentido de jerarquía, y desatados los rencorcillos y las envidias, unos, los más brutales, aspiran a proletarizarnos a todos; otros, más corcovados y tortuosos en sus propósitos, a hacernos a todos clase media. Todos a destruir y a nivelar[8].

De entre todo el corpus lopiano, la comedia que ocupó el centro del enfrentamiento ideológico fue *Fuenteovejuna*, la más representada de su repertorio durante los años de la República, aunque no la única, ya que también se montaron *El castigo sin venganza*, *El caballero de Olmedo*, *Peribáñez y el comendador de Ocaña*, *El acero de Madrid*, *La corona merecida*,

7. Tomo las citas de Huerta Calvo (2011: 223).
8. Cito por Huerta Calvo (2011: 220).

La dama boba, *El villano en su rincón*, *La moza de cántaro*, etc. (García Santo-Tomás 2000: 343). La interpretación de *Fuenteovejuna* en términos revolucionarios y antimonárquicos surge en la Rusia bolchevique, que encuentra en este texto el modelo perfecto con el que figurativizar su credo ideológico. Sin embargo, los pensadores del bando nacional verán en esta obra el ejemplo palmario de un drama popular de hondo sentimiento monárquico. La relevancia que se dé a los personajes de los Reyes Católicos en el desenlace de la pieza constituirá el rasgo que sirva para decantar la balanza de un lado u otro. La comedia se convertirá en el símbolo perfecto donde ver reflejada, desde el punto de vista artístico en general y teatral en particular, la pugna entre las dos Españas y, por extensión, en campo de batalla teatral en el que monárquicos y republicanos dirimirán sus diferencias. Leídas hoy, sorprenden las impresiones tan antagónicas que en los intelectuales de distinto signo suscitó la pieza. Max Aub, por ejemplo, con motivo de la representación de la obra en febrero de 1938 en París, manifestaba lo siguiente en las páginas de *La Vanguardia*:

> Escuchada hoy *Fuenteovejuna*, es la explicación más clara y rápida que se puede dar de nuestra lucha. Hace 450 años los campesinos tenían la misma razón y las mismas razones que hoy para empuñar las armas [...] Al llevar a las tablas, en el corazón de París, nuestro problema, *Fuenteovejuna* hace constar la tradición que defendemos, la razón y la justicia de nuestra causa y la seguridad de nuestra victoria: nada puede ni ha podido nunca un perjuro o una camarilla contra todo un pueblo[9].

Compárese, por ejemplo, con la opinión de Concha Espina, que en las páginas de *ABC* reseña, también en 1938, las recientes representaciones de la pieza que se habían llevado a cabo en Moscú. Se refiere a ella como una obra insigne que

> [...] los rojos zarandean mutilada en perversa interpretación, el drama Fuente-Ovejuna, que en poder de los comediantes marxistas

9. Cito a partir de Peral Vega (2013: 147).

extiende su patetismo como un *inri* más, clavado sobre la egregia cruz de España [...] Y que compone a nuestros ojos, en este momento decembrino, un cuadro de complicidad con la noche soviética, exangüe a fuerza de verter el licor de la vida en los caminos montañeses (en Peral Vega 2006: 372).

Un año después, y también en las páginas de *ABC*, Pemán, a propósito de un montaje del Sindicato Español Universitario (SEU), denunciaba lo que él consideraba como un secuestro impúdico de la obra por parte de la Unión Soviética y explicaba, con una argumentación llamativamente pueril, su propia interpretación de la misma:

Toda la alborotada sustancia popular o revolucionaria del drama pierde su peligrosidad al aparecer en la última escena Fernando e Isabel –como el Rey Felipe, en el *Alcalde*, como el Rey Enrique en el *Peribáñez*– a nacionalizar y recoger la brava popular justicia. Fuenteovejuna es un drama de Estado fuerte y Nación vigorosa; de Rey y de Pueblo: o si queréis "nacional" y "sindicalista". Con esos dos elementos se ha hecho la Historia de España. Todas las audacias populares –aun las que entusiasman a la Rusia roja– son posibles cuando, en la última escena sale, a recogerlas, el Rey. [...] Ni siquiera puede calificarse la tragedia lopiana de "antiseñorial" o "antiaristocrática". El Comendador que en ella es asesinado por el pueblo, lo es por lo que tiene de cacique, de inmoderado poder ilegítimo. Es el drama de la absorción por el Estado de todos los sub-Estados o anti-Estados, dispersos por el país. El pueblo enfurecido de Fuenteovejuna ayuda a la obra unitaria, estatal y moderna de los Reyes Católicos. El pueblo no maldice de la Cruz roja del Comendador, sino que quiere que pase al pecho del Rey. Quiere que entre el Rey y él –entre el Estado y la Nación– no haya poderes intermedios. Y los Reyes le escucharon y le atendieron: atrajeron a sí las jurisdicciones señoriales, nacionalizaron la aristocracia (en Peral Vega 2006: 373-374).

El malestar que en los golpistas provocó el empleo de esta comedia por parte del bando contrario motivó a Esteban Calle Iturrino la publicación en el año 1938 de un libro titulado *Lope de Vega y clave de Fuenteovejuna*, en el que, a modo de ensayo, construía una argumentación en la que redundaba en la defensa de los valores nacionales que latían en este clásico y atacaba furibundamente las tergiversadas, según él, interpretaciones que se habían llevado a cabo desde planteamientos comunistas.

Sin duda, la más significativa de todas las puestas en escena de *Fuenteovejuna* que se acometieron por aquel entonces fue la que preparó García Lorca para La Barraca, coléricamente atacada desde las filas falangistas ya que, como indicó Emilio Peral (2006: 362), se trata del montaje en el que "vuelca, de una forma más nítida, su ideario republicano".

Volviendo a la cuestión de la toma de conciencia por parte de la *intelligentsia* nacional acerca de la necesidad de desarrollar un programa teatral que sirviese a sus intereses, hay que señalar que a la teoría del teatro dedicó Ernesto Giménez Caballero un apartado en su *Arte y Estado* (1935), libro en el que analiza la importancia propagandística que las diversas artes (entre las que destaca la arquitectura) deben cumplir en el marco de un Estado fascista. Pero el proyecto más ambicioso para diseñar un teatro falangista fue el que presentó Gonzalo Torrente Ballester en su tratado titulado "Razón y ser de la dramaturgia futura", publicado en 1937 en la revista *Jerarquía*. Su objetivo esencial, partiendo de unos principios instalados en la *Poética* aristotélica, era reflexionar sobre el "drama que se ha de elaborar en el mañana luminoso". Un drama que fuera "Mito, Magia, Misterio", para lo que se imponía, según él, una vuelta a los orígenes:

> Un teatro de plenitud no puede seguir nutriendo su repertorio temático de pequeños líos burgueses; se impone la vuelta a lo heroico y pedir prestados sus nombres a la épica, para otra vez, como nos dice Esquilo, hacer tragedias con migajas del festín de Homero (en Mainer 1971: 215).

Reflexiona sobre el sentido último de este teatro que ha de surgir en consonancia con el nuevo tiempo que se inicia:

> El Teatro no "servirá para" –criterio de utilidad–. Pero el Teatro "sirve a" –criterio de sentido–.

> Procuraremos hacer del Teatro de mañana la Liturgia del Imperio. Claro que no es necesario, como no es necesaria la ceremonia pontifical para el Sacrificio de la Misa. Pero, ¿no estaría mejor nuestro 29 de octubre [fecha de la fundación de la Falange] si en él, como Liturgia o Ceremonia se representase una Tragedia que todavía está por hacer? Y no es nada nuevo este carácter litúrgico del Teatro. Piénsese en Calderón, en sus Autos y en el Corpus Christi; piénsese en la Edad Media y en sus Misterios y Moralidades.
>
> Piénsese en la Misa...
>
> Decididamente, lo mejor de los 29 de octubre futuros será la representación de una Tragedia (ibíd.: 217).

Las conclusiones que podemos extraer del manifiesto son muy claras: 1) se trata de privilegiar la tragedia sobre la comedia; 2) dar al teatro un carácter ceremonial, religioso, en el que el público muestre una actitud devota sin afán de divertirse; 3) la necesidad de componer unas obras en las que se privilegie el componente literario (mucho más conveniente para apelar a la conciencia del auditorio al que se quiere adoctrinar) sobre el visual (vinculado con las renovaciones escénicas provenientes de las vanguardias y, por extensión, con las ideas liberales que provocaron la degeneración moral que había conducido a la instauración de la República); 4) y, por supuesto, tomar como modelo nuestro teatro clásico, único canon aceptable en ese momento fundacional de un nuevo orden. Olvidaba Torrente Ballester, obviamente, que el florecimiento cultural que desembocó en la Edad de Plata de nuestras letras había estado propiciado, en buena medida, por la seducción que sobre los jóvenes poetas ejercieron los grandes clásicos del Renacimiento y el Barroco. Como señala Diego Santos Sánchez (2013a: 576), “las poéticas del nuevo teatro volvieron los ojos atrás y se reclamaron herederas del gran teatro del siglo XVII, al igual que Franco se reclamaba heredero legítimo de la gran España católica e imperial forjada por los Reyes Católicos”. De hecho, Juan Pujol consideraba a Franco, en un artículo publicado por *ABC* el 13 de febrero de 1937, como el moderno Cid “valeroso y caballeresco” (Schwartz 1966: 206a). Un simple vistazo a la nómina de títulos que genera este plan nos confirma la impronta que dejaron los temas y personajes del pasado glorioso de España, aunque sea de manera indirecta: *La Santa Hermandad*, de Marquina; *La mejor reina de España*, de Luis Rosales y Luis Felipe Vivanco; *Santa Isabel de España* y *Garcilaso de la Vega*, ambas de Mariano Tomás; o *La santa virreina*, de Pemán. La creación más destacada dentro de este canon de urgencia que se vieron obligados a elaborar fue la obra *España, Una, Grande y Libre*, de Felipe Lluch, otro de los nombres destacados, tanto desde su faceta teórica como práctica, en el panorama teatral de esos años. La pieza, originalmente pensada para celebrar la entrada de Franco en Madrid en la primavera de 1939, pero finalmente estrenada en el Teatro Español el domingo 7 de abril de 1940 con motivo de la conmemoración del primer aniversario de su victoria, es, en opinión de Víctor García Ruiz (2010: 265), "el único caso de teatro estrictamente falangista o fascista con algún interés o calidad". Dicho investigador, que la ha estudiado en detalle, señala como propósito de la misma la representación de dos de los mitos centrales del fascismo: "la regeneración nacional tras la decadencia, y la unidad social por encima de las clases, entendida como condición previa para la existencia de un teatro auténticamente nacional". El proyecto teatral de Lluch se imbrica dentro de otro a gran escala con el que se pretendía gestar la nueva España soñada por medio de una definida estética de naturaleza fascista. En él también estarían encuadrados, por ejemplo, el arquitecto Luis Moya que, junto con el escultor Manuel Laviada y el vizconde de Uzqueta, diseñan un proyecto urbanístico concebido como un "sueño arquitectónico para una Exaltación Nacional" que, ubicado entre el cementerio de San Martín y el Hospital Clínico, estaría conformado por una ciudadela en la que habría una pirámide y un arco triunfal "situados en foros y plazas rodeados por edificios militares y representativos"[10], y, también, Pedro Bigador, diseñador del Plan General de Ordenación

10. El proyecto apareció publicado en el número 36 de la revista *Vértice* (1940). Pueden verse reproducciones del diseño en perspectiva del centro cívico en forma de basílica piramidal, así como una axonométrica seccionada de la misma en García Ruiz (2010: 262).

Urbana, 1939-1946, con el que pretendía reconstruir la capital del nuevo imperio.

La representación se organizó en la forma de una fiesta teatral barroca, que constó de una loa, una comedia y una farsa final o fin de fiesta. La loa, titulada *Loa famosa de la Unidad de España*, estaba dedicada a defender, como puede deducirse de su título, la indisolubilidad de la patria y se compuso, según se especifica en el programa de mano de la representación, "sobre fragmentos, temas y artificios dramáticos y espectaculares de las [loas] que acompañan a los autos sacramentales de don Pedro Calderón de la Barca" (García Ruiz 2010: 266). Se le añadió la música que José Peiró escribió en el siglo XVII para la loa de la comedia *El jardín de Falerina*, del propio Calderón, a la que se sumaron unos cuartetos vocales compuestos para la ocasión por Ángel Martín Pompey[11]. En el texto, siguiendo los típicos juegos de ingenio barrocos, el personaje alegórico de Castilla resuelve un enigma en el que uniendo las letras que se han entregado a las distintas regiones del país se conforma el lema falangista: "Una, Grande y Libre". Termina la pieza con todas las regiones recitando cada una un verso del famoso soneto que dedicó Hernando de Acuña al emperador Carlos V, que comienza "Ya se acerca, señor, o ya es llegada", pero que es conocido, fundamentalmente, por el verso con el que finaliza el segundo de sus cuartetos, que sirve de compendio a su ideal político: "un Monarca, un Imperio, y una Espada":

> *Al Rey Nuestro Señor.*
>
> Ya se acerca, Señor, o ya es llegada
> la edad gloriosa en que promete el cielo
> una grey y un pastor solo en el suelo
> por suerte a vuestros tiempos reservada;
> ya tan alto principio, en tal jornada,
> os muestra el fin de vuestro santo celo

11. Puede verse el programa de mano de la fiesta y dos *monos* o bocetos del diseño del montaje de la loa en García Ruiz (2010: 298 y 300).

y anuncia al mundo, para más consuelo,
un Monarca, un Imperio, y una Espada;
ya el orbe de la tierra siente en parte
y espera con toda vuestra monarquía,
conquistada por vos en justa guerra,
que, a quien ha dado Cristo su estandarte,
dará el segundo más dichoso día
en que, vencido el mar, venza la tierra.

La pieza central de la fiesta era la *Comedia heroica de la Libertad de España* que, desafortunadamente, no se ha conservado[12]. Por el programa de mano sabemos que fue una "refundición libre de romances de los ciclos de Bernardo y Roncesvalles, con escenas de la *Comedia famosa de la Libertad de España* de Juan de la Cueva (Sevilla, 1579), y de *Las mocedades de Bernardo* y *El casamiento de la Muerte*, de fray Lope de Vega Carpio" (García Ruiz 2010: 267). En este caso, en la parte musical se incluyeron textos de Alfonso X el Sabio, de Juan del Encina y un fragmento de la *Historia Baetica*, del humanista italiano Carlos Verardi, en el que se conmemora la reconquista de Granada, aparte de otras piezas de los siglos xvi y xvii.

La fiesta concluía con una farsa final en la que se glosaba la anónima *Farsa sacramental de las Bodas de España*, representada, aparentemente, en la catedral de Toledo en 1570. De forma igualmente alegórica, se plantea la elección por parte de Europa, con la ayuda de El Tiempo, que hace las funciones de casamentero, de un marido para su hija España acorde con las cualidades de esta. De este personaje, caracterizado como una "gallarda mozuela, sencilla y firme, vestida al modo campesino y castellano" que "lleva en la mano un manojo de espigas y amapolas", y que comienza la obra actuando "como una infanta traviesa en el trono de su padre", dirá su madre: "Eres doncella y hermosa / y de virtudes colmada; / rica, sabia y poderosa, / y de muchos codiciada / para haberte por esposa". El can-

12. García Ruiz (2010: 299) recoge también una fotografía del montaje de la comedia y un *mono* de la misma.

didato elegido será el Amor Divino, que aparecerá en escena ataviado como "un galán grave y sereno, vestido de azul y blanco, con una larga capa blanca con el yugo y las flechas bordadas en rojo" (García Ruiz 2010: 269) y acompañado por la Fe, nombre que nos recuerda las iniciales de la Falange Española. Este personaje aparece caracterizado como "una doncella dulce y tímida, vestida toda de blanco. Tiene los ojos vendados y lleva en la mano una palma rubia y un ramo de oliva". Como impelida por una fuerza sobrenatural, hipnótica, España cae inmediata y perdidamente enamorada del Amor Divino en cuanto le ve:

ESPAÑA, que se ha levantado al escuchar la voz del AMOR DIVINO y ha ido acercándose a él poco a poco, cae ahora a sus pies, diciendo

ESPAÑA Divino y perfecto Amor,
tu sierva soy, mi señor;
hágase tu voluntad,
que con rendida humildad
recibirá tu favor.
Solo una merced te pido,
Señor, si fueres servido:
que de tus manos benditas
no me apartes ni permitas
que caiga de Ti en olvido
(en García Ruiz 2010: 353).

El resto de los candidatos, asociados de manera automática por el espectador con la España vencida, va siendo rechazado: la Guerra, sobre cuya figura se proyecta un haz de luz roja cuando toma la palabra en escena; la Ignorancia, que cumple en la pieza la función del prototípico gracioso de la comedia aurisecular; el Hambre, vestido de morado y amarillo, los colores de la bandera republicana, y la Tristeza.

En su faceta de teórico del nuevo teatro falangista, Felipe Lluch buscó los modelos en los que fijarse en el teatro español de los siglos xvi y xvii, cuyos diferentes géneros estudió en detalle. Como él mismo señala, entiende nuestro teatro aurisecular "como un organismo vivo y continuo", "como constante nacional, como manifestación del espíritu nacional" (García Ruiz 2010: 281). Entre las conclusiones a las que llega está la de que

> El verdadero teatro popular es, por consiguiente, la más clara y exacta expresión de la vida consciente de un pueblo. Es, en realidad, la voz de la conciencia nacional [...] Para que el teatro nacional exista es necesario, pues, que coexistan: nación, conciencia de la nacionalidad y voz que sepa interpretarla. Si una de estas tres premisas falta, no llega a florecer esta difícil, maravillosa flor del teatro popular [...] En España floreció durante cien años justos: de 1580, en que apareció en los "corrales" el arte del "monstruo de la naturaleza" [...], el gran Lope de Vega, a 1681, en que murió Calderón, "monstruo de ingenio". Sobre estos dos grandes pilares se ha alzado el grandioso teatro popular español (ibíd.: 282-283).

La propia fisiología del hecho teatral apela al intelecto, a los sentidos y a los sentimientos del espectador como no puede hacerlo ningún otro arte. La clave para el triunfo debe basarse en un planteamiento inclusivo, en una propuesta que sea capaz de amalgamar lo culto con lo popular en una suerte de pragmática totalizadora que apacigüe la indocilidad del espectador:

> El gran teatro de España, que es el gran teatro del mundo, es el duro, amargo y hondo teatro popular y nacional de Naharro y Timoneda, de Lope y Calderón, de Amescua y Guillén de Castro. Porque en España –en el mundo– aunque haya aparentemente dos teatros rivales y antagónicos –el culto y el popular– sólo hay uno en realidad, porque el otro no es teatro; será –o intentará ser, si lo logra– poesía dramática, ensayo dialogado o divagación escénica; pura y amena literatura, simple capricho, estupidez humorada. Pero teatro, no; porque Teatro –ahora ya con mayúscula– es lo que le habla al hombre con la clara voz de su angustia sobrenatural, trascendente, y el grito oscuro de su pasión humana (ibíd.: 284).

En este "integrismo teatral"[13] conducente a la creación de un Teatro Nacional que, a su vez, ayude a inculcar en el imaginario colectivo un principio de Estado y destino, ocupará un lugar destacado el género teatral más genuinamente español, aquel que, desde un planteamiento alegórico, se creó para ensalzar el sacramento de la Eucaristía frente a la herejía protestante: el auto sacramental. El fenómeno no era nuevo, ya que el gusto por un teatro "antirrealista, alegórico y abstracto" que había caracterizado las propuestas vanguardistas revitalizó el género ya durante la década de 1920 (De Paco 2012: 59). La resurrección sistematizada del drama litúrgico, pergeñada por Dionisio Ridruejo, jefe de la Sección de Propaganda en aquel momento, no se plantea desde una óptica puramente cultural, arqueológica, sino que, ingenuamente, se busca recrear las condiciones sociales e ideológicas que permitan hacerlo revivir plenamente. Como si de un experimento de laboratorio de tratara, se pretenden reproducir las condiciones ambientales que permitan al público vivir la experiencia del auto sacramental en toda su plenitud, tal y como se hacía tres siglos antes. Como afirma Lluch, el objetivo pasa por injertar este tipo de piezas en la existencia cotidiana del ciudadano español, en normalizarlas, y no plantearlas como una anécdota puntual:

> El teatro religioso en que creemos y esperamos no es, pues, un blando y devoto pasatiempo cuaresmal o navideño, ni mucho menos un turbio y pingüe comerciar con milagreras devociones femeninas; sino un austero y constante y viril ahondar en la eterna angustia humana para extraer de ella una clara luz de eternidad y belleza o una estricta norma de servicio y espiritualidad (en García Ruiz, 2010: 283).

A través de una orden promulgada el 14 de junio de 1938 se dio naturaleza legal y, por extensión, imperativa, al plan trazado. La ley, firmada por el ministro del Interior Ramón Serrano Súñer, restablecía la celebración de la fiesta del Corpus Christi, de cuya organiza-

13 Así lo llama García Ruiz (2010: 283).

ción se encargaría el departamento teatral del Servicio Nacional de Propaganda. Dicha celebración iría acompañada de sus autos sacramentales correspondientes ("autos sacramentales modernos", como se especifica). De manera análoga a lo que sucedía en la España del Barroco, los dramaturgos que lo estimasen oportuno concurrirían a un concurso, cuyas bases se publicarían un año después, en el que se premiaría la mejor pieza. Según se refiere en el propio texto de la ley,

> [...] siendo gloriosa tradición española conmemorar la festividad del Corpus Christi con espectáculos teatrales que inspirados en el dogma eucarístico brinden al pueblo grave enseñanza, arte depurado y honesto esparcimiento [...] se restablece la conmemoración teatral del Corpus Christi (en García Ruiz 2010: 243).

Aunque todo apunta a que el llamamiento suscitó el interés de un buen número de participantes, el concurso no se volvió a convocar nunca más. Su primera y única edición la ganó Torrente Ballester con una obra titulada *El casamiento engañoso*, en la que, en palabras de García Ruiz (2010: 243), el autor proponía "una parábola pro-humanística, anticapitalista y antimaquinista". En su texto, publicado en Ediciones Escorial en el año 1941, se cuenta la renuncia por parte del personaje del Hombre a su libertad y sus virtudes espirituales debido a la injerencia del mal, personificado en los personajes de Leviathán (alegoría del capitalismo, que, proyectando la imagen de un prototípico banquero decimonónico, viste con una levita y un sombrero de copa), la Ciencia (descrita como un cerebro pensante que asiste al anterior en la creación de un mundo deshumanizadamente tecnificado) y la Técnica, personaje inspirado en el robot que suplanta al personaje de María en la película *Metrópolis* de Fritz Lang (1927) que, carente de corazón pero con un espléndido motor, ha sido engendrado por la Ciencia para seducir pérfidamente, como una Eva alegorizada, al Hombre, protagonista de la Historia, con mayúsculas, por quien Dios creó el mundo y envió a su hijo para redimirlo. El Hombre, que se convierte en una suerte de ser enajenado que actúa como una prolongación alienada de la máquina, terminará salvándose gracias a la intercesión final del personaje de un Profeta que actúa como mensajero de la Voz Divina. Con motivo de la celebración de la inauguración de la Ciudad Universitaria, el auto fue estrenado por el TEU, dirigido por Modesto Higueras, aparentemente con gran éxito de público y crítica, el 12 de octubre de 1943, en el Teatro María Guerrero, convertido en sede del Teatro Nacional el 27 de abril de 1940[14].

Por lo que se refiere a la representación de textos áureos propiamente dichos, los montajes los acometieron grupos teatrales que, en su constitución, se fijaron en las formaciones de signo contrario que les habían precedido, especialmente, claro está, en La Barraca. Resulta de lectura obligatoria para todos aquellos interesados en la trayectoria de los mismos el trabajo de Emilio Peral *Retablos de agitación política. Nuevas aproximaciones al teatro de la Guerra Civil española*, en el que hace un repaso exhaustivo y muy documentado a las propuestas más destacadas de los dos bandos en conflicto durante aquellos años cruciales.

A imagen y semejanza del grupo liderado por Eduardo Ugarte y Federico García Lorca, surgió en Huelva La Tarumba, compañía creada por los falangistas Manuel Augusto García Viñolas, Manuel de la Corte y los pintores José Caballero y José Romero Escassi[15]. Desde su origen se especializó en la representación de obras pertenecientes a nuestro repertorio clásico, llevadas a cabo en diferentes ciudades de la España nacional (Sevilla, Segovia, Ávila o Cáceres) con un claro tono propagandístico. De Cervantes montaron los entre-

14. A analizar la génesis y temática de *El casamiento engañoso* dedica Mariano de Paco un artículo (2012). Torrente Ballester no quedó satisfecho con su obra, que había sido resultado de la adaptación de un texto previo a las normas del concurso convocado por el Servicio Nacional de Propaganda. Refiriéndose al auto, declararía años después que le "hubiera gustado restituirlo a su forma primitiva, el drama más o menos expresionista que en un principio fue, pero he perdido los papeles" (en De Paco 2012: 58).

15. Como "Barraca falangista", precisamente, denomina Huerta Calvo (2011: 225) a este grupo teatral onubense.

meses de *El retablo de las maravillas*, *La guarda cuidadosa* y *Los dos habladores*, este último atribuido sin certeza; *El degollado fingido* que, hay que suponer, sería el entremés de Lope conocido simplemente como *El degollado*, el auto sacramental de Calderón *La cena del rey Baltasar*, el anónimo *Las bodas de España* y el medieval *Auto de los Reyes Magos*[16].

En febrero de 1938 comienza su actividad el SEU (Sindicato Español Universitario) de Sevilla con el objetivo de que jóvenes estudiantes autodidactas llevasen a cabo representaciones en hospitales destinadas a los heridos convalecientes de la guerra. En consonancia con su espíritu falangista, su Sección de Arte entiende la práctica teatral no como un mero entretenimiento para los espectadores, sino como una misión con la que educar o recordar a la población los principios básicos que configuran la sociedad española (religiosidad, familia, obediencia, así como respeto a las leyes y al Estado) utilizando como herramienta la adaptación de textos dramáticos clásicos, especialmente los españoles (de Lope de Rueda, Lope de Vega, Tirso o Calderón), pero también de aquellos extranjeros que consideraban afines con las ideas del falangismo, como los escritos por Goldoni, Goethe o Schiller. De entre todos sus montajes hay que destacar la representación de *La cena del rey Baltasar* con motivo de las fiestas del Corpus de 1938 en el inigualable marco del renacentista palacio de Carlos V de la Alhambra de Granada. El auto fue el plato fuerte de una fiesta variada en la que también se interpretaron aires musicales populares, piezas de compositores clásicos como Schubert, Brahms o Chopin, y se realizó una exhibición gimnástica femenina. El espectáculo se repuso durante el mes de agosto en el jardín de los lotos del sevillano parque de María Luisa. Sin embargo, el programa que se planificó para los días siguientes en Granada cambió su hondo sentido por otro más lúdico sustituyendo el auto sacramental por el entremés cervantino de *El juez de los divorcios*.

---

16. Para una información más detallada sobre La Tarumba, remito a Peral Vega (2013: 179-185).

Las piezas musicales también se cambiaron y los ejercicios gimnásticos fueron sustituidos por una exhibición de bailes regionales[17].

Existió algún grupo más con este perfil. Tal es el caso de El Retablo de la Falange, fundado en Cáceres, del que da noticia Emilio Peral (2013: 213-217) en su libro y del que prácticamente no sabemos nada. Según el semanario *La Falange*, su elección de piezas auriseculares, caracterizadas por su "españolismo y catolicismo", se debía a que nuestro teatro clásico "guiará y educará mejor el gusto de las gentes, haciéndoles penetrar, en ameno divertimiento, en el espíritu de la España Imperial que renace".

Pero, sin duda, las puestas en escena de piezas áureas más espectaculares que se llevaron a cabo en el bando nacional fueron un par de montajes que preparó el Teatro Nacional de la Falange. Una vez restituida la tradición de representar autos sacramentales, Dionisio Ridruejo, director general de Propaganda, nombró a Luis Escobar jefe nacional de Teatro y le encargó que su pequeña compañía teatral representara en Segovia un auto sacramental. Se eligió esta ciudad en la disposición legal como sede para llevar a cabo estas representaciones tanto por su arraigada tradición en la celebración del Corpus Christi, como por su intrínseco valor simbólico, ya que en la tribuna de su iglesia de San Miguel fue coronada Isabel la Católica en 1474 como reina de Castilla, y porque desde allí casi se sentía, por su cercanía, la ciudad de Madrid, la añorada capital que era necesario tomar. Sorprendentemente, Escobar escogió, de entre el vastísimo repertorio de autos que ofrece nuestro teatro, uno muy poco conocido: *El hospital de los locos*, de José de Valdivielso[18]. Para su puesta en escena se eligió la fachada occidental de la catedral de dicha ciudad castellana. A pesar de que los cronistas que dejan testimonio del evento lo hacen en un

17. Para el SEU, véase también Peral Vega (2013: 208-213).

18. Se repone en el Teatro Capitol de Madrid el 23 de mayo de 1939 ante el cabildo y el pueblo. De ese montaje existen once fotos que, con la signatura FOT-111842, pueden consultarse en el catálogo *online* de fotografías del Centro de Documentación Teatral <http://teatro.es//catalogo-integrado?CDTbw_searchform_documentos_tipo=4#form>.

tono manifiestamente exaltado, lo cierto es que el efecto que produjo la armónica combinación del componente visual con el puramente literario en espectadores nada acostumbrados a espectáculos de esta naturaleza debió de ser notable. A Ridruejo la contemplación de la representación le transportó a otro tiempo: "el teatro y la función religiosa se habían hecho una misma cosa, como si estuviéramos en el siglo xvii" (Rodríguez Puértolas 2008: 324). Por su parte, Agustín de Foxá, que sentía las ideas abstractas encarnadas en el auto como si estuviesen literalmente andando por las calles de Segovia, mostraba también su enardecimiento: "Corremos por la alegría tostada de los trigos. Vamos contentos porque anoche a siete kilómetros de las trincheras de los enemigos de Dios hemos visto subir al Alma a las campanas y repicar por la alegría del Corpus" (Huerta Calvo 2011: 229). Solo por citar una más, la crónica firmada por el marqués de Quintanar vuelve a hacer hincapié en el efecto que produjo el montaje del texto barroco en ese espectacular marco tan connotado:

> El Alma vacila, cae. Las rejas del *Hospital* se cierran detrás de ella, pero el Ángel de la Inspiración sabrá violentar su fortaleza y abrir al Alma el luminoso sendero de la Gloria. La Catedral se abre, encendida y sonora. El *Aleluya*, de Haendel, brota de pináculos y de gárgolas, de cresterías y de cornisas. Voltean las campanas y coros invisibles cantan la devolución de la Iglesia de su tesoro en peligro [...] Y el Auto Sacramental con su evidente alegoría: el Alma, España, en trance de perderse a fuerza de locuras, y la inspiración histórica salvándola y restituyéndola al trono del Altísimo (en Peral Vega 2013: 187-188)[19].

Tanto éxito tuvo la representación que se repitió en otros marcos análogos: en el atrio de la catedral de San Esteban de Salamanca, en septiembre de 1938; el 10 de junio de 1939 en el de la catedral de

---

19. Existe una serie de siete fotografías de estudio que realizó José Compte, publicadas en el número de noviembre de 1938 de la revista *Vértice*, que resulta, obviamente, muy interesante e ilustrativa, aunque no nos ayuda a imaginar cómo fue realmente su puesta en escena.

Cádiz, donde José María Pemán pronunció la noche anterior un encendido discurso radiofónico que hizo las veces de introito a la función y el auto sirvió de fin de fiesta a la despedida que se hizo en la ciudad a los aviadores italianos que habían colaborado con las tropas franquistas durante la guerra; el 25 de junio de ese mismo año, en el atrio de la catedral de Málaga y unos días antes, el 16 y el 17 del mismo mes, en un espacio no religioso, pero con una carga simbólica igual de potente, esta vez desde el punto de vista histórico-político: el ya mencionado palacio de Carlos V en la Alhambra. De entre todas, destacaría la que se realizó en 1938, para celebrar la festividad del apóstol Santiago, patrón de España, en otro lugar especialmente significativo para el sentimiento patriótico: la plaza del Obradoiro, delante del Pórtico de la Gloria de la catedral de Santiago de Compostela. Entre la audiencia de varios miles de personas se encontraban también ilustres invitados representantes de las naciones amigas, como los embajadores de Italia, Portugal, Japón y, en representación del de Alemania, el Cuerpo Consular de dicho país en España. Fueron numerosas las apasionadas crónicas que describieron el evento, pero elijo, por su contundente sencillez, las palabras que Wenceslao Fernández Flórez incluyó en la que preparó para el *ABC*, donde aseguraba haber vivido "uno de esos [días] [...] que fijan sus imágenes en el museo de nuestra memoria" (Peral Vega 2013: 192). Tanto éxito tuvo la representación que la pequeña compañía fundada por Escobar se convertiría en el Teatro Nacional de la Falange y de las JONS. Como señala Luis Felipe Higuera (1993: 81), "el éxito desbordó todas las expectativas, y convirtió al Teatro de la Falange en el buque insignia del Bando Nacional".

Capítulo aparte merece el montaje nocturno de *La cena del rey Baltasar* que el grupo liderado por Escobar preparó el 23 de julio 1939 para celebrar la victoria franquista. El espacio escénico elegido, otra vez civil y no religioso, volvió a ser al aire libre y muy emblemático: el paseo de las Estatuas del Parque del Retiro, en uno de cuyos extremos se ubicó el escenario. Como si de las suntuosas fiestas teatrales del Barroco se tratara, en las que la fastuosidad del aparato visual era inversamente proporcional a la coyuntura política, el montaje se preparó con un enorme despliegue de medios que contrastaba con la calamitosa situación en la que el conflicto había sumido al país. Felipe Lluch preparó un prólogo; de la escenografía se encargó Víctor Cortezo; de la música, Fernando Moraleda; de la coreografía, Nadine Lang y de la iluminación, Francisco Benito Delgado. La alegoría que Escobar diseñó para su puesta en escena resulta muy evocadora. Como señala Peral Vega (2013: 207), los versos de Calderón impregnan al espacio civil del Retiro de un valor religioso "en el que los grandes reyes castellanos –que flanqueaban el *camino de perfección* hacia la escena (hacia el Sacramento)– auspiciaban, de forma simbólica, la victoria del bien (Dios) contra el Mal (Baltasar), y colocaban, por ende, al garante de dicha victoria –Francisco Franco– al mismo nivel de Uno y otros". Para Samuel Ros, que escribió una crónica sobre el espectáculo en la revista *Vértice*, "el alma de Calderón volvió a Madrid tras los siglos y se desparramó en versos por el Retiro hasta llenar el jardín" (Huerta Calvo 2011: 229). Y todo ello, gracias a que los rojos habían sido expulsados de la ciudad[20].

20. La propia puesta en escena fue diseñada con un alto valor simbólico: "[...] cabe señalar la disposición de la escena, concebida como un conjunto orgánico, en tres niveles, que establecía una jerarquía visual para el espectador en virtud de la cual la parte alta del escenario era alcanzada al final de la representación. Las tres hornacinas que lo integraban pasaban a estar ocupadas por Daniel, la Muerte y el propio rey Baltasar; la parte media quedaba reservada al banquete que Idolatría y Vanidad ofrecen al monarca; la parte inferior, la más próxima a los espectadores, servía de inicio a la representación, cuando Baltasar reniega de las enseñanzas de los episodios bíblicos de Noé y la Torre de Babel" (Peral Vega 2013: 207). Aparte de los figurines de Víctor María Cortezo existen varias series fotográficas de diferentes representaciones de esta pieza del periodo cronológico que nos interesa que conservan, y pueden consultarse digitalmente, en el catálogo del Centro de Documentación Teatral. Dos fotografías, aparentemente de estudio, correspondientes al montaje que se llevó a cabo en el Retiro (signatura FOT-61765) y otras dos, del mismo año pero de una puesta en escena llevada a cabo en Cádiz (signatura FOT-59395). Por otra parte, y como anteriormente he señalado, el Teatro María Guerrero se convirtió en sede del Teatro Nacional el 27 de abril de 1940, y para tal ocasión se eligió, precisamente, una

El auto sacramental se convirtió, como estamos viendo, en el formato idóneo para materializar los actos multitudinarios de los que tanto partido sacaron los fascismos alemán e italiano. Estos montajes en diferentes catedrales y en el parque de El Retiro pueden considerarse la alternativa humilde de un teatro de masas al aire libre al estilo de otras manifestaciones análogas en los países ideológicamente hermanados con el nuestro en ese momento.

Pero el Teatro Nacional de la Falange no se ocupó solo de representar este tipo de obras. Para los montajes que sus miembros realizaron en el transcurso de los años en diferentes ciudades (Zamora, Burgos, Logroño, Cádiz, Málaga, Granada, San Sebastián, Reus e incluso Barcelona y Madrid una vez fueron tomadas) eligieron otras como *La verdad sospechosa*, de Juan Ruiz de Alarcón, *La vida es sueño*, de Calderón (a cuya función del 7 de diciembre en el Teatro Principal de Burgos asistieron Carmen Polo de Franco y los ministros Rafael Sánchez Mazas y Ramón Serrano Súñer), *Las bodas de España*, *Los dos habladores* y *El casamiento engañoso*.

Vamos ya llegando al final. Empezaba este trabajo recordando una frase que José Bergamín decía en 1933 en su libro *Mangas y capirotes. España en su laberinto teatral del siglo XVII*, aquella que indicaba que "un pueblo se conoce a sí mismo por su teatro"[21]. Tras lo expuesto hasta aquí creo que estamos en disposición de afirmar que hemos tenido ocasión de conocer a la cúpula dirigente de aquella nueva España a través del patrón y el canon teatral que intentó implantar con fines sectarios. Pero

---

representación de *La cena del rey Baltasar*, acompañada del entremés de *La rabia*, obra también de Calderón. De ese montaje conserva el CDT un total de diez fotografías (con la signatura FOT-111853) que pueden consultarse, también, en su catálogo *online*.

21. "Un pueblo se conoce a sí mismo por su teatro, o en su teatro, como un teatro se conoce por su popularidad; y por eso ha podido decirse que el teatro es *la conciencia moral de un pueblo*: cuando su historia se hace teatro como cuando su teatro se hace historia; cuando piensa; cuando habla o cuando canta: cuando se *romancea* o se *noveliza*, haciéndose, verdaderamente, de nuevas; que todo ese lenguaje popular es lenguaje poético, enfurecido o escenificado, teatralizado: que todo eso es, en definitiva, teatralidad: pura teatralidad" (Bergamín 1933: 29).

definitivamente no al pueblo que estuvo bajo su gobierno. El proyecto nacional-tradicionalista de los ideólogos afectos al régimen sucumbiría al chocar contra los gustos de un público cuyo horizonte de expectativas impedía absorber e interiorizar el nuevo modelo. Como ya había sucedido siglos antes con la implantación en España del pensamiento ilustrado (que, curiosamente, ellos mismos denostaban por su naturaleza antitradicionalista y extranjerizante), el desfase entre el planteamiento teórico y su implantación práctica provocó el fracaso. Aquellos que tanto elogiaron, representaron, interpretaron e incluso estudiaron a Lope de Vega creyeron descubrir en su obra dramática la verdad revelada sobre el sentido de Estado, patria y religión que necesitaban, pero en sus manifiestos no dejaron constancia de haber percibido también la premisa principal sobre la que el Fénix construyó el suyo, el primero de Occidente, el que vino a revolucionar la historia teatral: el *Arte Nuevo de hacer comedias en este tiempo* (1609):

> y escribo por el arte que inventaron
> los que el vulgar aplauso pretendieron,
> porque, como las paga el vulgo, es justo
> hablarle en necio para darle gusto (vv. 45-48).

Es decir, componer teatro que no responda a las inquietudes e intereses del público carece de sentido. Un espectador que no siente apego por las obras que se le ofrecen, se aleja de ellas irremediablemente. El experimento llevado a cabo con los autos sacramentales es la prueba fehaciente de esta circunstancia. Intentar "reeducar espiritualmente al público teatral, de gusto estragado y desorientado por largos años de teatro comercial"[22], como reclamaba Pedro Carreño en un artículo publicado en la revista *Tajo* en 1940, por medio de un subgénero agotado en el pasado se me antoja, desde una perspectiva actual, propio de un proyecto excesivamente ingenuo. Sobre todo, si se aspira a hacerlo yendo más allá de la representación ar-

22. Tomo la referencia de García Ruiz (1997b: 137).

queológica o de la actualización temática. Si bien es cierto que los desvelos y desasosiegos de los seres humanos no conocen de fronteras temporales ni ideológicas, también lo es que el modo de manifestarlos e intentar solventarlos sí está supeditado a la exclusiva aprehensión de la realidad que nos implanta el momento histórico en el que existimos. La angustia que en la España del Barroco podía provocar en el individuo la contemplación de un aparentemente glorioso e inalterable orden social que se desmoronaba sin remedio, podía tener su equivalencia en el primer tercio del XX en la desencadenada por un mundo irreversiblemente deshumanizado en el que la confortadora presencia de Dios estaba cada vez más diluida, cuando no había desaparecido por completo. La inestabilidad, en esencia, no cambia, pero sí el modo de asumirla y enfrentarse a ella.

A pesar de que en la revista *Vértice* se apunta a que no se acometió la representación de *El hospital de los locos* en Segovia tal y como se hacía en el Siglo de Oro, pues no se sacaron por las calles las típicas carretas con las que se desfilaba hasta llegar a la plaza pública, el anhelo del aparato teatral de la Revolución Nacional Sindicalista fue resucitar la recepción *viva* de un subgénero que había sido prohibido por decreto más de un siglo y medio antes precisamente porque en aquel entonces ya estaba desfasado y no cumplía con la función doctrinal para la que fue concebido. El plan, lógicamente, fue una entelequia, la ilusión de una clonación ajena a los condicionantes ambientales que influyeron en el ser clonado. A pesar de todo, se siguieron representando, tal vez ya sin esa ambición ideológica, al menos hasta 1965.

La trascendencia que se dio a nuestro teatro aurisecular a la hora de crear el nuevo canon, contrasta con el singular corpus de obras que se decidieron representar durante los años que duró la contienda: seis entremeses[23], mayoritariamente cervantinos, dos comedias[24]

23. *El retablo de las maravillas*, *La guarda cuidadosa*, *El juez de los divorcios* y *El casamiento engañoso*, de Cervantes; *Los dos habladores*, también atribuido, erróneamente, a Cervantes; y *El degollado fingido*, aparentemente de Lope de Vega.

24. *La verdad sospechosa*, de Ruiz de Alarcón, y *La vida es sueño*, de Calderón de la Barca.

y cuatro autos[25]. Debe quedar para otra ocasión la reflexión sobre la elección de estas piezas y no otras, pero llama poderosamente mi atención que en un régimen en el que se privilegiaba lo trágico sobre lo cómico por sus dotes persuasivas tengan más presencia las piezas cómicas. Es más, creaciones de un escritor como Cervantes, cuyo aprecio no fue tan incondicional como el de Lope, pues estaba alejado para intelectuales como Pemán (que lo consideraba como "el prototipo de la clase media del Renacimiento") de la esencia elitista del Movimiento y de la literatura que tenía que representarlo (Schwartz 1966: 206b). O que de las dos comedias elegidas, una, *La verdad sospechosa*, sea de enredo, a no ser, claro está, porque Menéndez Pelayo dijo de ella que era "la obra más perfecta del teatro castellano"[26] (Schwartz 1966: 208). O que, dando tanta importancia al auto sacramental, se escogieran dos poco conocidos, uno de ellos debido a un dramaturgo de tercera fila. Y que de entre los 80 autos sacramentales de Calderón se eligiera *La cena del rey Baltasar*, que se repuso una y otra vez; o que, a pesar de la trascendencia que se dio a la figura de Lope y a su obra, no se escogiera ninguno de la treintena aproximada de sus autos, como tampoco ninguna de sus comedias.

Como sucedió en los otros regímenes totalitarios de nuestro entorno, la creación de un Teatro Nacional también fracasó en España.

25. *El hospital de los locos*, de Valdivielso, *La cena del rey Baltasar*, de Calderón, y dos anónimos, *Las bodas de España* y el *Auto de los Reyes Magos*.

26. En una reseña publicada en *ABC* el 23 de febrero de 1938 sobre el estreno por parte de la Comedie Francaise de *Le Menteur*, que Corneille escribió basándose en *La verdad sospechosa*, se señala: "De *La verdad sospechosa* de Alarcón había dicho Menéndez Pelayo que era 'la obra más perfecta del teatro castellano'. ¿Se atribuirán también los *rojos* 'la adhesión espiritual' de Alarcón y la de Menéndez Pelayo? Porque ya lo han intentado con otras figuras. Sin ir más lejos, con la de Lope de Vega, que ahora están explotando en el que llaman Teatro del Pueblo. Esos desventurados son capaces de todo". Encuentro la cita en la hemeroteca *online* de *ABC* (<file:///C:/Documents%20and%20Settings/jipadilla/Mis%20documentos/Descargas/ABC%20SEVILLA-23.02.1938-pagina%20017.pdf>).

Visto desde la distancia, podría decirse que el grado de utopía desde el que se engendró le hizo nacer ya herido de muerte, pues se construyó desde un discurso irracionalista. El fascismo español, atípico en su materialización[27], se manifestará mejor en ceremonias parateatrales (el anual desfile del Día de la Victoria, el traslado de los restos de José Antonio desde Alicante a El Escorial entre el 10 y el 20 de noviembre de 1939, etc.) que propiamente teatrales. Paradójicamente, la tabla de salvación que los ideólogos del totalitarismo teatral creyeron encontrar en nuestro repertorio clásico se terminaría convirtiendo en el lastre que hundió sus aspiraciones, mientras que el uso tendencioso que le dieron hizo tambalear años después la consideración de nuestro teatro áureo en su conjunto. Las jóvenes generaciones liberales y progresistas de la etapa final del franquismo y la primera de la democracia lo vincularon con la ideología inmediatamente anterior olvidando la relevancia que también tuvo para la intelectualidad izquierdista de la década de 1920 y los años de la República. La consigna de que los republicanos habían permitido arruinar nuestro patrimonio teatral aurisecular dejó su poso (Schwartz 1966: 209b). Aunque la recepción teatral (artística en general) conllevará siempre un proceso de interpretación mediatizado, la pátina del desapasionamiento nos posibilita hoy ver con más nitidez el uso que el bando nacional dio a nuestro teatro del Siglo de Oro como mecanismo de propaganda durante aquel periodo crucial de nuestra historia reciente.

Bibliografía citada

ALTHUSSER, Louis, *Ideología y aparatos ideológicos del Estado: Freud y Lacan*, Buenos Aires, Nueva Visión, 1992.

BAJO MARTÍNEZ, María Jesús, "Orígenes del teatro universitario en Sevilla", *Teatro: Revista de Estudios Teatrales*, 5, 1994, pp. 45-50.

27. Bartolomé Bennassar habla de un "fascismo inconcluso" (García Ruiz 2010: 231).

Bergamín, José, *Mangas y capirotes. España en su laberinto teatral*, Madrid, Plutarco, 1933.

De Paco, Mariano, "*El casamiento engañoso*, auto sacramental moderno de Torrente Ballester", *La tabla redonda. Anuario de Estudios Torrentinos*, 10, 2012, pp. 57-65.

Delgado Gómez-Escalonilla, Lorenzo, *Imperio de papel. Acción cultural y política exterior durante el primer franquismo*, Madrid, CSIC, 1992.

García Ruiz, Víctor, "'La guerra ha terminado', empieza el teatro. Notas sobre el teatro madrileño y su contexto en la inmediata posguerra (1.IV-31.XII.1939)", *Anales de la Literatura Española Contemporánea*, 22/3, 1997, pp. 511-533.

—"Un poco de ruido y no demasiadas nueces: los autos sacramentales en la España de Franco (1939-1975)", en Ignacio Arellano, Juan Manuel Escudero, Blanca Oteiza y María del Carmen Pinillos (eds.), *Divinas y humanas letras. Doctrina y poesía en los autos sacramentales de Calderón. Actas del Congreso Internacional (Pamplona, Universidad de Navarra, 26 febrero-1 marzo, 1997)*, Kassel, Edition Reichenberger, 1997, pp. 119-165.

—*Teatro y fascismo en España. El itinerario de Felipe Lluch*, Madrid/ Frankfurt, Iberoamericana/Vervuert, 2010.

García Santo-Tomás, Enrique, *La creación del "Fénix". Recepción crítica y formación canónica del teatro de Lope de Vega*, Madrid, Gredos, 2000.

Higuera, Luis Felipe, "El Teatro Nacional María Guerrero (1940-1952): La creación de un público", en Andrés Peláez (dir.), *Historia de los Teatros Nacionales (1939-1962)*, Madrid, Centro de Documentación Teatral, 1993, vol. I, pp. 80-105.

Huerta Calvo, Javier, "Clásicos cara al sol, I", en Elisa García-Lara y Antonio Serrano (coords.), *XIV y XV Jornadas de Teatro del Siglo de Oro.* In Memoriam *Ricard Salvat*, Almería, Instituto de Estudios Almerienses, 2011, pp. 219-236.

Mainer, José-Carlos, *Falange y literatura*, Barcelona, Labor, 1971.

Mundi Pedret, Francisco, *El teatro de la guerra civil*, Barcelona, PPU, 1987.

PERAL VEGA, Emilio, "De reyes destronados. La figura del rey en el teatro clásico durante la Segunda República", en Luciano García Lorenzo (ed.), *El teatro clásico español a través de sus monarcas*, Madrid, Fundamentos, 2006, pp. 351-377.
—*Retablos de agitación política: Nuevas aproximaciones al teatro de la Guerra Civil española*, Madrid/Frankfurt, Iberoamericana/Vervuert, 2013.
RODRÍGUEZ PUÉRTOLAS, Julio, *Historia de la literatura fascista española*, Madrid, Akal, 2 vols., 2008.
SANTOS SÁNCHEZ, Diego, "El fracaso del proyecto teatral falangista", en M. A. Ruiz Carnicer (ed.), *Falange. Las culturas políticas del fascismo en la España de Franco (1939-1975)*, Zaragoza, Institución Fernando el Católico, 2013, pp. 564-577.
—"Staging *la España eterna*: Rise and Fall of the National-Catholic Theatrical Canon in the Aftermath of the Civil War", *The Modern Language Review*, 108/4, octubre, 2013, pp. 1156-1176.
SCHWARTZ, Kessel, "Culture and the Spanish Civil War- A Fascist View: 1936-1939", *Journal of Inter-American Studies*, 7/4, 1965, pp. 557-577.
—"A Falangist View of Golden Age Literature", *Hispania*, XLIX, 2, 1966, pp. 206-210.

Iconografía clásica en la propaganda "nacional"

Antonio López Fonseca
Universidad Complutense de Madrid

"Mito. Fantasía aprobada por consenso"
(A. Neuman, *Barbarismos*)

1. A modo de premisa

En anteriores trabajos nos hemos ocupado de la mitología en el teatro de la Guerra Civil como metáfora con fines políticos y pudimos comprobar que en ningún bando hubo teatro de tema mitológico hasta prácticamente terminada la guerra (López Fonseca 2013). No ocurre lo mismo en la amplia posguerra, donde sí lo hay y en abundancia, sobre todo en el bando de los perdedores (López Fonseca 2006 y 2009). Pues bien, en esta ocasión vamos a intentar saltar, en el mismo período, del texto a la imagen y a las diversas vetas propagandísticas que, en apoyo de cada ideología, fueron utilizadas por los bandos contendientes. Se trata de poner el foco en las representaciones pictóricas (en forma de carteles, fundamentalmente) que fueron apareciendo a lo largo de los tres años de contienda civil y de acercarnos a las directrices de la propaganda nacional y al posible uso de motivos provenientes del mundo clásico. Para esta tarea, además de las obras de J. de Andrés Sanz (2012), J. Carulla y A. Carulla (1996) o la Fundación Pablo Iglesias (2004), contamos con la inestimable ayuda que supone el Portal de Archivos Españoles (PARES) que, en su apartado de monográficos, pone a nuestra disposición la colección de "Carteles de la Guerra Civil", con un total de 2.281 imágenes. A priori, con esa cantidad y con la existencia de estudios como el M. García Morcillo (2008) a propósito de la Antigüedad clásica en el cartel político contemporáneo, cualquiera pensaría que iba a encontrar un nutrido número de imágenes en las que sustentar un trabajo de esta naturaleza. Pues bien, el visionado de esa enorme cantidad de imágenes no deparaba prácticamente ningún encuentro con el mundo clásico en los carteles del bando nacional. El primer dato objetivo una vez terminado el recorrido que llamó nuestra atención fue que los carteles del bando nacional son mucho menos numerosos que los del bando republicano, con una diferencia muy significativa. En segundo lugar, si bien en los carteles republicanos sí se encuentran con cierta frecuencia ecos del mundo clásico, no resulta así en los del bando nacional, que se limitan a exhibir una simbología propia, esto es, parece que en el imaginario de los cartelistas las referencias clásicas no tenían cabida, exactamente lo mismo que en su momento apuntamos a propósito del "teatro de urgencia" (López Fonseca 2013). No obstante, pronto pudimos comprobar que la situación no era tan negativa y en realidad sí que hay una iconografía clásica, o por mejor decir con trasfondo clásico, en el imaginario de los nacionales, aunque muy posiblemente no fueran conscientes de ello. Como suele ocurrir con algunos motivos clásicos, están tan arraigados en nuestra cultura que hemos perdido de vista su origen por pensar que están ahí "desde siempre", aunque, eso sí, han podido cambiar su significado primigenio. Hemos de confesar que el camino a las imágenes siempre ha partido de los textos, más concretamente de las palabras. Comencemos, pues, por el principio: ¿qué significa el término "fascismo"? Al punto salta la asociación con el latín *fasces*, con los haces de varas y, a medio camino, con la Italia de Mussolini. Ya tenemos el hilo del que tirar. Veamos qué encontramos.

Vamos a comenzar el recorrido deteniéndonos, siquiera brevemente, en el concepto, origen y desarrollo de la propaganda, su relación con la guerra en el siglo xx, la imagen del "otro" y el uso del mito, así como la creación de nuevos mitos (§2). Una vez definido el concepto, nos acercaremos al cartel como método propagandístico para poder así entender mejor la importancia que cobra la existencia de algún símbolo claro y contundente con el que las masas puedan identificarse en este tipo de mensajes que apunta al corazón más que a la cabeza (§3). A continuación trataremos la instrumentalización de la historia antigua y del clasicismo como alimento del fascismo (§4), antes de centrarnos, por último, en la simbología fascista (§5).

2. Hacia un concepto de "propaganda" y sus recursos de persuasión

2.1. ¿Qué es "propaganda"?

Partamos del hecho de que la persuasión colectiva es inherente a todas las sociedades humanas desde sus formas más primitivas, si bien desde el siglo xx ha alcanzado una tremenda sofisticación. La propaganda, de carácter monológico y que interpela directamente al receptor, al "tú", hablándole incluso desde los carteles, tiene por objeto la persuasión, esto es, como dice Alejandro Pizarroso (1990: 27): "promover una dependencia interactiva entre emisor y receptor mediante la formación, reforzamiento o modificación de la respuesta del receptor. Es, pues, un proceso comunicativo cuya finalidad y objetivo es la influencia". Dado que la propaganda puede ir acompañada de distorsiones de los hechos y de llamamientos a la pasión y a los prejuicios, a menudo se considera falsa y engañosa y se asocia con el control de la opinión pública mediante medios de comunicación masivos. Y ahora viene lo mejor, aquello que nos ayudará a entender por qué la propaganda es tan importante y toma una determinada apariencia en los conflictos bélicos: la persuasión no solo actúa sobre la mente del hombre, sino fundamentalmente sobre su corazón, sobre sus emociones (Pizarroso 2005). Pero, además, es un proceso de información, sobre todo en lo que se refiere al control del flujo informativo, aunque, de modo opuesto al suministro de información libre e imparcial, la presenta de forma parcial o sesgada para influir en los receptores. En última instancia, el objetivo de la propaganda no es hablar de la verdad, sino convencer a la gente: pretende inclinar la opinión general, no informarla.

La propaganda de guerra tiene dos direcciones básicas: a la vanguardia, para sostener la moral combatiente; y a la retaguardia, que nutre de hombres e impedimenta a la vanguardia. Pero también se dirige a los neutrales para impedir que se alíen al enemigo y mantenerlos en una posición equidistante o para atraerlos a nuestra causa; y además se dirige al enemigo, al de la vanguardia y al de la retaguardia (en lo que se ha llamado "guerra psicológica"). En realidad, y si admitimos la máxima de Karl von Clausewitz (1983: 9) de que "la guerra es una continuación de la política por otros medios", la propaganda de guerra sería la continuación de la propaganda política en otra situación (Pizarroso 2005). ¿No podríamos admitir que la guerra y la propaganda tienen un objetivo análogo? La guerra es un acto de fuerza para imponer nuestra voluntad al adversario y la propaganda, podríamos decir, es un acto de violencia mental para forzar a alguien a someterse a nuestra voluntad.

2.2. Propaganda y guerra en el siglo xx

El siglo xx, además del siglo de la propaganda, ha sido también el siglo de las masas, sobre todo a partir de la Primera Guerra Mundial. Por primera vez las retaguardias tienen una participación activa en la guerra y en los frentes un gran número de ciudadanos entrega sus vidas. Nunca hasta entonces la persuasión de masas había sido tan determinante, a tal punto que, terminado el conflicto, la propaganda será por vez primera objeto de estudio y en los países totalitarios se convertirá abiertamente en un instrumento político (Thompson 1977, Toursinov 2012). Recordemos, por ejemplo, a Joseph Goebbels, responsable del Ministerio de Educación Popular y Propaganda creado por Hitler a su llegada al poder en 1933.

En este panorama, la Guerra Civil española es un hito. La Primera Guerra Mundial había significado el nacimiento de la propaganda sistemática; la Segunda Guerra Mundial será ya el claro exponente de la persuasión de las masas en un conflicto (Mazza 1994). Pero la Guerra Civil española, como antecedente de la Segunda Guerra Mundial en el terreno político-ideológico y en el militar, lo fue también en el terreno de la propaganda (Pizarroso 1990 y 2005, Tomás 2006). Con respecto a la Gran Guerra hay muchos elementos de continuidad, como los carteles, desfiles, actos, folletos, prensa escrita, etc., pero aparecen dos elementos nuevos: el cine sonoro y la radio, que cumplían el viejo sueño napoleónico de llevar los mensajes más allá de los frentes.

¿De qué técnicas se va a servir la propaganda en la Guerra Civil? De entre los muchos recursos utilizados, podemos resaltar la fabricación de falsos documentos o la inspiración del miedo, como en el caso de la propaganda nacional con la referencia al "terror rojo" que quedó perfectamente reflejada en el cine (Sánchez-Biosca 2012), la mentalidad gregaria, la redefinición de palabras o conceptos, los estereotipos, las imprecisiones generales cuando no la mentira, la simplificación exagerada, el eslogan, el insulto y la difamación del adversario, la explotación de tópicos y lugares comunes, la referencia a la autoridad y el prestigio, etc.

El lenguaje de la propaganda visual (imágenes más eslóganes superpuestos) puede ser mucho más directo que el basado únicamente en la palabra y tiene una capacidad de extensión y penetración en todas las capas de la sociedad mucho mayor y, por tanto, más efectiva (Freedberg 1992). Una simple imagen puede bastar para lanzar un mensaje contundente. Pero, claro, no siempre es fácil, sobre todo en el primer momento de desarrollo de una corriente o elemento de poder, porque no hay un imaginario colectivo común que permita establecer relaciones generadas desde el inconsciente. Por ello hay que buscar elementos rápidamente identificables, imágenes "simbólicas" (Gombrich 1983) que sirvan para propagar y consolidar un determinado tipo de mensaje, un mensaje en el que "el otro" será un elemento fundamental.

2.3. La imagen del "otro"

El problema de la barbarie, desde los romanos, que usaban imágenes de los bárbaros en sus monumentos triunfales, no se entiende como un problema de fronteras geográficas, sino como un problema cultural, tal y como pone de manifiesto Alessandro Baricco (2008). La concepción o el sentimiento de la alteridad en sentido negativo es algo común a muchos pueblos y está presente en todas las épocas (llevado al tema que nos ocupa, es la oposición entre republicanos y nacionales). Con mucha frecuencia, las civilizaciones o los grupos sociales se definen por el desconocimiento y desprecio del otro. Naturalmente, la cultura distinta, las ideas distintas, pueden entenderse como agresión frente a la propia, pero también como un acicate para imponer los patrones propios, lo que en época romana, por ejemplo, se tradujo en la conquista del otro, siempre justificada, eso sí, bajo la bandera de la paz y la civilización (Salcedo Garcés 1999). Los tópicos de la barbarie encarnados en la ferocidad, el caos, la discordia, la alienación, esto es, todo lo contrario a la civilización, se proyectan en el enemigo que debe ser rechazado o vencido. Así, ese tópico con gran carga moralizante se convirtió en uno de los pilares de la propaganda oficial romana defensora del imperialismo, que entre los gestos que representaba insistía en aquel que consiste en mostrar al vencedor pisando al vencido, precisamente un modelo iconográfico que ya encontramos en el mundo helenístico y que se conservará a lo largo de la historia: pisar al enemigo o los símbolos del enemigo, romperlos, destrozarlos, en señal de destrucción de su identidad.

La alteridad, pues, se puede interpretar como un "problema" que genera "conflicto". Nuestros propios pronombres personales del plural, "nosotros", "vosotros", mantienen una explícita referencia al enfrentamiento con los "otros" que resulta esencial a cualquier proclama de identidad. Es lo que llevó a pensar a los griegos que, frente a nosotros los civilizados, los humanos dotados de *lógos*, esto es, palabra y razón, los bárbaros eran seres incompletos. Fue la victoria sobre los persas en las Guerras Médicas (primera mitad del siglo v a.C.) lo que consolidó esa concepción de lo griego frente a lo bárbaro (García Gual 1999: 69-72). La consideración de la "otredad", de "los otros", está cargada de prejuicios en todas las culturas y lleva siempre a ver a los bárbaros como inferiores. Pero los bárbaros, en todo caso, resultan imprescindibles porque, en primer lugar, nos permiten definirnos como no bárbaros, es decir, identificarnos por contraste, por oposición, y, en segundo lugar, una vez sometidos y domesticados, los bárbaros pueden venir a convertirse en nuestros siervos y trabajar a nuestras órdenes. Como son inferiores, su servidumbre, en un ámbito civilizado, puede resultar incluso en su propio provecho y ser así un beneficio mutuo.

Una prueba de esta referencia directa a los "bárbaros" podemos verla en la revista falangista del SEU *Haz*, que comenzó a publicarse el 26 de marzo de 1935 con el subtítulo, que pronto perdería, *Semanario deportivo universitario*, aunque siempre dedicó parte de sus páginas a la información deportiva, con una clara evocación helénica. Pues bien, en el número del 14 de febrero de 1936 (p.5), hay una nota titulada "Los fascistas no pueden cooperar al posible triunfo de los bárbaros", al final de la campaña para las elecciones legislativas del 16 de febrero de 1936. La nota termina diciendo: "¡Que el grito 'Arriba España' ilumine sus cerebros en el momento de depositar las papeletas en las urnas!".

2.4. El uso del mito y la creación de nuevos mitos

Ya desde antiguo, pues, se recurrió al imaginario colectivo para la persuasión y la propaganda, y entre los principales recursos se encontraba el mito. Es un hecho que el mito tiene amplias posibilidades de ser utilizado como método de persuasión en la propaganda política por cuanto puede mantenerse al margen de valoraciones éticas y, por tanto, puede ser utilizado por diversos movimientos y doctrinas, incluso de signo diametralmente opuesto (Huici Módenes 1996). Los mitos utilizados en política no son tales, en el sentido antropológico del término, y, si lo son, sufren tal proceso de desnaturalización al formar parte de un mensaje en el que solo interesan como elementos de choque, en virtud de su posible impacto emocional, que puede resultar difícil reconocerlos como tales. Se intenta conseguir que el individuo "participe" del mito y que, más que conocerlo, lo viva más allá de toda consideración de tipo racional, de suerte que esa unidad grupal establecida por el mito se transforma en una verdadera comunión, lo que confiere una fuerte identidad de grupo. Desde este punto de vista es fácil de entender cómo se puede transformar cualquier sentimiento de apego al suelo patrio en un nacionalismo extremo. Se trata, simplemente, de estimular ciertas imágenes o mitos, algo que se puede conseguir por medio de la propaganda. Lo más importante para el tema que nos ocupa es el hecho de que el mito reposa en lo colectivo, es decir, no solo es generado por el grupo, sino que, además, este lo siente como una necesidad: sin su presencia, sin su ejercicio, la unidad del grupo peligra. Así, aquellos que cuestionen el mito, cuestionan el grupo, razón por la que Sócrates, por ejemplo, fue condenado a la cicuta, porque ponía en duda determinada concepción del poder al poner en cuestión el mito. Lo cierto es que todas las sociedades generan sus mitos, pero también utilizan los Mitos, en mayúscula, los clásicos grecolatinos, a modo de símbolos. Recordemos el ejemplo utilizado por Adrián Huici Módenes (1996). Napoleón comenzó a forjar su mito durante su vida, no solo por lo espectacular de sus éxitos en el campo de las armas, sino también debido a una campaña de autoglorificación a gran escala, solo comparable con la realizada por Julio César en Roma, lo cual lo convierte en uno de los grandes predecesores de la propaganda moderna. Así, se consiguió que los franceses mantuvieran en la memoria solamente los triunfos y el esplendor a los que llegó Francia con el emperador, olvidando que objetivamente la época de Napoleón fue una dictadura tan cruel como cualquier otra, o que, por ejemplo, en los últimos tiempos, los jóvenes se automutilaban para evitar el reclutamiento.

El hecho es que la mitología clásica está muy poco presente en el imaginario de la guerra, en ambos bandos, pero cobrará una fuerza tremenda una vez finalizada la contienda. Ambos bandos se servirán de esta manera simbólica de significar, aunque será el bando perdedor el que más lo haga, hasta el punto de que, por ejemplo, la presencia en el teatro de los mitos clásicos será síntoma de un mensaje progresista, comprometido (López Fonseca 2006).

Pero lo que ahora nos ocupa es otra forma de expresión propagandística, el cartel, que, más allá de utilizar motivos clásicos, va a contribuir fundamentalmente a la creación de un nuevo mito, el mito "nacional", a partir de los ideales de la España nacionalista, a saber, la unidad nacional encarnada por los Reyes Católicos (expulsión de los moros en la Reconquista, conquista del Nuevo Mundo en América), el Imperio representado por Felipe II y su monumento escurialense, los signos de Castilla identificada con España misma. Así, del águila de Isabel y Fernando llegará hasta nosotros el signo que, unido al yugo y las flechas, encarnará un presente que se sustenta en una serie de conceptos clave que surgen de un relato mítico: raza, fuerza étnica, España... Un discurso, pues, sobre la esencia patria siempre amenazada por sucesivos "otros", antes los moros, ahora los defensores del legítimo poder de la República. El mito del Estado (Cassirer 1968).

3. El cartel como método de propaganda

El mundo del cartel publicitario inicia su desarrollo en el siglo XIX y el cartel político propagandístico se consolidó en la Primera Guerra Mundial y en la Revolución Rusa y el régimen soviético. Tanto el fascismo italiano como el nacional socialismo alemán hicieron amplio uso del cartel y España no permaneció ajena a esa forma de propaganda estática de gran eficacia. Curiosamente, la estética de los carteles fue, en muchos casos, la misma para los dos bandos, de tal manera que cambiando la leyenda un cartel podría haber estado indistintamente en uno y otro lado.

Como apunta Facundo Tomás (2006), el cartelismo durante la Guerra Civil española fue uno de los más intensos momentos de manifestación masiva del arte, una expresión pública de ideas y sentimientos, posiblemente el mayor antes de la aparición de la televisión. Las proclamas exhibidas sobre los muros fueron expresión pública de ideas y sentimientos arraigados en la trama social. Los carteles de guerra fueron expresión icónica del combate colectivo, de sus razones y objetivos, constituyeron la manifestación de los ideales de justicia y libertad, pero también se erigieron en sistema de educación de la multitud, instrumentos eficaces para la tramitación de consignas a todos los rincones y, para cada militante individual, en elemento de identificación. Junto a esta existencia múltiple, igual centenares de veces repetida para ser contemplada por miles de receptores como parte de su vida cotidiana, este medio de masas se define por su vida relativamente efímera. Es, en definitiva, un anuncio, un aviso de inmediata actualidad destinado a ser sustituido por otro en un plazo nunca demasiado largo. Esa condición efímera del cartel contrasta con su utilización como medio de difusión de ideales y símbolos eternos.

La alegoría mitológica se puede convertir en encarnación de los valores e ideales nacionales, mientras que las referencias históricas (como en el caso del fascismo italiano y su identificación con el Imperio Romano) servirán de base para la reivindicación de la herencia de un glorioso pasado (García Morcillo 2008: 592). Así, las personificaciones femeninas revolucionarias, como la República, son herederas no solo del mito, sino de la antigua Roma. La Libertad y la República toman prestados atributos romanos como los *fasces* y el gorro frigio, el *pileus*, símbolo vinculado a la manumisión de los esclavos.

Desde la segunda mitad del siglo XIX, como señala Marta García Morcillo (2008: 594-595), el pasado, antiguo o imaginado, emerge como medio publicitario y de prestigio del progreso económico y material. Pero centrémonos en los antecedentes directos de la Guerra Civil española. Si en el caso de la Alemania nazi el retorno del neoclasicismo respondía a la creación de un ideal germano-helénico, inspirado en parte en el Romanticismo, en la Italia de Mussolini el clasicismo cultural y artístico se convertiría en una reivindicación directa y concreta del legado histórico de la Roma imperial. Se trata de transmitir una idea de continuidad entre César, Augusto y Mussolini (Cagnetta 1976, Perelli 1977, Stone 1999, Visser 1992). El legado romano se haría así visible a través del uso de sus estandartes militares y sus símbolos (el águila, la loba capitolina, el SPQR...), de marmóreas columnas y del *fascio*, emblema por excelencia del movimiento. Puede seguirse, pues, una línea interpretativa entre el clasicismo y el fascismo (Duplá 1999) y el uso de sus imágenes como forma de persuasión. Elevado por Virgilio a la categoría de símbolo de las instituciones republicanas y de la autoridad de sus magistrados frente a la tiranía monárquica, los *fasces* habían servido con anterioridad como atributo de las alegorías vinculadas a la Revolución Francesa y llegado incluso al escudo de la república. Según el ideario fascista, los *fasces* simbolizarán la fuerza colectiva frente al poder individual.

Al observar la propaganda visual tanto del bando nacional como del republicano llama la atención, como se ha señalado al principio, la llamativa ausencia de motivos clásicos por parte del primero (solamente una Atenea portadora de yugo, flechas y nudo gordiano), que sí aparecen, aunque esporádicamente, en el bando republicano (como la imagen de Nike, la victoria, muy utilizada por los cartelistas republicanos). La excepción estará representada por el partido de la Falange, fundado en 1933 a imagen y semejanza de los fascistas italianos (Duplá 2003). El perfil claramente católico del franquismo, la exaltación de su líder como figura central del movimiento y de su imaginario, así como el escaso peso de la Antigüedad grecorromana en la construcción del nacionalismo español histórico, pueden explicar la ausencia de motivos y alegorías clásicas en la propaganda gráfica del bando nacional (Llorente 1995).

Durante la Segunda República española (1931 hasta el fin de la guerra) el cartelismo español experimentó una acelerada transformación coincidiendo con los distintos procesos electorales. Si durante los años 20 los grandes cartelistas españoles se habían dedicado a trabajar con éxito en la publicidad comercial, a partir de entonces, llevados también ellos por sus posiciones ideológicas, se dedicarán al cartel de tipo político. Así, a partir de julio de 1936, el cartelismo español vivió su gran momento, su particular edad de oro, en un entorno de violencia y destrucción. Uno y otro bando fueron enseguida conscientes de la importancia que la propaganda tenía en un conflicto basado en las ideas. La ayuda internacional a ambos bandos, de Alemania e Italia al bando nacional y de la URSS al republicano, no solo consistió en armamento, ayudas económicas y tácticas militares, sino que también fue fundamental el asesoramiento en cuestiones relacionadas con la publicidad y la propaganda de guerra. En palabras de Josep Renau, uno de los más destacados cartelistas republicanos junto con Manuel Monleón, un cartel debía ser "un grito pegado en la pared". Un grito movilizador, capaz de modelar conciencias y voluntades. Su componente artístico, por tanto, debía estar subordinado a su principal función: ser herramienta, una más, para conseguir la victoria en la guerra.

A diferencia del bando republicano, cuando el bando nacional se empieza a consolidar territorialmente dispone de menos medios e instrumentos para difundir su propaganda, como recuerda Alejandro Pizarroso (2005). Las grandes ciudades habían permanecido fieles a la República y, con ellas, los periódicos, las emisoras más importantes, los estudios y el material de cine. Esas carencias iban a ser poco a poco subsanadas gracias a la ayuda de Alemania e Italia. Recordemos que en el bando nacional confluyeron inicialmente fuerzas políticas y sociales muy distintas: católicos de todo tipo, carlistas, falangistas, conservadores procedentes de la CEDA, monárquicos, etc. Todo ello amalgamado en torno a instituciones como la Iglesia y el Ejército y apoyado por fuerzas económicas tradicionales. Desde el punto de vista de la propaganda esta situación podía haber ocasionado tantas dificultades como las que hubo en el bando republicano, pero desde muy pronto el esfuerzo propagandístico fue único, de forma que se puede hablar de una propaganda casi monolítica en lo que a los símbolos se refiere, cuyo modelo está en la Italia de Mussolini y en la Alemania de Hitler, pero sin el carisma de sus líderes y con un fuerte tinte clerical. Entre los cartelistas que trabajaron para el bando franquista hay que destacar a Valverde, Caballero, el boliviano Reque Merubia y, sobre todo, Carlos

Sáenz de Tejada y de Lezama, que había sido dibujante para el diario *La Libertad*, colaborador de *Blanco y Negro*, *ABC*, *La Esfera*, etc.

4. La instrumentalización de la historia antigua: el clasicismo como alimento del fascismo

El general Franco, en un discurso ante el Congreso de Cooperación Intelectual en el Palacio del Senado, el 12 de octubre de 1950, decía lo siguiente: "Atenas nos legó las ideas y la medida, Roma la unidad y el Derecho; el Cristianismo, la religión y la vida. Como el alma humana, la de Europa encierra también tres potencias inmutables: ideas de Grecia, voluntad de Roma, vida cristiana".

Aquí tenemos presente el mundo clásico en su conjunto en el "ideario" nacional (Duplá 1992 y 2001). Lo cierto es que estaban próximas al régimen personalidades directamente relacionadas con la Antigüedad clásica como Pascual Galindo (1892-1990), falangista, catedrático de Filología Latina en Santiago de Compostela, Zaragoza y Madrid, editor de las *Res Gestae divi Augusti*, dedicadas a Franco, y organizador del Bimilenario de Augusto en Zaragoza (1940); o Antonio Tovar (1911-1985), joven becario en Berlín en el momento del levantamiento militar y luego catedrático de Latín en Salamanca, autor de *El Imperio de España*, panfleto representativo de la interpretación falangista de la historia de España. Cerca del dictador, pues, había personalidades que conocían bien el mundo clásico y que ayudaron a la creación del mito nacional español, de la idea de imperio civilizador y del nacional-catolicismo. Así, el mito nacional español tiene como elemento central la insistencia en la dimensión unitaria de la historia de España y en la existencia de una personalidad propia española, individual y colectiva, desde el comienzo de la historia. Los españoles presentarían unas características innatas, inmutables y naturales, el conocido como "espíritu nacional español", en cuya formación se insistía con una asignatura en las escuelas del régimen. Esto le hace, por su espíritu indómito, luchar contra todo invasor, como ya hiciera Roma contra Cartago, etc. Tovar, en esta línea, aseguraba que, antes de la presencia de Roma, España estaba sumida en la desorganización, la pluralidad de razas y lenguas y no había ni sombra de idea nacional. Otra idea es la de Imperio, Roma y España, concepto que también aparecerá en los carteles. Roma se presenta como modelo de imperialismo civilizador, especialmente en el caso de determinados emperadores, como Augusto, pero sobre todo el "español Trajano" (esta idea ya se había consolidado en Italia con la idea de una nueva Roma liderada por Mussolini); y España será la presunta regeneradora del Impero Romano, porque existe una particular vocación imperial española, como defendía Antonio Tovar, según el cual el pueblo español ha sentido durante toda su historia –la historia comienza cuando un pueblo gana conciencia de sí– la vocación y el ansia de imperio (Pina Polo 2009). Es así que la grandeza imperial y civilizadora de Roma se verá realzada por España, que se convertirá en el paladín de la nueva civilización latina y cristiana. La Guerra Civil, la cruzada, se presenta como el último acto de defensa de la verdadera civilización, antes liderada por Roma, entonces por Italia y España, frente a la barbarie, encarnada ahora por la República.

Como vemos, el clasicismo es uno de los componentes fundamentales de la ideología fascista, especialmente en el caso italiano y, en no pequeña medida, en el español (Canfora 1980, Prill 1998). El culto a la romanidad en España no llegó a los límites de Italia, pero lo encontramos en diferentes casos, siempre ligados a la Falange. Los tópicos político-ideológicos e historiográficos, que culminaron por ejemplo con la celebración del Bimilenario de Augusto en Zaragoza en 1940, son los siguientes (Duplá 1999: 353):

- La hermandad italoespañola, cimentada en su común herencia histórica de la latinidad y en la paralela misión contemporánea de la defensa de la verdadera civilización.
- La grandeza imperial y civilizadora de Roma.
- El papel privilegiado de Roma en la historia, en última instancia como preparación de la predicación cristiana.
- La regeneración hispana del Imperio Romano, gracias a figuras como los Balbo, Séneca, Marcial, Quintiliano, Trajano o, más tarde, Teodosio y Prudencio.

• El particular genio español que, impulsado desde el romanismo, se impone después a todo el mundo por su vocación imperial.

• La unidad nacional de España, conseguida por primera vez con Roma y Augusto.

• La defensa permanente de la civilización, ayer Roma, hoy Italia y España, el fascio y el catolicismo, frente a distintas barbaries (germanos, árabes, rojos).

5. La simbología fascista

Vamos a centrarnos en la simbología del bando nacional, partiendo de la premisa de que en realidad la iconografía no es otra cosa que "escritura en imágenes", como el sentido etimológico del término pone de manifiesto. En términos generales, la cartelística del bando nacional refleja la exaltación de valores patrióticos y religiosos, encarnados evidentemente en la Iglesia católica, así como el apoyo al régimen fascista, a sus lemas y símbolos (Andrés Sanz 2006, Cirici 1977). Los carteles participan de una estética militarista, con símbolos como banderas, uniformes, insignias propias de los falangistas, y dan un especial valor a la fuerza física, lo que se refleja en una presencia mayoritaria de figuras masculinas, mientras la mujer queda relegada a un segundo plano. Frente a esto, el bando republicano refleja valores como solidaridad, igualdad, resistencia al franquismo, cooperación entre hombres y mujeres, educación, higiene. Hombres y mujeres son partícipes en la consecución de la victoria, aunque la mujer quede mayoritariamente en la retaguardia.

5.1. Un poco de historia: los Reyes Católicos y sus divisas

Para entender la penetración en el ideario de determinados símbolos hemos de hacer un poco de historia y hablar de los Reyes Católicos, como puente entre el mundo clásico y la simbología nacional, y de sus emblemas, que han sido estudiados por Juan Gil (1985 y 1997), Sagrario López Poza (2012) y Faustino Menéndez Pidal de Navascués (2005), entre otros. El más abominable símbolo del franquismo fue sin duda el yugo y las flechas, por omnipresente y porque para muchos republicanos el emblema que portaban los falangistas fue lo último que vieron en la vida. En todo caso, me atrevería a afirmar que los fascistas ignoraban el auténtico sentido del emblema de los Reyes Católicos, que no era en principio solo signo de unidad o disciplina, sino también una divisa galante, un símbolo amatorio. En el siglo XV la cultura humanista había alcanzado un alto grado de sofisticación que tocó también al ámbito político. Los soberanos recurrían a los sabios humanistas para diseñar su figura pública. Isabel y Fernando, príncipes de Castilla y Aragón, pretendían la corona castellana y para evitar una guerra se casaron, en la idea de que sucederían conjuntamente a Enrique IV, hermano de Isabel, como reyes de Castilla. Sin embargo, al morir Enrique IV en diciembre de 1474, Isabel dio un golpe de Estado y se proclamó reina propietaria. A punto estuvo de estallar la guerra, aunque finalmente se evitó gracias a las capitulaciones de la Concordia de Segovia, momento en el que se incorporan al águila de Isabel la divisa del yugo, el haz de flechas y el nudo gordiano cortado, junto con el ramo de granadas (símbolo del éxito militar en la toma de Granada) y el lema "Tanto monta", símbolos que se mantuvieron en el escudo franquista. Era preciso reparar la imagen de los nuevos reyes, presentarlos como enamorados en armonía.

Fernando tenía ya su propia divisa: el nudo gordiano cortado y el lema "Tanto monta". Pero, ¿quién era Gordias y qué era su nudo? El historiador latino Quinto Curcio (3.1.14 ss.), del siglo I, en su *Historia de Alejandro Magno de Macedonia*, cuenta así la historia:

> Alejandro, tras someter la ciudad [de Gordio] a su dominio, entra en el templo de Júpiter. Contempla allí el carro en que constaba que había montado Gordias, el padre de Midas, de aspecto no dispar a los más groseros y ordinarios. Lo digno de atención era su yugo, sujeto con muchos nudos trenzados entre sí sin dejar ver la lazada. Al afirmarle los habitantes que el oráculo había dicho en una profecía que se apoderaría de Asia el que desatase aquel nudo inextricable, a Alejandro le entraron ganas de cumplir el agüero. En torno al rey se apiñaba una muchedumbre de frigios y de macedo-

> nios, los primeros llenos de expectación, los segundos recelosos por la temeraria confianza del rey; en efecto, la trama de las ataduras estaba tan prieta, que nadie se podía percatar de dónde empezaba o dónde terminaba el lazo, y el hecho de que Alejandro tratara de desatarlas los llenaba de preocupación, no fuera que se convirtiera en triste presagio la tentativa frustrada. El monarca, habiendo porfiado largo tiempo con los nudos escondidos, dijo: "No importa cómo se desaten", y rompiendo todas las cuerdas con la espada eludió o cumplió el dicho del oráculo.

También Plutarco, en la *Vida de Alejandro*, refiere este episodio. El caso es que el rey Fernando quiso traer entre sus empresas este yugo y las coyundas con el lema "Tanto monta", como si dijera "tanto da cortar como desatar".

A pesar de que parte de la tradición quiere que fuese Antonio de Nebrija, uno de las más grandes humanistas españoles, quien trazó el programa (González Iglesias 1994), parece, como apunta el profesor Juan Gil (1985), que la motivación del rey Fernando no tiene nada que ver con intricados conceptos éticos y políticos, sino que en realidad su intención con el lema "Tanto monta" era mostrar su emulación con Alejandro Magno, capaz de cumplir una profecía de manera insólita. Es posible que Fernando se viera impelido a crear una empresa personal sólida cuando fue honrado con el nombramiento de caballero del Toisón de Oro (que ya habían ostentado su padre, el rey don Juan II de Aragón, y su tío, Alfonso V) en 1473, cuando tenía 21 años. Para estas ocasiones era costumbre que el caballero tuviera una empresa que lo representara. El señorío de Asia, el que Alejandro consiguió desatando el nudo, llevaba aparejado el cumplimiento de uno de los más viejos anhelos de la Cristiandad occidental: la reconquista de la Tierra Santa y la toma de Jerusalén. Esta era una quimera que siempre había fascinado a todos los gobernantes europeos y que en tiempos de los Reyes Católicos desbocaba la imaginación de unos y otros. Así se justificaría la atención de Fernando hacia Alejandro, su precursor en la conquista de la India (se sabe que la *Historia* de Quinto Curcio circulaba por Aragón desde que en 1481 apareciese en Barcelona la traducción de Luis de

Fenollet, realizada sobre la versión italianizada de Pier Candido Decembrio).

Por su parte, Isabel también contaba con una divisa personal, el águila del Tetramorfo (los cuatro símbolos de los evangelistas), porque había sido proclamada reina el día de San Juan Evangelista, por quien sentía gran devoción. Parece claro que el águila de San Juan ya era divisa de la reina cuando aún era princesa de Asturias. Luego se le sumó el mote *Sub umbra alarum tuarum protege nos*, que puede estar inspirado en el salmo 16.8 de la Biblia, y también en el salmo 124, donde se dice que los justos viven seguros a la sombra de la divina providencia y que los malos perecerán. Es así que una divisa de inspiración evangélica se convertiría en el símbolo de la bandera franquista.

Volvamos al siglo XV y a la necesidad política de que el matrimonio real fuese testimonio de concordia. Fernando adopta como divisa personal el yugo porque empieza por la misma letra que "Ysabel" y lo superpone al nudo gordiano y al "Tanto monta", mientras que ella adopta las flechas, un haz, por la F del nombre de su esposo. El manojo de flechas de Isabel se considera símbolo de la unión de los reinos españoles. Parece que en un principio eran 11 flechas y se ha sugerido que fuese el número de letras del nombre de Fernando en latín, Ferdinandus, aunque parece muy difícil de justificar. Hay conjeturas sobre que tienen que ser 10 y que representan los reinos de Isabel, pero lo cierto es que el número de flechas representado es muy variable y podríamos pensar que lo único que importa es que haya varias flechas enlazadas, sin importar el número. Los reyes llenaron sus reinos con estos símbolos de amor conyugal convirtiendo el yugo y las flechas en el símbolo de España. El poeta y militante falangista Rafael Sánchez Mazas evocó, en el único número que publicó la revista *El Fascio*, de 16 de marzo de 1933, las motivaciones para la adopción por parte de la Falange Española de algunos elementos de la divisa de los Reyes Católicos, llegando a atribuir su origen a varias obras del poeta romano Virgilio: el simbolismo de las flechas como expresión de la guerra evocada en la *Eneida*, y el yugo para las labores agrarias basadas en las *Geórgicas* (Maldonado 1939).

Recordemos que para cualquier persona culta del siglo xv que conociera bien la *Eneida*, el verso 853 del libro sexto, *parcere subiectis et debellare superbos*, "ser benévolo con los sometidos y aplastar a los soberbios" (política que se asociaba especialmente a Augusto), era una manifestación de buena intención, de magnanimidad real para los que, de grado, se sometieran. Es un mensaje contundente, pero a la vez una promesa de clemencia para los no obstinados. El yugo puede ser suave (para los sumisos) o riguroso (para los rebeldes).

En resumen, la divisa conjunta de los Reyes Católicos era un haz de flechas, divisa de Isabel, y un yugo con las coyundas enlazadas por un complejo nudo con el lema "Tanto monta", que era la empresa de Fernando, unido todo al águila de Isabel.

5.2. Valor simbólico y origen de cada elemento

En este breve recorrido, han ido apareciendo los distintos símbolos (flechas, yugo, nudos y águila) que caracterizan *ab antiquo* a España y de los que los nacionales se apoderaron, símbolos a los que habrá que sumar, ahora por influjo del fascismo italiano, los *fasces* y el concepto de haz que también se aplicará a las flechas. Todo ello sin saber, posiblemente, que en realidad se trata de elementos pertenecientes al mundo clásico. Detengámonos en el valor simbólico de cada elemento (Biedermann 1993, Cirlot 2003).

5.2.1. De los fasces *al haz de flechas*

Las flechas se relacionan con los rayos solares y con la caza, y eran el arma de divinidades como Apolo y Diana. La leyenda de que una sola flecha se doblega fácilmente mientras que un haz mantiene su cohesión simboliza, no solo en Occidente, sino también en China, que la unión hace la fuerza. En términos generales, la flecha guarda relación con conceptos simbólicos tales como impulso, rapidez, amenaza y perseverancia en la consecución de un fin.

Por su parte, los *fasces* o haces del *lictor* en la antigua Roma eran símbolo de autoridad de origen etrusco. En medio del haz de varas se hallaba un hacha. El fascismo italiano deriva su nombre en última instancia de este término y las varas atadas en un haz simbolizan el poder concentrado del orden establecido mientras que la hoja del hacha simboliza la autoridad absoluta. Desde un punto de vista positivo es símbolo de unificación, de integración y de fuerza. Para los responsables del ideario falangista, como José Antonio Primo de Rivera, Juan Aparicio, Ernesto Giménez Caballero, Ramiro Ledesma, Orbegozo, que dejaron sus reflexiones en la revista *Fascio* (16 de marzo de 1933, único número publicado), el emblema elegido se aproximaba al del fascismo italiano, inspirado a su vez en el símbolo del *lictor* romano, mediante la asociación polisémica en español del término "haz", también del latín *fasces*, que se entiende como haz de flechas o de trigo. Sánchez Mazas volvía a recordar la intencionalidad simbólica asociando el haz de flechas a un vocablo propio del campesinado que incluso inspiró un cuento tradicional: el del padre que al morir manda a su hijo mayor partir un haz, cosa imposible, mientras que el hijo pequeño lo consigue fácilmente quebrando las espigas de una en una. La moraleja es que permaneciendo unidos como el haz serán invencibles. Los *fasces* originales eran la unión de 30 varas (una por cada curia de la antigua Roma), atadas de una manera ritual con una cinta de cuero rojo formando un cilindro que sujeta un hacha. Desde los comienzos de la república romana, los *fasces* eran transportados al hombro por un número variable de *lictores*, que acompañaban a los magistrados curules como símbolo de la autoridad de su *imperium* y su capacidad para ejercer la justicia. La pervivencia del símbolo ha sido tremenda, como puede verse, por ejemplo, en los escudos de la Guardia Civil, el Congreso de EE UU, monedas, o el escudo de Ecuador, y no siempre con el sentido dado por los fascistas.

Pero, ¿cómo se ha transmitido? El apólogo de las varas aparece ya en una fábula atribuida a Esopo (*ca.* siglo vi a.C.). En ella se relata cómo los hijos de un labriego estaban peleados y este, al ver que ni después de lanzarles muchos sermones podía convencerlos con palabras de que cambiaran de actitud, decidió que era preciso pasar a los hechos y les ordenó traer un haz de leña. Cumplida su orden, les dio primero las varas juntas y les ordenó romperlas. Y como no pudieran hacerlo a pesar de haber empleado toda su fuerza, a continuación desató el haz y les entregó las varas de una en una. Y una vez que las rompieron con facilidad les dijo: "Vosotros, hijos míos, si estáis de acuerdo seréis invencibles para los enemigos, pero si os enzarzáis en discordias os convertiréis en presa fácil". La Antigüedad conoció otras variedades de este apólogo. Plutarco (siglo I-II), en la *Vida de Sertorio*, cuenta cómo convenció a los lusitanos para que lucharan por separado contra los romanos de la siguiente manera: puso ante su vista dos caballos, uno lozano y vigoroso, otro debilísimo y en los huesos. Entonces ordenó a un mozo en la flor de sus fuerzas que arrancase de cuajo la cola del caballo viejo y a un anciano decrépito que quitara una por una las cedas del corcel vigoroso; las manos del joven tuvieron que rendirse ante un esfuerzo inútil, mientras que el anciano poco a poco consiguió su objetivo. Moraleja: había que atacar al ejército romano no en conjunto, sino por separado. Y lo mismo cuentan Valerio Máximo (siglo I a.C.-I d.C.) en sus *Hechos y dichos memorables*; Plinio (siglo I) en sus *Cartas* y Frontino (siglos I-II) en sus *Estratagemas*, entre otros.

El origen parece estar en los nómadas, cuya vida dependía básicamente de dos cosas: el caballo y el arco (Gil 1997: 391-393). En la *Historia secreta de los mongoles*, texto desconocido hasta el siglo pasado, aparece un texto muy similar a los que hemos visto. En este caso no es un hombre, sino una heroína, Alan Qoa, antepasada mítica de Chinguis Kan, la que reprende a sus cinco díscolos hijos con tono conciliador tras sentarlos a la hora de la cena:

> Les dio a cada uno un solo ástil de flecha, instándoles a romperlo. Y cada uno de ellos, tomando un solo ástil de flecha, lo rompió y lo tiró al suelo. Entonces ella lió juntos cinco ástiles de flechas y se los entregó diciendo: "Rompedlos". Pero los cinco, habiéndose pasado sucesivamente las cinco flechas atadas, fueron incapaces uno tras otro de romperlas. Entonces dijo Alan Qoa: "Vosotros cinco, hijos míos, habéis nacido de un mismo vientre. Como los cinco ástiles de flecha de hace un momento, si estáis cada uno solo, será fácil para cualquiera romperos como cada uno de estos ástiles por separado; si permanecéis juntos y de común acuerdo, como estos ástiles de flecha atados, ¿a quién le será fácil destruiros?".

Este número cinco es recurrente en las tradiciones de los pueblos de la estepa. Según cuenta Heródoto (4.131-4.132) los escitas enviaron a Darío un pájaro, un ratón, una rana y cinco saetas, en señal, según se dijo, de que ni aunque los soldados persas volaran, se metieran bajo tierra o se sumergieran en el agua podrían escapar del alcance de sus arcos.

Los Reyes Católicos con las flechas atadas en un haz quisieron simbolizar, en efecto, la fortaleza de la unidad, esa unidad que tantas veces había puesto a prueba la *inhumanitas Gothica*. El nuevo y pujante nacionalismo pretendía que el reino no se dividiera nunca más, que no se volvieran a repetir esas reparticiones que habían hecho a su antojo las voluntades de los monarcas. Se expresaba, en suma, un viejísimo anhelo que suponía la restauración de la prístina unidad peninsular.

Y cinco flechas eligieron los falangistas para su emblema, calcado sobre la divisa de la reina Católica ("traerán prendidas cinco rosas las flechas de mi haz", auguraba el "Cara al sol" en la nueva primavera fascista), en un símbolo que se convirtió en omnipresente. Lo cierto es que el número cinco, referido a la historia de la Hispania medieval, tiene muy hondo significado, que desconocemos si llegaron a captar los ideólogos de Falange. De cinco reinos se empezó a hablar en el siglo XII al afianzarse la monarquía de Alfonso Enríquez. El número se hizo canónico y la cifra se convirtió en un tópico literario cuando se quiso cantar las excelencias del héroe castellano por antonomasia, el Cid, como se ve en el célebre romance: "De Rodrigo de Vivar / muy grande fama corría: / cinco reyes ha vencido / moros de la morería".

El emblema venía a corresponder, *mutatis mutandis*, con el distintivo de los *fasces*. Sin embargo, con el haz de flechas, que acompaña a cualquier mensaje del bando nacional y a cualquiera del bando republicano que quisiera referirse simbólicamente a los nacionales, se visualizaba un nuevo símbolo de poder, que se unía indisolublemente al imperio prometido por el deshecho nudo gordiano; imperio joven y vigoroso que no se identificaba ya con el romano, envejecido y caduco, sino con el avizorado en la Edad Media a partir de Alfonso III; imperio que nacía pujante de la unión de todos los reinos peninsulares.

5.2.2. El yugo y el nudo cortado

El yugo, que como el haz es símbolo de unión y disciplina, por su conexión con el buey es también símbolo de sacrificio. El sentido positivo hace referencia a la buena disposición de ánimo, a renunciar a algo con espíritu de servicio y sin egoísmo para dedicarse a un fin que requiere una gran abnegación. En el sentido negativo designa la carga abrumadora de una servidumbre que hace a la persona igual al buey. De entre los nudos, el más famoso es el gordiano, que se encontraba en el templo de Zeus (Júpiter para los romanos) de la capital frigia de Gordio y en el carro del legendario rey Gordias, que da nombre a la ciudad, y unía la lanza con el yugo de los animales de tiro mediante una correa entrelazada. Pudo haberse tratado de una unión simbólica del eje del mundo con la tierra o el firmamento del cielo. La tradición prometía el dominio del mundo a quien deshiciese aquel nudo. Según la leyenda, como ya se ha dicho, en el invierno de 334-333 a.C., Alejandro cortó el nudo con su espada, de suerte que "cortar el nudo gordiano" significa que alguien encuentra una inesperada solución de autoridad para un difícil problema.

5.2.3. El águila

El águila es un símbolo de altura, el espíritu identificado con el Sol. La letra A del sistema jeroglífico egipcio, por ejemplo, se representa por medio de la figura del águila, significando el calor vital, el origen, el día. En Roma se convirtió en el símbolo emblemático de las legiones y del poder del Imperio, valor con el que se ha mantenido en la tradición occidental. Está presente en multitud de escudos sin ninguna connotación fascista, y combinado incluso con flechas y con el recuerdo de los *fasces*.

5.2.4. Otros símbolos: el víctor y el saludo brazo en alto

El símbolo del víctor se acuña en el Imperio Romano a partir del crismón (monograma de Cristo, con las dos primeras letras de su nombre el griego: la *chi*, X, y la *rho*, P; *Christós*, "el ungido"). A partir del Edicto de Milán del año 313, el símbolo aparecía en monedas y estandartes y con el tiempo pasó a los escudos de los legionarios romanos. Según la leyenda (*Vida de Constantino*, de Eusebio de Cesarea, siglos III-IV), al emperador Constantino se le apareció en sueños, la noche anterior a la batalla de Puente Milvio contra Majencio, el crismón junto a las palabras *in hoc signo vinces* ("con este signo vencerás"). Al día siguiente sustituyó el águila imperial por el símbolo y ganó la batalla. Poco a poco fue transformándose en los escudos romanos hasta adoptar una forma diferente y convertirse en otro símbolo, el víctor, escudo de la victoria, que por su connotación fue elegido para el desfile de la victoria celebrado en Madrid el 18 de julio de 1939 y, a partir de entonces, durante toda la dictadura, como emblema de Franco.

Otro elemento que merece un comentario es el saludo fascista brazo en alto, que tiene también su origen en Roma (si no en el pueblo etrusco) como saludo o gesto de paz. Cuando los generales victoriosos hacían su entrada en Roma (en época republicana e imperial) alzaban el brazo derecho mostrando la palma de la mano abierta y hacia abajo en señal de no llevar empuñada la espada. Ese es el motivo originario del saludo. El hecho de enseñar la palma de la mano abierta como gesto de paz no fue exclusivamente romano, pues muchos pueblos primitivos realizaban ese gesto o saludo para mostrar sus intenciones pacíficas (se da incluso en África). Con la caída del Imperio Romano, este gesto quedó en desuso hasta que en las postrimerías del siglo XVIII, el de la Ilustración, volvió a ser recuperado por los revolucionarios franceses, como puede verse en las pinturas de Jacques-Louis David (*Juramento del juego de pelota*, de 1792; *Juramento de los Horacios*, de 1784, episodio romano; o en *La distribución de las águilas*, de 1810, en pleno régimen de Napoleón). Los cuadros inspiraron ilustraciones a lo largo del siglo XIX por toda Europa con el saludo romano como elemento solemne, aunque como señal de juramento antes que como saludo propiamente dicho. Con este sentido el reverendo estadounidense Francis Bellamy logró que en 1892 se estableciera formalmente este tipo de saludo en el acto de juramento de lealtad a la bandera. Fue en 1919 cuando el saludo tomó tintes políticos a través de un grupo armado de millares de italianos, dirigidos por el poeta fascista Grabiele D'Annunzio, que tomó por asalto la ciudad de Fiume (actual Rijeka, en Croacia) y estableció allí un gobierno ultranacionalista que reclamaba la anexión de Fiume a Italia y utilizaba el "saludo romano" para identificarse. Semejante acción sirvió de inspiración a Benito Mussolini, que lo adoptó como distintivo de sus seguidores. El gesto mismo servía para la propaganda fascista a efectos de asociar el régimen mussoliniano con la recuperación de las tradiciones del viejo imperio. Después de 1922, Mussolini y su Partido Nacional Fascista exigieron que el "saludo romano" fuese utilizado obligatoriamente por sus seguidores, y luego por toda la población italiana en señal de adhesión al régimen. Así se convirtió en modelo del saludo nazi y franquista. La similitud del saludo fascista con el "saludo Bellamy" motivó que el gobierno de EE UU lo prohibiese desde el año 1942.

6. A modo de epílogo

El ideario de los Reyes Católicos, quizás a través de los humanistas, se plegó a las exigencias del mundo clásico, en un contexto y sentido bien diferente, es cierto, pero solo comprensible sobre el trasfondo grecolatino. Y desde ese punto de partida acabó pasando a la simbología nacional, previo filtro en parte del fascismo italiano, cambiando parcialmente su significado primigenio y convirtiéndose en la "imagen" de los vencedores. Puede que todo ello sin que hubiera plena conciencia de que para esos símbolos se estaba recurriendo, en última instancia, a la Antigüedad clásica. Una vez más se demuestra que el legado de la Antigüedad actúa hasta tal punto como motor de nuestra propia historia que ningún viaje que emprendamos en busca de sus huellas nos dejará sin recompensa. Hemos hecho ese viaje y aquí dejamos constancia.

Bibliografía citada

Andrés Sanz, Jesús de, *Los símbolos y la memoria del franquismo*, Madrid, Fundación Alternativas, 2006.

—*Carteles de la Guerra Civil española*, Madrid, Susaeta Ediciones, 2012.

BARICCO, Alessandro, *Los bárbaros. Ensayo sobre la mutación*, Barcelona, Anagrama, 2008.

BIEDERMANN, Hans, *Diccionario de símbolos*, Barcelona/Buenos Aires/México, Paidós, 1993.

CAGNETTA, Mariella, "Il mito di Augusto e la rivoluzione fascista", *Quaderni di Storia* 2/3, 1976, pp. 139-181.

CANFORA, Luciano, *Ideologie del classicismo*, Torino, Einaudi, 1980.

CARULLA, Jordi y CARULLA, Arnau, *La Guerra Civil en 2000 carteles*, Barcelona, Postermil, 1996.

CASSIRER, Ernst, *El mito del Estado*, México, Fondo de Cultura Económica, 1968.

CIRICI, Alexandre, *La estética del franquismo*, Barcelona, Gustavo Gili, 1977.

CIRLOT, Juan Eduardo, *Diccionario de símbolos*, 7ª edición, Madrid, Siruela, 2003.

CLAUSEWITZ, Karl von, *De la guerra*, Madrid, La Esfera de los Libros, 2005.

DUPLÁ, Antonio, "Notas sobre fascismo y mundo antiguo en España", *Rivista di Storia della Storiografia Moderna* 13/3, 1992, pp. 199-213.

—"Clasicismo y fascismo: líneas de interpretación", en Mª Consuelo Álvarez Morán y Rosa Mª Iglesias Montiel (coords.), *Contemporaneidad de los clásicos en el umbral del tercer milenio. Actas del congreso internacional de los clásicos. La tradición grecolatina ante el siglo XXI (La Habana, 1 a 5 de diciembre de 1998)*, Murcia, EDITUM, 1999, pp. 351-359.

—"El franquismo y el mundo antiguo. Una revisión historiográfica", en Carlos Forcadell e Ignacio Peiró (coords.), *Lecturas de la Historia. Nueve reflexiones sobre la historia de la historiografía*, Zaragoza, Institución Fernando el Católico, 2001, pp. 167-190.

—"Falange e Historia Antigua", en Fernando Wulff y Manuel Álvarez Martí-Aguilar (eds.), *Antigüedad y Franquismo (1936-1975)*, Málaga, Diputación de Málaga, 2003, pp. 75-94.

FREEDBERG, David, *El poder de las imágenes. Estudios sobre la historia y la teoría de la respuesta*, Madrid, Cátedra, 1992.

FUNDACIÓN PABLO IGLESIAS, *Carteles de la Guerra 1936-1939*, Barcelona, Fundación Pablo Iglesias, 2004.

GARCÍA GUAL, Carlos, "Identidad y mitología. Apuntes sobre el ejemplo griego para una reflexión", *Identidad humana y fin de milenio. THÉMATA*, 23, 1999, pp. 69-80.

GARCÍA MORCILLO, Marta, "La Antigüedad clásica en el cartel político contemporáneo: de la Europa decimonónica a la Guerra Civil española", en Mª Josefa Castillo Pascual (coord.), *Congreso Internacional "Imagines". La Antigüedad en las Artes escénicas y visuales. International Conference "Imagines". The reception of Antiquity in performing and visual Arts*, Logroño, Universidad de La Rioja, 2008, pp. 591-614.

GIL, Juan, "Alejandro, el nudo gordiano y Fernando el Católico", *Habis*, 16, 1985, pp. 229-242.

—"Los emblemas de los Reyes Católicos", en José Mª Maestre Maestre, Joaquín Pascual Barea y Luis Charlo Brea (eds.), *Humanismo y pervivencia del Mundo Clásico. Homenaje al Profesor Luis Gil*, Alcañiz/Cádiz, Ayuntamiento de Alcañiz/Universidad de Cádiz, 1997, pp. 385-398.

GOMBRICH, Ernst, *Imágenes simbólicas*, Madrid, Alianza Editorial, 1983.

GONZÁLEZ IGLESIAS, Juan Antonio, "El humanista y los príncipes: Antonio de Nebrija, inventor de las empresas heráldicas de los Reyes Católicos", en Carmen Codoñer Merino y Juan Antonio González Iglesias (coords.), *Antonio de Nebrija, Edad Media y Renacimiento*, Salamanca, Universidad de Salamanca, 1994, pp. 59-76

HUICI MÓDENES, Adrián, *Estrategias de persuasión. Mito y propaganda política*, Sevilla, Alfar, 1996.

LLORENTE, Ángel, *Arte e ideología del franquismo (1936-1951)*, Madrid, Antonio Machado, 1995.

LÓPEZ FONSECA, Antonio, "Rumor de clásicos: el grito de algunos autores 'invisibles' del teatro español del siglo XX", *Cuadernos de Filología Clásica (Estudios Latinos)* 26/1, 2006, pp. 181-198.

—"Recreaciones clásicas como vehículo de expresión ante la amarga realidad. *Orestiada 39* y *La utopía de Albana* de A. Martínez Ballesteros", en Aurora López y Andrés Pociña (eds.), *En recuerdo de Beatriz Rabaza. Comedias, tragedias y leyendas grecorromanas en el teatro del siglo* XX, Granada, Universidad de Granada, 2009, pp. 327-343.

—"Guerra civil, 'teatro de urgencia' y mitología con fines políticos. A propósito de la *Antígona* de Salvador Espriu", en Luis Miguel Pino y Germán Santana (eds.), Καλὸς καὶ ἀγαθὸς ἀνήρ· διδασκάλου παράδειγμα. *Homenaje al profesor Juan Antonio López Férez*, Madrid, Ediciones Clásicas, 2013, pp. 471-478.

LÓPEZ POZA, Sagrario, "Empresas o divisas de Isabel de Castilla y Fernando de Aragón (los Reyes Católicos)", *Janus. Estudios sobre el Siglo de Oro,* 1, 2012, pp.1-38.

MALDONADO, Francisco, *Yugo y Flechas y Virgilio*, Salamanca, Establecimiento Tipográfico de Calatrava, 1939.

MAZZA, Mario, "Storia antica tra due guerre. Linee di un bilancio provvisorio", en Antonio Duplá y Amali Emborujo (eds.), *Estudios sobre el mundo antiguo y la historiografía moderna*, Vitoria, Universidad del País Vasco, 1994 (Anejos 6 Serie Minor de Veleia), pp. 57-80.

MENÉNDEZ PIDAL DE NAVASCUÉS, Faustino, "'Tanto monta'. El escudo de los Reyes Católicos", en Luis Suárez Fernández (coord.), *Isabel la Católica vista desde la Academia*, Madrid, Real Academia de la Historia, 2005, pp. 99-138.

PARES, *Portal de Archivos Españoles*, "Los carteles de la Guerra Civil española", <http://pares.mcu.es/cartelesGC/AdminControlServlet?COP=1> [19 de marzo de 2015].

PERELLI, Luciano, "Sul culto fascista della Romanità (una silloge)", *Quaderni di Storia,* 5, 1977, pp. 197-224.

PINA POLO, Francisco, "El estudio de la Historia Antigua en España bajo el franquismo", *Anales de Historia Antigua, Medieval y Moderna,* 41, 2009, pp. 21-32.

PIZARROSO QUINTERO, Alejandro, *Historia de la Propaganda. Notas para un estudio de la propaganda política y de guerra*, Madrid, Eudema Universidad, 1990.

—"La Guerra Civil española, un hito en la historia de la propaganda", *El Argonauta Español,* 2, <http://argonauta.revues.org/1195>, 2005 [19 de marzo de 2015].

PRILL, Ulrich, "Mitos y mitología en la literatura fascista", en Albert Mechthild (ed.), *Vencer no es convencer. Literatura e ideología del fascismo español,* Madrid/Frankfurt, Iberoamericana/Vervuert, 1998, pp. 167-180.

SALCEDO GARCÉS, Fabiola, "Imagen y persuasión en la iconografía romana", *Iberia,* 2, 1999, pp. 87-109.

SÁNCHEZ-BIOSCA, Vicente, "Iconografía del miedo. El cine y el 'terror rojo'", en Nancy Berthier y Vicente Sánchez-Biosca (eds.), *Retóricas del miedo. Imágenes de la Guerra Civil española*, Madrid, Casa de Velázquez, 2012, pp. 99-113.

STONE, Marla, "A Flexible Rome: Fascism and the Cult of Romanità", en Catharine Edwards (ed.), *Roman Presences Receptions of Rome in European Culture, 1789-1945,* Cambridge, Cambridge University Press, 1999, pp. 205-220.

THOMPSON, Oliver, *Mass Persuasion in History: An Historical Analysis of the Development of Propaganda Techniques,* New York, Crane, Russak & Company, 1977.

TISA, John (ed.), *The Palette and the Flame. Posters of the Spanish Civil War,* New York, International Publishers Company, 1979.

TOMÁS, Facundo, "Guerra civil española y carteles de propaganda: el arte y las masas", *Olivar,* 8, 2006, pp.63-85.

TOURSINOV, Antón, "El poder coercitivo de la manipulación en los discursos propagandísticos", *Laissez-Faire,* 36-37, 2012, pp. 1-7 <http://laissezfaire.ufm.edu/index.php?title=Categor%C3%ADa:Marzo-Septiembre_2012> [19 de marzo de 2015].

VISSER, Romke, "Fascist Doctrine and the Cult of the Romanità", *Journal of Contemporary History* 27/1, 1992, pp. 5-22.

El músico que nos dejó la guerra: mitos, silencios y medias verdades en torno a Manuel de Falla (1936-1939)

Elena Torres Clemente
Universidad Complutense de Madrid

Pese a la escasez y cercanía cronológica de los estudios que existen en torno al período, estamos en condiciones de afirmar que la música no se detuvo durante la Guerra Civil española[1]. Es más, los ámbitos a través de los que se manifestó fueron muchos, pues, como dice Iván Iglesias, hubo música *para* la guerra y, sobre todo, hubo música *durante* la guerra (Iglesias Iglesias 2013: 177-188). Y es que, por ex-

1. Para más información sobre la música durante la Guerra Civil española, véanse los siguientes estudios: Pérez Zalduondo 2001, Labajo Valdés 2004, Pérez Zalduondo 2006, Iglesias Iglesias 2009, Larrinaga Cuadra 2009, Ossa Martínez 2009, Pérez Zalduondo 2009, Vargas Alonso 2010, Labajo Valdés 2011, Álvarez González 2013, Iglesias Iglesias 2013 y Ossa Martínez 2014.

traordinario que pueda parecer, pese a la conmoción social que supuso el estallido de la contienda, pese al horror que debió de significar, el día a día continuó, la música siguió sonando en las calles y en las salas de concierto, y los compositores –aterrados y/o abatidos– prosiguieron proyectando obras y alimentando su imaginario con nuevas creaciones.

Buena muestra de ello es el testimonio que ofrecemos a continuación, tan desconocido como conmovedor, que extraemos de un documento perteneciente al legado de Julio Gómez –compositor adscrito a la "Generación de los Maestros", y uno de los padres del sinfonismo español del siglo XX–. Vinculado a la izquierda republicana, Gómez pasó la guerra en Madrid, en su puesto de bibliotecario del Conservatorio Nacional de Música y Declamación. Desde allí escribió la siguiente carta, que podemos fechar en 1938, en la que muestra una instantánea de la vida cotidiana durante el enfrentamiento militar, interrumpida por el sonido de los obuses:

> Cuantas más cosas se saben, menos confianza se puede tener en que haya seguridad en ninguna parte. Anteayer yo pasé un mal rato en el sótano del Conservatorio; más que por mí por Amancio y su hijo que salían en aquel momento y volvieron muy asustados por haber visto caer un obús en la Carrera. Y esa mañana cayeron varios por allí, desde el Congreso a la Puerta del Sol. No hay más que tener valor y aguante y esperar. El final de los cursillos ha quedado en el aire, porque después de nombrado el tribunal no viene, ni se sabe por qué el de Valencia. Las clases se siguen dando (Fundación Juan March. Sign.: M-AE-Gom-729).

Resulta sorprendente que las actividades académicas prosiguiesen con relativa normalidad, pese a vivir en estado de guerra; o que numerosas agrupaciones musicales continuaran con su programación, e incluso que vieran la luz ambiciosos proyectos, entre los que destaca la creación de una Orquesta Nacional por parte del Consejo Central de Música (Ossa Martínez 2009: apartado B2). Pero, además de esa actividad oficial, la música ocupó nuevos espacios y se filtró con más fuerza si cabe en la vida diaria, adoptando nuevos usos bélicos, de fuerte contenido político y social. Así, la música hizo las veces de antídoto contra el horror, de tabla de salvación espiritual y de medio para alentar los espíritus en la guerra. Se convirtió, en definitiva, en un instrumento al servicio de la propaganda.

Mediante este artículo pretendemos profundizar en esos métodos de propaganda activa utilizados durante la guerra por uno y otro bando, a partir del análisis de uno de los temas musicales más frecuentados y de mayor impacto en las publicaciones periódicas de la época: el tratamiento de la figura de Manuel de Falla. Nuestro propósito es ofrecer un caso paradigmático de cómo se gestionó la información musical al servicio de los intereses bélicos. Así, veremos cómo se resaltaron determinados aspectos tanto de la personalidad como de la obra del músico, mientras se ocultaban otras facetas o realidades; cómo se sobreinterpretaron o tergiversaron algunas noticias relacionadas con él; e incluso cómo se difundieron mentiras totalmente infundadas; todo ello con el objetivo implícito de propagar la visión de Falla que mejor se adecuara a los intereses políticos de cada bando.

Lo primero que tenemos que tener en cuenta es que Manuel de Falla era (y sigue siendo) el músico español de mayor prestigio internacional, lo que justifica la beligerancia con que se vivió esta batalla intelectual. El músico era un botín muy preciado para otorgar legitimidad cultural a cualquier gobierno, y su posicionamiento en unas u otras filas constituiría toda una victoria de cara al exterior. Por ello, desde ambos frentes se apeló a Falla para legitimar posiciones políticas antagónicas, y en caso de no poder presentarlo como abanderado, simularon o forzaron ese reclutamiento.

Este debate se vio incrementado por la propia actitud del músico, que desde el inicio fue muy tibia, lo que alimentó la confusión. Por una parte, es de sobra conocido que Falla era un hombre profundamente religioso, con ideología conservadora como actitud vital. De otro lado, sin embargo, sabemos que el compositor abrazó la llegada de la República con entusiasmo, y se rodeó de colaboradores y amigos que defendían un pensamiento de izquierdas (entre ellos, María Lejárraga o Federico García Lorca). Esta aparente contradicción interna, unida a su negativa a hacer declaraciones públicas de orden político, alimentó el debate, y dio lugar a numerosas páginas en la prensa. La violencia verbal que presentan estas referencias denota que Falla se convirtió en un arma arrojadiza en manos de ambos bandos, y constituye un ejemplo más de las maniobras de apropiación que se pusieron en marcha a través de la palabra impresa.

La primera referencia al compositor que hemos localizado data de los primeros días de noviembre de 1936, cuando no habían transcurrido cuatro meses desde el golpe de Estado, y el fusilamiento de Lorca resonaba aún en el horizonte[2]. Bajo el sabroso título de "Don Manuel de Falla, vive", varios diarios de la zona nacional, apoyándose en fuentes francesas, desmienten el asesinato del músico –un rumor que circulaba con fuerza desde el inicio de la guerra– y denuncian su debilidad física, motivada por la barbarie roja:

> El ilustre compositor español, Manuel de Falla, por cuya suerte tanto se temió en los primeros momentos de la revolución española, se encuentra vivo.
>
> Según el periódico "Le Temps", Falla, a pesar de su precario estado de salud, "pudo escapar del temporal selvático del marxismo". Sin embargo, el admirado músico no se encuentra bien, máxime después del viaje que realizó desde Baleares a Granada, bajo el fuego de los rojos[3].

Al margen del tono melodramático, orientado a despertar la conmiseración en el lector, el texto destaca por incurrir en inexactitudes históricas de bulto, como la alusión al viaje realizado por Falla desde las Islas Baleares a Granada, un viaje que realmente tuvo lugar en junio de 1934 –es decir, mucho antes de que se declarara la guerra– (Chinchilla 2001: 168-169). Por tanto, esa imagen del músico

2. Recordemos que los investigadores señalan como posible fecha del fusilamiento la madrugada del 18 de agosto de 1936.
3. "Don Manuel de Falla, vive", *El Diario Palentino*, Palencia, 3 de noviembre, 1936, p. 4. Esta misma información se reproduce en *El Progreso*, Lugo, 5 de noviembre, 1936, p. 1.

atenazado "bajo el fuego de los rojos" solo pudo tener lugar en la fantasía del autor, convertida más tarde en leyenda colectiva.

Pero poco importaba la realidad, si la escena resultaba efectiva. De hecho, el 9 de noviembre de 1936 (seis días más tarde), un diario de Alicante alimentaba el bulo con el siguiente titular: "El maestro Falla ha enloquecido por lo que vio en Mallorca", una cabecera que situaba nuevamente al músico en las Islas Baleares dos años después de su marcha (*El Día*, 9 de septiembre de 1936, p. 1). En las páginas interiores del periódico, la vida de tramoya gana terreno a la existencia real, pues, amparándose de nuevo en las fuentes francesas, el autor transforma la debilidad del músico en locura, a la vez que comunica su internamiento en un "asilo de alienados":

> Circula con insistencia el rumor de que el gran compositor señor Manuel de Falla, autor de "El Amor Brujo" y de otras composiciones musicales de fama internacional, que a últimos días del mes de junio, se trasladó de Granada a las Islas Baleares, ha sido internado recientemente en un asilo de alienados.
>
> La noticia recibida, según la cual parece ser que el gran compositor español Manuel de Falla, ha perdido la razón, teniendo que ser internado en un asilo de alienados, ha causado honda impresión entre los elementos de la colonia española.
>
> Esta noticia ha causado también gran impresión en los círculos artísticos y musicales de París, donde era muy popular la labor del insigne compositor (*El Día*, 9 de septiembre de 1936, p. 2).

Lo curioso del caso es que estas mismas estrategias comunicativas, apoyadas en errores idénticos, fueron utilizadas por la prensa republicana, en un intento de intensificar el mensaje y de atraer al lector. De este modo, en una suerte de malabarismo político, varios diarios del bando leal divulgaron los mismos infundios en torno a Falla, cambiando un único elemento: el culpable. Así se aprecia en el periódico *Milicia militar*, en el que se insiste en la locura de Falla, en su reclusión en una casa de salud y hasta en su ubicación en las Islas Baleares. Solo un detalle diferencia las noticias de un bando y otro, y es que los primeros atribuyen la supuesta demencia del músico al "temporal selvático del marxismo", mientras que los segundos buscan el origen de esa enajenación en "los vandálicos hechos realizados por los fascistas en su querida Andalucía [...] y en toda España"[4].

En una escalada de sinsentidos y equívocos, la noticia se propagó con rapidez, aderezada con nuevos detalles que permitían reinterpretar los hechos a conveniencia. Nótese que el 14 de noviembre de 1936, apenas diez días después de que se desatara el rumor en prensa, la información recogida en el diario *El bien público* de Mahón poco o nada tenía que ver con la realidad, pues ni existía ese transtorno mental, ni Falla se vio sorprendido por el inicio de la guerra en Palma de Mallorca, ni el compositor fue recluido en París (donde, según esta fuente, tendría conocimiento de la muerte de su amigo García Lorca)[5].

Pero, ¿qué había de realidad tras esas primeras informaciones de la prensa? Para empezar, es cierto que el alzamiento militar de 1936 sumió a Falla en un estado de auténtica postración. Los asesinatos y prendimientos arbitrarios de las primeras semanas de la contienda debieron conmoverlo profundamente, por no hablar del fusilamiento de Federico García Lorca, o del asesinato de su íntimo amigo Leopoldo Matos (abogado y político que murió a manos de las milicias republicanas en Fuenterrabía el 4 de septiembre), unas duras pérdidas de las que posiblemente el músico no se recuperaría jamás. La drástica reducción del intercambio epistolar que se observa en estos meses revela el mutismo en que cayó el compositor. Antes de la guerra, la cifra de cartas enviadas por Falla es en algunos meses abrumadora y acusa una preocupante tendencia a incrementarse desde finales de los años veinte. Por ejemplo, en enero de 1927, el músico escribió 89 cartas o tarjetas postales; en febrero, 82 y en enero de

---

4. "El genial compositor Manuel de Falla recluido en una casa de salud", *Milicia popular*, Madrid, 13 de noviembre, 1936, p. 3.
5. "Información extranjera. El insigne compositor Manuel de Falla, víctima del fascismo", *El bien público*, Mahón, 14 de noviembre, 1936, p. 2.

1930 bate su récord con 94[6]. En cambio, en julio de 1936 Falla escribió una sola carta, y en agosto –el mes en que asesinaron a García Lorca–, ninguna. Solo en septiembre de ese mismo año Falla salió del estado de abatimiento al que lo habían conducido la guerra y la traumática pérdida del poeta para enviar cuatro epístolas, en buena medida destinadas a interceder por diferentes amigos que se encontraban en una situación política delicada, como el pintor, grabador y escenógrafo Hermenegildo Lanz.

Más allá de estos datos, el propio compositor dejó algunos testimonios de los efectos que tuvo la guerra sobre su estado físico y moral. A través de la lectura de sus cartas deducimos que, junto a las dolencias corporales, el compositor padeció algunos trastornos de su estado anímico que se iniciaron en los años treinta. Concretamente en febrero de 1930 encontramos la alusión a una primera crisis nerviosa, que empeoró durante el mes de abril[7]. En enero de 1933, justo antes de partir a Mallorca, su hermana María del Carmen informa a Joan Maria Thomàs de que el compositor padece un "ataque nervioso de los más fuertes", por lo que está "sometido a un régimen de 'riguroso aislamiento' trabajando exclusivamente en la terminación de la *Atlántida*"[8].

A partir de 1936 el estado de salud de Falla empeoró sustancialmente, a causa del intenso estrés que le produjo tanto el conflicto prebélico como el estallido de la guerra en sí. En el mes de marzo, los "fuertes dolores neurálgicos y la falta de apetito" preludiaban la "constante hemorragia producida, probablemente, por una úlcera

---

6. Barajamos siempre datos orientativos, pues solo contamos con los borradores (herramienta fundamental del músico) y las fotocopias de cartas originales que se conservan en el Archivo Manuel de Falla, pero pudo haber escrito más.
7. Carta de María del Carmen Falla a John Brande Trend, Granada, 23 de abril, 1930. En el Archivo Manuel de Falla [= AMF] se puede consultar una fotocopia del original, conservado por la Universidad de Granada.
8. Carta de María del Carmen Falla a Joan Maria Thomàs, Granada, 18 de enero, 1933. En el AMF se puede consultar una fotocopia del original, conservado por la Universidad de las Islas Baleares.

de estómago", que según informó Falla a su discípulo Ernesto Halffter, estuvo provocada por lo mucho que había sufrido desde las últimas elecciones "con tanta inmunda blasfemia 'colectiva' y gritada por las calles, unida a tantas otras atrocidades..."[9]. Es, por tanto, el propio Falla quien establece una conexión directa entre sus dolencias y el triunfo del Frente Popular en las elecciones generales del 16 de febrero de 1936. En medio de un clima de violencia y amenazas, antesala de la guerra, Falla vivió esa victoria con extrema excitación emocional, temiendo que se produjeran nuevos ataques contra la Iglesia. Desde entonces, el continuo flujo de noticias relacionadas con los desórdenes sociales, asesinatos y demás barbaries no haría sino empeorar su estado, hasta el punto de que él mismo admitió haber soportado "una grave hemorragia por la que estuve a punto de perder la vida"[10].

No cabe duda, pues, de que durante estos meses Falla atravesó por un período francamente delicado, marcado por las crisis nerviosas y las hemorragias derivadas posiblemente de una úlcera estomacal. Pero de ahí a declarar su locura y su internamiento en un hospital psiquiátrico, había un mundo. Por tanto, las noticias que analizábamos con anterioridad son un buen ejemplo del carácter tendencioso y manipulador que mantuvo la prensa en estos años, en donde la información se dio la mano con la propaganda. Había que falsear la noticia en aras de magnificar los efectos devastadores del enemigo, para conseguir así nuevos adeptos.

Cabe decir que este uso utilitario de la figura de Falla se hizo extensivo a su música, y por ende, su obra fue archiprogramada durante la guerra, en contextos ideológicos bien diferentes y en actos públicos de toda índole. Valiéndonos de la expresión popular, podemos afirmar que Falla valía tanto para un roto como para un descosido. Así, en el diario *Nueva Alcarria* se narra cómo 2.000 flechas

9. Carta de Manuel de Falla a Ernesto Halffter, Granada, 9 de febrero, 1937. Borrador mecanografiado (copia en papel carbón). AMF, sign.: 7099-081.

10. Carta de Manuel de Falla a José Gálvez Ruiz, Granada, 26 de enero, 1937. Borrador mecanografiado (copia en papel carbón). AMF, sign.: 7010-033.

azules realizaron ejercicios de gimnasia rítmica ante los ojos del Caudillo, a ritmo de varios fragmentos de *La vida breve* de Falla[11]; o, por qué no, esa misma *Vida breve* era utilizada por la Alianza de Intelectuales Antifascistas para rendir homenaje a las Brigadas Internacionales[12]. Su obra se programó en los primeros homenajes póstumos a Federico García Lorca[13], pero también en conciertos destinados a recaudar fondos para la compra de juguetes a los niños huérfanos de la causa nacional[14].

El crudo debate intelectual que analizamos pareció adquirir un rumbo claro cuando el propio Falla tomó la pluma a inicios de 1938, y con gran sorpresa para sus amigos republicanos, se adhirió sin ningún tipo de tapujos al Movimiento Nacional. Es muy posible que en su decisión pesaran sobremanera las imágenes de la quema de iglesias que él mismo había contemplado años atrás desde su casa de la Antequeruela, en Granada, y que atentaban duramente contra sus creencias religiosas. A ello alude, de hecho, en su texto, así como en numerosas cartas escritas en los años precedentes[15]. En cualquier

11. Esa demostración tuvo lugar pocos meses después de la finalización de la guerra, en octubre de 1939. Asenjo, Ataulfo G., "II Demostración nacional", *Nueva Alcarria*, Guadalajara, 27 de octubre, 1939, p. 2.
12. "Alianza de Intelectuales Antifascistas", *La Libertad*, Madrid, 17 de noviembre, 1938, p. 2.
13. "Teatro Tívoli", *Solidaridad Obrera*, Barcelona, 2 de diciembre, 1936: 2.
14. "Información general. Juguetes para los huérfanos de guerra", *Imperio*, Zamora, 5 de enero, 1938, p. 4.
15. Véase como ejemplo la carta enviada a Manuel Azaña el 26 de mayo de 1936, en la que lo felicita por su reciente nombramiento como presidente, y le pide que tome cartas para evitar la ruptura entre el Estado y la Iglesia: "Al mismo tiempo que me complazco cordialmente en felicitarle por su elevación a la Presidencia de la República, quiero manifestarle un vivísimo anhelo, en el que participan muchos miles de españoles: que veamos el final de esta etapa de amargura que sufrimos los cristianos de España a causa de la destrucción de nuestros templos, de las inmundas blasfemias públicas y colectivas –comenzando por los ultrajes más horrendos al Santo Nombre de Dios, venerado hasta ahora en todos los siglos y por todos los pueblos cultos e incultos de la tierra–, y del martirio de personas que han consagrado su vida a la caridad" (AMF, sign.: 6732-006).

caso, fueran cuales fueran sus razones, lo cierto es que el músico se posicionó claramente junto al bando nacional mediante la publicación de un texto crucial, hoy prácticamente desconocido, que llevaba por título "La alta esperanza". Tras un primer párrafo en el que alude a Dios como fuerza motriz, afirmaba Falla:

> Por eso, con independencia de toda política y a pesar del intenso dolor que sufro siempre ante una guerra, el Alzamiento Nacional de España supone para mí la alta esperanza de que no vuelvan a atormentarnos las blasfemias gritadas por nuestras calles, los martirios, los sacrilegios perpetrados en nuestros templos y en nuestros cementerios, la destrucción de esos mismos templos, el despojo de nuestras bibliotecas y de nuestro tesoro secular de Arte, y todo ello bajo el signo del satánico empeño, en primer lugar consignado, de arrancar de la humana conciencia la eterna esencia de su divino origen.
>
> Así lo siento y así lo digo con toda la cristiana convicción que me impulsa para poner a Dios sobre todas las cosas y para esperar, con el más vivo anhelo, que llegue el día en que puedan España y las Naciones todas, merecer los inmensos dones de la Paz verdadera, de la Clemencia, y de la Equidad y Justicia de Dios (AMF, Carpeta Anexos, nº 8).

Si nos atenemos a estas declaraciones, su postura no tenía lugar a dobles interpretaciones ni ambages: amparándose en la religión, el músico daba su apoyo incondicional a los rebeldes. Cabe decir, además, que no fueron unas declaraciones precipitadas. Falla, hombre pulcro y meticuloso donde los hubiera, acostumbraba a hacer borradores hasta de la nota más nimia. Este caso no fue excepcional, pues a través de los numerosos esbozos que se conservan en el archivo del compositor, llenos de dudas, tachones y arrepentimientos, vemos cómo el músico pesó hasta la última palabra impresa. El escrito corrió como la pólvora por la prensa internacional, siendo publicado al menos en Argentina, Panamá, Inglaterra, Estados Unidos y Francia[16].

---

16. A falta de realizar un rastreo exhaustivo de esta fuente, la hemos localizado al menos en los siguientes medios: *Orientación española*, Buenos Aires, 15 de fe-

Pero, más allá de su difusión, el texto levantó ampollas entre los defensores del gobierno legítimo, y fue motivo de una tremenda desilusión. Buena muestra de ello es la reacción del también compositor Enrique Casal Chapí, quien en marzo de 1938 publicó un artículo en la revista *Hora de España*, en respuesta al escrito de Falla (1938: 95-96). Se trata de un artículo muy cuidado, tanto desde el punto de vista ideológico como literario, casi un planto con imágenes bellísimas y argumentos demoledores, en el que la decepción se respira en cada una de sus palabras.

Para comenzar, Casal Chapí expresa con dureza la frustración y el repudio al desertor: "Un discurso puede revelar a un hombre, pero puede también hundirlo. Y Manuel de Falla ha pronunciado uno de estos últimos. Un discurso *oficial*, con todas las agravantes que tal cosa supone teniendo lugar entre los traidores y enemigos del pueblo español". A esta declaración de principios le sigue un sinfín razonamientos impecables, fruto de la estrategia bélica, destinados a combatir el sentimiento colectivo de decepción, así como a enardecer al pueblo en la lucha; todo ello, acompañado de metáforas muy logradas.

Como punto de arranque, expone la imposibilidad de dejar la defensa del cristianismo en manos de "los moros de África y los *nazis* alemanes", con lo que resta fuerza a uno de los principales argumentos esgrimidos por el enemigo, y a un posible atenuante de la actitud de falliana. En el párrafo siguiente compara el abandono de Falla con la pérdida de una ciudad –como Granada o Cádiz, dice al final del texto–: representa una derrota triste, pero no definitiva. Seguidamente, y en un alarde de inteligencia, renuncia a Falla como persona, pero no a su obra, pues según él, esta nació del alma del pueblo, y por tanto es hija del bando popular: "Porque la música es-

---

brero, 1938 (AMF, sign.: P-6391-126); *Arriba "España"* (Órgano de F.E.T. y de las J.O.N.S., Sección de Panamá), año I, 12, primera quincena de marzo, 1938, p. 5; *Spain* (Londres), 18, 1 de febrero, 1938, p. 3; *Spain* (New York), vol. I, 10, 1 de marzo, 1938: 3; y *Occident: le bi-mensuel franco-espagnol*, 25 de marzo, 1938, p. 8.

crita por Manuel de Falla con tanta iluminación como honradez, tan natural como *perseguida*, tiene sus más hondas raíces en el pueblo de España" (1938: 95).

Inmediatamente después, Casal Chapí aprovecha para fortalecer la moral de los combatientes y hacer una arenga a favor de la lucha y la libertad:

> Y este pueblo de España es el que no se deja dominar, ni pisar, ni reducir por los tiranuelos de dentro y, mucho menos, por los tiranos de fuera. A este pueblo siempre dispuesto a alzarse con pies y manos no sólo si se le trata de quitar la libertad de vivir, sino igualmente si se le quiere menoscabar la libertad de pensar, es al que Falla debe su magnífica obra; este es el pueblo que canta y llora en "La vida breve", el que tiene sus misterios en "El amor brujo", el que ha sembrado los jardines de España y ha llenado de aromas sus noches, el que ha visto correr el Betis y el que ha manteado a un Corregidor en "El Sombrero de Tres Picos". Y es contra este pueblo, suyo aunque hoy no lo quiera o no lo crea así, contra quien Falla se ha pronunciado en su discurso (1938: 95).

En los dos últimos párrafos, Casal Chapí incrementa la tensión discursiva mediante varios golpes de efecto encadenados. Primeramente, y puesto que el odio infunde valor, presenta a Falla como enemigo. A partir de ahí, y como medio para exaltar los ánimos, llega a desear su muerte, antes de verlo en las filas contrarias. Así, afirma Casal Chapí: "Antes de ver esto, y lo temo, preferiría yo la suerte de Federico García Lorca" (1938: 96). En un alegato final, el autor del texto, en consonancia con las ideas de la República, se posiciona del lado de la cultura, lo que le lleva a insistir en la idea de renunciar a Falla, pero no a su obra, a la que sigue admirando por encima de todo:

> Seguiremos escuchando las *Siete canciones populares*, y *El amor brujo* y el *Concerto*, porque nosotros hoy podemos prescindir de un automóvil como de otras tantas comodidades materiales, pero nos es imprescindible todo aquello que ha contribuido y contribuye a

nuestra formación y vida espiritual; y la música que ha escrito Falla está ahí comprendida (1938: 96).

En síntesis, con estos hilos, Casal Chapí crea un discurso informativo-propagandístico caracterizado por el tono racional, doctrinal y altamente emotivo, en consonancia con la oratoria del Ejército Popular. Sin lugar a dudas, la orfandad en que los había dejado Falla justifica lo cuidado y desgarrador del texto.

Pero lo que para el bando republicano representó una dolorosa pérdida, fue celebrado por los nacionales como una indiscutible victoria, e incluso premiado mediante suculentas recompensas. ¿Acaso puede ser casual que la adhesión proclamada por Falla en "La alta esperanza" se produjera casi en paralelo a su nombramiento como presidente del Instituto de España, el 1 de enero de 1938[17]? Incluso parece obvio que la toma de partido del músico acarreó un incremento del apoyo recibido por parte de las clases políticas. Así entendemos la decisión de Eugenio d'Ors –entonces jefe del Servicio Nacional de Bellas Artes– de patrocinar el concierto dedicado a la figura de Manuel de Falla, cuya celebración tuvo lugar en San Sebastián el 7 de septiembre de 1938[18].

Lo curioso del caso es que la pugna y las maniobras de apropiación no acabaron aquí. Y ello porque el propio Falla se encargó de desmentir con sus hechos lo que había afirmado de palabra. No en vano, a la publicación de "La alta esperanza" le siguió una retahíla de acciones, mediante las que –pensamos– el músico se desbancó del bando nacional, y expresó su repulsa al régimen de Franco. Tímidamente, primero, y con gran arrojo después. Todo parece indi-

17. Véase la reproducción del decreto mediante el que se crea el Instituto de España y se nombra a Falla presidente en: "La constitución del 'Instituto de España'", *El Día de Palencia*, Palencia, 5 de enero, 1938, p. 1.

18. "Por los Ministerios. Se reorganiza la Junta Directiva del Colegio Notarial de Pamplona. El fomento del Teatro y de la Música: Se estudia la creación de un órgano dependiente de la Jefatura de Bellas Artes, para el resurgimiento de los mismos", *Pensamiento alavés*, Álava, 3 de septiembre, 1938, p. 1.

car que, prisionero de sus propias declaraciones, Falla comenzó a tomar conciencia tan tardía como dramáticamente de la deriva que adquiría la situación política en España, y de la manipulación de la que estaba siendo objeto.

Tal vez por ello, Falla dilató durante meses la toma de posesión del cargo de presidente del Instituto de España, aduciendo problemas de salud[19]. De acuerdo con la información vertida en la prensa nacional, a finales de abril se organizó el traslado de una comitiva de académicos desde Sevilla a Granada, para visitar al presidente electo y asistir a la jura del cargo del compositor[20]. Dicha comitiva, conducida por el ministro de Educación Nacional y el general Queipo de Llano (es decir, el mismo que ratificó el fusilamiento de Lorca), partió hacia la ciudad de la Alhambra el 4 de mayo de 1938[21]. El objetivo era claro, pero, tras el anuncio, el rastro de la noticia se pierde, quedando reducida a la nada. El desenlace, sobradamente conocido, coincidió con la renuncia de Falla al puesto en junio de 1938 –es decir, cuatro meses después de la publicación de "La alta esperanza" y seis desde que se anunciara el nombramiento–.

Este acontecimiento fue una vez más aprovechado por los medios de comunicación para trastocar e intervenir deliberadamente sobre la información, como forma de manipular las conciencias. Evidentemente, la prensa del bando nacional se hizo eco de la noticia, aunque enfatizando que eran razones de salud las que impedían a Falla desempeñar el cargo, y ensalzando el acto de generosidad del Ministerio de Educación, que al eximir de toda responsabilidad al compositor, rendía "uno de los homenajes más delicados que pueden hacerse", pues "ofrece a Manuel de Falla la devoción del Estado español y el respeto a su obra musical, de tanto valor para la Patria,

19. "La constitución del Instituto de España, formado por las Reales Academias", *Azul*, Córdoba, 6 de enero, 1938, p. 10: "Por enfermedad del presidente, don Manuel de Falla, ocupó la presidencia el vicepresidente primero, don Pedro Sáinz Rodríguez [...]".

20. "El Instituto de España", *El Defensor de Córdoba*, Córdoba, 21 de abril, 1938, p. 1.

21. "Homenaje a Falla", *Imperio*, Zamora, 4 de mayo, 1938, p. 4.

que no ha de ser menoscabada con otras actividades que podrían perjudicarle"[22]. Sin duda, un bonito envoltorio para ayudar a tragar esa amarga píldora.

En sentido contrario, los diarios de la zona republicana saludaron con ilusión renovada este retroceso en la actitud de Falla, proponiendo lecturas fuertemente ideologizadas, como las del siguiente titular: "Manuel de Falla, se niega a colaborar con Franco"[23]. El cuerpo de la noticia vuelve a hacer uso del aspecto emocional, en tanto técnica efectiva para influir en las conciencias, y basa su argumentación en la primacía de la cultura entre sus filas, frente a la mediocridad e ignorancia que, según el autor, reinaba en el bando nacional. Deseamos llamar la atención sobre determinados términos particularmente duros, como "lacayuno" o "intraintelectual", que nos revelan que la palabra se convirtió en una poderosa arma de guerra:

> En medio de la balumba de trashumantes y conformistas, que lo mismo alargan el brazo que repliegan el puño, se siente una especie de reconfortamiento moral al apreciar que los genios, que los artistas, que las personalidades más relevantes, no pueden supeditarse a la tutela del fascismo
>
> Lo más selecto del Mundo, en todos los órdenes, [...] se inclina por la Libertad y contra las dictaduras.
>
> Nos place que en este caso se encuentre Manuel de Falla, que, católico y confesional, revela una sensibilidad acorde con su talento artístico, al no querer convertirse en un burócrata más al servicio de

22. "Por motivos de salud, el ilustre maestro Manuel de Falla no puede desempeñar la Presidencia del Instituto de España", *Azul*, Córdoba, 23 de junio, 1938, p. 8. Este comunicado de prensa, que recogía la disposición del subsecretario del Ministerio de Educación Nacional, se reproduce en otros muchos medios, como por ejemplo *El Progreso*, Lugo, 22 de junio, 1938, p. 1; *El día de Palencia*, Palencia, 22 de junio, 1938, p. 1; y *El diario Palentino*, Palencia, 22 de junio, 1938, p. 2.
23. "Los artistas auténticos no se esclavizan a la tutela de los directores. Manuel de Falla, se niega a colaborar con Franco", *Solidaridad obrera*, Barcelona, 28 de junio, 1938, p. 3.

> Franco. Estamos seguros que un verdadero temperamento, como el de Falla, se encontraría a disgusto en el ambiente mezquino y lacayuno que impera en la zona facciosa. Allí no queda nadie que no sea criado de alguien. [...]
>
> ¿Cómo un hombre de la contextura de Falla iba a permanecer en este cotarro? Es indudable que tenían que alegar que por "razones de salud" y por "algunas preocupaciones de carácter muy respetable", el gran músico, Manuel de Falla, se ha negado a aceptar la dirección del Instituto España.
>
> ¿Qué otra cosa podía esperarse? Simplemente, las "razones de salud" no son otras que el profundo asco que sentirá por el medio infraintelectual, por el despecho degradante que impera en la colonia de Franco. Y en cuanto a "algunas preocupaciones de carácter muy respetables", indudablemente se referirán a la aversión que toda naturaleza recta siente contra los traidores y los asesinos de su Pueblo y de su raza[24].

A partir de aquí, Falla espació sus apariciones, evitó las declaraciones públicas y midió al milímetro los juicios vertidos en el ámbito privado, de manera que resulta complejo rastrear la evolución de su pensamiento político[25]. Pero si nos centramos en los hechos, el compositor realizó el que ha sido considerado como su mayor gesto de desaprobación a la dictadura de Franco: se marchó al exilio voluntario, hacia el que partió una vez finalizada la guerra, y del que no regresará jamás, pese a las promesas y cantos de sirena que continuamente recibía de España[26]. Cronológicamente esta etapa escapa

---

24. Ibíd.
25. Hay, no obstante, algunas intervenciones públicas mediante las que el nombre de Falla continúa ligado a Falange Española Tradicionalista y de las JONS. Sin ir más lejos, el compositor prestó su apoyo al concierto de presentación del Orfeón de Granada, organizado por el mencionado partido, si bien la participación de su amigo Valentín Ruiz Aznar (a la sazón, director de la agrupación), podría justificar su implicación.
26. Aunque sin negar su parte de veracidad, esta idea ha sido matizada por Manuel Titos Martínez (2011: 224-225).

a nuestro objeto de estudio, centrado en la Guerra Civil[27]. No obstante, es curioso comprobar cómo, durante el exilio, Falla continuó ponderando con exquisita cautela cada uno de sus movimientos, para no comprometer su independencia política. Por ejemplo, el 28 de enero de 1945, tras ser nombrado consejero de honor del Consejo Superior de Investigaciones Científicas, el músico escribió al conde de Bulnes –embajador de España en Argentina– expresando con rotundidad su postura, en una carta que reza así:

> Soy y he sido siempre fiel súbdito de España, y con mi trabajo he procurado servir a mi patria dentro de mis posibilidades, pero permaneciendo siempre alejado de todo cuanto pueda tener carácter político, y en este alejamiento quiero seguir viviendo hasta que Dios disponga de mí. Ya sé que el muy agradecido nombramiento de que tratamos, además de su significado, se refiere a un "Consejo de Investigaciones Científicas", y por lo tanto ajeno a toda política; pero dado el carácter oficial del organismo, bien pudiera ocurrir en ocasiones que, con el mejor propósito, y obedeciendo a especiales circunstancias, se creyera en el deber de manifestarse corporativamente en un sentido que, más o menos, acusara una tendencia política, cuya aparente adhesión por mi parte contrariase los firmes propósitos que me he permitido manifestarle a Vd[28].

Pese a esta y otras declaraciones similares realizadas por Falla, el régimen franquista, movido por la maniobra de apropiación intelectual que pretendía hacer con su figura, quiso honrarlo con múltiples puestos y distinciones. En 1940 lo nombraron presidente honorario del Patronato Marcelino Menéndez Pelayo del CSIC y en julio de 1940 el jefe del Estado lo condecoró con la Gran Cruz de Caballero

27. Sobre la postura de Manuel de Falla durante el franquismo, véanse los siguientes trabajos: Persia 1993, Gan Quesada 1999, Titos Martínez 2011, Christoforidis 2009 y 2013, y Weber 2014.

28. Carta de Manuel de Falla al conde de Bulnes, Alta Gracia (Argentina), 28 de enero, 1945. Borrador mecanografiado (copia en papel carbón). AMF, sign.: 7804-020.

de la Orden de Alfonso X el Sabio. Falla tuvo varias invitaciones para regresar a España a cambio de cuantiosos beneficios económicos, la última de ellas cursada en julio de 1946, poco antes de su muerte. El día 6 de ese mes, el compositor recibió una carta de Francisco Cambó en la que le comunicaba el siguiente encargo del embajador, el conde de Bulnes: "El Gobierno español tiene gran interés en que vaya usted a España, no para una visita, sino para quedarse a residir allí, y le ofrece todo lo que usted quiera: gastos de viaje, casa confortable en España, una pensión y cuanto usted necesite para vivir en paz y poder trabajar a sus anchas. Y aquí ha terminado mi misión y usted resolverá como le parezca, que será siempre lo mejor"[29]. La respuesta de Falla, escrita solo tres días más tarde, refleja claramente su pensamiento con respecto a un posible retorno a su país:

> Aunque tan honrado como agradecido por sus ofrecimientos en nombre del gobierno, sigo pensando como hasta ahora he pensado en cuanto se relaciona con mi regreso a España, o sea que por la tranquilidad que exigen el delicado estado de mi salud y la posible eficacia de mis trabajos de música, debo esperar, para mi tan deseado regreso a nuestra patria, a que en Europa comiencen siquiera a estabilizarse las cosas[30].

María Teresa León escribe en *Memoria de la melancolía* unas frases que resumen muy bien los pensamientos que asolarían a Falla, alejado de su país y a punto de cumplir los setenta años de edad: "Estoy cansada de no saber dónde morirme. Ésa es la mayor tristeza del emigrado". Como para todos los exiliados, la idea del retorno estaría siempre en el horizonte del músico (real o imaginario), pero la inestabilidad generada durante la posguerra llevaría a Falla a rehusar

29. Carta de Francisco Cambó a Manuel de Falla, Alta Gracia (Argentina), 6 de julio, 1946. Carta original mecanografiada. AMF, sign.: 6813-016.
30. Carta de Manuel de Falla a Francisco Cambó, Alta Gracia (Argentina), 9 de julio, 1946. Borrador mecanografiado (copia en papel carbón). AMF, sign.: 6813-040.

la invitación del gobierno. Su temperamento, extremadamente sensible, había quedado marcado por las atrocidades cometidas durante casi diez años de contienda en distintos escenarios europeos, y el recuerdo de esta experiencia traumática continuaría alimentando sus miedos incluso tras finalizar los conflictos. Es muy posible que su desacuerdo con el régimen franquista pesara también en la decisión de no volver, pero la razón fundamental –y la que él siempre admitió– fue la guerra, capaz de paralizar su labor creativa y de provocar serios perjuicios a su salud.

Tras la muerte del compositor, en 1946, el debate en torno al posicionamiento político de Falla seguía abierto y la herida, supurando. Por ejemplo, en el diario *España libre*, órgano de expresión de la CNT publicado en París, se exalta la condena de Falla al régimen franquista, y se afirma: "Ya pueden lanzar las campanas al vuelo los amanuenses de la propaganda franquista. Pronto nos dirán que Falla era de Falange. ¿No empiezan a incensar a García Lorca después de haberlo matado?"[31]. En este caso la fantasía del cronista se quedó corta, pues el gobierno oficial de Franco no se limitó a proclamar la adhesión de Falla a sus ideas, tal y como venía haciendo desde hace años, sino que fue mucho más lejos, adueñándose de su cadáver y repatriándolo a España, pese a la negativa expresa del compositor (Suárez-Pajares 2010).

Dejamos aquí la historia, no sin antes plantear una reflexión final. Y es que las maniobras de apropiación que desplegó el bando nacional durante la guerra se perpetuaron durante la dictadura, y fueron tan efectivas que en buena parte seguimos siendo víctimas de esa visión mediatizada de la figura de Falla. Fue entonces cuando se construyó una imagen falseada del músico, a base de lugares comunes como su catolicismo acérrimo, su halo místico o su nacionalismo a ultranza. Pero, ¿qué hay del Falla vanguardista, que se nutre de los lenguajes internacionales?; ¿por qué olvidamos al Falla gaditano, con un humor chispeante?; ¿dónde queda la pasión abrasadora de *El*

31. "Falla ha muerto", *España libre*, París, 23 de septiembre, 1946, p. 1.

amor brujo? Ese es el Falla desconocido, del que nos privó la guerra y que merece la pena recuperar.

Bibliografía citada

ÁLVAREZ GONZÁLEZ, Nelly, "El uso propagandístico de la música durante la Guerra Civil. Las funciones benéficas en la España nacional (Valladolid, 1936-1939)", en Javier Marín López, Germán Gan Quesada, Elena Torres Clemente y Pilar Ramos López (eds.), *Musicología global, musicología local*, Madrid, Sociedad Española de Musicología, 2013, colección "Ediciones digitales", 1, pp. 415-428.

CASAL CHAPÍ, Enrique, "Música en la guerra. Manuel de Falla", *Hora de España*, 15, marzo, 1938, pp. 95-96.

CHINCHILLA, Concha, "Cronología de Manuel de Falla", en Yvan Nommick y Eduardo Quesada Dorador (eds.), *Manuel de Falla en Granada*, Granada, Publicaciones del Archivo Manuel de Falla, 2001, pp. 155-171.

CHRISTOFORIDIS, Michael, "Manuel de Falla's *Atlántida* and the Politics of Spain: From Conception to First Performance", en Gemma Pérez Zalduondo y Germán Gan Quesada (coords.), *Music and Francoism*, Turnhout, Brepols, 2013, pp. 383-399.

—"Volver: otra lectura de la ideología político-estética de Manuel de Falla durante sus últimos años", *Revista de Musicología*, vol. 32, 1, 2009, pp. 585-593.

GAN QUESADA, Germán, "Manuel de Falla en el panorama musical de posguerra. La construcción de una imagen (1939-1949)", en *Tiempos de silencio*, Actas del IV Encuentro de Investigadores del Franquismo celebrado en Valencia del 17 al 19 de noviembre de 1999, Valencia, Fundació d'Estudis i Iniciatives Sociolaborals (FEIS), 1999, pp. 603-613.

IGLESIAS IGLESIAS, Iván, "De 'cruzada' a 'puente de silencios': mito y olvido de la Guerra Civil española en la historiografía musical", *Cuadernos de música iberoamericana*, vol. 25-26, 2013, pp. 177-188.

—"Ni rojo ni blanco: el mito de la guerra civil española en la historiografía sobre el jazz", *Etno-Folk. Revista galega de etnomusicoloxía*, 14-15, 2009, pp. 369-389.

Labajo Valdés, Joaquina, "Compartiendo canciones y utopías: el caso de las Brigadas Internacionales de la Guerra Civil Española", *Trans-Revista transcultural de música*, 8, 2004.

—"La práctica de una memoria sostenible: el repertorio de las canciones internacionales de la Guerra Civil Española", *Arbor*, 751, 2011, pp. 847-856.

Larrinaga Cuadra, Itziar, "Música y propaganda nacional vasca durante la Guerra Civil Española y el exilio: el caso de Francisco Escudero", *Revista de Musicología*, 32/1, 2009, pp. 595-616.

Ossa Martínez, Marco Antonio de la, "El Consejo Central de Música, paradigma de la política musical en la Guerra Civil Española", *Artseduca*, 7, 2014, pp. 1-14.

—*La música en la Guerra Civil Española*, Madrid/Cuenca, Sociedad Española de Musicología/Universidad de Castilla-La Mancha, 2009.

Pérez Zalduondo, Gemma, "Formulación, fracaso y despertar de la conciencia crítica en la música española durante el franquismo (1936-1958)", en Roberto Illiano (ed.), *Music and Dictatorship in Europe and Latin America*, Turnhout, Brepols, 2009.

—"Ideología y política en las instituciones musicales españolas durante la Segunda República y primer franquismo", *Quintana. Revista do Departamento de Historia da Arte*, 5, 2006, pp. 145-160.

—*La música en España durante el franquismo a través de la legislación (1936-1951)*, Granada, Universidad de Granada, 2001.

Persia, Jorge de, *Los últimos años de Manuel de Falla*, 2ª ed., corregida y aumentada, Madrid, Fondo de Cultura Económica / Sociedad General de Autores de España, 1993.

Suárez-Pajares, Javier, "Una cuestión de Estado: La repatriación de Manuel de Falla vivo o muerto", en Celsa Alonso (coord.), *Creación musical, cultura popular y construcción nacional en la España contemporánea*, Madrid, Instituto Complutense de Ciencias Musicales, 2010, pp. 169-186.

TITOS MARTÍNEZ, Manuel, "Las actitudes políticas de Manuel de Falla: confianza, desconcierto y prevención", *Cuadernos de Historia Contemporánea*, 33, 2011, pp. 203-234.

VARGAS ALONSO, Francisco Manuel, "La música en el Ejército Vasco (1936-1937)", *Musiker. Cuadernos de música*, 17, 2010, pp. 233-264.

WEBER, Eckhard, "Colón-El Cristoforus. Manuel de Falla, la guerra civil y su cantata escénica *Atlántida*", *Quodlibet. Monográfico Falla II*, 55/3, 2014, pp. 132-145.

Los *Episodios de la Guerra Civil*, de Luis Montán: crónica de una propaganda por entregas

Marta Olivas
Universidad Complutense de Madrid

Cuando hablamos de propaganda en la Guerra Civil nos ocupamos, las más de las veces, de los grandes nombres o iniciativas que conforman lo que llamamos arte de urgencia. Sin embargo, durante los tres años de conflicto, la agitación política se canalizó a través de vías mucho más cotidianas como el periodismo, donde la crónica de guerra ocupaba un lugar privilegiado. Ya el gran José María Martínez Cachero dedicó unas páginas de su estudio *Liras entre lanzas. Historia de la Literatura Nacional en la Guerra Civil* (2000: 121-151) a esos autores –algunos prácticamente olvidados hoy en día– que, bien desde las trincheras, bien en la retaguardia, a golpe de telégrafo, redactaban sus reportajes y los presentaban al periódico de turno diaria o semanalmente. Como no podía ser de otra forma, la información aparecía revestida de ideología y apasionamiento en aras de captar o afianzar a los lectores en los valores que defendían.

Bien conocidos son ya los nombres de El Tebib Arrumi –Víctor Ruiz Albéniz–, Juan Deportista –Alberto Martín Fernández–, José María Pemán o Francisco de Cossío, pero junto a ellos figuran algunos autores más desconocidos –muchas veces con justicia– que también pusieron sus plumas al servicio de una causa en la que habían depositado no solo sus esperanzas personales, sino también las de su concepción de España. Una España cuya salvación radicaba precisamente en el triunfo de esa causa.

A lo largo de estas páginas estudiaremos con detenimiento el caso de *Episodios de la Guerra Civil*, de Luis Montán –Manuel Gómez Domingo– escritor madrileño huido a Valladolid, ciudad donde comenzó a escribir por y para el bando rebelde.

Notas sobre el entramado propagandístico vallisoletano

Valladolid constituyó uno de los bastiones de la ofensiva nacionalista y su actividad editorial fue, desde el inicio del conflicto, bastante notable. Hemos de mencionar someramente la Editorial Reconquista, gestionada por José Ruiz Castillo; al impresor Afrodisio Aguado, que se encargó de todas las publicaciones relativas al Auxilio de Invierno –después Auxilio Social– y, sobre todo, el triunvirato formado por *El Norte de Castilla*, la Casa Santarén y la Imprenta Castellana convertidas desde 1913 en parte de una misma empresa[1].

---

1. Según indica Nieves Caballero (2006b): "En abril de 1913, *El Norte de Castilla* se fusiona con la Casa Santarén (fundada en 1800), uno de los establecimientos de imprenta, librería y papelería más antiguos de Castilla y de España. Altabella destaca que aquella tienda situada en los soportales de Fuente Dorada "fue como un termómetro de la cultura vallisoletana". De esta manera, la empresa tiene un triple instrumento industrial: un periódico, una imprenta y una editorial. La operación llevó también a la fusión de los talleres gráficos de Santarén y la Imprenta Castellana". *El*

El Norte de Castilla constituyó uno de los medios de propaganda más efectivos del bando nacional. Respetado en la capital, con una cobertura amplísima y una difusión que alcanzaba todo el territorio castellano-leonés, las páginas de este diario estuvieron, desde los primeros días de la guerra, empapadas de un proselitismo por los rebeldes que aumentaba número a número –especialmente tras la muerte del jefe de la Falange castellana, Onésimo Redondo, en los primeros días del conflicto–. El periódico no solo daba cuenta del fervor popular por la FE, sino que lo ejercía, como atestiguan las dos planas que llegó a ocupar la "Suscripción patriótica" a favor del partido del yugo y las flechas o iniciativas como el "Día del plato único" con el fin de recoger fondos para el frente.

Por su parte, Imprenta Castellana era el taller de impresión tanto de *El Norte* como de la Casa Santarén; publicaba las obras de muchos de los columnistas del periódico "que más circula en la región castellana" –así rezaba el lema de su portada– y que más tarde eran vendidas por la Librería Santarén, que hacía las veces de editorial. Esta trinidad propagandística, como cualquier grupo de comunicación, se retroalimentaba constantemente. Sin ir más lejos, las páginas de *El Norte* están trufadas de anuncios a toda página de la Casa Santarén, con sede en el 27 de la calle Fuente Dorada, que contaba ya entonces con más de 130 años de antigüedad y que constituía unos de los centros de difusión editorial más importantes de Castilla. Además de este local, la familia Santarén poseía otro inmueble comercial en la calle Teresa Gil –concretamente los números 11, 13 y 15–, donde se vendía desde material escolar, artículos de oficina y papelería hasta flores artificiales o artículos religiosos. A la altura de 1936, el negocio era regentado presumiblemente por Nicomedes Sanz y Ruiz de la Peña[2], puesto que

---

Norte de Castilla había comprado a finales del XIX la Imprenta Castellana: "una máquina de doble reacción, último grito de la técnica, que imprimía al mismo tiempo las cuatro planas del periódico. Era una imprenta espaciosa y clara, frente a la lobreguez de los clásicos talleres de artes gráficas" (Caballero 2006a).

2. Según destaca Fernando Bravo (2006): "Sanz y Ruiz de la Peña [...] tenía una doble vinculación con *El Norte* por haber sido director literario de la

Fernando Santarén Madrazo, que constituyó la cuarta generación de libreros de esta dinastía, había muerto en 1933 y, como comentábamos previamente, la Casa Santarén formaba parte ahora de un grupo empresarial con *El Norte de Castilla* a la cabeza. Los Santarén, según podemos inferir de los datos que sacó a la luz el mejor conocedor de este comercio, Joaquín Díaz (2010), gozaban de una buena posición económica. No solo disponían de varias propiedades en la capital pucelana, sino que, a finales de 1901, Fernando Santarén cedió la propiedad de *Opinión* "por los múltiples negocios que pesan sobre su acreditada casa" (Díaz 2010: 127), dato que nos advierte del volumen de negocio de la empresa. Asimismo, hay constancia de que la familia pertenecía a la Sociedad de Propietarios del Teatro Lope de Vega (Díaz 2010: 127) por lo que podemos situar la Casa Santarén como uno de los baluartes del comercio cultural vallisoletano del momento. Ni que decir tiene que ellos también supieron sacar partido del conflicto: en *El Norte de Castilla* los anuncios de la Casa Santarén promocionando la venta de efigies del Generalísimo de los Ejércitos alternaban con la de poemarios de Pedro Salinas o Rafael Alberti.

Con unas ediciones y reediciones muy cuidadas, integraron el catálogo de la Librería Santarén poetas, novelistas o ensayistas como Francisco de Cossío –*Meditaciones españolas*, *Manolo*, *Guerra de salvación: del frente de Madrid al frente de Vizcaya*...–, Juan Deportista –*Los rojos*–, El Tebib Arrumi –*Héroes de España* y su serie completa sobre crónicas de guerra–, Mauricio de Oliveira –*La tragedia espanhola do Mar*–, Manuel Sánchez del Arco –*El sur de España en la Reconquista de Madrid*–, Nicomedes Sanz y Ruiz de la Peña –*Romancero de la*

Editorial Santarén". Así lo documenta Alejandro Riera al citar un expediente de censura de un poemario de Emilio Carrere: "El libro de poemas *Madrid resucitado* es presentado a censura el 23 de octubre de 1939 por el director de la Librería Santarén, Nicomedes Sanz y Ruiz de la Peña" (Díaz 2010: 3). Nicomedes Sanz y Ruiz de la Peña, más conocido hoy por su labor como vate laureado del bando rebelde –*Romances de Guerra y Amor*, *Romance de la muerte de Pepe García "El Algabeño"*, *Romancero de la Reconquista*– fue también redactor de *El Norte* y perteneció a la nómina de la Librería Santarén.

Reconquista, Romance de la muerte de Pepe García, "El Algabeño"–, Joaquín Arrarás –*Franco*–, Concha Espina –*Luna Roja. Novelas de Guerra*– M. Morales –*La guerra civil en el frente de Guipúzcoa*–..., muchos de los cuales colaboraron también como columnistas en *El Norte de Castilla*. Esta endogamia editorial no fue terreno exclusivo de la narrativa; destacado es el caso del drama *España inmortal*, de Otero del Pozo, que fue representado en el Teatro Lope de Vega de esa ciudad –en el cual, como ya hemos comentado, la familia Santarén ejercía parte de la gestión– y cuyo texto fue publicado por la Imprenta Castellana y vendido en la librería de Fuente Dorada. En consecuencia, las críticas que aparecieron en *El Norte*, bajo el sobretítulo "Literatura patriótica", fueron absolutamente apoteósicas.

Basta con echar un vistazo al "diario independiente de Valladolid" para apercibirse de la absoluta hegemonía de esta empresa en el panorama editorial castellano, lo que nos habla no solo de la tirada de los ejemplares que llevaban el sello de la Casa Santarén, sino también del alcance de las ediciones que auspiciaba.

Episodios de la Guerra Civil española

Manuel Gómez Domingo: un autor para dos pseudónimos

Manuel Gómez Domingo (1891-1954), periodista valenciano, fue crítico deportivo en diarios como *La voz* y *El Heraldo de Madrid*. Se formó en *Informaciones* al lado de Juan Pujol y ya a la altura de 1936 era bien conocido por los habituales de los kioskos. La guerra le sorprendió en Madrid, desde donde viajó a Valladolid con su familia. Comenzó a colaborar con *El Norte de Castilla* seguramente bajo la protección de Francisco de Cossío[3] que, a la sazón, era el director de la publicación. El día

3. Gómez Domingo consideró a Cossío su mentor, como deja palpable en la dedicatoria de *¡Guerra!* (1937): "Al gran maestro don Francisco de Cossío, cuyas generosidades y enseñanzas no podré olvidar nunca".

18 de agosto de 1936 se anunciaba en primera plana la incorporación a sus filas del "popular cronista de deportes [...] próximo pariente de Calvo Sotelo" tras haber sufrido "la vigilancia y persecución de los marxistas en el Guadarrama", para concluir "y hoy, al fin, se encuentra entre nosotros como en su centro natural y como si siempre hubiese vivido en Valladolid" (Redacción 1936: 1). Como él mismo declararía en el prólogo a *Los bárbaros*: "*El Norte de Castilla* me recogió. Yo era el periodista fuera de su casa. Y *El Norte de Castilla* fue mi casa. Porque su dirección me abrió sus puertas y su redacción sus brazos y su estímulo. [...] Les pago en cobre el oro de la amistad y del consejo que a manos llenas me entregaron. Pero les doy cuanto tengo" (1938: 6-7).

Gómez Domingo publicó su obra bajo el pseudónimo Rienzi[4] –evidentemente tomado de la ópera homónima de Wagner, *Rienzi, el último de los tribunos*, con el cual, además de su labor periodística, ya hacia 1937 había firmado unos ocho títulos literarios de variada adscripción genérica, desde poemarios –*La flauta encantada* (Valencia, 1911); *Líquenes* (Madrid, 1912); *De sol a sol* (Madrid, 1913)– hasta novela –*Niña Melo* (Barcelona, 1915)–, ensayo –*Espejo cóncavo* (Madrid, 1917)– o relatos deportivos –*De Zamora al "Rey Gaspar"* (Madrid, 1913)–.

Su actividad en Valladolid fue frenética: no solo comenzó a escribir en *El Norte de Castilla*, sino que fundó, junto al también periodista Luis García Sicilia, el semanario de humor gráfico *¡La Karaba!* La revista estaba destinada a las tropas del bando nacional y fue la primera en su género dentro del bando rebelde. El primer número está fechado el 17 de octubre de 1936, mientras que *La Trinchera*[5] –pos-

---

4. Su hijo, Rafael Gómez Redondo (1930-2011), fue también periodista deportivo. Dirigió el diario *AS* de 1981 a 1993 y utilizó durante su carrera el mismo pseudónimo que su padre.

5. *La Trinchera*, creada a instancias de la Delegación del Estado para Prensa y Propaganda, nace el 18 de enero de 1937 y fue dirigida por Rogelio Pérez Olivares, también cronista de guerra para *El Norte de Castilla* y cuyos trabajos recogió en el libro *España en la cruz* (1937). A partir del tercer número, pasó a llamarse *La Ametralladora* –los redactores argumentaban "que el cambio se debía a que los rojos habían plagiado el nombre"– (Llera 2007: 18).

teriormente *La Ametralladora*– comenzó a publicarse en enero de 1937. Durante el conflicto, dio a la imprenta dos libros: la que probablemente sea su obra más recordada *¡Guerra! Reportajes de la Guerra Civil* (Valladolid, 1937) y *Los bárbaros* (1938). Puntualmente, colaboró con algún relato en revistas afectas al bando rebelde. Es el caso de "¿Por qué me casé?", que apareció en *Domingo*, el 21 de agosto de 1938.

Luis Montán fue otro de los pseudónimos que empleó Gómez Domingo –"De incógnito acudí a la guerra y, amparado en este pseudónimo de Luis Montán (personaje de *Manzana de Anís*, de Francis James) seguiré en mi labor sucesiva de ir desempolvando, por orden de recuerdos, cuanto en los frentes fue desfilando ante la mirada, un poco sobrecogida por el espanto" (Rienzi 1937: 263)–. Como Luis Montán escribió muchos de los artículos sobre el frente de Madrid redactados en Cuatro Vientos, Navalcarnero… que recogió en *El Norte de Castilla* y viajó también al frente del norte –Vizcaya, Vitoria…–. También es Luis Montán quien figura como autor de la colección *Episodios de la Guerra Civil* publicada por Librería Santarén y a la que dedicaremos las siguientes páginas. Posteriormente tenemos constancia de la publicación del poemario *Raya en el agua (Versos para la mujer)* –Valladolid, 1939[6]–.

Al terminar la guerra, Manolo Domingo –como era conocido por sus compañeros de profesión–, regresó a la capital, donde volvió a consagrarse al periodismo deportivo. Trabajó para Radio Nacional de España, el diario *Madrid* e impartió conferencias y charlas en la Federación Española de Fútbol. Escribió también diversos números de la serie "Vida y deporte" sobre distintos futbolistas del período –Alonso, Campos, Isaac Oceja…– que publicó Afrodisio Aguado en 1943. Reconocido como pionero del periodismo deportivo, murió a los 63 años a causa de una "penosa enfermedad" (Redacción, p. 41).

6. Se anunció en la contraportada de *Los bárbaros* la próxima aparición de una nueva novela titulada *El barquero de Blasamen* de la cual no hemos podido hallar ninguna otra referencia que confirme su publicación.

La colección

La serie está formada por trece volúmenes cuyas fechas de publicación desconocemos. No aparece un pie de imprenta fechado en ninguna de los episodios, por lo que no podemos datarlos más que de una forma aproximada[7]. Tanto por los eventos que narran, la forma de referirse a ellos, la publicidad aparecida en *El Norte de Castilla*, así como por una dedicatoria fechada en el undécimo número, inferimos que salieron de la imprenta entre finales de 1936 y principios de 1937 hasta 1939[8]. En el recto de la contraportada del decimotercero se anuncia una nueva entrega titulada *Gijón rojo y trágico*, de la cual no hemos encontrado rastro, por lo que parece probable que no llegara a publicarse. Los títulos de los que tenemos noticia son los siguientes:

1. *Cómo fue tomado el alto del León.*
2. *Los Centauros de España en el Puerto del Pico.*
3. *La conquista de Retamares por la columna de Castejón.*
4. *Asalto y defensa heroica del Cuartel de la Montaña.*
5. *Cómo conquistó Sevilla el General Queipo de Llano.*
6. *Tortura y salvación de Málaga.*
7. *Por qué fue rojo Madrid.*
8. *¡Guadalajara, heroica y mártir!*
9. *Martirio y reconquista de Vizcaya.*
10. *Bilbao rojo y Bilbao nacional.*
11. *Gloria y proeza de los de San Quintín.*
12. *Defensa y martirio de Santa María de la Cabeza.*
13. *Aventura del más joven legionario.*

[14. *Gijón rojo y trágico*].

---

7. Debido a su imprecisa fecha de publicación, de ahora en adelante se utilizará como referencia en las citas textuales el número de la entrega en lugar del año en que se dio a la imprenta.
8. En el decimotercer volumen se dice explícitamente: "Y esa juventud española, ese espíritu de la juventud española, es nada menos que el que ha ganado la guerra" (Montán 13: 1) por lo que se deduce que su redacción es posterior a abril de 1939 o, al menos, data de 1939, cuando la guerra estaba ya prácticamente ganada por el ejército rebelde.

Se trata de ejemplares impresos en cuarta (22 x 16), encuadernados en rústica con grapa y de entre 29 y 32 páginas, que se vendían a 60 céntimos, lo cual hace pensar en una difusión más o menos amplia, por asequible, del producto. Los primeros nueve volúmenes fueron ilustrados por el dibujante pucelano Geache –Gregorio Hortelano Martínez, uno de los caricaturistas de *El Norte de Castilla*–, a excepción del sexto, *Tortura y salvación de Málaga*, ilustrado por S. F. –seguramente Stefan Frank–[9]. El décimo número fue fruto de la colaboración entre Geache e Ito. El primero se encargó de la portada y el segundo, de las ilustraciones interiores. Desde entonces, fue Ito quien tomó el relevo del grafismo en los últimos tres números. Ito trabajó en *El Norte* con asiduidad a partir de 1937, donde firmaba la tira cómica "Película de la semana", en la que los 'rojos' resultaban siempre el buscapié natural de la chanza. Gómez Domingo y él eran ya viejos conocidos, puesto que el dibujante había colaborado en el número del 17 de octubre de 1936 de *¡La Karaba! Semanario Humorístico, Hiperclorídico y Antimarxista*. Asimismo, Ito también trabajaba en la recién creada revista de humor de la Delegación de Estado para Prensa y Propaganda del bando nacional *La Ametralladora. Semanario de los soldados*[10] y en el semanario infantil de Falange, *Flechas*. Es más que probable que tras ese pseudónimo se escondiera otro mucho más célebre: nada más y nada menos que K-Hito –Ricardo García López–[11].

---

9. En el Centro Documental de la Memoria Histórica, la portada e ilustraciones de *Los bárbaros*, el libro de crónicas bélicas firmado por Rienzi, aparecen registradas bajo la autoría de Stefan Frank, a quien corresponderían las iniciales S. F. Este artista fue responsable de la portada de *Campañas del Jarama y el Tajuña*, de El Tebib Arrumi, publicado por la Librería Santarén en 1938, que firmó como "St. Frank". El estilo es tremendamente parecido, por lo que resulta evidente que nos encontramos ante el mismo dibujante.

10. La revista empezó a publicarse en Valladolid y se publicitaba también en *El Norte de Castilla*. Cuando Mihura –Lilo– tomó las riendas de la dirección –desde el número vigesimotercero hasta su desaparición–, se empezó a editar en San Sebastián.

11. Didier Corderot (2005), al hablar del seminario *Flechas*, también señaló que Ito y Ricardo García López podrían ser la misma persona. En mi opinión,

Los episodios solían contar con una o dos ilustraciones a página completa y unas cinco o seis de pequeño formato. Tanto Geache como Ito realizan dibujos en blanco y negro. El primero sigue, por lo general, una línea mucho más sobria y esquemática, de contornos finos –los dibujos "menores" están a veces meramente bosquejados– tipografías sencillas y portadas a dos colores. Ito realiza ya portadas a tres colores, con grafismos más redondeados e ilustraciones donde predominan las zonas coloreadas y de fuertes sombreados.

En los trece volúmenes, Gómez Domingo, como tantos otros cronistas de su entorno –El Tebib Arrumi, Rogelio Olivares...– delinea los primeros trazos de lo que será la historia oficial del franquismo a través de una serie de relatos pseudocronísticos con un estilo a caballo entre lo épico y lo periodístico. Los episodios entremezclan la cotidianidad de los soldados o milicianos falangistas y la ofensiva militar que intitula cada una de las entregas[12]. Todo ello, evidentemente, salpicado con valoraciones del narrador que

si comparamos el estilo de ambos trabajos, nos encontramos ante algo más que una mera posibilidad. Por otra parte, hemos de tener en cuenta que Ito también trabajó en *La Ametralladora*, publicación de humor ligada directamente a antiguos colaboradores de Ricardo García López en la revista *Gutiérrez* como Tono o Mihura y con la que algunos estudiosos le han relacionado. Por tanto, es posible que Ricardo García López, huido de Valencia a los pocos meses de estallar la guerra y siendo ya un dibujante famoso –a la altura de 1936 no solo había dirigido *Gutiérrez*, sino también los seminarios infantiles *Macaco* y *Macaquete* y había colaborado con múltiples publicaciones como *La Tribuna*, *El Imparcial*, *ABC* o la revista de corte conservador *Gracia y Justicia*–, quisiera evitar a sus familiares o conocidos que permaneciesen en zona republicana cualquier tipo de represalia. Esto explicaría el escamoteo de su célebre pseudónimo. Algo parecido le sucedió a Miguel Mihura, quien firmó como Lilo su trabajo en *Vértice* y *La Ametralladora*.

12. Véase un ejemplo de esa cotidianidad soldadesca extraído de la tercera entrega: "En la destartalada 'Casilla de la Muerte', moros y falangistas sentían [...] una reminiscencia del confort alrededor del té preparado por los marroquíes o enzarzados en una amistosa partida de cartas que discurría entre bromas y la admiración de los moros al ver lo bien que algunos de la 'harca amiga' le daban al naipe".

empapan el relato de una retranca laudatoria que lastra la diégesis. En otros episodios, por el contrario –especialmente los dedicados a Madrid, Málaga y Sevilla–, más que incidir en las vicisitudes bélicas, se presenta un estado de cosas previo al levantamiento en la ciudad de turno para pasar después a la narración de las conversaciones de índole política entre los distintos jefes del Ejército. En esas charlas, se configura la ofensiva, expuesta a lo largo de distintos capítulos, que constituye una especie de "prólogo" a la narración puramente militar.

El aire de crónica histórica se deja sentir, sobre todo, en la minuciosa descripción de las batallas, así como las menciones de los personajes con nombres y apellidos y en la presentación de cuadros absolutamente anecdóticos –casi podríamos decir de costumbrismo bélico– con un extremado nivel de detallismo que, para el lector del siglo xxi, resulta a veces rayano en lo ridículo, pues hace sospechar de una posible ficcionalidad en determinadas escenas y de un sacrificio de la veracidad –por tendenciosamente que sea contada– en pro de la propaganda, del sentimentalismo o de la construcción de un relato ameno que capte la atención del lector. En cualquier caso, la prosa de Gómez Domingo trabaja con innegable oficio y denuedo por la 'Cruzada'.

La mayoría de los episodios están contados por un narrador omnisciente que, si bien no lleva a cabo una introspección psicológica en los personajes, presenta un relato fuertemente connotado tras pasar los hechos por el tamiz de su subjetividad por lo que en ningún caso podría entenderse como narrador objetivo –pese a que Gómez Domingo intente generar la impresión contraria–. Sin embargo, la naturaleza de la narración varía en algunas entregas; por ejemplo, en la cuarta, la quinta o la sexta, la omnisciencia está condicionada bien por entrevistas previas con testigos –cuatro– o charlas con cronistas de la zona –cinco, seis–[13], mientras que en la octava encontramos un na-

13. "He llegado de Sevilla con un cuaderno repleto de notas cuya simple ordenación me alarma. Viejos amigos que vivieron y hasta fueron intérpretes del

rrador testigo –nada menos que un ex miliciano–. Asimismo, en la décima, la sensación de objetividad se pretende crear a través de la intervención de diversos narradores testigos –en este caso soldados– que hablan mediante las reproducciones íntegras de sus cartas que, obviamente, se presentan como auténticas. Los guiños al lector –en forma de apelaciones directas o estructuras y comentarios de orden metanarrativo– son frecuentes y, además de acercar al receptor el punto de vista del autor y a las dificultades que enfrenta a la hora de llevar al papel las distintas hazañas, actúan como *captatio* dispensando las posibles carencias del relato.

"Sobre los luceros": calas en la retórica de *Episodios de la Guerra Civil*

A colación de *¡Guerra!*, Martínez Cachero valoraba así la escritura de Manuel Gómez Domingo: "Sus crónicas bélicas resultan argumental y formalmente correctas y no ceñidas con exclusividad a los hechos ocurridos sino dotadas de un cierto regusto literario ayudado por una pluma diestra en la narración" (1999: 136). Ahondando en el acertado juicio del crítico asturiano y, pese al estilo cronístico que hemos apuntado, en *Episodios...* encontramos frecuentemente grandes deudas líricas merced a metáforas que trufan la referencialidad narrativa imperante. Por otra parte, tanto el narrador omnisciente como los distintos narradores testigos que aparecen en la colección encuentran solaz en las descripciones, algunas de las cuales resultan absolutamente descarnadas cuando aluden a la muerte:

> El comunista de Guadarrama, vestido con pantalón y camisa blancos, empuñaba aún su pistola niquelada. Sobre la tetilla iz-

hecho memorable se desvivieron para servirme, facilitándome tan abundante acopio de datos, que aun obligado por gratitud, son estos mi inquietud y mi desconcierto" [Montán 5: 4]. Más adelante mencionará a Manuel Sánchez del Arco y Guzmán de Alfarache, como dos de los más destacados cronistas de la capital hispalense por lo que, a buen seguro, pudieron servirle de fuente.

> quierda le brotaba un hilo de sangre que iba abriendo una gran mancha roja sobre el lienzo. Una palidez cerúlea le cubría el rostro. Tenía los ojos abiertos, abiertos con esa dilatación de las pupilas en una última mirada de detención y despedida sobre las cosas. [...] El tercero, un joven alto y delgado, extendido cara arriba, abría acompasadamente los labios con esa voracidad de aire que parecen tener los peces recién sacados del agua (Montán 1: 15).

Como se verá, la desacreditación del enemigo en *Episodios...* reside más en la prolija plasticidad de las escenas de destrucción que este siembra que en el improperio:

> Una señora se asomó al balcón de su casa y comenzó a llamar a gritos a una niña que momentos antes había salido a la carretera. El avión [...] de nuevo descargó sobre las viviendas una segunda cinta de ametralladora. La señora del balcón cayó muerta sobre la barandilla, con la cabeza cosida a balazos. Quedó de pie, con la cabeza y medio cuerpo colgando hacia fuera, como un trágico muñeco grotesco (Montán 1: 20).

Cuantitativamente no hay, pues, una poética de la infamia a través de la acumulación de un léxico injuriante, sino mediante la gráfica descripción de unos hechos que caracterizan a la perfección a quienes los cometen. La estrategia propagandística se presenta así de una forma más sibilina, pero, sin duda, mucho más efectiva y revestida de objetividad; el enemigo se define a sí mismo a través de sus actos[14]:

14. Esta obsesión por el impacto de la imagen, presente en ambos bandos, se evidencia con la inclusión de dibujos que afianzan el horror rojo en la retina del lector. Ejemplos de la apuesta por lo visual en el bando nacional son *Fotos. Semanario Gráfico de Reportajes* y, más tarde, *Semanario Gráfico Nacionalsindicalista* –nacido en febrero de 1937– o publicaciones como *500 fotos de la guerra* que, prologado por José María de Cossío y publicado también en 1937, como no podía ser de otra forma, por la Librería Santarén, ahondaban en la veta abierta por la propaganda escrita y alcanzaban a un público mucho más amplio.

> Conocedor el populacho que de madrugada eran trasladados los detenidos en la Aduana al "Chávarri", una mañana se apostaron cerca de sesenta pescadores y pescadoras del barrio de Miraflores del Palo y al salir conducido un militar cuyo nombre no nos fue posible averiguar, los pescadores se abalanzaron sobre el detenido [...] Lo arrastraron atado de una soga al cuello por el muelle de Heredia. Luego le cortaron las manos y arrojaron el cadáver al mar. Durante varios días "el pueblo" acudió al muelle de Heredia. En él, junto a una farola, se veía como un gran manchón de sangre y en su centro el cinturón del correaje de un uniforme. Nadie se atrevía a tocarle (6: 26).

Algunos de esos pasajes descriptivos evidencian la marcada voluntad de estilo de Gómez Domingo: "En cabeza del Tercio, los carros de asalto se alineaban en formación abierta. Grises, largos y enanos, como orugas pegadas a la tierra, con sus torretas giratorias y la ranura abierta en trágica mueca por donde asomaba el tubo de fuego, como un ojo vigilante en el camino" (Montán 3: 10). O, en el capítulo sobre la toma de Málaga: "Llegó un momento en que la experiencia se vino abajo y la confusión más grande, el más horroroso desbarajuste fue la tónica de la vida malagueña, en la que comenzó a aparecer la trágica máscara del hambre" (Montán 6: 26). En todas estas imágenes de corte más poético destaca una empleada de forma recurrente: la de los cadáveres bajo las estrellas o, más en concreto, la de la subida a los cielos de los caídos que se convierten en una suerte de centinelas sobre la atalaya astral: "De casi todos ellos [se refiere a los soldados fallecidos] ya no sabremos más. Hacen ya guardia sobre los luceros" (Montán 1: 5); "Todo ello, puesto en pie, se cubría con los versos marciales del Himno de la Falange, rito nuevo y coro de fe bajo la noche estrellada" (Montán 6: 31).

En alguna ocasión la metáfora tiene carácter deportivo, puede que por deformación profesional o quizá en una suerte de guiño a su álter ego más célebre, Rienzi: "Unos y otros sabían que se iban a jugar la carta decisiva. Ser o no ser. Las dos tendencias, 'fascismo' y marxismo, saltaban al *ring*. Gran *match* entre el nacionalismo y el bolchevismo. Uno de los dos contrincantes tenía que desaparecer porque los dos no cabían ya en el suelo de España" (Montán 7: 12).

Como hemos podido comprobar gracias a algunas de las citas que hemos apuntado, resulta incontestable que Gómez Domingo era un narrador solvente que sabía manejar la tensión del relato y estructurarlo mediante imágenes, paralelismos o símbolos que, si bien un tanto manidos, resultan efectivos. Véase, por ejemplo, el juego con las banderas que establece en *Cómo fue conquistado...* o en *La conquista de Retamares...*: "Los últimos reductos rojos fueron al avance victorioso de nuestras tropas que [...] seguían abriéndose paso hacia las naves donde la bandera soviética se erguía al viento como un reto" (Montán 3: 14). Más tarde, tras la victoria de los nacionales, el capítulo se cerraba con una nueva alusión a la bandera: "La bandera soviética se derrumbó bajo el golpe certero de un hacha. Y en su lugar, la enseña roja y gualda de España se rizó a los vientos, proclamando que Retamares había sido ya ganado para la gran causa nacional" (Montán 3: 17). Al tiempo, el retrato de algunos personajes que sobresalen del gran personaje colectivo 'bando nacional' aporta cierta profundidad a la historia e incluso es susceptible de conectar con un lector más actual. Es el caso del regular Alí Mamit: un prodigio con la "fusila" y miembro de la "mia" que apuntaba en su "cuaderna" con un lápiz un palito por cada rojo "cazado". Mamit es asesinado a bayonetazos durante un saqueo y enterrado en una bancada de tierra con su cuaderno y su lápiz despuntado "con el que fue trazando su corto camino hacia el heroísmo".

Por otra parte y, al igual que cualquier otro escritor al servicio de una ideología, la crónica se entremezcla muchas veces con la pura ficción a través de una escritura hiperbólica que, como hemos visto anteriormente, llega a caricaturizar los rasgos que se quieren destacar del enemigo. En múltiples ocasiones, la hipérbole se lleva a término a través del tópico de la imposibilidad de contar, al que el autor recurre frecuentemente: "La llegada al centro del pueblo de los camiones con tropa y falangistas fue algo apoteósico, que la pluma mejor cortada apenas acertaría a describir" (Montán 1: 16) o, en el volumen quinto: "Sevilla vivía el tránsito inenarrable de la vieja a la nueva España" (19), "La confusión que la detonación produjo no es para descrita" (6: 12). La inefabilidad de la grandeza de la gesta y la humildad de su pluma ante hechos tan grandiosos es repetida *ad nauseam*, sobre todo en los últimos números, donde también se hacen comentarios alusivos a lo escueto del soporte en que se inserta la crónica: "Sevilla, el general Queipo de Llano y la magnitud del suceso en sí son dignos, a más de una mejor pluma que mi pequeña pluma, de un volumen en el que no escape detalle heroico ni nombre meritísimo. Y eso me es imposible en el reducido espacio de que dispongo" (5: 4); y, más adelante: "No es posible contener en un Episodio de la guerra civil española la dilatada historia de los soldados de San Benito; la pluma tiene que resignarse a un trazo ligero sin aspirar a plasmar con caracteres definitivos todo lo grande y todo lo heroico del contenido de esta guerra civil" (10: 8). Como apuntábamos, la autorreferencialidad surge con frecuencia a partir del cuarto número cuando el tópico de modestia aparece de una forma más marcada.

Algunos rasgos temáticos

Desde el primero de los volúmenes, *Cómo fue tomado el Alto del León*, quedan asentados una serie de ítems que cada uno de los siguientes doce números se encargará de suscribir. Uno de los más frecuentes es el "argumentario" del Alzamiento y la constatación de su necesidad:

> Ya no era posible conllevar la situación [...] porque no era posible que los "unos", gentes de tradición, de honor, de principios humanos, de fe católica, de exaltación española, gentes en fin de la civilización, pudieran convivir con los "otros", gentes sin patria y sin Dios, esbirros de la Rusia esteparia y brutal de Stalin, marxistas sin sentido de la familia y sin criterio humano, gentes materializadas y brutales, ejercitadores del crimen desde el Poder, incitadores al sacrilegio, a la profanación, al incendio, a la vejación de todos los derechos humanos, a la violación de todos los principios de la civilización (7: 6).

Como es evidente, la justificación encuentra su razón de ser en el caos que regía el (des)gobierno republicano, los constantes estupros al sistema de valores moral y religioso conservador y, en última instancia, al asesinato del "noble patricio" José Calvo Sotelo –mencionado en numerosas ocasiones a lo largo de toda la colección–. Así se hace patente en *Asalto y defensa heroica del Cuartel de la Montaña*:

> La noticia [del Alzamiento] causó verdadera sensación en todas partes: en los centros políticos, en los Cuarteles, en los Ministerios, en las redacciones de los periódicos y hasta en la intimidad de los hogares. Los abusos continuados de Poder por parte de socialistas y republicanos de izquierda en sórdida colaboración con los agentes de Moscú y los prohombres de la masonería, tenían ya al borde de la desesperación a los pacíficos y buenos españoles, a los que incluso se les negaba el derecho al trabajo y se les hacía vivir bajo las más ominosas amenazas y coacciones [...]. Pero el ansiado alzamiento iba retardándose. Sólo la acción heroica [...] de los hombres de la Falange [...] era síntoma de que España no estaba dispuesta a dejar en la impunidad la ininterrumpida sucesión de crímenes a cargo del "honrado" proletariado (Montán 4: 6).

El enemigo es nominalizado a través de nombres colectivos: "horda", "jauría", "asalariados de Moscú", "chusma roja"... Cuando se concreta o se focaliza sobre algún personaje del bando contrario, se le caracteriza mediante sustantivos comunes que remarcan una cierta anonimia y antiindividualización: "el rojo", "el marxista", "el comunista",... "Centurias" frente a "turbas", el rojo es siempre reflejado como un soldado inexperto, de maneras torpes y adiestramiento deficiente cuya cobardía no le impide, con todo, ser absolutamente cruel y devastador[15]. Obviamente, el desprestigio de los

15. Deteniéndonos en esta caracterización se advierte que a medida que avanzan las entregas y, por tanto, el conflicto, advertimos un mayor desprecio por el soldado/miliciano republicano. Resulta elocuente, en la anécdota que refiere Gómez Morales en el capítulo tercero (Montán 3: 21-22): "Entre los rojos

milicianos se abanica en cada una de las entregas: "Todo el mundo en Málaga quería ser miliciano para vivir sin trabajar" (6: 26).

Precisamente *Tortura y salvación de Málaga* supone, a este respecto, uno de los ejemplos más evidentes del retrato del oponente con una ferocidad casi animal. A lo largo de más de diez páginas se da cuenta de las tropelías de todo tipo llevadas a cabo tanto por los simpatizantes del gobierno de la República –lo que Montán llama, con significativo entrecomillado, "el pueblo"– tanto como por los guardias de asalto, comunistas o anarquistas con la connivencia del gobernador civil que, de acuerdo con el autor, animó al pueblo a tomarse la justicia por su mano:

> En la Plaza de la Constitución se organizó un mitin faísta, en el que los oradores invitaban de nuevo a la matanza a sus asociados. La chusma salió del mitin sedienta de venganza, y por la noche, Málaga fue testigo de la más horrible carnicería que registra la Historia. [...] el rencor sediento de sangre no respetó incluso ni a mujeres ni a niños. Aquella noche de Nochebuena se calcula que que-

---

había un teniente que era el más hablador y por las noches, desde la casilla a las zanjas enemigas se entablaban pintorescas conversaciones. Falangistas y rojos, con cierta donosura, se ponían verdes o bien se cruzaban esos diálogos de la guerra, en los que la chazoneta iba envuelta en la tragedia inminente de todos. Ya le conocían de nombre hasta en la 'Casilla de la Muerte' porque frecuentemente se les oía decir a los milicianos marxistas: –¡Tócanos un poco la guitarra, Serafín, que te oigan los fascistas! Y el teniente Serafín, en el fondo de la trinchera, rasgueaba con cierto primor un fandanguillo, cuyas notas quedaban temblando en la profundidad silenciosa de la noche. Los nuestros gritaban: –¡Otro, otro! ¡Ahora tócanos algo de Wagner! –¡No me da la gana, que ese es alemán!". Este, probablemente, sea uno de los únicos momentos en que se nominaliza al enemigo– a excepción, claro está, de figuras destacadas del bando republicano: políticos, jefes de la Guardia de Asalto,...– y cuya consideración se halla dentro de unos parámetros más o menos humanos. En nuestra opinión, constituye uno de los mejores y más modernos pasajes de toda la serie, precisamente por la lograda sensación de cotidianidad y la relajación del retrato polarizado de los dos bandos. Como concluye Gómez Domingo a renglón seguido: "El optimismo joven vivía también sus buenos ratos bajo la metralla, en una mezcla de sangre y de risa, de esperanza y desesperación".

daron sobre las losas de las calles malagueñas, unos ochocientos cadáveres, algunos de los cuales eran luego rociados con gasolina y quemados (6: 29).

No deja de resultar llamativo que precisamente la entrega *Tortura y salvación de Málaga* sea la que dedique más atención a los saqueos y las masacres llevadas a cabo por los republicanos durante los casi ocho meses en los que la ciudad permaneció bajo su gobierno. De hecho y, contra lo que suele constituir la tónica de la colección, solo una página, la última, se consagra a hablar de la "salvación" que intitula el episodio. Se menciona la intervención de Queipo de Llano, así como la huida del general Kleber y el coronel Villalba –supuestamente en un buque con bandera inglesa–, pero, como es obvio, no se hace ningún tipo de alusión a la colaboración de los italianos en la toma de la ciudad ni a los tristemente célebres sucesos acaecidos durante el éxodo republicano hacia Almería –el 8 de febrero de 1937–. Quizá este volumen sirviera precisamente como contrapropaganda de esa masacre.

Por otra parte, la miliciana apenas es atendida por el autor. De hecho, no aparecen mujeres actantes en *Episodios...* y apenas se utiliza el término "milicianas" para referirse a mujeres que podrían serlo, sino calificativos como "mujeres airadas", "mujerzuelas", "mujeres fiera",... La única entrega donde se trata el tema de la participación de la mujer en la guerra y se utiliza el marbete "miliciana" es *¡Guadalajara, heroica y mártir!* Este tratamiento ahonda, como era esperable, en el camino del vituperio y explota la asociación de la miliciana con la prostitución que tanto abanicó la propaganda del bando nacional y que incluso existía en las filas del republicanismo[16]: "Las milicianas nos ofrecían todas sus exaltaciones, todas, absolutamente todas. Muchas de ellas, sobre la carne, se habían colocado el mono y sobre el mono, se enroscaban en caricia

16. A este respecto, resulta de obligada lectura la monografía *Rojas, las mujeres republicanas durante la Guerra Civil*, de Mary Nash (1999).

perversa al hombre que encontraban al lado. Y le ofrecían sus gritos, su olor acre" (Montán 8: 11-12). Más tarde, el descrédito da lugar al tratamiento sexista y condescendiente:

> Las mujeres no se han hecho para la guerra. [...] Esto de traer mujeres para que mueran por nosotros no es humano ni es español. [...] Una bella muchacha rubia, rota la frente de un balazo, había quedado tendida boca arriba y con los ojos abiertos cara al cielo. Eran aquellos ojos tan azules, que parecían gotas lloradas del cielo mismo sobre aquel rostro de "muchachita en flor". ¡Cómo clavaban su ceguera de muerte en la claridad de los cielos...! [...] A quién se le ocurre llevar mujeres a la guerra, para hacer la guerra. Sólo a ellos; sólo a aquellas "pobrecillas" caídas de espaldas al sol, a la religión, a la cultura, a la feminidad. ¡Veinticinco hembras de fiera, caídas en lucha contra Dios! Dios las habrá perdonado porque no supieron lo que hacían (Montán 8: 24-25).

Como ya adelantábamos, la caracterización del miliciano es íntegramente negativa. No hay un solo republicano "amable" en *Episodios de la Guerra Civil.* De hecho, una de las grandes virtudes narrativas precisamente de *¡Guadalajara, heroica y mártir!* reside en hacer creer al lector que se encuentra frente a un miliciano justo y magnánimo para desvelar, hacia el final de la entrega, en plena agonía del personaje, que se trataba en realidad de un hombre de ideología conservadora[17]. Por otra parte, ya habíamos señalado anteriormente que esta octava entrega presenta una estructura de relato marco donde la historia principal es contada por un narrador testigo: Tomás, un ex miliciano pasado al bando nacional en Navalcarnero. Esta disposición evidencia cómo Gómez Domingo pretende ahon-

---

17. "Yo... no soy... nada... sólo el responsable... de tu batallón. No pasaré a la Historia... Mi nombre... no te hace falta para nada... lucha por España... no te importe morir por ella... pero muere como yo 'cara al sol' [...] ¡Arriba... Es... pa...!" (Montán 8: 29). Más adelante, para mayor clarificación de la cerrazón del ejército rojo, uno de los milicianos concluirá: "Sabía de letras, hablaba bien... pero era un fascista" (Montán 8: 31)

dar en el retrato perverso del bando contrario desde un punto de vista pretendidamente más neutral y desapasionado, aunque, como es lógico, su estilo es permanentemente perceptible.

A este tratamiento hemos de sumar el hecho de que, en determinados volúmenes, se deja patente que son los rojos quienes han roto la armonía de los ciudadanos de bien. Uno de los ejemplos preclaros en este sentido lo encontramos ya en la primera entrega, *Cómo fue tomado el Alto de León*, donde los enemigos quiebran la paz de una residencial e idílica Guadarrama: "Poco después hicieron su entrada en San Rafael apoyados en las ventanillas y miraban jactanciosa y aun enojadamente, a la gente que discurría pacíficamente por la carretera" (Montán 1: 6). Incluso se suceden escenas que rozan lo bucólico para incidir en esa tranquilidad y concordia reinantes tras la llegada de los nacionales en contraposición al caos que, como unos *atilas*, siembran los rojos a su paso: "Los rojos, señor, los rojos que estuvieron aquí y se nos llevaron a todos los hombres dejándonos con la tierra y el cielo" (Montán 2: 13).

En *Asalto y defensa heroica del Cuartel de la Montaña* se define el episodio histórico como "la primera página de la guerra y en ella se inician [*sic*], por consiguiente, *la serie de grandes crímenes con que las hordas rojas habían de convertir más tarde la tierra española en una inmensa mancha de sangre*" (Montán 4: 2; la cursiva es mía). Esta entrega constituye, sin duda, una de más interesantes de la colección, no solo por constituir uno de los dos enfrentamientos que no se salda con una victoria del bando nacional –el otro lo encontraremos en *Defensa y martirio de Santa María de la Cabeza*–, sino también por tratarse de la primera –y la única junto con la quinta– que cuenta con un prólogo que introduce la narración y que se detiene a explicar el interés y la motivación del relato. Manuel Gómez Domingo, se refiere a él como "el capítulo más inédito de la guerra", y continúa: "Acerca de su desarrollo apenas posee el gran público una versión exacta y detallada. Se ignoran las líneas generales del gran suceso que produjo por aquel entonces una gran conmoción en el país y aún sigue hoy, a pesar del tiempo transcurrido, siendo una incógnita hacia la que convergen ansiedad y curiosidad unánimes" (Montán 4: 4). Asimismo, resulta significativo cómo el autor remarca la supuesta demanda popular de una entrega sobre este suceso: "Todo ello nos obliga [...] a forzar nuevamente éste [se refiere al orden cronológico], ofreciendo hoy tan interesante capítulo al conocimiento del público antes de lo que fue nuestra primera intención y propósito, respondiendo con ello a sugerencias y ruegos recibidos" (Montán 4: 5). Para terminar el proemio, el autor se detiene a mencionar las fuentes que lo apoyan, lo cual no deja de ser peculiar toda vez que en las primeras entregas de la serie no había considerado pertinente justificación referencial alguna: "Y dicho esto, sólo nos cumple añadir que en este emocionante relato [...] nos ajustamos fielmente y en un todo a las declaraciones que acerca del mismo nos fueron hechas por dos de los pocos supervivientes de aquella gran tragedia, que después de mil vicisitudes lograron pasarse a nuestras líneas. Son estos un soldado de Ingenieros y un falangista" (4: 5). Todos estos gestos dan cuenta no solo de la polémica que rodea el suceso o lo mucho que podría interesar a ciertos círculos excusar uno de los mayores fracasos del Alzamiento, sino también del interés de Gómez Domingo por mostrar su trabajo como una obra fidedigna.

Obviamente, el maniqueísmo está más que presente en la publicación. Así, frente al facineroso republicano prosoviético, se dibuja un ejército rebelde plenamente nacionalista, caracterizado por el trato inclemente –aunque honorable– del enemigo, así como unas relaciones, podríamos decir, exquisitas, para con la población civil. Por ende, otra de las constantes propagandísticas de los *Episodios...* reside, sin duda, en la incidencia de un posicionamiento sin peros de la gente de orden a favor de los rebeldes, así como las ansias de recobrar el orden perdido durante los años de la República:

> En uno de los camiones tremolaba una bandera española. Una señorita trepó por los estribos, la cogió y se abrazó a ella besándolo con conmovedora unción. Era la primera bandera roja y gualda que los veraneantes madrileños veían flamaer [*sic*] desde hacía cinco años, bajo los cielos de España. La bandera pasaba de mano en mano, era disputada como un tesoro por todos para llevarla amoro-

samente a sus labios y dejar sobres sus pliegues la ofrenda de un beso, que era como un juramento (Montán 1: 16-17).

Lo mismo sucede en otros volúmenes, donde encontramos situaciones parejas, por ejemplo, el entusiasmo de las damas abulenses que regalan "detentes" a los combatientes o las bendiciones recibidas por los frailes del convento de Santo Tomás, que bendicen y entregan reliquias a la caballería (Montán 2: 9).

Todo tiene una explicación...

Como todo texto propagandístico que se precie, los *Episodios de la Guerra Civil* sirven para justificar todo aquello que, a priori, pudiese ser entendido como error estratégico del bando sublevado; bien para menospreciar los pequeños "triunfos" del gobierno de Madrid, bien para desmentir los indicadores de un estado de cosas contrario al que se pretende presentar. Con el fin de alcanzar estos objetivos, Montán recurre a las excusas oficiales o presenta teorías a veces un tanto sonrojantes. Véanse, por ejemplo, las causas del auge del comunismo en Málaga –los supuestos sobornos a que Cayetano Bolívar, médico de profesión, sometía a sus pacientes al no cobrarles sus servicios a cambio de su afiliación[18]– o cómo en el octavo volumen, de carácter íntegramente "aclaratorio", el autor analiza "por qué fue rojo Madrid"[19].

18. "Málaga era, sin hipérbole de ningún género, la raíz del comunismo español [...] Bolívar, que a ciencia y paciencia de los gobernantes venía convirtiendo su ejercicio de la Medicina entre las gentes modestas como una verdadera captación para el comunismo: –Este 'dotor' 'ez' un 'zanto'– se oía decir con frecuencia a las gentes populares. Y el doctor Bolívar era un 'zanto' porque no cobraba las visitas a las gentes modestas [...] y además dejaba un par de duros encima de la mesita de noche. Pero a cambio de esa 'santidad', el doctor Bolívar se llevaba consigo, después de cada visita, la papeleta de inscripción ya suscrita para el ingreso de un militante en el Partido Comunista" (6: 4).
19. Por lo que podemos leer en la sexta entrega, estaba prevista la publicación del siguiente episodio bajo el título *El paso del Jarama en la toma de Ma-*

En él, se suceden las "contestaciones" a las tesis republicanas, comunistas y anarquistas merced a diálogos simulados entre los ciudadanos madrileños de uno y otro bando. Esta es, sin duda, la entrega más "política" de toda la serie, que culpa de la caída de una ciudad "azul, alta, noble, cristiana y vertical" a un gobierno despreciable: "Azaña, Jefe de Estado; Casares, presidente del Consejo y Amós Salvador, ministro de la Gobernación; la serpiente, el bacilo de 'Koch'[20] y la 'cretinez' ejerciendo el poder" (Montán 7: 9).

Por otra parte, el ya mencionado *Asalto y defensa heroica…* supone una tentativa de dar una explicación o, al menos, de esclarecer el motivo de la victoria del enemigo. Victoria justificable no mediante un error estratégico de Fanjul ni por el fervor de una parte de la población contraria a los rebeldes que contestaba el golpe de Estado con el asalto al cuartel, como tampoco por el asedio aéreo al que fue sometido, sino por la aparición en una de las ventanas de la planta baja del edificio de una bandera blanca que habría sembrado la confusión entre sus defensores. Al enarbolarse esa bandera, se perdió no solo el control, sino también la unidad de mando, dejando así vía libre a la victoria de los rojos. Esto es: el cuartel se perdió por una traición, no por un equívoco estratégico.

Algo semejante ocurre en el episodio consagrado a Guadalajara, donde se narra el asalto de los republicanos a un cuartel adjunto a un colegio para huérfanos del Ejército. Tras el enfrentamiento, se dice que 3.500 hombres combatieron contra 600 "caballeros" del

---

drid, lo que situaría el volumen en la línea de crónica bélica del resto de la serie. No obstante, finalmente, se publicó como *Por qué fue rojo Madrid*. Este cambio temático tan sustancial nos advierte sobre la auténtica intención del autor, más volcada en este caso en explicar los antecedentes de la sublevación y su necesidad que en presentar las hazañas bélicas de los rebeldes.

20. Manuel Gómez Domingo había utilizado esta insólita 'metáfora médica' páginas antes: "Casares Quiroga […] el reptil mismo introducido a la política española por las 'rendijas' inconfesables del oportunismo. ¡Casares Quiroga, palacio del bacilo de Koch! Excepción de tuberculosos, hombre impar en la escuela del mal. ¡Casares Quiroga, incorporador del crimen como 'medida de Gobierno'!" (Montán 7: 9).

Ejército rebelde. Según Montán, murieron 2.000 efectivos del Ejército republicano. Esta desproporción entre las fuerzas en oposición resulta parlante. No olvidemos que el suceso se desarrolla en la ciudad manchega donde tuvo lugar una de las derrotas más flagrantes de los nacionales, publicitada hasta la saciedad por la propaganda republicana. No hay duda de que el episodio de Gómez Domingo pretende minimizar esa victoria a través de un mecanismo de falsa objetividad basado, de nuevo, en el desprestigio del Ejército rojo a través de su incapacidad e ineficiencia, así como de su comportamiento despiadado y cruel –los milicianos fusilarán a todos los responsables del colegio ante el espanto de los huérfanos–.

Más rocambolesca y absolutamente peregrina resulta la explicación que ofrece Gómez Domingo para la agonía de Gernica bajo las bombas de la Legión Cóndor:

> Y entonces fue cuando los vascos separatistas aprovecharon la coartada para atribuir a nuestra aviación y a nuestra artillería toda clase de desmanes por ellos cometidos con el fin de que al entrar en ella nuestras fuerzas, sólo encontraran una ciudad en ruinas. Tan pronto como se supo que nuestras tropas estaban a ocho kilómetros de Guernica, Aguirre y sus secuaces se dispusieron a ordenar la destrucción de la ciudad. Para ello, según declaraciones de propios vecinos de Guernica, unas patrullas de mineros asturianos, mandados por electricistas llegados ex profeso de Bilbao, se dedicaron a ir visitando las plantas bajas de los edificios con el pretexto de que iban a hacer un tendido de cables para asegurar el fluido eléctrico de Guernica, caso de que las granadas de la artillería nacional destrozasen el tendido de cables exteriores. Ya todo hecho este criminal tendido interior que aseguraba poder volar ciudad en un momento determinado, se esperó que las fuerzas nacionales se aproximaran más a Guernica, y cuando ya estuvieron en sus cercanías, se ordenó al vecindario que abandonara la ciudad. [...] Muchos no creyeron que tal salvajada pudiera llevarse a efecto [...] Y entonces los que se habían resistido a abandonar sus casas salían de ellas presas de un pavoroso pánico, llevando las mujeres sus hijos en brazos, arrastrándose los tullidos, encomendándose a Dios los ancianos. Esta destrucción es la que luego fue arteramente atribuida, a los ojos del

mundo civilizado, a la acción de la aviación nacional. Hay un precioso detalle plenamente acusador para la vesania vasca. Y es el de que no tuvo escrúpulos para destruir toda una ciudad [...] Lo único que fue respetado [...] fue la Casa de sus Fueros y su legendario Árbol (Montán 9: 23-25).

Por escandalosa que pueda parecernos, es evidente que esta elaborada aclaración no nace de la diestra pluma de Montán, sino de la versión del bando rebelde, que también difundieron alemanes e italianos tras el bombardeo. El negacionismo se perpetuaría en las posteriores historias "oficiales" del régimen como la de Manuel Aznar Zubigaray, *Guerra y victoria de España (1936-1939)*, publicada en 1942[21].

Loa y elegía falangista y pucelana

Aunque los parabienes a Franco, Queipo de Llano[22] o al malogrado Mola –a quien Gómez Domingo dedica el noveno episodio– son recurrentes, si hay algún organismo que concentra toda la atención y todos los elogios por parte del narrador ese es, sin duda, la Falange.

Como es frecuente en el arte de urgencia de naturaleza bélica, muchas de las obras se convierten en auténticos homenajes a los

21. En la *Historia de la Cruzada*, de Joaquín Arrarás, el eterno biógrafo de Franco, apenas si se menciona el hecho. Con el paso del tiempo, el negacionismo de algunos historiadores afectos fue transformándose; por ejemplo, Ricardo de la Cierva acabó reconociendo que el atentado fue ideado en solitario por la Luftwaffe sin consultarlo con Franco ni Mola. Para un recuento de distintas versiones del episodio, acúdase al clásico ensayo de Rutledge Southworth *Guernica! Guernica! A Study of Journalism, Diplomacy, Propaganda and History* (1977: 239-327).
22. Véase, como muestra, esta alusión al Virrey de Andalucía: "Queipo de Llano, que de nuevo en su despacho de Capitanía, se multiplicaba dando órdenes y vistiendo las mejores prendas de gran estratega, heroica y maravillosamente secundado por los jefes y oficiales de la guarnición, que rivalizaban en el exacto cumplimiento de sus respectivos cometidos" (5: 19).

combatientes y a los caídos. En este sentido, los *Episodios...* no constituyen una excepción. Es tal la importancia que cobra la remembranza en el caso de los caídos falangistas que podría decirse que se trata más de uno de los *leitmotiv* de la colección que de una mera característica o rasgo temático. Por ende, durante su lectura, los *Episodios...* se entienden menos como una escritura al servicio del bando rebelde en su conjunto que como una literatura puesta al servicio de la Falange.

Los falangistas son inmortalizados en estas páginas como jóvenes sin ningún tipo de instrucción militar que "cantando cara a la muerte, iban a pecho descubierto, dando heroicamente el pecho al enemigo" (Montán 1: 25). En este tipo de descripciones encontramos ciertos ecos que parangonan la visión del falangista –caracterizado como guerrero bisoño, valiente, que pelea generosamente por aquello en lo que cree ilusionado– con la del miliciano de la propaganda republicana. No obstante, como hemos señalado previamente, lo que en los rojos es tenido por mera ineptitud en los camisas azules se define como innata heroicidad. De hecho, una constante en todas las entregas estriba en la constatación de la valentía de los hombres de Falange pese a su inexperiencia[23]. Por ejemplo, en el tercer episodio, el arrojo de las centurias falangistas recibe parabienes por parte de legionarios y regulares hasta el punto de que el comandante Castejón, jefe de la columna, felicita al comandante Navarro por la heroicidad de sus hombres. Asimismo, en la quinta entrega se dice: "Así que *una vez más*, los falangistas eran los primeros que, anticipándose incluso a los acontecimientos, se lanzaban a la calle arriesgando cuando era necesario arriesgar en aquellos difíciles momentos para levantar el espíritu de las gentes" (Montán 5: 18; la cursiva es mía). Uno de los momentos iniciáticos de los falangistas durante el conflicto armado

23. "Muchachos todos de carrera, despiertos de inteligencia y entusiastas de corazón, ponían tan felices intuiciones en su obra [se refiere a la construcción de parapetos para custodiar la zona ganada al enemigo] que las fortificaciones parecían hechas por soldados ya expertos en tales menesteres" (Montán 3: 18-19).

lo constituye la lucha conjunta con el Tercio y la caballería a la que acabamos de referirnos. No es extraño que Gómez Domingo hiciese hincapié en la colaboración entre falangistas, legionarios y cuerpo de regulares. Precisamente, se aventaban en la prensa nacional los constantes enfrentamientos y disensiones en el seno del bando republicano, especialmente entre comunistas y anarquistas. Así pues, el hecho de destacar la armonía del mando único en el Ejército "nacional" –decretado el 29 de septiembre tras la reunión de la Junta de Defensa ocho días antes– suponía un buen elemento propagandístico: "Era el Tercio, al mando del comandante Castejón, que esperaba previamente el enlace con las centurias en aquel lugar. El encuentro despertó entre los falangistas un gran entusiasmo, contenido a duras penas. Era verdad: la Falange iba entrar en fuego junto con la Legión. Y cada camisa azul se hizo en el corazón una promesa inviolable, por España y por la Falange: 'Adonde llegue el Tercio llegaré yo'" (Montán 3: 15).

Un paradigma de ese tono épico y elegíaco de la serie asociado a la Falange lo encontramos de nuevo en *Cómo fue tomado el Alto de León*, donde las heroicidades y, sobre todo, la muerte de algunos personajes son descritas de un modo escrupuloso –todos los falangistas aparecen con nombres y apellidos– y totalmente novelesco:

> Cayeron las primeras víctimas. El falangista Manuel Franch se arrastraba ensangrentado por los matorrales sin abandonar su fusil. Alonso Pimentel, con la barbilla toda destrozada y la frente hecha toda una mancha de sangre, clamaba entre el dolor y el deber:
>
> –¡Canallas tirarle a ese!
>
> José Miró acudió a atenderle [...] Miró acudió en busca del Padre Misael. El Padre Misael lo cogió en sus brazos, le apoyó la cabeza en sus rodillas y le confesó.
>
> –¡Hijo, hijo! Mueres como un valiente.
>
> Alonso Pimentel dejaba escapar un gruñidito entrecortado, como un ronquido. A unos cinco metros, José Miró, con su fusil nerviosamente cogido con las dos manos, como un tigre en acecho, se disponía a la defensa del camarada moribundo, mirando retadoramente hacia el cielo, por donde se oía el abejorreo trágico de los

motores de aviación. Tenía el labio inferior metido entre los dientes en rabiosa actitud y una lágrima le rodaba por las mejillas.

Silbaban alrededor del grupo las balas, sonaban con limpios chasquidos el rebotar en las piedras.

–"Ego te absolvo".

José Miró se acercó extático ante el camarada muerto, y extendiendo su brazo derecho gritó:

–¡Antonio Alonso Pimentel! ¡Presente! (Montán 1: 24-25).

Encontramos otros ejemplos en el momento en que se refiere en una nota al pie la muerte del capitán de caballería Manuel Silió en la segunda entrega, *Los centauros de España en el Puerto del Pico*[24], o en la muerte de algunos próceres vallisoletanos perteneciente a las Juventudes de Acción Popular: "Sí, se llama de apellido Sebastián y sé que es el hijo del Director del Banco de España de Valladolid. Ha peleado como un valiente. Habrá que evacuarlo porque se está desangrando" (Montán 2: 21). Del mismo modo sucede en *La conquista de Retamares por la columna Castejón*, donde, bajo el ya mencionado subtítulo, *¡Presentes, sobre los luceros!*, se dedican dos páginas y media a ofrecer una relación de todas las bajas en cada una de las centurias falangistas durante los días 7, 8 y 9 de noviembre de 1936 en los que tuvieron lugar los combates (Montán 3: 22-24). De hecho, el volumen concluye con un capítulo final de dos páginas dedicado a ensalzar al "último crucificado en el deber por España y la Falange": Pombo, muerto en Pozuelo de Alarcón por una granada enemiga.

El esfuerzo y el sacrificio realizado por FE se entiende como la vía hacia una absoluta reconquista. Este fenómeno se hace especialmente elocuente en aquellos episodios situados en Castilla La Vieja –1, 2, 3–. Castilla y, en especial, como no podía ser de otra manera,

24. El propio personaje cuenta cómo regresó de las Olimpiadas de Berlín, donde tomaba parte en el torneo de hípica para unirse a los oficiales de caballería en el frente y que falleció en el Hospital de Griñón a causa de heridas de guerra en la toma de Pozuelo (Montán 2: 18-19).

Valladolid –10– se presentan no solo como un testigo de excepción, sino también como símbolo del Alzamiento:

> [...] donde la Guerra comenzó a ganarse fue en el Alto de León y al nervio de Castilla, a la donación generosa de Valladolid, debe España esta primer conquista, eslabón de cabeza y larga cadena de posteriores éxitos. Estos diez días durante los que se afianzó la toma del Alto de León, merecen letra de oro en el libro de la Reconquista. Durante ellos cayó para siempre lo más joyante y preciado de la juventud vallisoletana. [...] Hoy el Alto del León vive entre frondas resineras al amparo de una bandera recuperada a plena gloria, la bandera roja y gualda bajo cuyos pliegues no se ponía el sol en sus dominios. De su picacho inhiesto ya no se ausentará nunca. Porque señalará una fecha y un gesto de epopeya (Montán 1: 31-32).

En este mismo sentido, no es extraño que la serie se iniciase con el episodio del Alto del León, pues la cobertura fue extensísima –véanse los reportajes gráficos de Filadelfo para *El Norte de Castilla*–. Para cuando se comenzó a publicar la serie, se trataba ya de una hazaña que había adquirido tintes de epopeya en el imaginario del bando rebelde como demuestra, por ejemplo, la aparición de la crónica *Cómo se inició el glorioso Movimiento Nacional en Valladolid y la gesta heroica del Alto de León*, de Francisco J. De Raymundo –publicado en la capital pucelana en 1937 por la librería e imprenta Casa Martín y dentro del catálogo de la Librería Santarén– o, en última instancia, el cambio de nombre a "Alto de los Leones de Castilla" en julio de 1939. No en vano, fueron muchos los falangistas vallisoletanos caídos en combate durante aquellos días.

Pero quizá la muestra más destacada de exaltación pucelana la encontramos en *Gloria y proeza de los de San Quintín*, capítulo consagrado íntegramente a los devenires, a lo largo de la guerra, de los soldados de San Quintín, pertenecientes al cuartel vallisoletano de San Benito: "A la sombra de la añosa piedra de la ática iglesia de San Benito, en la ciudad de Valladolid, capital de la Castilla madre y azul, latido e impulso inicial del glorioso Movimiento salvador de España, reposa el cuartel..." (Montán 10: 1). Valladolid fue uno de los bastiones del bando rebelde y constituyó un auténtico símbolo para muchos de sus poetas. De hecho, al término de la guerra, Franco otorgó a la ciudad la condecoración militar de la Gran Cruz Laureada de San Fernando.

Aunque, al parecer, estaba prevista una entrega más, la serie concluye con *Aventura del más joven legionario*: la historia de José María Gutiérrez Somoza, falangista zamorano que marcha a la guerra sin permiso paterno y sin dar más explicación que una nota –"Me voy al frente. No trates de ir detrás, ni de mandarme detener porque me pego un tiro. A mí no me asusta el frente ni el fin del mundo. ¡Arriba España!" (Montán 13: 2)– lo cual resulta también bastante sintomático. Tras el recuento de sus hazañas en Badajoz, Oropesa, Talavera o Arenas de San Pedro y su regreso a casa sano y salvo, José María es presentado como el prototipo de la nueva juventud española: "Sócrates, a los dieciséis años, acabó con el viejo prestigio del octogenario Anaxágoras. Fue en aquellos años en que Pericles soñaba con la gloria de Atenas, como el caballero legionario José María Gutiérrez Somoza sueña con la gloria de la nueva España, que es la España joven de los sueños de la más exaltada y patriótica juventud de todos los tiempos" (Montán 13: 29). Evidentemente, estas comparaciones hiperbólicas de tintes culteranos no son inocentes. Como todos los autores del bando nacional, Gómez Domingo presenta un país renacido que se dispone a inaugurar una nueva edad de oro. Esa etapa está encarnada en el joven falangista quien, con su triunfo, pone un punto y aparte en la historia del país: "un ejemplo y un exponente no ya de la juventud, sino de la niñez palpitante y encendida de esta nueva España, faro de luz, invadiendo sacrificio y ejemplo sobre los caminos de la civilización occidental que nuestra España joven está salvando de las garras del marxismo internacional" (Montán 13: 28). El retrato de una juventud heroica se había venido dando a lo largo de toda la colección encarnado en distintos falangistas, pero existen también maravillosos ejemplos a lo largo de toda la novela y crónica del bando nacional. Puede que el más paradigmático sea la novela *Manolo*, de Francisco de Cossío, dedicado a su hijo, fallecido en el frente de Brunete.

En el último episodio de la colección, el propio Montán se refiere a sí mismo como falangista –"Nosotros, los viejos falangistas..." (Montán 13: 3)–, lo cual resulta plenamente coherente y justifica la defensa a ultranza del partido que lleva a término durante toda la colección como el síntoma de un fervor y una ideología personal.

"El Sagrado Corazón de Jesús está conmigo..."

Lógicamente, al tratarse de un producto de la propaganda nacional, el espíritu de cruzada transita toda la colección. La religión siempre está muy presente, no solo en el retrato de los rebeldes o en boca de los personajes –especialmente por medio de apelaciones[25]–, sino también en la obsesión del autor por dar buena cuenta de la destrucción del patrimonio artístico-religioso por parte del bando republicano. En este sentido, la narración de las profanaciones y de la represión de los religiosos es constante y especialmente cruda en el capítulo séptimo, donde se nos indica, con todo lujo de detalles, cómo y cuándo fueron llevados a cabo los hechos: "Las hordas pusieron especial ensañamiento en los conventos de monjas, singularmente en los de la Encarnación y de la Trinidad. En este último, las monjas que pretendían huir [...] no lo consiguieron, y ya en poder de la chusma, ésta cometió con las Hermanitas los actos más bochornosos y soeces. Algunas monjas fueron sacadas completamente desnudas a la calle y muertas a cuchilladas por las mujeres" (Montán 6: 28). Este tipo de escenas constituirán

25. "La madre castellana, queda sola ante el cromo expresivo de la Virgen de las Angustias. Enciende una nueva lamparilla, prende una nueva oración y dice: 'Y bendito es el fruto de tu vientre'. Bendice al mío, Virgen Madre de todos los hijos y de todas las madres de esos hijos, que mueren por su Dios y por su Patria". En este tipo de exaltaciones de la religiosidad son constantes y refrendan el espíritu de causa santa que puebla la propaganda nacional.

un eje temático vertebrador no solo de toda la obra de Gómez Domingo, sino de la propaganda nacional[26].

El ejemplo más evidente de esa profanación tiene lugar en *Cómo conquistó Sevilla el general Queipo de Llano*[27], donde el autor dedica las últimas páginas de su texto a inventariar los destrozos llevados a cabo por los rojos. Asimismo, las primeras del undécimo episodio, *Defensa y martirio de Santa María de la Cabeza*, están íntegramente dedicadas al asesinato de algunos de los padres trinitarios que habitaban el santuario. Por otra parte, el imaginario religioso empapa también muchas descripciones. De hecho, el relato de las muertes adquiere a veces connotaciones absolutamente cristológicas:

> Y tras él [cayó] Fernando Ballesteros, que con un hombro roto y la camisa azul hecha un cuajarón de sangre, se revolcaba sobre la tierra gritando:
>
> –¡Que me ahogo! ¡Que me ahogo!
>
> Y quedó tendido, cara al cielo, con los brazos en cruz (Montán 1: 25).

---

26. Uno de los ejemplos más ilustrativos en este sentido quizá lo constituya el documental de 1940 *Viacrucis del señor en las tierras de España*, de José Luis Sáenz de Heredia.

27. "De ahí que mientras los bravos jefes y oficiales, con soldados, falangistas y requetés reñían sus primeras victoriosas batallas en el corazón de la ciudad para la conquista de lo que más importaba dominar desde un principio; por otros barrios, las turbas en plena impunidad, iniciaban el saqueo de San Juan de la Palma, San Roque, San Gil, Santa Marina, San Bernardo y prendían la tea incendiaria en los palacios de Delgado Breckemberry, Marañón, Villamarta, Grosso y Luca de Tena, entre otros [...]. En Santa Marta se amontonaban trágicamente los cadáveres. El arco de la Macarena, con uno de sus flancos destruido por los obuses. De San Gil sólo la vigía siniestra de sus muros calcinados. El camarín de la Virgen de la Macarena convertido en un montón humeante y acusador de los más bárbaros sacrilegios" (Montán 5: 24-31).

A modo de conclusión

Como hemos podido comprobar a lo largo de estas líneas, *Episodios de la Guerra Civil* no se diferencia sustancialmente de otros productos propagandísticos del bando nacional, pero constituye una iniciativa interesante en tanto en cuanto se presenta en un formato asequible y en clave de crónica novelada: una forma amena de acercar al lector algunos de los sucesos más notables del conflicto. Ya hemos comprobado que dichos hechos no solo están contados desde una perspectiva bélica, sino también desde una perspectiva humana que apela directamente a la sensibilidad del destinatario, intentando así ganarlo para su causa o consolidarlo en ella. Podríamos, pues, pensar que estamos ante una obra de agitación convencional. No obstante y, pese a definirse a sí misma de forma humilde –"Nosotros no estamos escribiendo la Historia de España, nos reducimos, nada más, que a la referencia de algunos de los episodios más impresionantes" (10: 8)–, es evidente que Manuel Gómez Domingo, al igual que muchos autores del período, empiezan a sentar las bases de lo que, pocos años más tarde, constituiría la historia oficial del régimen franquista. Como tantas veces se ha escrito, en 1939 no comenzaba la paz, sino que comenzaba la victoria y una de las vías para asegurarla era, sin duda, la propaganda que, a tal oficio, continuó sirviéndose de los conceptos e iconos establecidos durante los años de la guerra. Entendido como producto propagandístico, estamos ante una obra de corto aliento, que pierde vigencia cuando se extingue el sistema político que pretende validar. Sin embargo, aprehendiéndola como testimonio de una ideología o de un estado de cosas, la influencia del producto literario nunca es finita o limitada, su alcance no es mesurable en el momento de su concepción. Así pues, las hazañas y héroes que Gómez Domingo había hecho desfilar en sus epopeyas pasarían a formar parte del elíseo de unos, del averno de otros, pero, indefectiblemente, del imaginario colectivo de toda una generación y de la memoria histórica de todo un país.

Bibliografía citada

I. Fuentes primarias

Montán, Luis (1): *Cómo fue tomado el alto del León*, Episodios de la Guerra Civil, 1, Valladolid, Librería Santarén.

— (2): *Los Centauros de España en el Puerto del Pico*, Episodios de la Guerra Civil, 2, Valladolid, Librería Santarén.

— (3): *La conquista de Retamares por la columna de Castejón*, Episodios de la Guerra Civil, 3, Valladolid, Librería Santarén.

— (4): *Asalto y defensa heroica del Cuartel de la Montaña*, Episodios de la Guerra Civil, 4, Valladolid, Librería Santarén.

— (5): *Cómo conquistó Sevilla el General Queipo de Llano*. Episodios de la Guerra Civil, 5, Valladolid, Librería Santarén.

— (6): *Tortura y salvación de Málaga*, Episodios de la Guerra Civil, 6, Valladolid, Librería Santarén.

— (7): *Por qué fue rojo Madrid*, Episodios de la Guerra Civil, 7, Valladolid, Librería Santarén.

— (8): *¡Guadalajara, heroica y mártir!*, Episodios de la Guerra Civil, 8, Valladolid, Librería Santarén

— (9): *Martirio y reconquista de Vizcaya*, Episodios de la Guerra Civil, 9, Valladolid, Librería Santarén.

— (10): *Bilbao rojo y Bilbao nacional*, Episodios de la Guerra Civil, 10, Valladolid, Librería Santarén.

— (11): *Gloria y proeza de los de San Quintín*, Episodios de la Guerra Civil, 11, Valladolid, Librería Santarén.

— (12): *Defensa y martirio de Santa María de la Cabeza*, Episodios de la Guerra Civil, 12, Valladolid, Librería Santarén.

— (13): *Aventura del más joven legionario*, Episodios de la Guerra Civil, 13, Valladolid, Librería Santarén.

II. Fuentes secundarias

Bravo, Fernando, "150 aniversario de *El Norte de Castilla*. 1937-1946: Las personas", *El Norte de Castilla*, 2006. <http://canales.

elnortedecastilla.es/150aniversario2/especial/1937personas.html>, [consultado el 17 de febrero de 2015].

CABALLERO, Nieves, "150 aniversario de *El Norte de Castilla.* 1907-1916: La empresa", *El Norte de Castilla*, 2006, <http://canales.elnortedecastilla.es/150aniversario2/especial/1907empresa.html>, [consultado el 17 de febrero de 2015].

— "150 aniversario de *El Norte de Castilla.* 1897-1906: La empresa", *El Norte de Castilla*, 2006, <http://canales.elnortedecastilla.es/150aniversario2/especial/1897empresa.html>, [consultado el 17 de febrero de 2015].

CORDEROT, Didier, "*Flecha*, el semanario de las Juventudes Falangistas (1937-1938)", en Jean-Michel Desvois (ed.), *Prensa, impresos, lectura en el mundo hispánico contemporáneo: homenaje a Jean-François Botrel*, Bordeaux: Université Michel de Montaigne Bordeaux 3, 2005, pp. 387-404.

DÍAZ, Joaquín, "Las publicaciones de la Casa Santarén", *Boletín de la Real Academia de Bellas Artes de la Purísima Concepción*, 45, 2005, pp. 113-134.

LLERA, José Antonio, "Documentos inéditos sobre *La Ametralladora* y *La Codorniz* de Miguel Mihura", *Anales de la Literatura Española*, 19, 2007, pp. 115-135.

LÓPEZ PROVENCIO, J. "*Los bárbaros,* de Rienzi", *ABC*, Sevilla, 11 de marzo, 1939, p. 22.

MARTÍNEZ CACHERO, José María, *Liras entre lanzas. Historia de la literatura "nacional" en la Guerra Civil*, Madrid, Castalia, 1999.

NASH, Mary, *Rojas, las mujeres republicanas en la Guerra Civil*, Madrid, Taurus, 1999.

REDACCIÓN, "*Rienzi* en *El Norte de Castilla*", *El Norte de Castilla*, 18 de agosto, 1936, p. 1.

REDACCIÓN, "Rienzi ha muerto", *ABC*, Madrid, 19 de marzo, 1954, p. 41.

RIENZI, *¡Guerra! Reportajes de la Guerra Civil*, Valladolid, Librería Santarén, 1937.

— *Los bárbaros*, Valladolid, Librería Santarén, 1938.

RUTLEDGE SOUTHWORTH, Herbert, *Guernica! Guernica! A Study of Journalism, Diplomacy, Propaganda and History*, California, Berkeley University Press, 1977.

De la propaganda al dominio espacial en retaguardia rebelde: un acercamiento desde el mundo rural salmantino (1936-1939)

Carlos Píriz[1]
Universidad de Salamanca

> El pueblo cree lo que ve como previo paso para creer en lo que no ve; y si ve a las autoridades rindiendo culto Católico a Dios, si ve a las fuerzas armadas presentando armas al Santísimo sacramento, si ve el esplendor del Culto Católico español, avalorado por la intervención pública y aparatosa de la autoridad Civil y Militar, cree efectivamente que *Aquello* a lo que se rinde Culto exterior es la Verdad.

1. Personal investigador en formación. Contrato predoctoral de la Universidad de Salamanca cofinanciado por el Banco Santander.

Estas palabras de José Pemartín, recogidas en su obra *Qué es "lo nuevo"*, sintetizan muy bien lo que en las páginas siguientes se pretende analizar. Según este teórico e ideólogo del régimen que nació durante la última contienda civil española, los nuevos portadores de la *potestas* habrían de darse cuenta de la importancia que tenía en la zona que controlaban mostrar un "Estado nacional, fascista y católico". Para ello, se habría de utilizar una nueva forma de llegar a las masas populares: "entrar por los ojos" (Di Febo 2002: 36-37). Este es, precisamente, el objeto de las páginas siguientes: exponer, analizar y comprender cómo desde el mismo inicio de la Guerra Civil de 1936-1939, en la retaguardia controlada por las tropas rebeldes se llevan a cabo una serie de políticas destinadas al control del espacio público entre cuyas finalidades se encontraba la autoafirmación y salvaguarda de la identidad colectiva del conjunto de los apoyos sociales y políticos de la sublevación, la nacionalización y estabilización del nuevo régimen –una vez creado– y la movilización de sus correligionarios (Arco Blanco 2013: 65-82).

Todo ello, a su vez, se examinará mediante un sugerente estudio de caso, el de Hinojosa de Duero (Salamanca), debido a diversas razones. La primera de ellas es que el municipio en cuestión reviste la centralidad necesaria para la realización de esta investigación por tratarse de una villa enmarcada en la provincia de Salamanca y, por tanto, en retaguardia de dominio de las fuerzas militares sublevadas. Gracias a su ubicación junto a la frontera lusa y a su alejamiento en más de un centenar de kilómetros de la capital provincial nos proporciona un campo de estudio propicio para el análisis; su "aislamiento" nos ayuda a comprender la importancia estratégica en relación al problema general que aquí se trata.

El segundo motivo por el que hemos elegido esta localidad para nuestro trabajo es su contribución a la hora de resolver el gran inconveniente de los estudios de caso en los que está involucrado el fascismo español: las fuentes. Su magnífico archivo nos ha permitido averiguar el nacimiento y consolidación de su fascismo local y las relaciones de este con otras fuerzas políticas y sociales del municipio, asunto que se abordará por extenso en un trabajo aún sin publicar.

Hinojosa de Duero contaba en diciembre de 1935 con 1.871 vecinos, un número que se mantendría estable durante los siguientes años (Archivo Municipal de Hinojosa de Duero; en adelante, AMHD. Fondo Municipal; en adelante, FM. Caja 292. Carpeta 2, Padrón de habitantes, 1936 y 1940). De esencia eminentemente rural, como casi la totalidad de la provincia salmantina, destaca un cierto aislamiento que le proporciona una ubicación alejada de núcleos urbanos o semiurbanos. La naturaleza conservadora de la provincia se verá reflejada durante el primer tercio del siglo xx en esta localidad, donde se tiene constancia, por ejemplo, de la existencia de un destacado núcleo de Unión Patriótica en 1927 con más de un centenar de afiliados. La propaganda generada por el primorriverismo, que se adentró en el mundo rural en parte gracias a la elocuencia de personajes como el citado Pemartín, también arribó a esta localidad, una propaganda que ya entonces comenzaba a ser distinta y se basaba en la religión, la monarquía y la patria católica (González Calleja 2005: 185). No tardaron aquellos upetistas y vecinos de Hinojosa en comprender este credo, por lo que intentaron construir el monumento "más grande e inspirado que en la provincia de Salamanca se dedique al Sagrado Corazón de Jesús" (*La Gaceta Regional. Diario de Salamanca*, 4 de junio de 1929: 3). A pesar de que las primeras intenciones de creación del monumento giraban en torno a la cuestión religiosa, pronto se percibió que se trataba de un acto de "exaltación patriótica", pues la idea surgió "a la advocación que por dedicación de D. Alfonso XIII preside los rumbos nacionales" (*La Gaceta Regional. Diario de Salamanca*, 4 de junio de 1929: 3)[2]. Estratégicamente ubicado a "una altura desde la que se domina no solamente todo el pueblo, sino la provincia de Salamanca y la frontera de Portugal", sería inaugurado el 26 de octubre de 1929 en un acto que concluía dando "vivas a Cristo Rey, a España católica y a Castilla altísima [...] en medio del mayor entusiasmo" (*La Gaceta Regional. Diario de Salamanca*, 28 de octubre de 1929: 7).

2. Para las ceremonias y movilizaciones sociales en la dictadura de Primo de Rivera, véase Quiroga Fernández de Soto (2008: 302-310).

Es destacable que, ya desde antes de la década de los treinta, en esta pequeña urbe existiese un monumento de diez metros de altura que presidía el paisaje de la localidad desde un pequeño monte cercano a la misma y que fuera, además, un monumento con un trasfondo no solo religioso, sino igualmente político e ideológico. Quizá ello ayudase a que, pasado el período dictatorial, durante el quinquenio republicano en paz, el poder local fuera controlado por militantes del Bloque Agrario salmantino. Acertaba entonces su líder, José María Gil Robles, al referirse a su tierra natal como "la vanguardia del derechismo español" (Robledo y Espinoza, 2007: 39).

La creciente radicalización política que sacudió a toda la Europa de entreguerras también tendría su calco en España (Cobo Romero 2012: 25-46 y 291-400). La "deriva fascista" y "antiparlamentaria" llegó incluso a estar presente en aquella Hinojosa de Duero. El primer núcleo falangista hinojosero aparece el 20 de junio de 1936, escasamente un mes antes del golpe de Estado que generaría la posterior Guerra Civil (AMHD, Jefatura Local del Movimiento; en adelante, JLM. Caja 575. Carpeta 13 Registro de afiliados). Esta Falange, que llegó a contar con 212 militantes durante los tres años de guerra, es decir, el 23% de la población masculina de derecho de la localidad, reunía a dos de cada diez vecinos en su seno.

A pesar de que el consistorio se hacía el 7 de julio de 1936 con unas urnas electorales, poco uso les esperaban. La sesión ordinaria del día 18 de aquel mes se desarrolló, como indica el adjetivo, ordinariamente, no siendo hasta el siguiente 1 de agosto cuando el alcalde –el ya entonces nº 3 de la Falange local–, dio cuenta de la correspondencia oficial de la semana anterior, entre la que destacaba el *Boletín Oficial* de fecha 30 de julio; inserto en él, el Decreto nº 1 de la Junta de Defensa Nacional, mediante el cual se acordaba "por unanimidad, adherirse inquebrantablemente y con todo entusiasmo a la Junta referida por considerarla como verdadero y único Gobierno de la Nación y por tanto, acatar cuantas disposiciones dimanen de la misma" (AMHD, FM. Caja 11. Actas de sesiones del pleno del Ayuntamiento; en adelante, AS, 1 de agosto de 1936).

Unos días después, bajo la presencia del delegado del gobernador civil de la provincia, se destituía a todos los concejales y al alcalde, y se entregaban dichos cargos a una nueva Comisión Gestora, elegida entre los "elementos de orden y simpatizantes con el movimiento actual denominadas 'Falange Española' y 'Bloque Agrario'". Sin embargo, el nuevo consistorio se formaría en exclusividad por bloquistas, ya que no se pudo "vencer la posición intransigente del representante de 'Falange Española'" (AMHD, FM. Caja 11, AS, 5 y 6 de agosto de 1936).

Se iniciaba así una nueva etapa en el municipio, bajo un nuevo contexto bélico nacional. Desde su mismo inicio se evidenciaron las tensiones entre los partidarios de la sublevación. Se hacía patente la coexistencia de un consenso general sobre lo que se habría de destruir, pero existían diferentes propuestas de lo que se habría de crear (Thomàs 2008: 219). No tardaron aquellos en organizarse y en defender sus propósitos en una retaguardia que servía de experimentación y en la que la propaganda pasó ya a "entrar por los ojos".

De vivos y muertos; de calles y plazas: la disputa por la "ciudad figurada"

La transformación del espacio urbano en lo que aquí denominaremos como "retaguardia rebelde" fue una tarea que se inició tan pronto como se tuvo constancia de la sublevación militar. Y que dicha metamorfosis influiría tanto en lo político como en lo social era patente. La modificación de este espacio haría que la ciudad o pueblo fuese experimentada por la sociedad de una manera diferente con el objeto de cohesionar y/o excluir a partidarios y detractores (Arco Blanco 2013: 65-82). La retaguardia representaba entonces un territorio en el que objetos, personas y significados circulaban de pueblo en pueblo o de ciudad en ciudad transformando sus espacios públicos e influyéndose mutuamente (Robinson 2006: 252). Es en este contexto de transformación, "de disolución de categorías y fronteras culturales (y) de transformación humana" donde hemos de ubicarnos (Rodrigo 2009: 17).

Iniciada la contienda civil, comienza también una "política de la visión" como meta a largo plazo, cuya finalidad era lograr el control de las masas mediante la construcción de lo visible. Emergieron así lo que Boyer denominó "ciudades figuradas", aquellas formadas por representaciones de fácil recuerdo que amparan la construcción de una imagen mental (Tan 2003: 62-63). Las fuerzas políticas que apoyaban la sublevación en Hinojosa de Duero sabían, al igual que en el resto de la retaguardia rebelde, de la importancia de cimentar dicha imagen, por lo que no tardaron en materializar esta idea.

Sirviéndose de la mitificación que a lo largo de la guerra se depositaba en héroes y mártires, los dirigentes locales iniciaron una pronta política de ocupación del espacio público tanto para su propia legitimación como para requerir el apoyo del resto de la población. Sin embargo, los diferentes proyectos del acompañamiento civil de la sublevación pronto chocarían entre sí.

El primero en ser homenajeado –y, por tanto, recordado– en Hinojosa fue el líder del Bloque Nacional, José Calvo Sotelo, el "Primer Mártir de la Guerra" (Cuesta Bustillo 2008: 243). Fue el concejal bloquista Sánchez Miguel quien

> dio lectura a una moción, proponiendo a la Corporación que se cambie el nombre de la Plaza del Campo, por el de Plaza de D. José Calvo Sotelo, como homenaje al gran patricio, que no dudó en ofrendarse como primera víctima para la salvación de España, y al que seguramente se debe el potente resurgir de la nación contra las hordas marxistas (AMHD, FM. Caja 11, AS, 22 de agosto de 1936).

Esta propuesta salió adelante por unanimidad, algo que no se repetiría en al menos los dos años siguientes. Ahí radica la importancia de este acontecimiento, el cual perdería sentido si no fuera porque entonces la corporación municipal estaba gobernada y administrada en su totalidad por bloquistas.

Mientras los falangistas hinojoseros esperaban noticias de su dirigente, en julio de 1937 –aniversario de su asesinato– se llevaba a cabo un funeral "por el eterno descansar del alma del gran Patricio don José Calvo Sotelo, primer mártir de la Santa Cruzada contra el marxismo", tras el que se habría de desfilar por su flamante plaza (AMHD, FM. Caja 11, AS, 10 de julio de 1937). Unos actos que se anunciaban tan solo un día después de que los concejales de la capital provincial solicitasen declarar el día 13 de julio como "Día de Calvo Sotelo", que finalmente prosperó como "Día de luto nacional", un hecho que contribuyó, a su vez, a la construcción del nuevo calendario (Cuesta Bustillo 2008: 245).

Aunque lejos parecían aún los homenajes a sujetos de talante falangista a consecuencia del dominio bloquista en aquellos momentos iniciales, tanto los falangistas hinojoseros como los salmantinos en general, conscientes de su incremento numérico en las calles de los pueblos de la provincia, se decidieron pronto a exaltar la figura de su líder –procedimiento común a todo grupo fascista–. A pesar de que la mayoría de los homenajes a la figura del primer jefe nacional de Falange Española se realizaron durante los últimos momentos de la contienda y, sobre todo, tras la conclusión de esta, en Hinojosa ya se propuso el 27 de octubre de 1936 dar el nombre de "José Antonio Primo de Rivera" a una de las calles o plazas principales del municipio. Dicho mandato, gestado en los despachos de la Jefatura Provincial, se realizaron con vistas a la celebración en toda España del III aniversario de la fundación del partido (29 de octubre), por lo que era lógico que los falangistas hicieran "esta fiesta con el mayor esplendor en todo el territorio dominado por la auténtica España que amanece", para lo cual se había de celebrar aquél día "con toda la solemnidad posible, un funeral por las almas de los camaradas muertos", a lo que se sucedió el citado homenaje al adalid fascista (AMHD, JLM. Caja 576. Correspondencia, 27 de octubre de 1936).

Cabe entenderse como algo más que un simple ejercicio de exaltación de ilustres personajes del panteón rebelde, donde cada uno reivindicaba al suyo. Lo que acontecía era el juego por la implantación de una determinada propaganda visual y la lucha por el dominio del espacio.

De hecho, junto a estos personajes, que evidenciaban la propia batalla interna del acompañamiento civil de la sublevación, hubo otras figuras rescatadas para la misma empresa. Sería el caso del político charro José María Gil Robles, quien ya había iniciado su carrera política en tierra salmantina en las filas de la Confederación Nacional Católico Agraria, habiendo liderado otras formaciones como el Bloque Agrario o su archiconocida CEDA. Recibió homenajes a lo largo y ancho de su tierra natal, inclusive, claro está, en la lejana Hinojosa, donde se le dedicó el nombre de una plaza "en atención a los grandes servicios por este señor prestados a la Patria", una elección propuesta por los líderes bloquistas locales que incluso contaría con el visto bueno de los gestores falangistas (AMHD, FM. Caja 11, AS, 13 de marzo de 1937). Sin embargo, poco tardaron estos últimos en retractarse, pues, aunque estos concejales estaban "guiados por la concordia y armonía, hoy, habiendo recibido órdenes de su Jefe provincial de Falange Española a la que pertenecen –por escrito– comunicándoles con sanciones, se ven en la precisión de rectificar tal acuerdo, por lo que a ellos respecta" (AMHD, FM. Caja 11, AS, 20 de marzo de 1937). Desde entonces, los falangistas solicitaron autorización previa a su rectora provincial.

Desde que Francisco Franco fuese elevado a "Generalísimo de los Ejércitos" y "jefe de Estado" el 1 de octubre de 1936, se inició un proceso de enaltecimiento a su figura por todo el territorio sublevado (Thomàs 2008: 218). Salamanca, donde no tardaron en dar su apoyo incondicional a aquella Junta de Defensa Nacional, sería de aquellas regiones en las que pronto se experimentó esta tipología de actos dedicados al militar.

Con la llegada del aniversario del 1 de octubre en 1937, la ciudad del Tormes, que había pasado a convertirse en virtual capital del Estado naciente un año antes y en la que se dieron los primeros síntomas de honra a esta figura castrense, vería consolidado estos homenajes con la inauguración de un medallón dedicado a Franco en una de las arcadas de su Plaza Mayor, junto a otros bustos de destacados personajes de la historia de España entre los que se encontraban reyes o conquistadores (Cuesta Bustillo 2008: 235 y ss.). El ágora de la capital provincial era un lugar claramente visible, un "archivo-monumento de la Historia de España". Este monumento significaba elevar su figura a la categoría de héroe ya en vida y calificarlo como personaje de la historia (2008: 235 y ss.).

Este dominio visual franquista pronto se trasladó a otras poblaciones. Aunque se sucedieran los actos encargados de ensalzar a Franco por todo el territorio en el que triunfaron los sublevados desde el inicio de la guerra, lo cierto es que tuvieron un punto de inflexión el 19 de abril de 1937 a consecuencia del decreto de unificación política. Este decreto se vería favorecido a fines de 1936 cuando se dictase un decreto de "militarización" de las milicias de los partidos, supeditándolas al mando castrense (Thomàs 2014: 21-22). A ello se sumaba en poco tiempo el incremento de la tensión interna entre los partidarios del entonces jefe provisional de la junta de mando falangista, Manuel Hedilla Larrey –a quienes se les consideraba que actuaban por ambición política y contra los intereses de Falange– y entre lo que Thomàs ha denominado el Grupo Primo –parientes y allegados del 'ausente' José Antonio Primo de Rivera que se consideraban herederos naturales–. Esta lucha por el poder del partido, cuya cúpula se encontraba en Salamanca desde finales de 1936, y que se dio en llamar "los sucesos de Salamanca", no hizo sino incrementar el deseo de Franco de unificar el acompañamiento civil de la rebelión militar (Gil Pecharromán 2013). Lo que finalmente se conoció como Movimiento Nacional se constataba mediante el Decreto de Unificación que se hizo público aquel 19 de abril, una vez concluido el IV Congreso Nacional de FE-JONS –por el que Hedilla fue nombrado II jefe nacional–. Un decreto que fulminaba a los partidos de la "gran coalición" que apoyó a los insurrectos y que únicamente contemplaba a falangistas y requetés. La consecución del nuevo partido único FET-JONS –en el que primaba la inspiración falangista–, trajo consigo la marginación e incluso la represión de sus detractores[3].

3. Entre los casos más significativos estaría el del propio Hedilla, quien sería condenado a pena de muerte –posteriormente conmutada–. Un reciente estudio ha recogido las estadísticas completas de detenidos y procesados a consecuencia de estos acontecimientos, reflejando para la provincia salmantina un total de

Al tanto que el alcalde de Hinojosa de Duero ponía al corriente a los concejales sobre la felicitación que se cursó a Franco por la "unificación nacional", la Jefatura Provincial de FET-JONS enviaba su circular nº 1, por la que se dirigía a los afiliados de Salamanca y su provincia "para pedir que nos secunden eficazmente en esta obra unificadora, emprendida por el Generalísimo Franco" y que no era "sino la integración feliz de las dos grandes vetas que ha alumbrado el alzamiento Nacional de España"[4]. Sin embargo, parecía que la figura del jefe del Estado no estaba demasiado considerada entre el sector falangista hinojosero, como así lo demuestra un escrito de la Jefatura Provincial por el que "con toda urgencia" insta a que se le notifique de las razones para no dar cumplimiento a su circular de fecha 27 de septiembre donde se encomendaba la celebración de los actos que en unión al alcalde y demás autoridades, tenían que celebrar con motivo de la Fiesta del Caudillo. En este descontento que reflejaba el jefe provincial, Ramón Laporta, también se pide explicaciones sobre por qué no envió como homenaje al Caudillo "la adhesión de esa Jefatura y afiliados, bien por telegrama o por carta", según ordenó en dicha circular y "si en dicho día se trabajó y quién o quiénes ordenaron el mismo" (AMHD, JLM. Caja 576. Correspondencia, 20 de octubre de 1938)[5].

---

91 sujetos, de los que casi la totalidad eran falangistas (Thomàs 2014: 212-213).

4. El telegrama enviado a Franco por el Ayuntamiento decía: "En nombre de este Ayuntamiento, envío a V.E., respetuosa y sincera felicitación por histórico discurso y decreto unificación nacional, reiterándole la adhesión más fervorosa e inquebrantable del mismo para la reconstrucción de la España grande, única e imperial. ¡Viva España!" (AMHD, FM. Caja 11. AS, 20 de abril de 1937). Sobre la circular aludida, véase (AMHD, JLM. Caja 576. Correspondencia, 14 de mayo de 1937).

5. La desconfianza y el malestar que este Decreto de Unificación generaría entre el falangismo provincial queda reflejado en las palabras que Ramón Laporta plasma en papel haciendo referencia al nuevo uniforme y los nuevos elementos que se añadirían a este, por ejemplo, la boina: "[...] con alguna frecuencia llegan a conocimiento de esta Jefatura actos realizados por los que,

La Comisión Gestora de 1937, copada entonces en sus puestos principales aún por bloquistas, decidió, a propuesta de la presidencia –y muy probablemente a regañadientes de algún falangista–, descubrir la lápida que da nombre a la plaza del Generalísimo Franco, acto convocado para el día del aniversario del "Glorioso Alzamiento" (AMHD, FM. Caja 11. AS, 3 de julio de 1937).

Sin embargo, la actitud del falangismo provincial pronto cambiaría, pues, con el avance de la guerra, los homenajes a Franco se ampliaron por todo el territorio "conquistado" al tiempo que los ya realizados se consolidaban. De hecho, los falangistas de Hinojosa, ya controladores del poder local –de la Comisión Gestora– por entero al año siguiente, pasaron a felicitar a "S.E. el Jefe del Estado, Generalísimo Franco, Salvador de España y de la Civilización [...] al cumplirse el segundo aniversario de su exaltación a la Jefatura Suprema y con motivo de su fiesta onomástica" (AMHD, FM. Caja 11. AS, 1 de octubre de 1938).

Así, el falangismo local, en vísperas de la conclusión de la guerra, debió acatar órdenes provinciales por las que se le obligaba a agradecer y felicitar a Franco y al "Glorioso Ejército" por sus triunfos "en la región catalana", algo que ya habían realizado sus camaradas de la Comisión Gestora el mes anterior (AMHD, JLM. Caja 576. Correspondencia, 25 de febrero de 1939)[6].

El último personaje que, aún con vida, recibió un homenaje en forma de ocupación del espacio en esta localidad fue otro militar, vinculado a la provincia salmantina. Se trata de Gonzalo Queipo de Llano, quien ya en los primeros comicios republicanos haría campaña en Salamanca, algo de lo que el vecino del cercano pueblo de Lumbrales, Carlos Barrientos, no se olvidaría, recordando que "des-

---

haciendo mofa o menosprecio de alguna de las prendas integrantes de nuestro uniforme se ocasionen hechos inadmisibles y que no he de tolerar, sancionando a los autores e instigadores como se merecen" (AMHD, JLM. Caja 576. Correspondencia, 25 de septiembre de 1939).

6. Para la felicitación de la corporación municipal, véase AMHD, FM. Caja 11 (AS), 28 de enero de 1939.

de el balcón de la cárcel hizo su arenga política y entonces dijo que era comandante del Estado Mayor. Recuerdo que mi abuelo materno me dijo: 'me ha gustado y a ese Señor lo voto yo'" (Barrientos Santiago 2001: 185). Quizá a consecuencia de lo acontecido previamente con la plaza "José María Gil Robles", en esta ocasión los gestores falangistas aceptaron la dedicación de la calle al "General Queipo de Llano" previa petición de autorización, eso sí, a su rectora provincial (AMHD, FM. Caja 11. AS, 2 de julio de 1938).

Transmisor de una concreta memoria e identidad colectiva, el nomenclátor de calles y plazas se fue modificando frecuentemente a medida que avanzaba y se consolidaba el poder en la retaguardia y frentes de guerra. La reformulación del entorno significaba la politización del paisaje con unos significados basados en su propia historia, en la que el callejero se carga de una memoria depositaria del belicismo propio de su contexto (Malas 2013). Esta politización mnemotécnica implanta en el espacio público la perpetuación de las "grandiosas" características de personajes heroicos o mártires del nuevo poder, evocando al recuerdo constante del transeúnte. Su plasmación en Hinojosa –al igual que en otros pequeños lugares– no deja de ser sugestiva, pues durante los tres años que durará el conflicto, la ocupación de este espacio urbano y público por aquellos nombres será de más del 10% del callejero local. Quizá resultase escaso este porcentaje a no ser que tengamos en cuenta su ubicación –calles y plazas principales– y que, junto a ellas, se establecieron otras formas alternativas de control espacial.

Monumentos, construcciones y otras formas de dominio visual

Ostensibles y notorios símbolos de un régimen son los monumentos, también dueños del espacio. El monumento perpetúa el recuerdo y la voluntad de memoria de dirigentes y de regímenes políticos. Atraen más la atención del ciudadano que el propio calendario o el callejero, aunque éstos sean de uso más cotidiano (Cuesta Bustillo 2008: 240).

Junto al cambio de rótulos en las esquinas de las travesías de Hinojosa, el proyecto de control del espacio iba más allá. Se deseaba transmitir ese mensaje recordatorio de manera clarividente a todos los vecinos y, para ello, se dotaron de diversas construcciones y otras maneras de hacerlo efectivo. La legitimación de la sublevación pasaba también por la política de "entrar por los ojos". A lo largo de los tres años de guerra, se crearon una serie de monumentos-emblemas cargada de simbolismo y que posesía una función clave en el proceso de socialización política. Así, además de los múltiples ritos conmemorativos de sus héroes, mártires y gestas, se crearán nuevos espacios con el propósito de que cada uno de los vecinos no olvidase el origen de la nueva "era".

Al tiempo que se iban inaugurando esas calles, los actos dedicados al líder falangista cesaron transcurridos dos años desde su asesinato en la madrugada del 20 de noviembre de 1936 (Gil Pecharromán 1996). Su muerte pasó a ser ocultada por motivos políticos; se iniciaba así el mito del `ausente´, que "sustituye una presencia –ni vivo ni muerto– por un silencioso recuerdo, para evitar el poder, el duelo o la heroización" (Cuesta Bustillo 2008: 248). Aparece pues, una nueva figura, que en la magnífica síntesis de Gil Pecharromán podríamos denominar como "José Antonio después de José Antonio", la cual contó con un recuerdo y conmemoración constantes.

Aunque el mito del ausente, que nace en la retaguardia salmantina, se genera para consolidar el poder político en la zona de control sublevado, permaneció tan sumamente vivo durante aquellos dos años que era utilizado, en la mayoría de las ocasiones, como garante de su regreso, para así poder culminar la esperada revolución nacionalsindicalista. Sin embargo, la confirmación oficial de su asesinato en 1938 truncó estas posibles esperanzas; comenzaba, así, un proceso de conmemoración ligado a una nueva memoria oficial destinada "a integrar a José Antonio en el panteón de héroes del Nuevo Estado" (2008: 248). Al cumplirse el segundo aniversario de su muerte,

Franco firmó un decreto por el que pasaba a ser un "héroe nacional", y se instaba a conmemorar su figura y pensamiento mediante, por ejemplo, la conversión del 20 de noviembre en día de luto nacional (Box 2010: 163).

Conocido el aludido decreto, se hacía llegar a la jefatura local de Hinojosa un extracto de la circular nº 47 de la Secretaría General del Movimiento, en la que se exponía que

> Como señal de este duelo permanente por la muerte de JOSÉ ANTONIO y de acuerdo con el sentido de Milicia que él inspiró al Movimiento, ordeno que, a partir de la fecha del 20 de noviembre, segundo aniversario de su muerte, sea de uso obligatorio para todos los afiliados a Falange Española Tradicionalista y de las J.O.N.S. la corbata negra sobre la camisa azul, ya vistan del uniforme completo o sólo aquella (AMHD, JLM. Caja 576. Correspondencia, 16 de noviembre de 1938).

El recuerdo del "llorado José Antonio" no solo se imponía en la uniformidad de los militantes de su partido, sino que pasaba a conquistar también el espacio privado. Incluso un día antes de confirmarse oficialmente su muerte, se comenzaba a insistir en una serie de oficios que "no debe faltar en ningún hogar falangista, un retrato de José Antonio, así como tampoco faltarán en centros, establecimientos y escaparates, como homenaje a la memoria del preclaro caído" (AMHD, JLM. Caja 576. Correspondencia, 15 de noviembre de 1938).

Ya a inicios de 1939, cuando el rumbo de la guerra era totalmente favorable al Ejército sublevado, se realiza el primer homenaje oficial por parte de la alcaldía a Primo de Rivera mediante la adquisición para el salón de sesiones de uno de sus retratos, "del tamaño y características del retrato del Generalísimo" (AMHD, FM. Caja 11. AS, 7 de enero de 1939). Ese mismo año de 1939, en Hinojosa, ya se "tomaba la calle" realizando un "novenario de misas por la mañana y de rosarios por la tarde", acometiéndose desde entonces y cada 20 de noviembre "un solemne funeral por su alma y por las de todos los caídos de esa localidad", así como dando "lectura a la Oración de

Sánchez Mazas", algo que se repetía cada tarde "después de rezado el rosario" (AMHD, JLM. Caja 576. Correspondencia, 15 de noviembre de 1939).

Pero la "toma de la calle" ya venía realizándose desde julio de 1936. El primero de los hinojoseros caído en el frente recibió por parte de la corporación municipal un homenaje en forma de funeral, tras haber acordado todos los concejales conmemorar su memoria (AMHD, FM. Caja 11. AS, 1 de agosto de 1936).

Un año después, en 1937, el número de cuerpos sin vida de los jóvenes oriundos aumentaba vertiginosamente. A consecuencia y a propuesta del concejal Sánchez Miguel (antiguo bloquista), se acordó erigir una cruz de cantería en la "Plaza de D. José Calvo Sotelo [...] como homenaje a los caídos en combate y asesinados por las hordas marxistas". Debía poseer una inscripción que rezase:

> Homenaje del pueblo de Hinojosa de Duero a los caídos por Dios y por la Patria. 27-XI-1937. II Año Triunfal (AMHD, JLM. Caja 576. Correspondencia, 16 de noviembre de 1938).

Se habría de ubicar frente a la iglesia del pueblo, un lugar premeditado que servía para establecer de forma inmediata la relación entre la *cruz* y la *cruzada* (Arco Blanco 2013: 70). A los lados de la misma se habrían de plantar árboles que remitiese el Distrito Forestal, y todo ello financiado a cargo del prespuesto dedicado a "Funciones y Festejos".

Este fue, a la sazón, el primer intento conmemorativo y simbólico mediante la construcción de un monumento. Lo que quedaba claro era que aquellos gestores ya conocían que con estas construcciones se forjaba una identidad colectiva y se reafirmaba la tradición inventada (ibíd.: 67).

No obstante, la cruz de los caídos que deseaba aquel regidor tardaría en llegar. Hubo de esperar al final de la guerra, cuando era ya el elemento central de la cultura de la victoria y de la nacionalización de la sociedad española de la posguerra (ibíd.: 67). El contexto era entonces más favorable para el falangismo local y ello queda patente en el discurso utilizado para hacer referencia al nuevo propósito de este monumento, que estaba cargado de una destacada retórica fascista. El objetivo era ahora perpetuar la memoria "de aquellos que desde su atalaya de estrellas otean metas y horizontes para la España, Una, Grande y Libre" (AMHD, JLM. Caja 576. Correspondencia, 13 de noviembre de 1939). La inscripción, igualmente, se modificaría, y finalmente los nombres de los caídos irían bajo el mayúsculo José Antonio Primo de Rivera.

Como elemento de la vida cotidiana de los españoles, de cohesión para los vencedores y de exclusión para los vencidos, ante esta cruz de los caídos de Hinojosa se realizaron no pocas ceremonias y concentraciones. De hecho, cada 29 de octubre –día de conmemoración de la fundación del partido y día de los caídos del mismo desde 1934–, los actos seguían la siguiente planificación:

> 1º.- Se dará lectura de la Oración de Sánchez Mazas [...].
>
> 2º.- El Jefe Local pronunciará el nombre de José Antonio Primo de Rivera, que será contestado por todos los asistentes con el grito ritual de Presente. Igualmente se hará con todos los Caídos de esa localidad.
>
> 3º.- Dado el último Presente, desfilarán ante la Cruz todos los afiliados pertenecientes a esa Local, incluso Sección Femenina y Organizaciones Juveniles (AMHD, JLM. Caja 576. Correspondencia, 27 de octubre de 1939)[7].

Este "martirologio visual", que pretendía ser un ejemplo para las generaciones futuras, fue el eje de referencia del nuevo paisaje urbano franquista. Pero se dieron casos previos, durante los años de guerra, de raíz enteramente distinta, como ciertas obras públicas que quedaban bautizadas con alguna fecha del nuevo calendario, haciendo de una simple construcción un recordatorio visual constante que legitimaba la sublevación militar. Hacemos referencia, por

7. Asimismo, se han podido constatar ejemplos similares para los años 1941 y 1942.

ejemplo, a un caño del que manaba agua y al que denominaron tras su levantamiento "Caño II Año Triunfal" (AMHD, FM. Caja 11. AS, 4 de diciembre de 1937).

Se trataba de una infraestructura urbana de uso cotidiano, pues servía tanto para el abastecimiento de agua a la población como para el uso ganadero. Su denominación hacía referencia directa a aquel 18 de julio de 1936, "Día del Alzamiento" (otra de las fiestas nacionales), que, además, iniciaba el segundo año de guerra, el cual, en la característica "unidad de medida" del franquismo, sería conocido como el "II Año Triunfal"[8].

La dominación espacial también pasó por las políticas agrarias. Como ya se anunció, tanto la provincia de Salamanca como Hinojosa de Duero eran regiones mayoritariamente agrícolas. Entre aquellas políticas se encontraba la repoblación forestal, que también contribuiría a la construcción de lo visible y a la implantación de la nueva cultura política, al igual que el monumentalismo o los ejemplos anteriormente expuestos. De hecho, la representación simbólica del paisaje arbóreo estaba llamada a formar parte de la 'estetización' de la política[9].

En 1938 llegaba a la falange hinojosera una circular con el objetivo de "establecer lazos de unión por medio del trabajo" y se instaba a que movilizasen a "todos los españoles sin distinción de clases" mediante el Servicio Obligatorio de Trabajo Forestal (AMHD, JLM. Caja 576. Correspondencia, 15 de octubre de 1938). Comenzaba así la exigencia de repoblar los alrededores del municipio para conseguir embellecer su entorno. Con ello, un año después, la Jefatura Provincial de Salamanca exponía:

---

8. La citada festividad (con posterioridad, "Fiesta de Exaltación del Trabajo") era de absoluto enardecimiento patriótico y "ofrecía pocas discordancias entre los diferentes sectores políticos sublevados", era, como fue recogido en el acta de la sesión del pleno del 17 de julio de 1937, el "aniversario del Movimiento Nacional", un acontecimiento que aunaba a todo sublevado (Box 2010: 220-231).
9. Para algunos ejemplos italianos, remito a Dettori (2013: 532).

> Debemos velar por la mejora y belleza inmediata del campo y lograr que los árboles pongan su nota alegre al aspecto triste de las calles y plazas de nuestros pueblos. Además de las razones estéticas que hacen del árbol un bello adorno del campo, existen otras de índole material (AMHD, JLM. Caja 576. Correspondencia, 10 de noviembre de 1939).

Así, estas plantaciones irrumpían en el espacio público de este núcleo rural al igual que, por ejemplo, el cambio de nombre de calles. Si la cruz de los caídos tenía un componente de enseñanza a las generaciones venideras en tanto homenaje aquellos que dieron su vida por defender unos ciertos valores, la repoblación forestal igualmente reafirmó su finalidad como instructora, pues, como se expondrá unos años después, esos plantíos no debían realizarse demasiado distanciados del municipio, "no ya sólo para su mejor vigilancia, [...] sino como futuro ornato del pueblo" (AMHD, JLM. Caja 576. Correspondencia, 19 de noviembre de 1941).

Poco a poco, al tanto que los nuevos poderes locales se iban haciendo con el control y dominio del espacio urbano también dan el salto a la conquista del paisaje rural. Con ello, lo que acontecía era la transición de un "paisaje social" –aquel de montañas escasamente arboladas dedicadas al pastoreo y la agricultura– a un "paisaje Estado", es decir, aquel cuyo propósito buscaba únicamente la recreación de la cubierta forestal[10]. La lectura que se hizo de la repoblación forestal por parte del falangismo local iba más allá de considerar a esta política como un mero adorno. De hecho, a este servicio lo considerarían la "base del resurgimiento económico y cultural de la Nueva España" (AMHD, JLM. Caja 576. Correspondencia, 19 de noviembre de 1941).

Mediante esta 'estetización' de la política se buscaba la creación de un Estado cohesionado en el que la plantación de los árboles simbolizara, si no la construcción de una nueva nación, sí la imposición

10. Ambos conceptos aplicados en el estudio de la Italia fascista en Agnoletti (2013: 61 y 447).

de una nueva "era". Regenerar el suelo equivalía a regenerar a la patria y la única manera en que podía llegar esta idea a aquellos habitantes era mediante el constructo visual de una imagen que suponía, por otra parte, la invención de la tradición. El entorno visual, entonces, desempeñaba un papel sumamente relevante.

Reflexiones finales

Hemos venido a señalar en todo momento el proceso de construcción de una determinada cultura. El haber estudiado estos homenajes a vivos y muertos, la construcción de monumentos, obras públicas u otras formas del dominio visual es haber analizado el propio cambio y evolución de la retaguardia rebelde y del nacimiento del nuevo Estado, el de sus actores y el de sus poderes. "La española fue, pues, una guerra combatida en los frentes pero vencida en las retaguardias" (Rodrigo 2009: 15). Todo ello no tendría sentido si no existiesen precedentes. Por ello hemos de recordar que junto a este nuevo dominio visual y espacial ya existían ejemplos previos, como aquella figura dedicada al Sagrado Corazón de Jesús, fruto de su propio contexto y evolución histórica.

Ya hay quien ha anunciado en otra ocasión la importancia que tiene destacar la complejidad del estudio de las retaguardias. Y es que hemos de resolver todo el mapa de significados que su análisis conlleva (Jackson 1989). De ahí la importancia de destacar aquellas pugnas por el poder en estas zonas supuestamente controladas por una potestad homogénea y uniforme.

Daba igual la lejanía de las aldeas y los pueblos españoles, pues el experimento, tarde o temprano, llegaba a todos los rincones de la geografía nacional. Y es que la retaguardia salmantina representó un excelente campo de ensayos, una probeta en la que desde el inicio de la guerra se aboga por ocupar el espacio. Dentro de ella, Hinojosa de Duero era un pequeño lugar escasamente poblado, pero en el que existió una alta implicación política durante aquella guerra de "mil días" (Casanova 2014). Al igual que en el resto de la provincia y sus alrededores, no se tardó en echarse a la calle y en apoderarse del espacio. El mero hecho de pasear por las principales calles y plazas, "evocadoras para los transeúntes de las virtudes y patriotismo de aquellos a quienes se dedican"[11], ya significaba formar parte de esta cultura. La absorción visual por parte de cada vecino se realizaba diariamente. El refrescarse o dar de beber al ganado en el "Caño II Año Triunfal" debía recordar a todo sujeto el comienzo de la nueva "era". Las constantes ceremonias durante y tras la contienda ante monumentos como la cruz de los caídos igualmente debieron de dejar claro quiénes formaban parte de la comunidad y quiénes miraban hacia otro lado. E, incluso, el simple gesto de observar el paisaje arbolado evocaría aquel pasado tan presente.

Como exponía José Pemartín, la mejor propaganda era la que entraba por los ojos. Con ella, el dominio sobre el ciudadano era total. Junto al dominio del espacio se impuso el del tiempo: un nuevo calendario y una nueva presencia óptica con unos fines premeditados. Hablo, obviamente, de la cohesión social, la movilización política, la construcción de una identidad nacional, la legitimación de la sublevación, la justificación del conflicto, la exclusión de detractores y vencidos y la purificación del paisaje. Y, sobre todo, la evocación del recuerdo.

Desconocemos si todo ello se mantiene durante los siguientes cuarenta años, hasta qué punto permeabilizó entre los hinojoseros y a cuántas generaciones vinculó. Lo que sí sabemos con certeza es de la clara intencionalidad de esta política de ocupación del espacio, de lo que con ello deseaban conseguir y de la utilización de la retaguardia como campo de pruebas para lo que, una vez concluida la guerra, fue una constante regulada por el nuevo régimen. El espacio se usa e interacciona con los sujetos mediante su propio lenguaje, ante el cual era inevitable ser ajeno:

> De este modo podremos llegar a comprender que un hombre es la imagen de una ciudad y una ciudad las vísceras puestas al revés de un hombre, que un hombre encuentra en su ciudad no sólo su de-

11. Estas palabras, recogidas en las actas municipales de Salamanca, han sido consultadas en Cuesta Bustillo (2008: 210).

> terminación como persona y su razón de ser, sino también los impedimentos múltiples y los obstáculos invencibles que le impiden llegar a ser [...]. Podremos comprender también que la ciudad piensa con su cerebro de mil cabezas repartidas en mil cuerpos aunque unidas por una misma voluntad de poder (Martín-Santos 1985: 18).

Bibliografía citada

Agnoletti, Mauro (ed.), *Italian Historical Rural landscapes: Cultural Values for the Environment and Rural Development*, Heidelberg/London/New York, Springer Dordrecth, 2013.

Arco Blanco, Miguel Ángel del, "Las cruces de los caídos: instrumento nacionalizador en la 'cultura de la victoria'", en Miguel Ángel del Arco Blanco, Carlos Fuertes Muños, Claudio Hernández Burgos y Jorge Marco (eds.), *No solo miedo. Actitudes y opinión popular bajo la dictadura franquista (1936-1977)*, Granada, Comares, 2013, pp. 65-82.

Barrientos Santiago, Carlos, "Mis recuerdos de la guerra civil (1936-1939)", *Salamanca. Revista de estudios*, 46, 2001, pp. 183-200.

Box, Zira, *España, año cero: la construcción simbólica del franquismo*, Madrid, Alianza Editorial, 2010.

Casanova, Julián, *España partida en dos: breve historia de la Guerra Civil española*, Barcelona, Crítica, 2014.

Cobo Romero, Francisco, *¿Fascismo o democracia? Campesinado y política en la crisis del liberalismo europeo, 1870-1939*, Granada, Universidad de Granada, 2012.

Cuesta Bustillo, Josefina, *La odisea de la memoria: historia de la memoria en España, siglo xx*, Madrid, Alianza Editorial, 2008.

Dettori, Sandro, "Sardinia", en Mauro Agnoletti (ed.), *Italian Historical Rural landscapes: Cultural Values for the Environment and Rural Development*, Heidelberg/London/New York, Springer Dordrecth, 2013.

DI FEBO, Giuliana, *Ritos de guerra y de victoria en la España franquista*, Bilbao, Desclée de Brouwer, 2002.

GIL PECHARROMÁN, Julio, *José Antonio Primo de Rivera. Retrato de un visionario*, Madrid, Temas de Hoy, 1996.

— *El Movimiento Nacional (1937-1977)*, Barcelona, Planeta, 2013.

GONZÁLEZ CALLEJA, Eduardo, *La España de Primo de Rivera: la modernización autoritaria, 1923-1930*, Madrid, Alianza, 2005.

JACKSON, Peter, *Maps of Meaning: An Introduction to Cultural Geography*, London, Routledge, 1989.

MALAS, Maya, *Urban Palimpsests: Reconstruction and the Politics of Memory*, London, University College London, 2013.

MARTÍN-SANTOS, Luis, *Tiempo de silencio*, Barcelona, Editorial Seix Barral, 1985.

QUIROGA FERNÁNDEZ DE SOTO, Alejandro, *Haciendo españoles: la nacionalización de las masas en la dictadura de Primo de Rivera (1923-1930)*, Madrid, Centro de Estudios Políticos y Constitucionales, 2008.

ROBINSON, Jenny, "Inventions and Interventions: Transforming Cities. An Introduction", *Urban Studies*, 43/2, 2006, pp. 251-258.

ROBLEDO, Ricardo y ESPINOZA, Luis Enrique, "'¡El campo en pie!'. Política y reforma agraria", en Ricardo Robledo Robledo (ed.), *Esta salvaje pesadilla: Salamanca en la guerra civil española*, Barcelona, Crítica, 2007.

RODRIGO, Javier, "Presentación. Retaguardia: un espacio de transformación", *Ayer*, 76/4, 2009, pp. 13-36.

TAN, Stephen, "Engineering a Nation: Visualizing the Fascist Landscape", en Jammes Gifford y Gabrielle Zezulka-Maillous (eds.), *Culture and the State: Landscape and Ecology*, Edmonton, CRC Humanities Studio, 2003, pp. 62-69.

THOMÀS, Joan Maria, "La España sublevada", en Julián Casanova y Paul Preston (eds.), *La guerra civil española*, Madrid, Editorial Pablo Iglesias, 2008.

THOMÀS, Joan Maria, *El gran golpe: el "caso Hedilla" o cómo Franco se quedó con Falange*, Barcelona, Debate, 2014.

Sobre los autores

Rafael Alarcón Sierra es doctor por la Universidad de Zaragoza y profesor titular en la Universidad de Jaén. Trabaja en el estudio de la literatura española moderna y contemporánea. Ha publicado estudios y monografías sobre los Machado, Juan Ramón Jiménez, Luis Felipe Vivanco o Julio Camba. Su último libro es *Vértice de llama: El Greco en la literatura hispánica.* A su vez, ha coordinado recientemente el encuentro internacional "Miguel Hernández vuelve a Jaén".

Alessandro Cassol es catedrático de Literatura Española en la Universidad de Milán, donde en la actualidad coordina el grado y el máster en Lenguas Modernas. Sus principales intereses de investigación son el teatro del Siglo de Oro, la escritura dramática en colaboración, la narrativa autobiográfica, las relaciones entre la literatura inglesa y la española, y la aplicación de los medios tecnológicos a la enseñanza de la literatura.

Javier Cuesta Guadaño es profesor de Lengua y Literatura en el Colegio San Pablo CEU de Montepríncipe y en la Fundación IES Abroad de Madrid. Ha participado en la *Historia del teatro breve en España* y ha editado, en colaboración con Javier Huerta Calvo, la *Obra completa* de Leopoldo Panero. Asimismo, ha coordinado, junto a otros investigadores, el volumen *Luis Rosales: memoria encendida* y ha publicado artículos y reseñas sobre temas poéticos y teatrales en revistas científicas.

Guillermo Ginés Ramiro es estudiante del Programa de Doctorado en Lengua Española y sus Literaturas en la Universidad

Complutense de Madrid. Ha publicado, entre otros artículos, la antología poética "Los que andan sobre la arena: cuatro voces de la joven poesía española", en el número 5 de la revista *Fragmenta*, así como numerosas reseñas en otras revistas como *Iberoamericana*, *ADE-teatro* y *Astorica*. Asimismo, ha colaborado en algunos volúmenes colectivos como el *Diccionario de personajes de Lope de Vega*, de próxima aparición.

AITOR L. LARRABIDE es licenciado en Filología Hispánica por la Universidad de Deusto y doctor por la Universidad de León con la tesis *Miguel Hernández y la crítica*, editada en 1999 por dicha universidad. Ha publicado numerosos artículos sobre Miguel Hernández, Ramón de Basterra, Juan Ramón Jiménez, Emilio Prados, Fernando Villalón, Pedro Garfias, José Herrera Petere, etc. Su campo de investigación principal es la literatura española de los años 30. Ha trabajado en diversas ediciones de José Antonio Balbontín y sobre Miguel Hernández. En 2012 fue nombrado director de la fundación que lleva el nombre del poeta oriolano.

ÁLVARO LÓPEZ FERNÁNDEZ estudió Filología Hispánica en la Universidad Complutense de Madrid y el máster en Literatura Comparada "Estudios literarios y culturales" en la Universitat Autònoma de Barcelona. Actualmente es doctorando de Literatura Española, actividad que compagina con sus investigaciones sobre historia del arte. Este carácter interdisciplinar le ha llevado a publicar artículos como "La mancha violenta de *La España Negra*: de mostrar al monstruo", en torno a la narrativa y la pintura de Gutiérrez Solana, y a escribir, en la misma línea, varias reseñas para la revista *Iberoamericana*.

ANTONIO LÓPEZ FONSECA es profesor titular de universidad, acreditado a catedrático, del Departamento de Filología Latina de la Facultad de Filología de la Universidad Complutense de Madrid. Cuenta entre sus líneas de investigación el estudio de la literatura dramática latina desde diversas perspectivas, la teoría y la práctica de la traducción y el estudio sobre la transmisión, conservación y difusión del legado clásico en el medievo hispánico (ss. XIII-XV). Algunos de sus trabajos combinan estas líneas, como aquellos en los que estudia la pervivencia del teatro clásico grecolatino en el teatro contemporáneo o las huellas de la tradición clásica en la actualidad.

JOSÉ LUIS DE MICHEO es licenciado en Teoría de la Literatura y Literatura comparada, máster en Literatura Española (UCM), licenciado en Derecho (UCM) y máster en Administración de Empresas (UNNE). Es profesor de Derecho Privado en distintos centros y de Historia de la Literatura en la Universidad Internacional de La Rioja. Asimismo, es abogado en ejercicio. Ha publicado en los dos campos de su actividad. En la actualidad, trabaja en una tesis doctoral sobre la obra de Dionisio Ridruejo.

MARTA OLIVAS es licenciada en Filología Hispánica por la Universidad Complutense de Madrid y máster en Teatro y Artes Escénicas (ITEM-UCM). Ha participado en diversas publicaciones, como *Don Juan, la creación escénica en un espacio urbano*, *Variaciones de lo metarreal en la España de los siglos XX y XXI* o *Sobremesas literarias: comida y bebida en la literatura hispánica*, y ha publicado artículos y reseñas en revistas como *Don Galán, Quaderns de Filologia, Dicenda, Acotaciones* o *Pygmalion*.

EMILIO PERAL VEGA es profesor titular de Literatura Española en la Universidad Complutense de Madrid. Especialista en teatro contemporáneo, ha publicado libros como *De un teatro sin palabras. La pantomima en España de 1890 a 1939*, *Retablos de agitación política. Nuevas aproximaciones al teatro de la Guerra Civil* y *Pierrot / Lorca: White Carnival of Black Desire*. Investigador principal del Proyecto I+D *Métodos de propaganda activa en la Guerra Civil*, en la actualidad es director de Estudios de Doctorado de la UCM.

CARLOS PÍRIZ trabaja como personal investigador en formación de la Universidad de Salamanca. Licenciado en Historia por la misma universidad (2013) y magíster en Estudios Avanzados e Investigación en Historia (Sociedades, Poderes, Identidades) (2014), actualmente realiza su tesis doctoral, centrada en el fascismo, la Guerra Civil española (1936-1939) y el espionaje.

CAROLINA RODRÍGUEZ-LÓPEZ es doctora por la Universidad Complutense de Madrid y profesora en la misma universidad desde 2007. Ha sido investigadora invitada en diversas instituciones internacionales. Entre sus trabajos destacan *La Universidad de Madrid en el primer franquismo: ruptura y continuidad (1939-1951)*, *Reconsidering a Lost Intellectual Project: Exiles' Reflections on Cultural Differences* y la coordinación del *dossier* "Historia de las emociones" para *Cuadernos de Historia Contemporánea.*

FRANCISCO SÁEZ RAPOSO es profesor contratado doctor, acreditado a titular, en la Universidad Complutense de Madrid. Entre sus publicaciones podrían destacarse *Juan Rana y el teatro cómico breve del siglo XVII*, así como "*Monstruos de apariencias llenos*". *Espacios de representación y espacios representados en el teatro áureo español* y *La creación del espacio dramático en el teatro español entre finales del siglo XVI y principios del XVII*, volúmenes que ha coordinado. Es investigador principal del Proyecto I+D *Escena Áurea (I). La puesta en escena de la comedia española de los Siglos de Oro (1570-1621): Análisis y base de datos.*

ELENA TORRES CLEMENTE es profesora titular en el Departamento de Musicología de la Universidad Complutense de Madrid, y centra su actividad investigadora en la música española del siglo XX, con especial atención a la figura y la obra de Manuel de Falla. Sobre este autor ha publicado varios libros y numerosos artículos en monografías y revistas especializadas. Ha sido directora de la *Revista de Musicología* (2009-2012) y desde enero de 2009 es miembro del Comité Científico de la Fundación Archivo Manuel de Falla.